Der Betreute als Erblasser mit besonderer Berücksichtigung von § 14 HeimG

Europäische Hochschulschriften

Publications Universitaires Européennes

European University Studies

Reihe II

Rechtswissenschaft

Série II Series II

Droit

Law

Bd./Vol. 4615

PETER LANG

Frankfurt am Main · Berlin · Bern · Bruxelles · New York · Oxford · Wien

Bettina Karl

Der Betreute als Erblasser mit besonderer Berücksichtigung von § 14 HeimG

PETER LANG
Internationaler Verlag der Wissenschaften

Bibliografische Information der Deutschen Nationalbibliothek
Die Deutsche Nationalbibliothek verzeichnet diese Publikation in der Deutschen Nationalbibliografie; detaillierte bibliografische Daten sind im Internet über <http://www.d-nb.de> abrufbar.

Zugl.: München, Univ., Diss., 2007

D 19
ISSN 0531-7312
ISBN 978-3-631-56681-7

www.peterlang.de

Vorwort

Die vorliegende Untersuchung wurde im Januar 2006 von der Juristischen Fakultät der Ludwig-Maximilians-Universität zu München als Dissertation angenommen. Sie berücksichtigt Rechtsprechung und Literatur bis November 2005. Der Tarifvertrag für den öffentlichen Dienst der Länder (TV-L) vom Oktober 2006 konnte daher nicht mehr behandelt werden. Dennoch soll erwähnt sein, dass § 3 Absatz 3 TV-L wortgleich zu § 3 Abs. 2 TVöD ist und daher keine Unterschiede zu den dortigen Ausführungen gelten.

Mein besonderer Dank gilt zunächst meinem verehrten Doktorvater und Erstgutachter, Herrn Prof. Dr. Hermann Nehlsen, der auch die Anregung zu dieser Arbeit gab. Ferner danke ich Herrn Prof. Dr. Stephan Lorenz für die zügige Erstellung des Zweitgutachtens.

Weiter möchte ich mich sehr herzlich bei all denen bedanken, die mir bei der Erstellung der Arbeit mit Rat zur Seite standen. Namentlich nennen möchte ich hierbei vor allem Herrn Dr. Erich Rossak, der sich auf kritische Diskussionen zu § 14 HeimG einließ und mir durch seine praktischen Erfahrungen als Notar diverse Einblicke gewähren konnte.

Es sollen auch die nicht vergessen sein, die sich für die mühsame Arbeit des Korrekturlesens zur Verfügung stellten.

Der Kester-Haeusler-Stiftung, die diese Publikation mit einem Druckkostenzuschuss fördert, gilt mein Dank für diese finanzielle Unterstützung.

Widmen möchte ich die Arbeit als erstes meinen Eltern, die mir das Studium der Rechtswissenschaften ermöglichten und mich in meiner Ausbildung stets ideell und finanziell unterstützten. Ferner meiner Freundin Steffi, die mich schließlich davon überzeugte, die Promotion durchzuführen.

München, im Juni 2007 Bettina Karl

Inhaltsverzeichnis

Abkürzungsverzeichnis

A:

A.	Auflage
a.A.	anderer Ansicht
a.a.O.	am angegebenen Ort
a.E.	am Ende
a.F.	alte Fassung
a.M.	am Main/ anderer Meinung
AGBG	Österreich, Allgemeines Gesetzbuch
Abs.	Absatz
AcP	Archiv für die civilistische Praxis
AG	Aktiengesellschaft
AGB	Allgemeines Gesetzbuch für die Preußischen Staaten von 1792
AGBtG	Gesetz zur Ausführung des Betreuungsgesetzes
AK-BGB	Reihe Alternativkommentare zum Bürgerlichen Gesetzbuch
AktG	Aktiengesetz
allg.	allgemein
allg. M.	allgemeine Meinung
ALR	(Preußisches) Allgemeines Landrecht
Alt.	Alternative
ÄndG	Änderungsgesetz
Anh.	Anhang
Anm.	Anmerkung
AO	Abgabenordnung
Art.	Artikel
Aufl.	Auflage
ausf.	ausführlich
AVR-K	Arbeitsvertragsrichtlinien der Konföderation evangelischer Kirchen

B:

BAG	Bundesarbeitsgericht
BAGE	Amtliche Sammlung von Entscheidungen des Bundesarbeitsgerichts
BAT	Bundes-Angestelltentarifvertrag für Bund, Länder und Gemeinden
Bay	Bayerische, -s, -r
BayBG	Bayerisches Beamtengesetz
BayDO	Bayerische Disziplinarordnung

BayObLG	Bayerisches Oberstes Landesgericht
BayObLGZ	Amtliche Sammlung von Entscheidungen des Bayerischen Obersten Landesgerichts in Zivilsachen
BayVBl.	Bayerische Verwaltungsblätter
BayVwVfG	Bayerisches Verwaltungsverfahrensgesetz
BBG	Bundesbeamtengesetz
Bd.	Band
BdB	Bundesverband der Berufsbetreuer/innen e.V.
BDH	Bundesdisziplinarhof
BdW	Blätter des Wohlfahrt
Beh.	Behinderung
Bel.	Belastung
BetrR	Betreuungsrecht
BeurkG	Beurkundungsgesetz
BG	Bundesgesetz
BGB	Bürgerliches Gesetzbuch
BGBl. I	Bundesgesetzblatt, Teil I
BGH	Bundesgerichtshof
BGHZ	Amtliche Sammlung von Entscheidungen des Bundesgerichtshofs in Zivilsachen
BK	Bonner Kommentar
BMFSFJ	Bundesministerium für Familie, Senioren, Frauen und Jugend
BMI	Bundesministerium des Innern
BMWA	Bundesministerium für Wirtschaft und Arbeit
BRat	Bundesrat
BR-Drs.	Drucksachen des Deutschen Bundesrats
BReg.	Bundesregierung
BRRG	Beamtenrechtsrahmengesetz
BtÄndG	Betreuungsrechtsänderungsgesetz
BtBG	Betreuungsbehördengesetz
BT-Drs.	Drucksachen des Deutschen Bundestags
BtG	Betreuungsgesetz
BtG-DiskE	Diskussions-Teilentwurf eines Gesetzes über die Betreuung Volljähriger
BtPrax	Betreuungsrechtliche Praxis
BVerfG	Bundesverfassungsgericht
BVerGE	Amtliche Sammlung von Entscheidungen des Bundesverfassungsgerichts
BVerwG	Bundesverwaltungsgericht
BVerwGE	Amtliche Sammlung von Entscheidungen des Bundesverwaltungsgerichts
BVormVG	Gesetz über die Vergütung von Berufsvormündern
BWahlG	Bundeswahlgesetz
BWNotZ	Zeitung für das Notariat in Baden-Württemberg
BZRG	Bundeszentralregistergesetz

bzgl.	bezüglich
bzw.	beziehungsweise

C:

CDU	Christlich Demokratische Union Deutschlands
Chr.	Christus
CSU	Christlich Soziale Union

D:

d.h.	das heißt
DAVorm	Der Amtsvormund, Rundbrief des Deutschen Instituts für das Vormundschaftswesen
ders.	derselbe
deut.	deutsch
Dez.	Dezember
dies.	dieselbe
Diss.	Dissertation
DIV	Deutsches Institut für das Vormundschaftswesen
DJT	Deutscher Juristentag
DNotI	Deutsches Notarinstitut
DNotZ	Deutsche Notar-Zeitschrift
DÖD	Der Öffentliche Dienst
DöV	Die öffentliche Verwaltung
DRiZ	Deutsche Richterzeitung
DRK	Deutsches Rotes Kreuz
DZA	Deutsches Zentrum für Altersfragen

E:

E	Entwurf
e.V.	eingetragener Verein
EGBGB	Einführungsgesetz zum Bürgerlichen Gesetzbuch
EheG	Ehegesetz
EheschlRG	Gesetz zur Neuordnung des Eheschließungsrechts
ehrenamtl.	ehrenamtlich
Einf.	Einführung
Einl.	Einleitung
Erg.	Ergänzung
etc.	et cetera
europ.	europäisch
evtl.	eventuell (-e, -es, -er)

F:

f., ff.	folgende, fortfolgende
FamRZ	Zeitschrift für das gesamte Familienrecht
FGG	Gesetz über die Freiwillige Gerichtsbarkeit
FGPrax	Praxis der Freiwilligen Gerichtsbarkeit
Fn.	Fußnote
FS	Festschrift
FuR	Familie und Recht

G:

Geb.	Geburtstag
geleg.	gelegentlich (-e, -es, -er)
gem.	gemäß
GewArch.	Gewerbearchiv
GewO	Gewerbeordnung
GG	Grundgesetz für die Bundesrepublik Deutschland
ggf.	gegebenenfalls
GKÖD	Gesamtkommentar Öffentliches Dienstrecht
GmbH	Gesellschaft mit beschränkter Haftung
GMBl.	Gemeinsames Ministerialblatt
GÜ	Geschäftsübersicht
GVBl.	Gesetzes- und Verordnungsblatt

H:

HandwO	Gesetz zur Ordnung des Handwerks
h.M.	herrschende Meinung
HdbVerfR	Handbuch des Verfassungsrechts
HeimG	Heimgesetz
HeimGÄndG	Gesetz zur Änderung des Heimgesetzes
HeimPersV	Verordnung über personelle Anforderungen für Heime
HeimsicherungsVO	Heimsicherungsverordnung
Hrsg., hrsg.	Herausgeber, herausgegeben
Hs.	Halbsatz
HStR	Handbuch des Staatsrechts der Bundesrepublik Deutschland

I:

i.d.F.	in der Fassung
i.E.	im Ergebnis
IQ	Intelligenzquotient
iSd	im Sinne des
iSv	im Sinne von

iVm	in Verbindung mit

<u>J:</u>

JA	Juristische Arbeitsblätter
Jura	Juristische Ausbildung
JuS	Juristische Schulung
JZ	Juristenzeitung

<u>K:</u>

KG	Kammergericht
krit.	kritisch

<u>L:</u>

LAG	Landesarbeitsgericht
Lfg.	Lieferung
LG	Landgericht
LM	Lindenmaier/ Möhring; Nachschlagewerk des Bundesgerichtshofs in Zivilsachen
LPK	Lehr- und Praxiskommentar

<u>M:</u>

m. Anm.	mit Anmerkung
m.E.	meines Erachtens
MBO	(Muster-) Berufsordnung für die deutschen Ärztinnen und Ärzte
Mio.	Million(en)
MittBayNot	Mitteilungen des Bayerischen Notarvereins
Mot.	Motive (zu dem Entwurf eines Bürgerlichen Gesetzbuches für das Deutsche Reich)
MüKo	Münchner Kommentar
MünchArbR	Münchener Handbuch zum Arbeitsrecht
mwN	mit weiteren Nachweisen

<u>N:</u>

n.	nach
n.F.	neue Fassung
NDV	Nachrichtendienst des deutschen Vereins für öffentliche Fürsorge
neurol.	neurologisch (-e, -es, -er)
NJW	Neue Juristische Wochenschrift

NJW-FER	NJW-Entscheidungsdienst Familien- und Erbrecht
NJW-RR	NJW-Rechtsprechungsreport
Nr.	Nummer
NVwZ	Neue Zeitschrift für Verwaltungsrecht
NWVBl.	Nordrhein-Westfälische Verwaltungsblätter

<u>O:</u>

o.g.	oben genannt (-e, -es, -er)
OLG	Oberlandesgericht
OVG	Oberverwaltungsgericht
OVGE	Sammlung des Entscheidungen der Oberverwaltungsgerichte

<u>P:</u>

partnerschaftl.	partnerschaftlich (-e, -es, -er)
Pers.	Persönlichkeit
PflR	Pflegerecht (Zeitschrift für Rechtsfragen in der stationären und ambulanten Pflege)
PlPr.	Plenarprotokoll
Prot. I	Protokolle der Kommission für die zweite Lesung des Entwurfs des BGB; Bd. II 1898

<u>R:</u>

Rd.Erl.	Runderlass
RG	Reichsgericht
RGBl.	Reichsgesetzblatt
RGZ	Amtliche Sammlung von Entscheidungen des Reichsgerichts in Zivilsachen
RMBl.	Reichsministerialblatt
Rn.	Randnummer
Rpfleger	Der deutsche Rechtspfleger
RsDE	Recht der sozialen Dienste und Einrichtungen
RSpr.	Rechtsprechung

<u>S:</u>

S.	Seite
s.	siehe
s.a.	siehe auch
st.	ständig (-e, -es, -er)
s.o.	siehe oben
s.u.	siehe unten
SGB	Sozialgesetzbuch

sog.	sogenannt (-e, -es, -er)
sonst.	sonstige
SPD	Sozialdemokratische Partei Deutschlands
StGB	Strafgesetzbuch
str.	streitig

T:

ThuP	Theorie und Praxis der sozialen Arbeit
TVG	Tarifvertragsgesetz
TVöD	Tarifvertrag öffentlicher Dienst

U:

u.	und
u.a.	unter anderem/ und andere
u.ä.	und ähnlich (-e, -es, -er)
usw.	und so weiter

V:

v.	von/ vor
v.a.	vor allem
VersammlG	Versammlungsgesetz
VfB	Verband freiberuflicher Berufsbetreuer/innen e.V.
VGH	Verwaltungsgerichtshof
vgl.	vergleiche
VGT	Vormundschaftsgerichtstag
Vorbem.	Vorbemerkung
VormG	Vormundschaftsgericht
VVDStRL	Veröffentlichungen der Vereinigung der Deutschen Staatsrechtslehrer
VwGO	Verwaltungsgerichtsordnung
VwVfG	Verwaltungsverfahrensgesetz

W:

wg.	wegen
WM	Zeitschrift für Wirtschafts- und Bankrecht
WuB	Entscheidungssammlung zum Wirtschafts- und Bankrecht

Z:

z.B.	zum Beispiel
ZDG	Zivildienstgesetz
ZErb	Zeitschrift für die Steuer- und Erbrechtspraxis
ZEV	Zeitschrift für Erbrecht und Vermögensnachfolge
ZfF	Zeitschrift für das Fürsorgewesen
ZfJ	Zentralblatt für Jugendrecht
ZfSH/ SGB	Zeitschrift für Sozialhilfe und Sozialgesetzbuch
Ziff.	Ziffer
zit.	zitiert
ZPO	Zivilprozessordnung
ZRP	Zeitschrift für Rechtspolitik
z.T.	zum Teil
ZustVHeimG	Verordnung über die Zuständigkeiten nach dem HeimG

Einführung

§ 1 Anlass und Gegenstand der Untersuchung

Mit dem Betreuungsgesetz zum 1.1.1992 wurde das traditionsreiche Recht der Entmündigung, Vormundschaft und Gebrechlichkeitspflegschaft für Volljährige völlig abgeschafft. Dieses neu geschaffene Rechtsinstitut bildet seitdem das einzige Instrument staatlicher Rechtsfürsorge für schutzbedürftige Erwachsene im bürgerlichen Recht. Mit seiner Einführung sollte entsprechend dem Auftrag des Grundgesetzes in Art. 1 GG zur Beachtung der Würde des Menschen eine angemessene Betreuung für diejenigen Personen sichergestellt werden, die ihre eigenen Angelegenheiten nicht selbst besorgen können.

Seine erste Reform erlebte das neue Rechtsinstitut durch das Betreuungsrechtsänderungsgesetz (BtÄndG) zum 1.1.1999. Im Jahr 2005 wurde erneut reformiert, am 1.7.2005 trat das Zweite Betreuungsrechtsänderungsgesetz (2. BtÄndG) in Kraft. Weitere Reformen sind Beratungsgegenstand in den Gesetzgebungsorganen des Bundes. Mittelpunkt der bisherigen Reformgesetze waren im Wesentlichen im Rahmen einer Entbürokratisierung Fragen zur Aufwandsentschädigung und Vergütung von Betreuern sowie die Stärkung der Möglichkeiten einer antizipierten Selbstbestimmung wie der Vorsorgevollmacht.

Hinsichtlich der Rechtsstellung des Betreuten innerhalb des Betreuungsrechts nahmen die Reformgesetze jedoch keine Änderungen vor. Ziel des nun inzwischen seit 14 Jahren bestehenden Betreuungsrechts ist die weitmöglichste Stärkung und Förderung der Eigenständigkeit des Betreuten. Der Grundsatz der Eigenverantwortlichkeit und Erforderlichkeit soll dem Betreuten zu einem möglichst selbständigen Leben verhelfen und ihn weitestgehend vor bevormundenden Regelungen freihalten. Nur dort, wo es als unbedingt nötig erachtet wurde, hat der Gesetzgeber dem Betreuten Schranken oder Genehmigungsvorbehalte auferlegt, z.B. in § 1903 BGB. Dort kann ausnahmsweise der Betreute in bestimmten einzeln festgelegten Bereichen einem Einwilligungsvorbehalt durch seinen Betreuer unterworfen werden.

Dieses Ziel führte unter anderem auch zu der rechtspolitischen Entscheidung, im Gegensatz zum früheren Recht der Entmündigung, keine Einschränkungen der Geschäfts- oder Testierfähigkeit vorzunehmen. Diese weitreichende rechtliche Eigenständigkeit ermöglicht es dem Betreuten auch, selbständig über sein Vermögen zu Lebzeiten sowie durch Verfügungen von Todes wegen für die Zeit nach seinem Tod zu verfügen und zu entscheiden. Zu beachten ist, dass der oben erwähnte Einwilligungsvorbehalt sich dabei auf letztgenannte Verfügungen nicht erstrecken kann.

Von einigen Seiten wurde auf eine besondere Gefahr für den Betreuten hingewiesen, welche die Kehrseite dieser großzügigen Freiheit bildet. Betreuer könnten die Geschäfts- und vor allem die Testierfähigkeit ihrer Schützlinge gezielt zu ihren eigenen Gunsten ausnutzen und die Betreuten unter Missbrauch ihrer Vertrauensposition dazu bewegen, ihnen Vermögensvorteile zukommen zu lassen, insbesondere mittels einer letztwilligen Bedenkung. Bereits vor Einführung des Betreuungsgesetzes im Jahr 1992 sowie während der Reformverhandlungen zum BtÄndG von 1999 wurde deswegen auch im Parlament angeregt, dieser Gefahr mittels einer besonderen Schutzvorschrift zu begegnen. Diese Anregungen wurden allerdings seitens des Gesetzgebers nicht verwirklicht und im letzten Reformverfahren zum 2. BtÄndG auch nicht wieder aufgenommen.

Die Befürworter einer besonderen Schutzvorschrift bezogen sich insbesondere auf ein bereits bestehendes Zuwendungsverbot, welches in § 14 Abs. 1, 5 HeimG im öffentlich-rechtlichen Heimgesetz niedergelegt ist. Das Heimgesetz besteht bereits seit dem 1.1.1975, es ist Ausdruck der staatlichen Fürsorgepflicht und bezweckt den Schutz alter Menschen sowie sonstiger pflegebedürftiger oder behinderter Volljähriger in Altenheimen, Altenwohnheimen und Pflegeheimen.

Ein solcher Schutzzweck ist dagegen dem vom Grundsatz der Privatautonomie geprägten Zivilrecht fremd. Allein die Regeln zum Betreuungsrecht in den §§ 1896 ff BGB sind ein Einbruch mit sozial-staatlicher Ausrichtung. Betreuung ist staatlich organisierter Beistand in Form von rechtlicher Fürsorge. Diese Art von Rechtsfürsorge wird volljährigen Personen zur Verfügung gestellt, die aufgrund einer psychischen Krankheit oder einer geistigen, seelischen oder körperlichen Behinderung nicht in der Lage sind, ihre Angelegenheiten teilweise oder vollständig selbst zu besorgen.

Zusammengefasst existiert somit ein zweigeteiltes Fürsorgesystem in Deutschland: eine tatsächliche Fürsorge und Pflege wird unter anderem durch dass öffentlich-rechtlich geregelte HeimG vermittelt, rechtliche Fürsorge allein durch das zivilrechtliche Betreuungsrecht. Beide Male richtet sich die Fürsorge an besonders hilfsbedürftige Personen in der Gesellschaft. Die besondere Hilfsbedürftigkeit veranlasste dabei den Gesetzgeber, die Heimbewohner durch eine ausdrückliche Schutzvorschrift des § 14 Abs. 1, 5 HeimG vor finanzieller Ausnutzung und Ungleichbehandlung durch ihre Pflegepersonen zu bewahren und damit der oben genannten besonderen Gefahr eines Missbrauches zu begegnen.

Im Betreuungsrecht dagegen sah der Gesetzgeber bis heute keine Veranlassung zur Einführung einer vergleichbaren Regelung.

Diese Situation wurde und wird in der Praxis und im Schrifttum als unbefriedigend betrachtet und so wurde diskutiert, ob § 14 Abs. 1, 5 HeimG im Betreuungsverhältnis analog gelten könne.

Gegenstand der vorliegenden Arbeit ist es, zunächst Bilanz zu ziehen hinsichtlich der rechtlichen Position, die nach heutiger Rechtslage der Betreute als Erblasser hat. Anschließend werden anhand der dort gefundenen Ergebnisse Möglichkeiten und Bedürfnisse nach einer Fortentwicklung im Betreuungsrecht untersucht werden.

§ 2 Gang der Untersuchung

Die rechtliche Diskussion soll jedoch erst ansetzen, nachdem die tatsächliche Lebenssituation der Betreuten in der Gesellschaft genauer geschildert worden ist.

Im ersten Teil der Arbeit wird es somit darum gehen, ein Bild von den tatsächlichen Verhältnissen wiederzugeben. Anliegen ist es, einen Eindruck zu vermitteln, welche Menschen zu dem Kreis der Betreuten wie auch dem Kreis der Betreuer gehören. In diesem Teil wird auch die geschichtliche Entwicklung des Rechts der Betreuung bzw. Vormundschaft und Pflegschaft für Volljährige von den Anfängen in der Antike bis hin zum heute geltenden 2. BtÄndG erläutert werden.

Im zweiten Teil der Arbeit werden zum einen Sonderregelungen des BAT bzw. des neuen TVöD und der beamtenrechtlichen Vorschriften untersucht. Diese Regelungen unterwerfen Zuwendungen von Betreuten an ihre Betreuer bestimmten Voraussetzungen. Zum anderen wird § 14 Abs. 1, 5 HeimG einer ausführlichen Würdigung unterzogen werden, da diese Norm den Großteil der Betreuten in ihrem Verhältnis zu den Fürsorgepersonen ihres Heimes betrifft. 60 % aller Betreuten leben in einem Heim, umgekehrt werden 75 % aller Heimbewohner auch rechtlich betreut.

Im Anschluss an die herausgearbeitete Bilanz werden im letzten Teil weiterführend Möglichkeiten und Erfordernisse hinsichtlich einer Änderung oder Erweiterung der bisherigen Rechtsposition des Betreuten als Erblasser allgemein und besonders im Verhältnis zu seinem Betreuer diskutiert und versucht, interessengerechte Lösungen zu entwickeln. Ein Blickpunkt wird dabei die Möglichkeit der Schaffung einer an § 14 Abs. 1, 5 HeimG angelehnten Schutznorm unter dem Aspekt der Vermeidung von Missbrauch einer besonderen Vertrauensstellung sein.

§ 3 Personenkreis der Betreuten

Möchte man sich einzelnen Fragen des Betreuungsrechts widmen, so ist es erforderlich zu veranschaulichen, um welche Personen unserer Gesellschaft es hierbei geht.

Neben der theoretischen Festlegung im Gesetz sind hierfür insbesondere inzwischen vorliegende rechtstatsächliche Erhebungen von Bedeutung. Diese bereiten die Altersstruktur, Wohnverhältnisse und Krankheitsbilder der Betreuten statistisch auf und können damit immer gesichertere Erkenntnisse über die tatsächlichen Verhältnisse in der Gesellschaft wiedergeben.

Im Folgenden sollen zunächst der Zweck und die gesetzlich aufgestellten Voraussetzungen einer Betreuerbestellung aufgeführt werden. Daran anschließend werden rechtstatsächliche Erkenntnisse über den Kreis der Betroffenen dargestellt werden.

A. Zweck des Betreuungsrechts

Betreuung ist staatlich organisierter Beistand in Form von rechtlicher Fürsorge.[1] Dass diese Fürsorge auch in Anspruch genommen wird, zeigen die Betreuungszahlen: In Deutschland werden derzeit mehr als eine Million Betreuungen geführt.[2] Fürsorgliche und autonomieorientierte Verantwortlichkeit von Menschen für Menschen soll Kernpunkt jeder Betreuung sein. Indem das seit dem 1.1.1992 geltende Betreuungsrecht die Entmündigung, Vormundschaft und Pflegschaft über Volljährige ersetzt hat, ist es zum einzigen Instrument staatlicher Rechtsfürsorge für den schutzbedürftigen Erwachsenen im bürgerlichen Recht geworden.

Aufgrund der gesetzlichen Vertretungsmacht, die die Anordnung einer Betreuung nach sich zieht, trägt das Betreuungsrecht auch Merkmale eines Eingriffstatbestands in die Freiheitssphäre und das Selbstbestimmungsrecht des Betroffenen in sich. Wegen dieser Gegensätzlichkeit von Hilfs- und Eingriffcharakter wird auch von der „Januskopfigkeit" des Betreuungsrechts gesprochen.[3]

Mit der Überschrift von §§ 1896 ff BGB „rechtliche Betreuung" wird deutlich, dass sich eine Betreuung um Fragen rechtlicher Hilfestellung kümmern soll. Es kann aber im Einzelfall Aufgabe eines Betreuers sein, tatsächliche Hilfe zu organisieren. Mit der Zielsetzung einer rechtlichen Hilfe für die Betroffenen wird ferner deutlich, dass Zentralfigur der Betreute ist. Es ist die Aufgabe des Betreuers, für seinen Schutz und seine Interessenvertretung bereitzustehen. Eine Betreuung zum Schutze anderer scheidet

---

1 Zu der Frage „Was ist Betreuung?" lesenswert die Aufsätze von Lipp, BtPrax 2005, 6 ff und Schulte, BtPrax 2005, 10 ff.

2 Bundesstatistik veröffentlicht von Deinert, „Betreuungszahlen 2003" u.a. in Betreuungsmanagement 2005, 38, BtPRax 2004, 227; verwendete Quellen: Bundesministerium der Justiz (Sondererhebungen nach dem Betreuungsgesetz sowie GÜ 2), Statistisches Bundesamt sowie ergänzende Mitteilungen der Landesjustizministerien, vgl. dazu § 3 C II 1.

3 Wienand, FuR 1990, 36.

damit dem Grunde nach aus.[4] Allerdings soll es nach der Begründung des Gesetzgebers und auch der h.M. im Schrifttum im Ausnahmefall zulässig sein, die Betreuung im Interesse eines Dritten anzuordnen.[5] In der Praxis liegen derartigen Konstellationen erfahrungsgemäß jedoch Sachverhalte zugrunde, nach denen der Betroffene selbst derart in seinen Fähigkeiten beeinträchtigt ist, dass sich auch nach seinem Interesse eine Betreuung anbietet.[6]

B. Gesetzliche Voraussetzungen

I. Betreuungsbedürftigkeit

Unter Beachtung dieser Prämisse stellt sich die Frage, bei welchen Personen eine entsprechend große Schutzbedürftigkeit angenommen werden kann, so dass ihre Lage eine Betreuungsanordnung nach sich zieht.

Eine solche „Betreuungsbedürftigkeit" wird nach § 1896 Abs. 1 Satz 1 BGB bei kumulativer Erfüllung zweier Voraussetzungen angenommen. § 1896 Abs. 1 Satz 1 BGB fordert in seinem ersten Teil einen medizinischen Befund, in seinem zweiten Teil sodann eine bestimmte rechtliche Bewertung der Auswirkungen des medizinischen Befunds auf die Lebenslage des Betroffenen.

1. Medizinischer Befund

Betreuungsbedürftigkeit verlangt aus medizinischer Sicht besondere körperliche oder geistige Erscheinungsbilder. § 1896 Abs. 1 Satz 1 BGB beinhaltet hierfür abschließend vier Fallgruppen.[7] Danach muss es sich entweder um eine psychische Krankheit oder um eine Behinderung handeln, die geistiger, seelischer oder körperlicher Art ist. Es lässt sich damit eine grobe Zweiteilung der Ursachen vornehmen, entweder liegen diese in einer geistigen/psychischen oder seelischen Schwäche einerseits oder in einer körperlichen Gebrechlichkeit andererseits.

Krankheiten sind funktionelle Störungen, die sich verbessern oder verschlimmern und auch heilbar sein können. Behinderungen sind eine bleibende negative Konditio-

---

[4] Anders so noch nach altem Recht, wonach auch der Schutz der Familie oder der öffentlichen Sicherheit eine Entmündigung rechtfertigen konnte, § 6 Abs. 1 Ziff. 2, 3 BGB a.F.

[5] BT-Drs. 11/ 4528, 117 f; Bienwald, Betreuungsrecht, § 1896/ Rn. 84; MüKo-Schwab, BGB, § 1896/ Rn. 22; Winterstein, in Jürgens/Kröger/Marschner/Winterstein, Rn. 64; dies namentlich dann, wenn ein Arbeiter seinen Anspruch auf Arbeitslohn gegen seinen geschäftsunfähig gewordenen Arbeitgeber durchsetzen will oder der Mieter dem geschäftsunfähig gewordenen Vermieter kündigen will, BT-Drs. 11/ 4528, 118.

[6] BT-Drs. 11/ 4528, 117 f; zu beachten ist hierbei ferner, dass dem Dritten auch in Fällen seines Interesses kein Antragsrecht zur Einrichtung einer Betreuung zusteht. Ein Antragsrecht Dritter wäre mit dem Wesen der Betreuung als einer auf das Wohl der Betroffenen ausgerichtete öffentliche Hilfe nicht zu vereinbaren. Der Betreuer hat auch in diesen Fällen die Ausübung der Betreuung am Wohl der Betreuten auszurichten, § 1901 Abs. 2 BGB; zu einzelnen Gesichtspunkten hierzu Müller, S. 135.

[7] BT-Drs. 11/ 4528, 117.

nierung der körperlichen und/oder geistigen oder seelischen Abläufe.[8] Zur Feststellung des medizinischen Befundes ist die Einholung eines persönlich durchgeführten Sachverständigengutachtens erforderlich, § 68 b Absatz 1 Satz 1 und 4 FGG. Trotz der Tatsache, dass die verwendeten Begrifflichkeiten in § 1896 Abs. 1 Satz 1 BGB abschließend sind, ist davon auszugehen, dass der Feststellung des Sachverhalts und der Voraussetzung einer Betreuerbestellung nicht ein statischer, sondern ein dynamischer Krankheitsbegriff zugrunde zu legen ist, der nicht lediglich auf den Moment abstellt, in dem eine Betreuungsbedürftigkeit zu beurteilen ist, sondern die voraussehbare Entwicklung und die bekannten oder erkennbaren Schwankungen in dem Erscheinungsbild und der Verfassung des Betroffenen einbezieht. Die Krankheitsbezeichnungen des § 1896 Abs. 1 Satz 1 BGB können deshalb nicht im Sinne einer abschließenden Diagnose, sondern als „Leitbild-Beschreibungen" verstanden werden.[9]

a. Psychische Krankheit

Unter der Fallgruppe der psychischen Krankheit werden bestimmte Erscheinungsbilder zusammengefasst. Einen Leitfaden hierzu stellte der Gesetzesentwurf der Bundesregierung vom 11.5.1989 auf. Psychische Krankheiten sind danach:[10]

- Körperlich nicht begründbare (endogene) Psychosen, z.B. affektive Psychosen (manisch depressive Krankheiten, endogene Depressionen), Psychosen aus dem schizophrenen Formenkreis;
- Körperlich begründbare (exogene) Psychosen, d.h. seelische Störungen, als Folge von Krankheiten oder Verletzungen des Gehirns, von Anfallsleiden oder von anderen Krankheiten oder körperlichen Beeinträchtigungen. Hierzu zählen u.a. neurologische Erkrankungen, die zu Bewusstseinsstörungen, Demenz oder Wesensveränderungen führen (z.B. durch Alterskrankheiten wie Alzheimer Krankheit, Hirninfarkte, Chorea Huntington, Creutzfeld-Jakobsche Krankheit, Wachkoma);
- Abhängigkeitskrankheiten (Alkohol-, Medikamenten-, Drogenabhängigkeit) sowie
- Neurosen und Persönlichkeitsstörungen (Psychopathien), z.B. Borderline-Störung

Allen schweren psychischen Krankheiten sind als Hauptmerkmale die Störung folgender drei geistig-psychischen Bereiche zu eigen: Störungen der Beziehung zur Realität (Wahn, Halluzinationen), Veränderungen der Entstehung und des Schicksals von Gefühlen und schließlich Störungen des Antriebs.[11]

---

8 MüKo-Schwab, BGB, § 1896/ Rn. 15 ff, 42; Staudinger-Bienwald, BGB, § 1896/ Rn. 33 mwN.

9 Bienwald, Betreuungsrecht, § 1896/ Rn. 53; MüKo-Schwab, BGB, § 1896/ Rn. 13, 42 mwN; Staudinger-Bienwald, BGB, § 1896/ Rn. 43 mwN.

10 BT-Drs. 11/ 4528, 116; ferner MüKo-Schwab, BGB, § 1896/ Rn. 9 mwN; Staudinger-Bienwald, BGB, § 1896/ Rn. 34 mwN.

11 Bruder, Gutachten C 35.

b. Geistige Behinderung

Zu „geistig Behinderten" zählt man Personen, deren geistige Entwicklung durch angeborene oder frühzeitig erworbene Störungen hinter der altersgemäßen Norm zurückgeblieben ist, so dass sie für ihre Lebensführung besonderer Hilfen bedürfen. Wesensmerkmale sind Störungen in der Beziehung zur Umwelt. Geistig Behinderte sind aufgrund ihrer begrenzten kognitiven Möglichkeiten auch in ihrer sozialen Elastizität und Geschicklichkeit eingeschränkt. Dabei ist zu unterscheiden zwischen schwerer geistiger Behinderung mit Werten des Intelligenzquotienten (IQ) unterhalb von 50 und leichter geistiger Behinderung (Lernbehinderung) mit IQ-Werten zwischen 50 und 75.[12]

c. Seelische Behinderung

Seelische Behinderungen sind bleibende psychische Beeinträchtigungen, welche Folgen von psychischen Krankheiten sind. Der Gesetzgeber hatte den Begriff der „seelischen Behinderung" zur Vermeidung von Lücken eingefügt. Anlass waren fachliche Unklarheiten darüber, ob Erscheinungen des Altersabbaus (z.B. Demenz) eine psychische Krankheit oder seelische Behinderung sind.[13]

d. Körperliche Behinderung

Unter einer „körperlichen Behinderung" sind Abweichungen der körperlichen Fähigkeiten einer Person gegenüber den Fähigkeiten von „Durchschnittspersonen" zu verstehen.[14] Trotz bestehender Kritik hierzu hatte der Gesetzgeber sich zur Beibehaltung einer rechtlichen Fürsorge auch bei nur körperlichen Beeinträchtigungen entschieden, so wie es § 1910 Abs. 1 BGB a.F. im alten Recht der Gebrechlichkeitspflegschaft vorsah.[15]

e. Ergebnis

Die Auflistung der einzelnen Krankheits- und Behinderungsbilder lässt erkennen, dass am häufigsten psychische Krankheiten den Anlass für eine Betreuungsanordnung darstellen, daneben auch geistige Behinderungen schweren Grades. Seelische und rein körperliche Behinderungen treten dagegen in den Hintergrund.[16]

---

[12] Bruder, Gutachten C 27 f; BT-Drs. 11/ 4528, 116; MüKo-Schwab, BGB, § 1896/ Rn. 16; kritisiert wird hierbei die Einschränkung auf angeborene oder frühzeitig erworbene Störungen, s. Staudinger-Bienwald, BGB, § 1896/ Rn. 35.

[13] BT-Drs. 11/ 4528, 116; MüKo-Schwab, BGB, § 1896/ Rn. 15; Staudinger-Bienwald, BGB, § 1896/ Rn. 37.

[14] MüKo-Schwab, BGB, § 1896/ Rn. 15; Staudinger-Bienwald, BGB, § 1896/ Rn. 37.

[15] Vgl. BT-Drs. 11/ 4528, 116 f; Bedenken gegen diese Entscheidung mit dem Argument, dass damit ein unverhältnismäßiger Eingriff in die Selbständigkeit des Betroffenen möglich ist, können mit dem Korrektiv des Erforderlichkeitsgrundsatzes entgegengetreten werden, so auch Staudinger-Bienwald, BGB, § 1896/ Rn. 32.

[16] Vgl. zur statistischen Verteilung unter § 3 C II 3.

§ 1896 Abs. 1 Satz 1 BGB setzt in Fortführung zu den früheren §§ 6 Abs. 1 Ziff. 1 und § 1910 BGB a.F. als zweites Merkmal einer Betreuungsbedürftigkeit voraus, dass der Betroffene „auf Grund“ des festgestellten medizinischen Befunds nicht in der Lage ist, „seine Angelegenheiten ganz oder teilweise zu besorgen.“

Der medizinische Befund allein rechtfertigt damit keine Betreuerbestellung. Entscheidend ist nicht die Krankheit oder Behinderung eines Menschen allein, sondern vielmehr muss ein entsprechendes rechtliches Fürsorgebedürfnis in der Person des Betroffenen begründet sein. Dies kann nur dann bestehen, wenn die Unfähigkeit zur Besorgung regelungsbedürftiger Angelegenheiten zum medizinischen Erscheinungsbild hinzutritt.

Der Begriff der „Angelegenheit“ im Sinne von § 1896 Abs. 1 Satz 1 BGB ist hierbei nicht auf Vermögensangelegenheiten beschränkt. Auch wenn der Kernbereich der Angelegenheiten, die zu besorgen sind, rechtsgeschäftlicher Natur ist, werden nach einem umfassenden Verständnis auch solche erfasst, die Gegenstand der Personensorge sein können.[17] Abzugrenzen ist diese Personensorge jedoch von den „alltäglichen Besorgungen“, wie dem Einkauf, der Wäsche oder etwa einer Kranken“pflege“.

Maßstab ist eine Feststellung darüber, welche Defizite sich für den Betroffenen aus seiner Krankheit oder Behinderung für die Besorgung seiner Angelegenheiten ergäben, wenn die Betreuung in dem betreffenden Bereich unterbliebe. Hierfür ist das Vormundschaftsgericht jedoch auf die Aussagen Sachverständiger angewiesen. § 68 b Abs. 1 Satz 5 FGG sieht deshalb vor, dass der Sachverständige auch zu dieser Frage Stellung nimmt, indem er angeben soll, für welche Lebensbereiche eine Betreuung nötig erscheint.[18] Abgrenzungskriterium soll die Notwendigkeit einer gesetzlichen Vertretung sein. Wo keine derartige Notwendigkeit besteht, seien andere Hilfen vorrangig.[19]

Zu beachten ist ferner, dass die Voraussetzungen der Betreuungsbedürftigkeit nach Abs. 1 nicht bereits dann vorliegen, wenn der Betroffene seine Angelegenheiten nicht persönlich besorgen kann. Auch gesunde und nicht behinderte Volljährige müssen sich zur Besorgung ihrer Angelegenheiten häufig der Hilfe eines Dritten bedienen, so der Hilfe eines Rechtsanwalts, eines Notars, eines Wirtschaftsprüfers, Steuerberaters, aber auch eines Arztes oder eines Krankenpflegers. Nur wenn der Betroffene psychisch oder körperlich außerstande ist, solche Hilfe von sich aus in Anspruch zu nehmen oder sogar die Notwendigkeit der Inanspruchnahme zu erkennen, kommt eine Betreuungsanordnung in Betracht.[20]

---

[17] BT-Drs. 11/ 4528, 117; Bienwald, Betreuungsrecht, § 1896/ Rn. 71 (2.A., 1994); MüKo-Schwab, BGB, § 1896/ Rn. 20; Staudinger-Bienwald, BGB, § 1896/ Rn. 48.

[18] BT-Drs. 11/ 4528, 121.

[19] BT-Drs. 11/4528, 122; Staudinger-Bienwald, BGB, § 1896/ Rn. 47.

[20] BT-Drs. 11/ 4528, 117.

II. Betreuungsbedarf

Ergeben eine Auswertung des medizinischen Befunds und die juristische Schlussfolgerung daraus eine Betreuungsbedürftigkeit im Sinne von § 1896 Abs. 1 Satz 1 BGB, dann muss aufgrund des ausdrücklich normierten Erforderlichkeitsgrundsatzes und des Subsidiaritätsgrundsatzes auch ein Betreuungsbedarf bestehen.[21] § 1896 Abs. 2 Satz 1 BGB stellt das Erfordernis zur Konkretisierung nach Aufgabenkreisen auf, denn nur soweit erforderlich soll in den betroffenen Aufgabenkreisen eine Betreuung eingerichtet werden. Daraus ist zu folgern, dass sowohl das medizinische Sachverständigengutachten wie auch die rechtliche Bewertung durch das Vormundschaftsgericht sich detailliert mit den einzelnen betroffenen Lebensbereichen auseinander zu setzen haben, wie es auch § 68 b Abs. 1 Satz 5 FGG für den Teil des Sachverständigengutachtens normiert. § 1896 Abs. 2 Satz 2 BGB statuiert die Subsidiarität der Betreuung gegenüber einer Bevollmächtigung oder möglichen tatsächlichen Hilfen. Die Subsidiarität einer jeden Betreuung ergibt sich bereits aus der Umsetzung des Zweckes von Betreuungen. Sie sollen dort staatlich gewährte rechtliche Fürsorge sein, wo der Betroffene rechtlich fürsorgebedürftig ist, aber nicht darüber hinaus.

Dies ist er zum einen dann nicht, wenn er bereits selbst durch Einrichtung einer Bevollmächtigung oder durch Errichtung einer konkreten Verfügung vorgesorgt hat und der Bevollmächtigte ebenso gut wie ein Betreuer die Angelegenheiten besorgen kann oder die Vorsorgeregelung hinreichend den betroffenen Sachverhalt regelt. Namentlich gewinnen hier die Vorsorgevollmacht, die Betreuungsverfügung und das Patiententestament an Bedeutung. Diese lassen sich insgesamt unter dem Begriff der „antizipierten Selbstbestimmung" zusammenfassen. Sie unterscheiden sich nach Inhalt und Umfang der Bevollmächtigung.

Eine Betreuung ist auch dann nicht erforderlich, wenn die betroffenen Angelegenheiten durch „andere Hilfen, bei denen kein gesetzlicher Vertreter bestellt wird, ebenso gut wie durch einen Betreuer besorgt werden können", § 1896 Abs. 2 Satz 2 BGB. „Andere Hilfen", die sich in einer privaten Unterstützung oder in anderen öffentlichen Hilfen wiederspiegeln, haben damit Vorrang, eine Betreuung tritt hinter diesen als subsidiär zurück. Private Unterstützung durch Familie, Angehörige und Bekannte, aber auch durch Verbände, Vereine und Initiativgruppen wird sich in der Regel als „Hilfe zur Selbsthilfe" darstellen. Öffentliche Hilfe bieten die einzelnen Kommunen als Träger sozialer Einrichtungen und Dienste an.

III. Zusammenfassung

Liegen die gesetzlichen Voraussetzungen der „Betreuungsbedürftigkeit", § 1896 Abs. 1 Satz 1 BGB, und des „Betreuungsbedarfs", § 1896 Abs. 2 BGB, vor, kann für einzeln zu bestimmende Aufgabenkreise eine Betreuung eingerichtet werden. Beson-

---

[21] Es handelt sich bei diesen um Kernelemente des heutigen Betreuungsrechts, s. dazu die Ausführungen bei BT-Drs. 11/ 4528, 58; zur Bedeutung der Kausalität s. MüKo-Schwab, BGB, § 1896/ Rn. 21.

dere Bedeutung kommt dem Erforderlichkeitsgrundsatz in seiner eingrenzenden Funktion zu.

C. Gesellschaftliche Verhältnisse

Die rechtlichen Voraussetzungen aus § 1896 BGB bilden eine Grundlage zur Eingrenzung des theoretisch betroffenen Personenkreises. Unter Heranziehung durchgeführter Sozialforschungen kann dagegen ein plastisches Bild davon gegeben werden, welcher Personenkreis tatsächlich betroffen ist.

I. Verwendete Quellen rechtstatsächlicher Erhebungen

1. Justizstatistiken

Bislang fehlte eine zufriedenstellende empirische Basis, mittels der bundesweit die betroffenen Personengruppen und insbesondere ihre Lebenssituation veranschaulicht werden konnten. Einzige Quelle für bundeseinheitlich erhobene Daten war die Justiz. Die Betreuungsstatistik der Amtsgerichte bestand bis 1999 nur in der Geschäftsübersicht (GÜ), die lediglich die Anzahl der Betreuungen und wenige weitere Zahlen, etwa zum Unterbringungsverfahren, zur Verfügung stellt. Seit 1999 wird zusätzlich eine Sondererhebung durchgeführt, die detailliertere Angaben zu der Gruppe der Betreuer enthält.[22]

2. Praxisprojekt „Die Lebenslage älterer Menschen mit rechtlicher Betreuung“

Um diesem Manko zu begegnen, wurde das Forschungs- und Praxisprojekt der Akademie für öffentliches Gesundheitswesen in Düsseldorf „Die Lebenslage älterer Menschen mit rechtlicher Betreuung“ - gefördert vom Bundesministerium für Familie, Senioren, Frauen und Jugend (BMFSFJ) - ins Leben gerufen, mit einer Laufzeit von April 2001 bis September 2004.[23] Das Projekt hatte zum Ziel, gesicherte Informationen über die bisherigen Auswirkungen des Betreuungsrechts und Planungsdaten für dessen Weiterentwicklung zur Verfügung zu stellen, um argumentativ durch aktuelle empirische Forschungsergebnisse Reformbestrebungen effektiver unterstützen zu können.[24] Es wurden insgesamt 9.717 Akten der Vormundschaftsgerichte von 21 Amtsgerichtsbezirken ausgewertet, aufgeteilt in rund 6.000 Bestandsakten und 3.600 Akten Neuzu-

---

[22] Zu weiteren regionalen Statistiken vgl. Abschlussbericht, S. 39 des im Anschluss dargestellten Praxisprojekts.

[23] Im Folgenden zitiert als „Abschlussbericht-Praxisprojekt, S.“; Gang und Ergebnisse des Projektes sind v.a. auf den Web-Seiten „www.betreuungsrecht-forschung.de“ und „www.bmfsfj.de/ RedaktionBMFSFJ/Abteilung3/Pdf-Anlagen/abschlussbericht-rechtliche-betreuung.pdf“ zu finden; der seit Juli 2005 zugängliche Abschlussbericht ist dort als download verfügbar; s.a. Hoffmann/Korte/ v. Ferber, BtPrax 2005, 91 ff; (der Artikel fasst die Ergebnisse des Forschungsberichts zusammen).

[24] Eine Einführung zu Ziel und Ablauf findet sich bei Hoffmann/Korte, BtPrax 2001, 154 ff; Bt-Drs. 14/5746 enthält den Ausschreibungsbeschluss für dieses und das weitere Projekt „Rechtstatsächliche Untersuchung zur Qualität und den Kosten der Betreuung“, welches für die vorliegende Arbeit jedoch nicht verwendet wurde.

gänge.[25] Ferner wurden knapp 1.600 Betreuer per Fragebogen über Alter und Lebensumstände der Betreuten befragt.[26]

Auf die im Projekt vorgenommene Differenzierung nach Bestand und Neuzugängen von Betreuungen wird in der nun folgenden Darstellung nur insoweit eingegangen, als es von besonderer Bedeutung ist.[27]

3. Zusammenfassung

Für die vorliegende Arbeit werden die zwei genannten Quellen verwendet werden, insbesondere wird für die Wiedergabe rechtstatsächlicher Forschungen allein auf das o.g. Projekt zurückgegriffen werden. Soweit ersichtlich liefern dessen Resultate derzeit die umfassendsten und aktuellsten Daten, um die rechtstatsächlichen Verhältnisse wiederzuspiegeln, auch wenn sie nicht in der Lage sind, vollständig ein bundeseinheitliches Bild der Gesellschaft wiederzugeben. Doch kann hiermit ein allgemeiner Überblick gegeben werden. Betont werden muss, dass diese Arbeit es nicht vermag, allgemein geltende allumfassende Aussagen treffen zu können. Ziel ist es, unter Heranziehung vorhandener aktueller Erhebungen einen möglichst realitätsnahen Eindruck zu vermitteln.

Ferner ist die Studie für die vorliegende Arbeit von besonderer Bedeutung, da sie insbesondere ältere Menschen näher betrachtet; gerade die Betroffenen dieser Gruppe stehen einer Errichtung einer letztwilligen Verfügung besonders nahe.

---

25 Näher hierzu Abschlussbericht-Praxisprojekt, S. 60.

26 Hoffmann, BtPrax 2003, Heft 6, S. 249; zum methodischen Vorgehen s. ausf. Abschlussbericht-Praxisprojekt, S. 61 ff: Es wurden Bundesländer mit hoher, durchschnittlicher und niedriger Betreutenquote einbezogen. Diese Betreutenquote wurde ergänzt durch die Vorgabe, dass sowohl östliche als auch westliche Bundesländer vertreten sein sollten, weil sie auf eine unterschiedliche Tradition mit den Vorläufern des Betreuungsrechts, den Vormundschaften und Pflegschaften zurückblicken. Innerhalb der alten Bundesrepublik wurde auf eine angemessene regionale Verteilung der auszuwählenden Bundesländer geachtet. Ausgewählt wurden Baden-Württemberg, Berlin, Hamburg, Mecklenburg-Vorpommern, Nordrhein-Westfalen, Saarland, Sachsen.

27 Zu erwähnen sei ferner eine Dissertation von Margit During aus dem Jahr 2001, die sich ebenfalls dem Bedürfnis nach rechtstatsächlichen Auswertungen im Betreuungsrecht widmet. During hatte damals unterschiedliche einzelne Statistiken ausgewertet sowie eigene Erhebungen vorgenommen. Hierdurch konnte sie zwar Tendenzen belegen und einen Überblick über die betroffenen Personengruppen liefern, allgemein repräsentative Aussagen waren ihr allerdings aufgrund ihres kleinen Erfassungsradius nicht möglich, s. During, Margit, S. 115 ff, zu lesen und herunterzuladen unter „www.sub.uni-hamburg.de/opus/frontdoor.php? source_opus=406".

II. Forschungsergebnisse

1. Allgemeine bundesweite Angaben über Betreuungszahlen[28]

Absolut standen zum Stichtag des Forschungsprojekts am 31.12.2003 in der Bundesrepublik 1.100.626 Menschen, damit über 1,1 Mio. Menschen unter rechtlicher Betreuung. Prozentual umgerechnet auf eine Gesamtbevölkerung von rund 82,5 Mio. Menschen waren damit verglichen mit 1,27 % Prozent noch zum vorangegangenen Jahr, d.h. zum 31.12.2002, am Stichtag des 31.12.2003 1,33 % der Gesamtbevölkerung betroffen, ein Anstieg gegenüber dem Vorjahr um 5,08 %.

Betreuungen im Bundesgebiet					
Bundesland	Einwohnerzahl 31.12.2003	Betreuungen 31.12.2002	Betreute je 1000 Einw. 31.12.2002	Betreuungen 31.12.2003	Betreute je 1000 Einw. 31.12.2003
Baden - Württemberg	10.661.320	73.137	6,86	79.352	7,44
Bayern	12.387.351	152.724	12,33	157.688	12,73
Berlin	3.392.425	53.440	15,75	56.638	16,70
Brandenburg	2.582.379	37.601	14,56	40.130	15,54
Bremen	662.098	6.980	10,54	7.520	11,36
Hamburg	1.728.806	18.059	10,45	19.065	11,03
Hessen	6.091.618	79.225	13,01	82.189	13,49
Mecklenburg - Vorp.	1.744.624	25.934	14,87	27.619	15,83
Niedersachsen	7.980.472	113.903	14,27	119.872	15,02
Nordrhein - Westfalen	18.076.355	237.768	13,15	250.516	13,86
Rheinland - Pfalz	4.057.727	54.797	13,50	58.012	14,30
Saarland	1.064.988	17.429	16,37	19.331	18,15
Sachsen	4.349.059	60.586	13,93	63.509	14,60
Sachsen - Anhalt	2.548.911	36.613	14,36	39.056	15,32
Schleswig - Holstein	2.816.507	39.300	13,95	40.504	14,38
Thüringen	2.392.040	28.739	12,01	30.632	12,81
Bundesgebiet	**82.536.680**	**1.047.406**	12,69	**1.100.626**	13,33
Anstieg ggü. Vorjahr		61.014	6,19%	53.220	5,08%

[28] Betreuungszahlen 2003 veröffentlicht von Deinert, u.a. in Betreuungsmanagement 2005, 38; verwendete Quellen: Bundesministerium der Justiz (Sondererhebungen nach dem Betreuungsgesetz sowie GÜ 2), Statistisches Bundesamt sowie ergänzende Mitteilungen der Landesjustizministerien.

2. Prozentuale Verteilung nach Alter der Betreuten

Von dieser Gesamtbilanz ausgehend kann konkretisierend eine prozentuale Verteilung nach dem Alter der Betreuten vorgenommen werden.

Die Auswertung der verfügbaren etwa 6000 Bestandsakten ergab, dass Betreuungen nahezu regelmäßig in jeder Altersgruppe zu finden sind. Untergliedert in Fünfjahres-Altersgruppen zeigen sich bezogen auf die Gesamtzahl aller Betreuten etwas höhere Anteile bei den 35- bis 44-Jährigen, bei der Gruppe der 60- bis 64-Jährigen und ein Anstieg ab einem Alter von 75 bis 89 Jahren.[29]

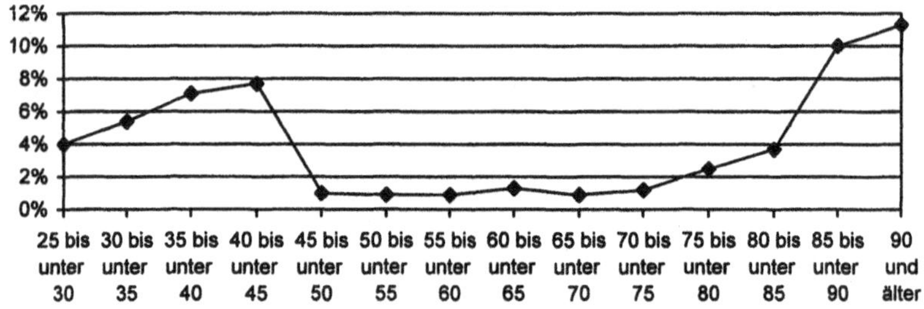

Bezogen auf das Verhältnis zur gleichaltrigen Gesamtbevölkerung ergab sich, dass bis zum Alter von 75 Jahren der Anteil von Betreuten stets im Bereich von etwa 1 % lag, mit einem Lebensalter von 75 Jahren und älter jedoch ein erheblicher Anstieg zu verzeichnen ist, bei den 85-Jährigen und älter liegt der Anteil bei 10 % der gleichaltrigen Bevölkerung.[30]

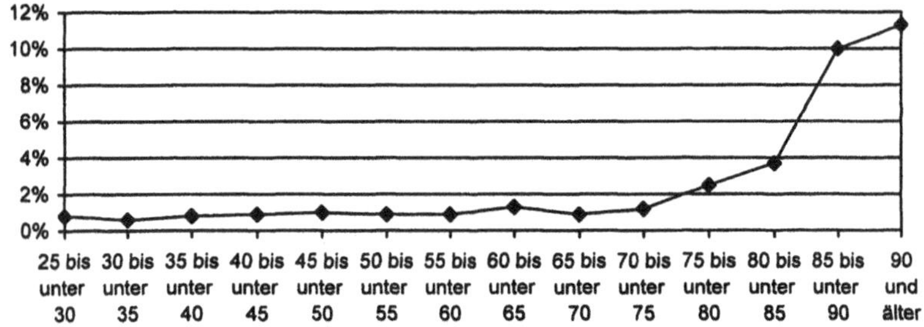

Die Altersstruktur bei neuen Verfahren unterscheidet sich deutlich von den Bestandsdaten. Bezieht man sich auf die aktuell anhängigen Betreuungen, so sind 50 % der rechtlich Betreuten 60 Jahre und älter, bei den Neuzugängen ist die Hälfte 75 Jahre und älter. Bei den neuen Betreuungsverfahren geht es also um durchschnittlich ältere Menschen als bei den anhängigen Betreuungen.[31]

---

[29] S. Abschlussbericht-Praxisprojekt, S. 64; Stichtag war hier der 1.11.2001.

[30] S. Abschlussbericht-Praxisprojekt, S. 66; Hoffmann/Korte/v. Ferber, BtPrax 2005, 91, 93.

[31] Hoffmann/Korte/v. Ferber, BtPrax 2005, 91, 93.

3. Prozentuale Verteilung nach Krankheitsbild

Ferner kann eine Einteilung der Betreuten nach den zugrunde liegenden Diagnosen vorgenommen werden. Das Forschungsprojekt untersuchte hierbei das Krankheitsspektrum, das sich aus den Akten der Neuzugänge ergab.[32]

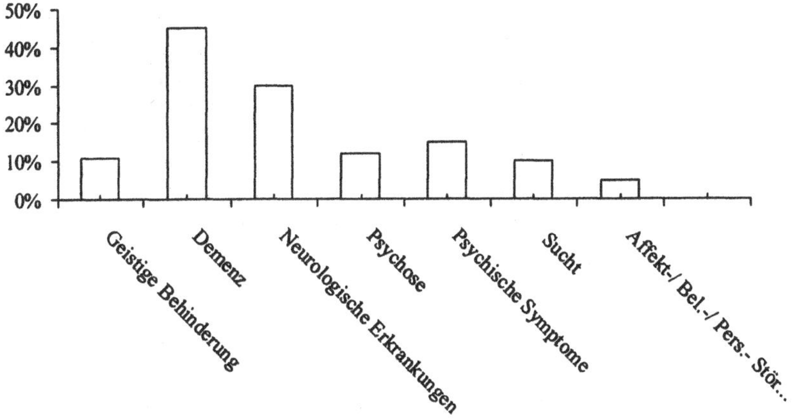

Das am häufigsten genannte Krankheitsbild ist Demenz (45 %).[33] Es folgen neurologische Erkrankungen (30 %)[34], psychische Symptome (15 %)[35], Psychosen (12 %)[36] und geistige Behinderungen (11 %)[37]. Alkoholismus als Suchterkrankung wird in jedem

[32] Abschlussbericht-Praxisprojekt, S. 75.

[33] Unter Demenzen wurden alle Formen von psychischen Störungen zusammengefasst, bei denen eine hirnorganische Beteiligung mit Gedächtnisstörung angenommen wird, s. Abschlussbericht-Praxisprojekt, S. 72; Hoffmann/Korte/v. Ferber, BtPrax 2005, 91, 94.

[34] Darunter fallen hauptsächlich Erkrankungen mit Beteiligung der Hirnfunktion wie Schlaganfall, zerebrale Durchblutungsstörungen und Gehirnverletzungen. Es handelt sich um neurologische Erkrankungen, die nicht bereits als hirnorganische Psychosyndrome in der Kategorie Demenz erfasst sind, s. Abschlussbericht-Praxisprojekt, S. 73; Hoffmann/Korte/v. Ferber, BtPrax 2005, 91, 94.

[35] Diese Kategorie umfasst alle nicht näher spezifizierten psychischen Störungen und psychische Symptome. Das Spektrum reicht von Desorientierung, paranoider Episode über Persönlichkeitsabbau, Vergesslichkeit bis zu Wesensänderungen, s. Abschlussbericht-Praxisprojekt, S. 73.

[36] Dieser Oberbegriff umfasst psychische Störungen, die durch Wahnsymptomatik, Realitätsverlust und Antriebsstörungen gekennzeichnet sind (z. B. Schizophrenie), endogene Depressionen und wiederkehrende oder abwechselnde depressive bzw. manische Zustände (bipolare affektive Störungen), s. Abschlussbericht-Praxisprojekt, S. 72; Hoffmann/Korte/v. Ferber, BtPrax 2005, 91, 95.

[37] Darunter fällt jede Art von Intelligenzminderung, die auf einer unvollständigen Entwicklung der geistigen Fähigkeiten beruht, s. Abschlussbericht-Praxisprojekt, S. 73; Hoffmann/Korte/v. Ferber, BtPrax 2005, 91, 95.

zehnten Fall diagnostiziert.[38] Bei 5 % der neuen Betreuungsverfahren wird auf Affekt-, Belastungs- und Persönlichkeitsstörungen Bezug genommen.[39]

Die Erhebung des Durchschnittsalters in der jeweiligen Diagnosegruppe ergab sodann im Bereich der 65-Jährigen und Älteren folgendes Bild:[40]

Die Gruppe der Demenzkranken hat mit 82 Jahren das höchste Durchschnittsalter. Mit einem Durchschnittsalter von 81 Jahren gleicht die Diagnosegruppe der neurologischen Störungen der der Demenzkranken. An dritter Stelle folgen Suchtbetroffene im Fall des Alkoholmissbrauchs, ihr Durchschnittsalter beträgt 71 Jahre. Im Mittel 76 Jahre alt sind Betreute mit Psychosen, während schließlich die von der Diagnose „geistige Behinderung" Betroffenen im Durchschnitt 71 ½ Jahre alt sind.

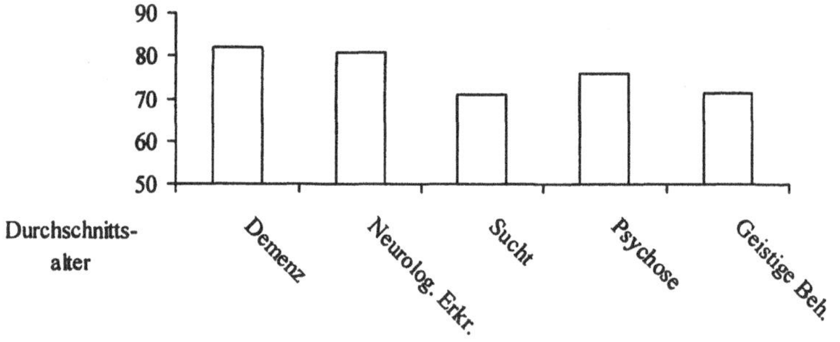

4. Wohnsituation

a. Betreute

Besondere Bedeutung im Rahmen der vorliegenden Untersuchung wird auch der Tatsache zukommen, dass ein Großteil aller Betreuten, insbesondere in höherem Lebensalter ab 65 Jahre und älter, in stationären Einrichtungen untergebracht ist. Insgesamt ist charakteristisch, dass bei jüngeren Betreuten eine Vielfalt an Lebensformen zu beobachten ist, im Alter dagegen das Leben im Altenpflegeheim dominiert.

In Bezug auf alle Betreuungen befinden sich 56 % in stationären Einrichtungen, 13 % von ihnen sind Bewohner von Behinderteneinrichtungen, 6 % leben in psychiatrischen Institutionen und 38 % in Einrichtungen der Altenpflege.[41]

---

[38] Im Zusammenhang mit Sucht wurde nur Alkohol als Suchtstoff genannt, andere Suchtstoffe fanden in den Betreuungsakten keine Erwähnung, s. Abschlussbericht-Praxisprojekt, S. 72; Hoffmann/Korte/ v. Ferber, BtPrax 2005, 91, 95.

[39] Unter dieser Überschrift sind verschiedene andere psychische Störungen zusammengefasst. Es handelt sich um Anpassungsstörungen (Angststörungen/Phobien), Persönlichkeitsstörungen (z.B. Borderline-Syndrom) und Depressionen. Ihnen ist gemeinsam, dass sie nicht organisch oder durch Suchtverhalten bedingt sind, sondern als reaktive Konflikt- und Anpassungsstörungen oder als Störungen der Persönlichkeitsstruktur aufgefasst werden können, s. Abschlussbericht-Praxisprojekt, S. 72.

[40] Hoffmann/Korte/v. Ferber, BtPrax 2005, 91, 95.

Es lässt sich beobachten, dass mit steigendem Lebensalter auch die Institutionalisierungsrate kontinuierlich zunimmt. Während von jüngeren Betreuten im Alter von 18 bis 24 Jahren 24 % in stationären Einrichtungen untergebracht sind und bezogen auf alle Betreuten im Alter von unter 65 Jahren 40 %[42], sind es im Alter von 65 Jahren bis 85 Jahren bereits 74 %. In der Gruppe der 85-Jährigen und älter steigt der Anteil schließlich auf 80 %.

Von den übrigen 43 % aller Betreuten, welche nicht in einer stationären Einrichtung leben, wohnen etwa 16 % allein und 7 % im Zweipersonenhaushalt mit dem (Ehe-) Partner; 20 % wohnen mit anderen verwandten oder nichtverwandten Personen zusammen. Es zeigt sich, dass in letzterer Gruppe überwiegend jüngere Personen bis unter 45 Jahre zu finden sind, die ledig sind und vermutlich im Haushalt der Eltern leben. Ältere Menschen, die möglicherweise zu den Kindern gezogen sind, finden sich dagegen seltener.[43]

b. Vergleich mit Gesamtbevölkerung

Im Vergleich hierzu lebten laut dem Vierten Altenbericht der Bundesregierung im Jahr 2001[44] mindestens 85 % aller Bürger im Alter von 70 Jahren und mehr im eigenen Haushalt oder im Privathaushalt mit ihnen nahe stehenden Personen. Hochaltrige in Privathaushalten wohnen mit zunehmendem Alter allein in ihrem Haushalt: von den 70- bis unter 75-Jährigen sind es 31,8 %, von den 75- bis unter 80-Jährigen 46 % und von den über 80-Jährigen 60,1 %.

c. Zusammenfassung

Als Folge lässt sich daraus erkennen, dass nur 15 % aller Deutschen im Alter von 70 Jahren und mehr in stationären Einrichtungen leben, dagegen aber bereits 74 % aller Betreuten im Alter ab 65 Jahren.

Den stationären Einrichtungen, insbesondere den Altenpflegeeinrichtungen kommt damit auch im Zusammenhang mit Betreuungen ein herausgehobener Stellenwert zu. Interessant ist schließlich im Ergebnis, dass die größte Gruppe aller Betreuten differenziert nach Alter, Geschlecht, Familienstand und Wohnform die der verwitweten älteren Frauen in Altenpflegeheimen ist. Ihr Anteil beträgt 32 % der Älteren ab 65 Jahre und 15 % aller aktuellen Betreuungen.[45]

---

41 Abschlussbericht-Praxisprojekt, S. 71 f.

42 Abschlussbericht-Praxisprojekt, S. 70; Hoffmann, Peter Michael, BtPrax 2003, 249; in Alteneinrichtungen wohnen hiervon 13 %. 5 % befinden sich in psychiatrischen Einrichtungen, 18 % in Behinderteneinrichtungen.

43 Abschlussbericht-Praxisprojekt, S. 71.

44 Vierter Bericht zur Lage der älteren Generation in der Bundesrepublik Deutschland v. 18.4.2002: Risiken, Lebensqualität und Versorgung Hochaltriger: BT-Drs. 14/ 8822, 115.

45 Hoffmann, Peter Michael, BtPrax 2003, 249.

5. Finanzielle Situation älterer Betreuter

Untersucht wurde auch die finanzielle Situation älterer Betreuter ab 65 Jahre und älter.

a. Einkommen

aa. Rente

Beobachtet werden konnte, dass Hauptquelle des Einkommens für die Betreuten die Rente ist. Soweit Erhebungen hierzu vorlagen, ergab sich, dass 55 % über eine eigene Rente verfügen, 25 % sind Empfänger von Hinterbliebenenrenten; über beide Renteneinkommen verfügen 17 %. Allein 3 % empfangen keinerlei Rente. Die Rentenhöhe beträgt im Durchschnitt zwischen 800,- und 1000,- Euro im Monat, allerdings ist im Bereich von hohen Renteneinkommen ab 1600,- Euro ein deutliches West-Ost-Gefälle zu erkennen. Während jeder zehnte Betreute, der einem westlichen Amtsgerichtsbezirk zugeordnet werden kann, eine Rente in dieser Höhe erhält, beläuft sich der Anteil im Osten auf nicht einmal ein Prozent.[46]

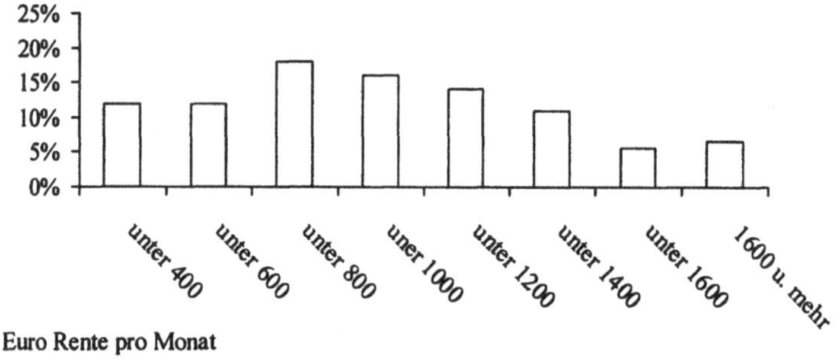

bb. Anderes Einkommen

Ergänzend zum Einkommen aus Rente erhalten ältere Betreute größtenteils zusätzliche Hilfe durch Leistungen nach dem Sozialgesetzbuch. Die gesetzliche Pflegeversicherung ist der am häufigsten beanspruchte Posten (69 %), wobei die stationäre Pflege deutlich mehr Bedeutung hat als die Pflege zu Hause. Laufende Hilfe zum Lebensunterhalt beziehen 23 % der Betreuten. Auch hier überwiegen die Heimbewohner (25 % beziehen Sozialhilfe gegenüber 11 % bei den privat Wohnenden). Ein Fünftel hat neben der Rente kein anderes Einkommen.[47]

[46] Abschlussbericht-Praxisprojekt, S. 111 f.
[47] Abschlussbericht-Praxisprojekt, S. 112.

b. Vermögen

Hinsichtlich des vorhandenen Vermögens älterer Betreuter wurde durch die Befragung ihrer Betreuer ermittelt, dass mit 47 % knapp die Hälfte über kein Vermögen verfügt, wobei hier Vermögen erst ab einem Wert von 3.000 Euro angenommen wurde. Bei den verbleibenden 53 % findet sich überwiegend Geldvermögen wie Sparbuch, Tagesgeld, Festgeld und Immobilien als Vermögensarten.[48]

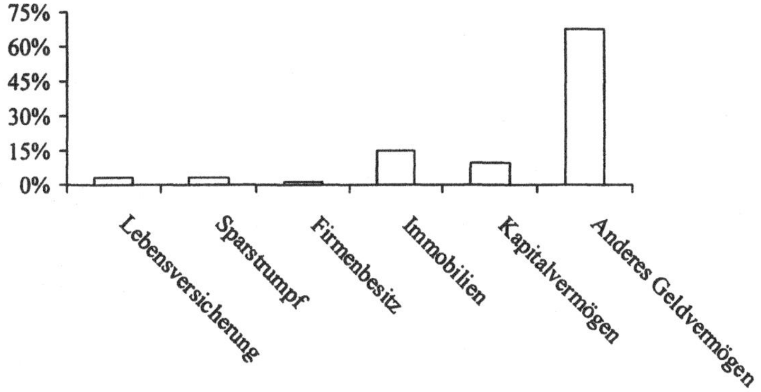

c. Zusammenfassung

Im Ergebnis konnte festgestellt werden, dass die Verteilung von Einkommen und Vermögen bei älteren Betreuten die innerhalb Deutschlands typischen Ungleichheiten aufweist. Das Merkmal „rechtliche Betreuung" trifft also auf Menschen mit ganz unterschiedlichen finanziellen Spielräumen zu, so dass Betreute weder als überdurchschnittlich arm noch als besonders reich beschrieben werden können.[49]

[48] Vgl. auch zur näheren Verteilung des Vermögens im Abschlussbericht-Praxisprojekt, S. 113.
[49] Abschlussbericht-Praxisprojekt, S. 114.

§ 4 Personenkreis der Betreuer

Wer zum Betreuer bestellt werden kann, richtet sich nach §§ 1897, 1900 BGB. § 1897 BGB legt die Voraussetzungen zur Bestellung einer natürlichen Person als Betreuer fest, § 1900 BGB die zur Bestellung einer juristischen Person.

§ 1897 Abs. 1 BGB setzt zunächst eines der wesentlichen Ziele des Betreuungsrechts um, und zwar die persönliche Betreuung durch natürliche Personen zu fördern und die Anonymität, die früher in vielen Vormundschafts- und Pflegschaftsverhältnissen aufgrund einer „Verwaltung" durch „Berufspfleger" oder „Berufsvormünder" herrschte, zu beseitigen.[50] Es ist oberstes Ziel, eine natürliche Person als Betreuer einzusetzen, welche entweder nicht organisiert ist und dabei ehrenamtlich als Familienangehöriger oder sonstige nahestehende Person tätig wird oder welche die Betreuung berufsmäßig führt. Organisierte Einzelpersonen können Vereins- oder Behördenbetreuer sein, § 1897 Abs. 2 BGB. Demgegenüber kommt eine Betreuung durch einen Betreuungsverein oder eine Betreuungsbehörde nur im Ausnahmefall in Betracht, wenn eine auf die Bedürfnisse des Betreuten ausgerichtete Betreuung durch eine oder mehrere natürliche Personen nicht gewährleistet ist, § 1900 BGB.

A. Natürliche Personen

I. Generalklausel des § 1897 Abs. 1 BGB

§ 1897 Abs. 1 BGB bildet die Generalklausel der Betreuerbestellung. Zuständig für die Betreuerbestellung ist das Vormundschaftsgericht, das eine natürliche Person nur dann zum Betreuer bestellen darf, wenn sie geeignet ist, in dem gerichtlich bestimmten Aufgabenkreis die Angelegenheiten des Betreuten rechtlich zu besorgen und ihn hierbei im erforderlichen Umfang persönlich zu betreuen.[51]

1. „Eignung" des Betreuers

Wesentliche Eigenschaft eines jeden Betreuers muss seine „Eignung" sein. Der generalklauselartige Begriff der Eignung bedarf als unbestimmter Rechtsbegriff näherer Konkretisierung, um ihn der rechtlichen Nachprüfung zugänglich zu machen.

a. Negative Abgrenzungen

Positive rechtliche Kriterien zur Ausfüllung des Begriffs „Eignung" lassen sich aus § 1897 Abs. 1 BGB im Gegensatz zum Recht der Vormundschaft über Minderjährige nicht entnehmen, die Norm begnügt sich bewusst mit der Ausformulierung als Gene-

[50] BT-Drs. 11/ 4528, 50, 124.

[51] Zu beachten ist, dass das Merkmal „rechtlich" erst mit dem BtÄndG vom 25.06.1998 nach entsprechender Beschlussempfehlung des Rechtsausschusses eingefügt wurde, BT-Drs. 13/ 10331, 10, 26.

ralklausel.[52] Eine nähere Eingrenzung des Betreuerkreises kann aber zunächst durch eine negative Selektion gelingen.

aa. Abhängigkeitsverhältnis zu bestimmter Einrichtung

Nicht zum Betreuer bestellt werden kann nach § 1897 Abs. 3 BGB, wer zu einer Anstalt, einem Heim oder einer sonstigen Einrichtung, in welcher der zu Betreuende untergebracht ist oder wohnt, in einem Abhängigkeitsverhältnis oder in einer anderen engen Beziehung steht. Dahinter stehende Gesichtspunkte sind mögliche Loyalitäts- oder Interessenkonflikte. Es soll vermieden werden, dass das Vertrauensverhältnis zwischen Betreuer und Betreutem durch Zweifel an der Unvoreingenommenheit des Betreuers belastet wird.[53]

§ 1897 Abs. 3 BGB ist ein absoluter Ausschlussgrund, für den bereits die abstrakte Gefahr eines Interessenkonflikts ausreichend ist. Es genügt, dass im Einzelfall erhebliche Interessengegensätze denkbar sind, wenn der Betreuer zum einen zum Wohl des Betreuten verpflichtet ist, zum anderen aber auch die Interessen des Heimes oder der Einrichtung zu vertreten hat.[54] Zugleich wird andererseits der Gefahr begegnet, dass der Betreuer seine Stellung in der Einrichtung missbraucht, um dem Betreuten Vorteile zu verschaffen.

Der Begriff der „Einrichtung" ist weit zu verstehen. Die private oder öffentliche Trägerschaft ist nicht von Bedeutung. Keine Einrichtung liegt jedoch im Falle jeglicher Art familiärer Pflege vor sowie in Fällen, in denen das vertragliche Leistungsangebot nicht über ein Vermieten hinausgeht.

Zu beachten ist für die Geltung von § 1897 Abs. 3 BGB, dass das Abhängigkeits- oder Näheverhältnis zu der Einrichtung selbst bestehen muss.[55]

bb. Interessenkonflikte in anderen Fällen

Weiter bestimmt § 1897 Abs. 5 BGB, dass die Gefahr von Interessenkonflikten einen Ausschluss der Betreuerbestellung zur Folge haben kann. Die Gefahr von Interessenkonflikten dient als Abwägungskriterium im Rahmen der vom Vormundschaftsgericht zu treffenden Auswahlentscheidung, sie muss deswegen bereits konkret sein oder es müssen konkrete Verdachtsgründe vorliegen, die die Annahme rechtfertigen, dass eine

---

[52] S. § 1779 Abs. 2 BGB: *„Das Vormundschaftsgericht soll eine Person auswählen, die nach ihren persönlichen Verhältnissen und ihrer Vermögenslage sowie nach den sonstigen Umständen zur Führung der Vormundschaft geeignet ist."* Der Gesetzgeber betrachtete die Aussagen von § 1779 Abs. 2 BGB für nicht übernahmenötige Selbstverständlichkeiten, BT-Drs. 11/ 4528, 125.

[53] BT-Drs. 11/ 4528, 125.

[54] Namentlich kann dies auftreten, wenn es um einen Aufenthaltswechsel des Betreuten in eine andere Einrichtung geht oder wenn der Betreuer Rechte seines Betreuten gegen die Einrichtung geltend machen soll, BT-Drs. 11/ 4528, 126.

[55] BT-Drs. 11/ 4528, 126; a. A. zum Teil die Rspr.: OLG Düsseldorf, FamRZ 1994, 1416; dort wurde aufgrund der Ehe zwischen dem möglichem Betreuer und der Leiterin des Heims eine enge Beziehung zur Einrichtung angenommen; richtiger erscheint es in diesem Fall jedoch, aufgrund besonderer, im Einzelfall zu prüfender Umstände einen Interessenkonflikt zu bejahen und aus diesem Grund eine Betreuung auszuschließen; so BayObLG, FGPrax 1998, 180, 181.

Bestellung dem Wohl des Betreuten zuwiderlaufen könnte.[56] Obwohl Abs. 5 nur den Fall eines nicht ausgeübten Vorschlagsrechts des Betreuten behandelt, muss das Gleiche auch für die Fälle von Abs. 4 gelten, in denen der Betreute eine Person zum Betreuer vorgeschlagen hat. Das Vormundschaftsgericht hat kein Auswahlermessen und muss dem Vorschlag entsprechen, wenn es dem Wohl des Volljährigen nicht zuwiderläuft. Die Ausrichtung am Wohl des Betreuten erfordert es jedoch, im Fall einer konkreten Gefahr von Interessenkonflikten die Bestellung des Vorgeschlagenen abzulehnen.[57] In diesem Zusammenhang ist zu beachten, dass ohne weitere Anhaltspunkte, die einen konkreten Interessenkonflikt begründen, die bloße Tatsache der Erbberechtigung nicht zu einer Verneinung der Eignung führen kann.[58] Im Übrigen hielt der Gesetzgeber die Einführung einer allgemeinen Regelung zum Ausschluss der Betreuerbestellung im Fall eines Interessenkonflikts für entbehrlich, da die konkrete Gefahr eines nicht nur unerheblichen Interessenkonflikts ebenso die „Eignung" des potentiellen Betreuers ausschließen würde.[59]

b. Positive Konkretisierung des Begriffs „Eignung"

Aus dem Gesetz lassen sich keine genauen Hinweise entnehmen, mit welchen Wertungskriterien der Begriff der „Eignung" in den Fällen positiv gefüllt werden kann, in denen eine negative Abgrenzung nicht erfolgreich ist. Zunächst kann daher von der Prämisse ausgegangen werden, dass jede natürliche Person die „Eignung" zum Betreuer besitzt, soweit keiner der oben aufgeführten Ausschlusstatbestände zutrifft.[60] Zur Ausfüllung des Begriffs hält § 1897 Abs. 1 BGB zwei Merkmale bereit, die ein Betreuer erfüllen soll: es handelt sich um die Eignung zur rechtlichen und zur persönlichen Betreuung.

aa. Eignung zur rechtlichen Besorgung

Ein Betreuer muss geeignet sein, die Angelegenheiten des Betreuten „rechtlich" in dem gerichtlich festgelegten Aufgabenkreis zu besorgen, § 1897 Abs. 1 BGB. Der Handlungs- und Regelungsbedarf für den Betreuer kann sehr unterschiedlich sein und hängt von den jeweiligen Aufgabenkreisen und den individuellen Bedürfnissen des Betreuten ab. Da das Gesetz keine weiteren Merkmale zur Verfügung stellt, kann die Feststellung der rechtlichen Eignung des Betreuers nur für den jeweiligen Einzelfall vorgenommen werden. Grundlage der Auswahl muss eine genaue Untersuchung des zu regelnden Betreuungsverhältnisses sein, die die Person des zu Betreuenden (Alter, Krankheitsbild, Lebensumstände) und den betroffenen Aufgabenkreis (Fragen der Ge-

---

[56] BT-Drs. 11/ 4528, 128; MüKo-Schwab, BGB, § 1896/ Rn. 29 mwN; Staudinger-Bienwald, BGB, § 1897/ Rn. 10 mwN (6. Spiegelstrich).
[57] MüKo-Schwab, BGB, § 1896/ Rn. 29 mwN; Staudinger-Bienwald, BGB, § 1897/ Rn. 28 mwN.
[58] BT-Drs. 11/ 4528, 128; Damrau/Zimmermann-Damrau, Betreuungsrecht § 1897/ Rn. 45; Jürgens , in Jürgens/Kröger/Marschner/Winterstein, Rn. 111; Staudinger-Bienwald, BGB, § 1897/ Rn. 31, s.a. § 11 B II 1 a.
[59] BT-Drs. 11/ 4528, 128.
[60] BayObLG FamRZ 1994, 530.

sundheitssorge, Vermögenssorge, Aufenthaltsbestimmung) zum Inhalt hat. An diese Basis knüpft die Frage an, ob die in Betracht gezogene Person bzw. welche von mehreren zur Verfügung stehenden Personen sich diesen Umständen in geeigneter Weise widmen und die anfallenden Verwaltungsaufgaben bewältigen kann. Beispielhaft gilt, dass für die Besorgung von Alltagsangelegenheiten keine besonderen Kenntnisse und Fähigkeiten erforderlich sind, allerdings eine gewisse Einarbeitung. Aber auch dann, wenn jemand eine aufwändigere Betreuung übernehmen möchte, muss es ihm bei entsprechendem Engagement gestattet werden, sich auch in kompliziertere Anforderungen wie etwa den Abschluss eines Heimvertrages einzuarbeiten. Kein Betreuer muss die Gewähr bieten, die Angelegenheiten sofort aus dem Stand problemlos bewältigen zu können.[61]

So ist es den konkreten Umständen im Einzelfall vorbehalten, ob ein potentieller Betreuer die erforderlichen fachlichen Merkmale in sich vereinigt, damit er seine gesetzlichen Pflichten aus § 1901 Abs. 1 bis 4 BGB zu erfüllen vermag.

bb. Eignung zur „persönlichen" Betreuung

Ferner soll jeder Betreuer geeignet sein, den Betreuten im erforderlichen Umfang im Rahmen des zugewiesenen Aufgabenkreises persönlich zu betreuen. Der Gesetzgeber verwies im Rahmen der Verhandlungen zur Einführung des Betreuungsrechts immer wieder auf das herausgehobene Ziel einer persönlichen Betreuung.[62] Die Eignung zur persönlichen Betreuung wurde zur gleichberechtigten Voraussetzung jeder Betreuungsanordnung und es wurde ihr mehr Darstellungsaufwand gewidmet als dem Begriff der „Eignung" im Allgemeinen. Fehlte die Eignung zur persönlichen Betreuung, sollte keine Betreuung angeordnet werden bzw. eine bestehende Betreuung aufgehoben werden.[63]

Der Gesetzgeber erkannte jedoch selbst, dass er mit dieser Begriffswahl das Entstehen von Missverständnissen förderte. Betont wurde deshalb, dass mit dem Begriff der „persönlichen Betreuung" keine Ausübung der Personensorge verbunden werden dürfe. Mit einer „persönlichen Betreuung" sollte vielmehr eine bestimmte Art und Weise der Betreuung in allen Angelegenheiten angestrebt werden, mit der die zuvor bemängelten anonymen „Schreibtischbetreuungen" verhindert werden sollten.[64]

Hauptmerkmal jeder persönlichen Betreuung ist der persönliche Kontakt, das persönliche Gespräch zwischen Betreutem und Betreuer. Ziel einer Betreuung sollte die Schaffung eines Vertrauensverhältnisses sein, das Kennen lernen der Wünsche und Vorstellungen des Betreuten, um eine an dessen Wohl orientierte Betreuung gewährleisten zu können, § 1901 Abs. 2 BGB. Persönliche Betreuung sollte sicherstellen, den Charakter des neuen Instituts der Betreuung auch bei den Betreuten als Hilfe statt Bevormundung festzulegen.

Schon in den ersten Jahren zeigte sich jedoch, dass es immer wieder zu Unsicherheiten in der Festlegung kam, welche Tätigkeiten nun von einem Betreuer erwartet

---

61 S.a. Bienwald, Betreuungsrecht, § 1897/ Rn. 22; Staudinger-Bienwald, BGB, § 1897/ Rn. 13.
62 S. etwa BT-Drs. 11/ 4528, 68, 124, 125.
63 BT-Drs. 11/ 4528, 68.
64 BT-Drs. 11/ 4528, 68, 125.

wurden. Diese mündeten in Streitigkeiten mit den Vormundschaftsgerichten über die Frage, welche Tätigkeiten des Betreuers zu dem vergütungspflichtigen Aufgabenkreis gehörten und welche rein persönliches Engagement und Einsatz waren, die über die vergütungspflichtigen Leistungen hinausgingen.

Anliegen des BtÄndG vom 25.6.1998[65] war es deshalb, hierfür eine praktikable Grenze zu ziehen. Nicht mehr in den Aufgabenkreis des Betreuers gehörten danach Tätigkeiten, die ohne jeglichen Zusammenhang zur rechtlichen Vertretung des Betreuten standen, die Grenze sollte in der rechtlichen Besorgung des Aufgabenkreises gezogen werden.[66]

Zur Betonung des Charakters der Betreuung als rechtliche Hilfe wurde die Überschrift des zweiten Titels von „Betreuung" in „Rechtliche Betreuung" geändert, § 1897 Abs. 1 BGB, um ein „rechtlich" vor „zu besorgen" ergänzt und zuletzt auch in § 1901 BGB ein neuer Abs. 1 eingefügt, der den Umfang einer Betreuung auf die „rechtliche" Besorgung betonte.[67] Auf der anderen Seite wurde sogleich betont, dass diese Herausstellung des Rechtlichen nicht zu einer Einschränkung des Anspruchs auch auf persönliche Betreuung führen würde; § 1897 Abs. 1 wurde insoweit nicht verändert.[68]

Stets ist zu beachten, dass eine rechtliche Betreuung in untrennbarem Zusammenhang zu persönlichen und menschlichen Handlungen des Betreuers steht. Er muss sich selbst ein Bild von den Wünschen und Vorstellungen des Betreuten machen, damit er eine am Wohl des Betreuten orientierte Betreuungsarbeit leisten kann. Deshalb sollte die Grenze zwischen rein menschlichen Zuwendungen und Engagement und noch zweckgemäßen Maßnahmen im Zusammenhang mit rechtlichen Handlungen weit gezogen werden.[69]

cc. Zusammenfassung

Aus der Systematik und der Zielrichtung des Betreuungsrechts wird die missliche Lage erkennbar, in der sich der Gesetzgeber schon immer befunden hat. Das Betreuungsrecht soll einerseits rechtliche Hilfe gewähren und subsidiär zu möglichen tatsächlichen Hilfen sein, § 1896 BGB, andererseits aber auch persönliche Kontakte betonen, um ein unstreitig notwendiges Vertrauensverhältnis zwischen Betreuer und Betreutem zu ermöglichen, §§ 1897, 1901 BGB.

Hintergrund der Schwierigkeiten ist ein strukturelles Problem, mit dem das Betreuungsrecht zu kämpfen hat: seine zivilrechtliche Ausgestaltung. Das Zivilrecht ist der Ort, in dem Umfang und Grenzen der Geschäftsfähigkeit, Vertretungsbefugnisse und richterliche Genehmigungsvorbehalte geregelt werden. Die Betreuung selbst ist jedoch nicht bloß zivilrechtliches Tätigwerden, in dem eine Person für eine andere Geschäfte zu besorgen hat. Zur Betreuung gehören vielmehr der Aufbau eines Vertrauensverhältnisses, die Stützung und Unterstützung des Betreuten, die Vermittlung und Kon-

---

[65] BGBl. I, S. 1580, gemäß Art. 5 Abs. 2 trat das Gesetz überwiegend zum 1.1.1999 in Kraft.
[66] BT-Drs. 13/ 7158, 16.
[67] BT-Drs. 13/ 7158, 16, eingefügt nach entsprechender Beschlussempfehlung der Rechtsausschusses, BT-Drs. 13/ 10331, 26 f; kritisch hierzu Jürgens, BtPrax 1998, 129 ff, 131.
[68] BT-Drs. 13/ 7158, 16.
[69] BT-Drs. 13/ 7158, 33.

fliktlösung im Verhältnis zu Dritten. Das erfordert auf Seiten des Betreuers Aktivitäten, die das Zivilrecht nicht zu regeln vermag.

Deshalb wurden mit der Betonung des rechtlichen Charakters der Betreuung durch das BtÄndG vom 25.6.1998 die Vergütungsstreitigkeiten auch nicht beseitigt und waren in der Diskussion für das 2. BtÄndG[70] wiederum Kernpunkt. Als neuer Ansatz wurde eine Pauschalierung der Vergütungen eingeführt in der Hoffnung auf eine streitvermeidende Wirkung.[71]

c. Besonderheiten für freiberufliche Betreuer

Durch das BtÄndG zum 1.1.1999 erhielt § 1897 BGB besondere Vorschriften für Berufsbetreuer.

Es wurde zunächst in § 1897 BGB ein Abs. 6 aufgenommen, der die Subsidiarität der Berufsbetreuung anordnete, ein neuer Abs. 7 sollte eine Rücksprache zwischen Gericht und Behörde bei erstmaligen Berufsbetreuungen sicherstellen.[72] Da ein Betreuer auf den von seiner Hilfe abhängigen Betreuten Einfluss ausüben kann, hat sich die Auswahl geeigneter Betreuer deshalb insbesondere an der Zuverlässigkeit des Betreuers auszurichten, um Schädigungen zu vermeiden und Gefahren für das Wohl des Betreuten abzuwehren. Der Wortsinn dieser „Zuverlässigkeit“ kann insoweit dem Gefahrenabwehrrecht entnommen werden, § 35 Abs. 1 GewO.[73]

aa. Bund-Länder-Arbeitsgruppe „Betreuungsrecht“

Von der 72. Konferenz der Justizministerinnen und Justizminister im Juni 2001 wurde eine Bund-Länder-Arbeitsgruppe „Betreuungsrecht“ unter dem Vorsitz des Landes Nordrhein-Westfalen eingesetzt. Aufgabe der Arbeitsgruppe war es, unter Auswertung der bisher in den Ländern gewonnenen Erfahrungen konkrete Lösungsvorschläge zu Änderungen des Betreuungsrechts zu erarbeiten, die dazu beitragen, die Zahl der Betreuungsfälle zu reduzieren, fehlgeleitete Ressourcen im Interesse der eigentlichen Betreuungsarbeit zu bündeln und die Eingriffe in das Selbstbestimmungsrecht der Betroffenen auf das Notwendige zu beschränken.[74]

---

70 Vgl. hierzu den Gesetzentwurf des Bundesrats BR-Drs. 15/ 2494, 31, Beschluss des Rechtsausschusses BT-Drs. 15/ 4874, 21, 22.

71 §§ 1908 l bis o BGB-E, BR-Drs. 15/ 2494, 31 ff; kritisch zur Pauschalierung der VGT: die Pauschalierung sei ein Rückschritt zu Lasten der Betreuten. Betreuungen würden nun erst recht erneut anonym geführt werden, da sich der persönliche Kontakt nicht rechnen wird, s. Stellungnahme des VGT e.V. vom 24.2.2004 zum Gesetzentwurf BT-Drs. 15/ 2494: „www.vgt-ev.de“, dort unter „Themen, Stellungnahmen 2004“.

72 BT-Drs. 13/ 10331, 6, 27 (Beschlussempfehlung des Rechtsausschusses).

73 Neufassung der GewO vom 22. Februar 1999, BGBl. I, 202; zwar enthält § 35 GewO selbst keine Definition, nach allgemeiner Ansicht bestimmt sich die (Un-) Zuverlässigkeit jedoch generell danach, ob der Gewerbetreibende die Gewährleistung dafür bietet, dass er sein Gewerbe ordnungsgemäß, d.h. entsprechend den gesetzlichen Vorschriften und unter Beachtung der guten Sitten, ausübt, vgl. nur Stober, § 46 I 5 f.

74 Ihren Abschlussbericht über 480 Seiten stellte die Arbeitsgruppe im Rahmen der 74. Konferenz der Justizministerinnen und Justizminister am 11./12. Juni 2003 vor, herunterzuladen unter

Die Arbeitsgruppe ging verschiedenen Modellen nach, ob und wie die Zuverlässigkeit des Berufsbetreuers gesetzlich geregelt werden könnte, um unzuverlässige Betreuer von vornherein auszuschließen.[75] Die Ergebnisse werden im Folgenden kurz dargestellt, da die Zuverlässigkeit einen beachtlichen Gesichtspunkt im Rahmen der Gefahr eines Vertrauensmissbrauches darstellt.

bb. Höchstzahl

Eine negative Abgrenzung könnte über die Festlegung einer zulässigen Höchstzahl geführter Betreuungen vorgenommen werden. Dies würde sich allerdings als ungeeignet erweisen, da sich kein allgemeingültiger Durchschnittsaufwand für eine Betreuung ermitteln lässt. Würde man als Maßstab umfangreichere Aufgabenkreise heranziehen, würde bereits eine geringe Höchstzahl zur Überlastung und damit zur Ungeeignetheit führen. Würde die Höchstzahl sich an kleinen Aufgabenkreisen orientieren, wäre auch bei einer Großzahl übernommener Betreuungen gesetzlich noch nicht von einer Ungeeignetheit auszugehen.[76] Eine mögliche Überlastung kann dagegen bereits über die gesetzlich erforderlichen jährlichen Mitteilungen nach § 1908 k BGB festgestellt werden, wonach Berufsbetreuer Rechenschaft über Zahl und aufgewendete Zeit für Betreuungen ablegen müssen.

cc. Formale Mindestqualifikationen oder Berufsbild „Betreuer"

Als weiterer Ansatz wäre ein Mindestmaß nachgewiesener Qualifikation denkbar, welches durch besondere formale Mindestqualifikationen oder durch ein Berufsbild „Betreuer" vermittelt werden könnte. Zugangskriterium wäre das Bestehen einer bestimmten Abschlussprüfung.[77]

Bis heute enthält das Betreuungsrecht kein Berufsbild „Betreuer", einzig die Staffelung des Vergütungsanspruchs im Vergütungsgesetz für Berufsvormünder (BVormVG)[78] bzw. Berufsbetreuer (s. §§ 1908 i iVm 1836, 1836 a BGB) benutzt als Differenzierungsgrund die Art der abgeschlossenen Ausbildung des Berufsbetreuers, nachträgliche Qualifizierungen können den Vergütungsanspruch erhöhen, § 2 BVormVG.

Dagegen bestehen seitens des BdB (Bundesverband der Berufsbetreuer/innen e.V.) zusammen mit dem VfB (Verband freiberuflicher Berufsbetreuer/innen e.V.) Bestrebungen, zur Qualitätssicherung sowie aus standesrechtlichen Gründen, einen Fachberuf „Betreuer" ins Leben zu rufen. Es sollen formalisierte Zugangsqualifikationen auf Hochschulniveau eingeführt werden.[79] Davon versprechen sich die Befürworter ein

---

„www.betreuungsrecht.org/pafiledb.php?action=file&id=212"; im Folgenden zitiert als „Abschlussbericht, S..."

75 Abschlussbericht, S. 190.

76 Abschlussbericht, S. 187.

77 Abschlussbericht, S. 191.

78 Zusammen mit dem BtÄndG am 25.6.1998 verkündet, BGBl. I, S. 1580, 1586; es wurde aufgrund der Beschlussempfehlung des Rechtsausschusses eingefügt; BT-Drs. 13/ 10331, 19, 20.

79 Abschlussbericht, S. 190.

allgemein gültiges Qualifikationsprofil, um auch die Eignung nach § 1897 BGB nachweisen zu können.

Gegen diese Lösung spricht jedoch die fehlende praktische Umsetzbarkeit. Wie die Bund-Länder-Gruppe mittels empirischer Werte erörtert hat, üben berufsmäßige Betreuungen Angehörige einer Vielzahl unterschiedlichster Berufsgruppen aus, die eine Homogenisierung und Einordnung in einen Oberberuf „Betreuer" nicht ermöglicht.[80] Ferner wird die Betreuerauswahl gemäß der Ausrichtung von § 1897 BGB anhand der Eignung im konkreten Einzelfall unter besonderer Berücksichtigung der Eignung zur persönlichen Betreuung vorgenommen. Die Eignung wird auch immer nach dem jeweils übertragenen Aufgabenkreis festzustellen sein. Aufgrund dieser Einzelfallabhängigkeit sind formale Mindestqualifikationen nicht geeignet, zuverlässige Betreuer von den unzuverlässigen zu trennen.

Überdies sieht die Bund-Länder-Arbeitsgruppe in der Einführung formaler Mindestqualifikationen einen Systembruch des Betreuungsrechts, das vom Leitbild des ehrenamtlichen Betreuers ausgeht.[81] Nach diesem Leitbild sei auch eine formal nicht qualifizierte Person generell zur Führung einer Betreuung geeignet, sie sei sogar der Idealfall des Betreuers. Eine Festlegung formaler Anforderungen würde sich auf die Betreuten niederschlagen, die sich benachteiligt fühlten, wenn ihnen statt eines „qualifizierten" Berufsbetreuers, nur ein - in ihren Augen - unqualifizierter ehrenamtlicher Betreuer bestellt würde. Damit wäre die gesellschaftliche Akzeptanz des gesetzlichen Systems der Betreuung in Frage gestellt.

Zuletzt ist es auch nicht sinnvoll, für Betreuungen, die in der Mehrzahl nur die Erledigung alltäglicher Angelegenheiten und damit gerade nicht besondere formale Qualifikationen erfordern, die Betreuerbestellung von eben solchen abhängig zu machen. Man würde in diesen Fällen, in denen im Übrigen eine ehrenamtliche Betreuung mangels Verfügbarkeit nicht zu Stande kommt und daher eine berufsmäßige Betreuung zustande kommt, über das Ziel hinausschießen.

dd. Behördliche Bescheinigungen

Schließlich wurde diskutiert, unabhängig von einem möglichen Berufsbild Betreuer oder formalen Zugangskriterien allgemeine positive Nachweise der Zuverlässigkeit des Betreuers gesetzlich zu regeln. Die Betreuerauswahl hat sich gemäß den Tätigkeitsfeldern aus § 1901 BGB an der Zuverlässigkeit und Eignung des Betreuers, dem Wohl des Betreuten entsprechend zu handeln und ihn vor Gefahren und Schädigungen zu bewahren, zu orientieren. Zur Erreichung dieses Zweckes würden sich allgemeine Kriterien zum Nachweis der Zuverlässigkeit des Betreuers anbieten.[82] Es könnte entweder gefordert werden, dass der Betreuer das Fehlen von Vorstrafen oder einer eidesstattlichen Versicherung nachzuweisen hat oder dass die zuständige Betreuungsbehör-

---

80 Abschlussbericht, S. 192.

81 Abschlussbericht, S. 193.

82 Eine Ergänzung des Begriffs der „Eignung" aus § 1897 BGB um den der „Zuverlässigkeit" wurde als unnötig abgelehnt, da die „Eignung" bereits die Merkmale der „Zuverlässigkeit" in sich trage Abschlussbericht, S. 196.

de vor der Bestellung des Betreuers ein Führungszeugnis sowie eine Auskunft aus dem Schuldnerverzeichnis einholen soll.[83]

Diese Lösung wurde von der Bund-Länder-Arbeitsgruppe favorisiert, der Entwurf des 2. BtÄndG hat ihren Vorschlag übernommen.[84] Nach Modifizierung des Entwurfs durch den Rechtsausschuss des Bundestags wurde § 1897 Abs. 7 BGB neu gefasst und ein neuer Abs. 8 eingefügt.[85] Mit Wirkung ab 1.7.2005 sollen die Betreuungsbehörden gemäß § 1897 Abs. 7 Satz 2 BGB einen Berufsbetreuer vor seiner erstmaligen Bestellung auffordern, ein Führungszeugnis sowie eine Auskunft aus dem Schuldnerverzeichnis vorzulegen. Zudem sieht ein neuer Abs. 8 die Verpflichtung für Berufsbetreuer vor, vor ihrer Bestellung im Einzelfall Auskunft über Anzahl und Umfang der geführten Betreuungen zu erteilen. Hintergrund war dabei, der potentiellen Gefahr für das Wohl der Betreuten auf Grund besonderer Einflussmöglichkeiten seitens der Betreuer zu begegnen. Die Vorlage eines Führungszeugnisses und einer Auskunft aus dem Schuldnerverzeichnis stellt ein geeignetes Vorgehen hierfür dar.[86]

2. Zusammenfassung

Zur Konkretisierung, ob ein Betreuer die Eignungsvoraussetzungen des § 1897 Abs. 1 BGB erfüllt, bietet sich als Vorgehensweise zunächst an, eine negative Selektierung anhand von § 1897 Abs. 3 BGB und konkreter Interessenkonflikte vorzunehmen. In einem zweiten Schritt wird die Eignung im konkreten Einzelfall unter Beachtung des übertragenen Aufgabenkreises sowie der jeweiligen Person des Betreuers festzustellen sein. Für Berufsbetreuer sind die Neuerungen des § 1897 Abs. 7 Satz 2 und Abs. 8 BGB zu begrüßen, da sie einfache, zugleich aber allgemeingültige und effektive Ausgrenzungsmerkmale darstellen.

II. Gruppen natürlicher Personen als Betreuer

Auf der Grundlage der eben genannten allgemeinen Grundsätze zur Betreuerbestellung einer natürlichen Person lassen sich einzelne Gruppen möglicher Betreuer darstellen.

1. Ehrenamtliche Betreuer

§ 1897 BGB führt die Gruppe der ehrenamtlichen Einzelbetreuer namentlich nicht auf, allein in Abs. 6 findet sich die Bemerkung, dass sie Vorrang vor der Bestellung von berufsmäßigen Betreuern hat.

---

83 Abschlussbericht, S. 192.

84 BR-Drs. 15/ 2494, S. 6, 29; der Rechtsausschuss empfahl nach einigen Änderungen die Annahme des Entwurfs, s. BT-Drs. 15/4874.

85 BT-Drs. 15/4874, S. 13.

86 Dass diese Voraussetzung nicht für ehrenamtliche Betreuer eingefügt wurde, kann darauf beruhen, dass diese Aufgabe regelmäßig von Familienangehörigen wahrgenommen wird, bei denen eine Kontrolle der Zuverlässigkeit nicht in vergleichbarem Maß erforderlich ist.

Und dennoch ist der ehrenamtliche Betreuer der „Idealbetreuer“ nach dem Willen des Gesetzgebers. Sprach die erste Gesetzesbegründung[87] nur von Einzelpersonen ohne in ehrenamtliche oder berufliche Betreuer zu unterscheiden, ging sie dennoch vom Grundsatz der Ehrenamtlichkeit aus.[88] Auch das BtÄndG zum 1.1.1999[89] betonte den Vorrang der ehrenamtlich geführten Betreuungen. Gemäß § 1897 Abs. 6 Satz 2 BGB hat der Berufsbetreuer Umstände mitzuteilen, aus denen sich ergibt, dass die Betreuung ebenso ehrenamtlich geführt werden kann. In diesem Fall wird der Berufsbetreuer aus seiner Verantwortung entlassen, § 1908 b Abs. 1 Satz 2 BGB.

2. Vereins- oder Behördenbetreuer

Mitarbeiter eines Betreuungsvereins oder einer Betreuungsbehörde bilden eine weitere Gruppe von Betreuern. Sie werden als Einzelpersonen zum Betreuer bestellt und sind nicht mit einer Vereins- oder Behördenbetreuung im Sinne von § 1900 BGB gleichzustellen, deren Bestellung subsidiär ist.

Mitarbeiter eines Vereins sind nur hauptamtliche Beschäftigte auf Grund eines Dienst- oder Arbeitsverhältnisses, nicht die Vereinsmitglieder oder ehrenamtliche Helfer.[90] Ein Vereinsbetreuer erledigt die Betreuung im Rahmen seiner Diensttätigkeit während der Dienstzeit, sie ist Dienstaufgabe und damit von einer Einzelbetreuung durch eine Privatperson oder einen freiberuflichen Betreuer zu unterscheiden.[91] Da die Mitarbeiter auf Grund des Arbeits- oder Dienstverhältnisses der Personalhoheit des Vereins unterliegen, dürfen sie nur mit Einwilligung des Vereins zum Betreuer bestellt werden. Dadurch wird sichergestellt, dass das Vormundschaftsgericht nicht gegen den Willen des Vereins über dessen Mitarbeiter verfügt.[92]

Das soeben Gesagte ist gemäß § 1897 Abs. 2 Satz 2 BGB für Behördenbetreuer im gleichen Maß zu beachten.

Bedeutsam ist, dass die Vereins- bzw. Behördenbetreuer in ihrer Funktion als Betreuer nur der Aufsicht des Vormundschaftsgerichts unterstehen sollen; allerdings ist in diesem Fall ein Zusammentreffen mit der Weisungshoheit des Arbeitgebers bzw. der Behörde festzustellen.[93]

---

87 BT-Drs. 11/ 4528, 53.

88 BT-Drs. 11/ 4528, 88.

89 BGBl. I, S. 1580.

90 BT-Drs. 11/ 4528, 126; die Gesetzesbegründung betont insoweit, dass mit der Herausnahme der ehrenamtlichen Helfer keine Abwertung verbunden sei, allein die Konzeption des Vereinsbetreuers sei nicht auf diese zugeschnitten, so bestünde z.B. keine Weisungsgebundenheit gegenüber dem Verein.

91 BT-Drs. 11/ 4528, 102.

92 BT-Drs. 11/ 4528, 126.

93 Hierzu Bienwald, Betreuungsrecht, § 1897/ Rn. 45 mwN; Damrau/Zimmermann-Damrau, Betreuungsrecht, § 1897/ Rn. 18, § 1900/ Rn. 18; MüKo-Schwab, BGB, § 1897/ Rn. 17 weisen insoweit auf eine mögliche Amtshaftung hin.

3. Freiberufliche Berufsbetreuer, § 1897 Abs. 6 BGB

Erst im Rahmen des BtÄndG von 1999 wurden Vorschriften zu berufsmäßig geführten Betreuungen eingeführt. Hierdurch sollte insbesondere der gewünschte Vorrang der ehrenamtlich geführten Betreuungen hervorgehoben werden, ohne ihn gesetzlich zu fixieren.[94] Mit dem 2. BtÄndG vom 1.7.2005 wurden verschärfte Kontrollmöglichkeiten für die anordnende Betreuungsbehörde über die Neuerungen in § 1897 Abs. 7 Satz 2 und Abs. 8 eingerichtet.[95]

III. Zusammenfassung

Aus der Systematik von § 1879 BGB lässt sich eine Reihenfolge unter den möglichen Einzelbetreuern herauslesen.

Idealbild ist die ehrenamtlich geführte Betreuung. Ist eine solche nicht möglich, kommt subsidiär dazu eine Betreuung durch einen Vereins- oder einen Behördenbetreuer in Betracht.

Erst nach diesen soll eine berufsmäßige Betreuung angeordnet werden, § 1897 Abs. 6 BGB.[96]

B. Vereine und Behörden

Obwohl das Betreuungsrecht vom Grundsatz der Einzelbetreuung durch eine natürliche Person geprägt ist, ermöglicht es § 1900 BGB im Ausnahmefall, einen Verein oder eine Behörde zum Betreuer zu bestellen. Der Verein oder die Behörde wird dabei selbst zum Betreuer bestellt, nicht deren Mitarbeiter. Welcher der Mitarbeiter die Betreuung ausführt, kann der Verein/Behörde selbst bestimmen, wobei Vorschlägen des Betreuten zu entsprechen ist, § 1900 Abs. 2 BGB. Es wird sodann dem Gericht mitgeteilt, welcher der Mitarbeiter die Betreuung ausführt, § 1900 Abs. 2 Satz 3 BGB.

Der wesentliche Unterschied zur Bestellung eines Vereins- oder Behördenbetreuers nach § 1897 Abs. 2 BGB ist nun, dass es dem Verein/Behörde möglich ist, nach eigenem Ermessen einen personellen Wechsel vorzunehmen. Die relevanten Anwendungsfälle, in denen eine Bestellung für Vereine oder Behörden in Betracht kommt, sind solche, in denen es auf diese Flexibilität besonders ankommt.

Zum einen kann die Krankheit oder Behinderung des Betreuten in einem solchen Grad konfliktbeladen sein, dass die Bestellung einer Einzelperson kontraproduktiv wäre. Dies ist regelmäßig bei Alkoholikern oder sogenannten manisch Kranken denkbar, wenn sie ihre Aggressivität auf den Betreuer konzentrieren und dabei unter Umständen tätlich werden. Ein Aufbau einer Vertrauensbeziehung ist dann nicht denkbar. Mit der personellen Flexibilität steht dem Verein/Behörde aber eine effektive Lösungsmög-

---

[94] S. BT-Drs. 13/ 10331, 27 (Beschlussempfehlung des Rechtsausschusses).

[95] S. o. § 4 A I 1 c dd.

[96] Weitere Detailregelungen finden sich in § 1899 BGB, nach dessen Abs. 1 es möglich ist, mehrere Betreuer zu bestellen, wenn ein Betreuer nur für einen bestimmten Aufgabenkreis geeignet, damit „teilgeeignet“ für die Betreuung ist. Gemäß § 1899 Abs. 2 BGB muss für die Entscheidung über die Einwilligung in eine Sterilisation des Betreuten stets ein besonderer Betreuer bestellt werden.

lichkeit zur Verfügung, indem er/sie ohne vorherigen gerichtlichen Betreuerwechsel selbst eine andere Person zur Ausführung der Betreuung bestimmen kann.[97]

Eine andere relevante Fallgruppe ist die Erprobungsphase einer Betreuung. Bei besonders misstrauischen, argwöhnischen Betreuten ist es am Anfang nicht ersichtlich, zu welchem von mehreren möglichen Betreuern der Betroffene das erforderliche Vertrauensverhältnis aufbauen kann. Auch hier bringt die personelle Flexibilität der Vereine/Behörden Vorteile.[98]

Zu erwähnen ist, dass die Einsetzung von Vereinen oder Behörden, soweit möglich, nur auf eine Übergangszeit zu beschränken ist, § 1900 Abs. 3 BGB. Der Vereinsbetreuung wird gesetzlich der Vorzug vor der Behördenbetreuung eingeräumt, § 1900 Abs. 4 BGB.

C. Ergebnisse rechtstatsächlicher Erhebungen

Das Praxisprojekt „Die rechtliche Betreuung älterer Menschen" ermittelte auch rechtstatsächliche Verhältnisse über die prozentuale Verteilung der einzelnen Betreuergruppen.[99] Die Ergebnisse hieraus sollen als Grundlage neben den vorhandenen Justizstatistiken für die folgende Darstellung dienen.

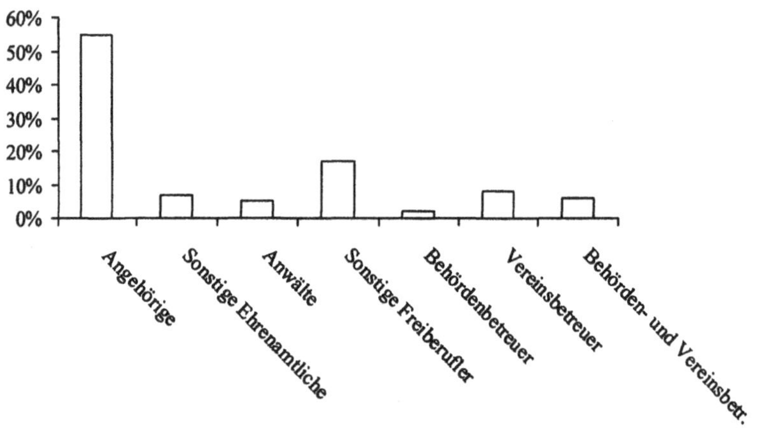

Es zeigt sich, dass sie weitgehend mit den Sondererhebungen des Bundesministeriums der Justiz übereinstimmen.[100] Festzustellen ist, dass das Ziel der ehrenamtlichen Ein-

[97] BT-Drs. 11/, 4528, 131.
[98] BT-Drs. 11/ 4528, 131 f.
[99] Vgl. näher § 3 C II, Abschlussbericht-Praxisprojekt, S. 84 ff.
[100] Betreuungszahlen 2003 veröffentlicht von Deinert, u.a. in Betreuungsmanagement 2005, 38, BtPrax 2004, 227; verwendete Quellen: Bundesministerium der Justiz (Sondererhebungen nach dem Betreuungsgesetz sowie GÜ 2), Statistisches Bundesamt sowie ergänzende Mitteilungen der Landesjustizministerien.

zelbetreuung zunächst als erreicht angesehen werden kann: Im Jahr 2003[101] wurden 70,49 % aller erstbestellten Betreuungen ehrenamtlich geführt, davon 63,98 % von Familienangehörigen und 6,51 % von sonstigen ehrenamtlich Tätigen. Die Ergebnisse der Forschungsgruppe weichen hiervon etwas ab, nach ihren Auswertungen waren es im Jahr 2001 62 % aller Erstbestellungen, wovon 55 % Familienangehörige, 7 % sonstige Ehrenamtliche waren. Die an zweiter Stelle vom Gesetz favorisierten Vereinsbetreuer waren laut Auswertung der Forschungsgruppe mit 8 % vertreten, danach die Behördenbetreuer mit 2 %.[102] Die weniger bezweckten Berufsbetreuungen durch Anwälte und sonstige Freiberufler nahmen nach beiden Erhebungen 22 % ein. Das Forschungsprojekt bezifferte den Anteil von Vereins- und Behördenbetreuungen schließlich zusammen mit 6 %.

[101] Betreuungszahlen aus 2004 standen bis zum Abschluss der Arbeit noch nicht zur Verfügung.

[102] In der Veröffentlichung bei Deinert, BtPrax 2004, 227 wird vom Autor nicht zwischen der Einzelbetreuung durch Vereins- oder Behördenbetreuer und der Vereins- oder Behördenbetreuung nach § 1900 BGB unterschieden. Er gibt den Anteil von Vereinsbetreuern und Betreuungsvereinen mit 6,01 %, den von Behördenbetreuern und Betreuungsbehörden zusammen mit 0,91 % an.

§ 5 Die geschichtliche Entwicklung der Betreuung

A. Vormundschaft und Gebrechlichkeitspflegschaft bis zur Einführung des BGB

In den vorausgegangenen Kapiteln wurden bereits die Anordnungsvoraussetzungen einer Betreuung erläutert. Maßgeblich ist der Grundsatz der Erforderlichkeit aus § 1896 Abs. 2 BGB, der streng beachtet werden muss, da die Anordnung der Betreuung Rechtswirkungen für den Betreuten entfaltet. Ein besseres Verständnis für die Hintergründe des heute geltenden Betreuungsrechts erhält man allerdings, wenn man das heutige System in seiner Entstehung betrachtet.[103]

Die Fürsorge für Schwache und Kranke der Gesellschaft war früher im BGB zweispurig ausgestaltet; sie war aufgeteilt in die Pflegschaft und in die Vormundschaft. Der Fürsorgegedanke im Recht reicht jedoch weit hinter die Anfänge des BGB zurück.

I. Antike und Frühmittelalter

1. Römisches Zwölftafelgesetz[104]

Von besonderer Bedeutung ist die Tatsache, dass die Gesetzgeber des BGB mit dem Recht der Vormundschaft und der Gebrechlichkeitspflegschaft für Volljährige ein Rechtsinstitut festgeschrieben hatten, dessen Wurzeln fast 2000 Jahre zurückreichen. Auch das heutige moderne bürgerliche Recht ist in besonderem Maße von dem römischen Recht geprägt. Dass Menschen aufgrund geistiger Gebrechen einem Anderen unterstellt wurden, tritt bereits im römischen Zwölftafelgesetz auf.[105] Die „furiosi“ oder „dementes“ waren psychisch Kranke. Die Krankheit allein hatte ohne einen übergeordneten Rechtsakt Geschäftsunfähigkeit zur Folge.

Die „cura furiosi“ stand in erster Linie dem nächsten männlichen Verwandten, dem Agnat, zu, ersatzweise den Gentilen. Sie umfasste die Sorge für Person und Vermögen

---

[103] Dass auch der Gesetzgeber des Betreuungsrechts dem geschichtlichen Hintergrund wesentliche Bedeutung beimaß, zeigt sich am Gesetzesentwurf zum BtG; dort findet sich eine Zusammenfassung der geschichtlichen Entwicklung, BT-Drs. 11/ 4528, 44 f. Ferner wurde im April 1986 vom Bundesjustizministerium eine Arbeitsgruppe zur Vormundschaftsreform gebildet, deren Ergebnisse als zwei Teildiskussionsentwürfe niedergelegt wurden: der erste im Herbst 1987, der zweite im April 1988. Veröffentlicht wurde nur der erste Teildiskussionsentwurf: Bundesminister der Justiz, Diskussions-Teilentwurf eines Gesetzes über die Betreuung Volljähriger (BtG-DiskE), im Folgenden als „Diskussions-Teilentwurf, S.“ zitiert; auch dieser enthält eine Betrachtung der geschichtlichen Entwicklung.

[104] Das „lex duodecim tabularum“ ist eine um 450 v. Chr. in Rom entstandene Gesetzessammlung, die in zwölf bronzenen Tafeln auf dem Forum Romanum ausgestellt war; in seiner Auslegung entstand die römische Jurisprudenz, s. Tilch/Arloth, Deutsches Rechts-Lexikon, S. 5026.

[105] Holzhauer, Gutachten B 12 mwN, u.a. auf Rudolf Düll, S. 36 f., 85; tabula V.7. bestimmte, dass bei Geisteskrankheit einer Person die Vermögensverwaltung und die Vertretung an die Agnaten und subsidiär an die Gentilen ging; das gleiche galt im Falle der Verschwendung, wenn eine behördliche Untersagung der eigenständigen Vermögensverwaltung erfolgt war.

des psychisch Kranken. Anerkannt wurden „lucida intervalla", lichte Zwischenräume, in denen der Betroffene volle Handlungs- und Geschäftsfähigkeit besaß.[106]

Auch der „prodigi", der Verschwender taucht im Zwölftafelgesetz auf, anders als ein „furiosi" verlor er seine Geschäftsfähigkeit erst durch den Rechtsakt der „interdictio", ausgesprochen von dem „praetor". Der Betroffene wurde im Falle einer „interdictio" von allen Verpflichtungs- und Verfügungsgeschäften ausgeschlossen. Für das Vermögen des Verschwenders wurde ein „curator" eingesetzt, ebenfalls aus dem Kreis der Angehörigen. Die Interdiktion als Rechtsakt war erforderlich, weil der „prodigi" anders als der „furiosi" nicht schon aufgrund eines natürlichen Status kraft Gesetz in seiner rechtlichen Handlungsfähigkeit beschränkt war.[107]

Später trat zu diesen beiden Gruppen noch diejenige der Gebrechlichen, der „debilium personarum" hinzu. Dies waren Personen, „qui rebus suis superesse non possunt", es gehörten neben körperlich Gebrechlichen auch Personen mit geistigen Defiziten dazu, die noch nicht den Krankheitsgrad eines „furiosi" erreicht hatten. Die Betroffenen erhielten auf Antrag einen „curator debilium", einen Gebrechlichkeitspfleger. In der Regel ließ diese Art der Fürsorge die Geschäftsfähigkeit unberührt, im Einzelfall waren aber Einschränkungen wohl möglich.[108]

2. Germanische Stammesrechte[109]

Im germanischen Stammesrecht wurde das Vormundschaftsrecht als „Muntgewalt" der Sippe über Gebrechliche, Geisteskranke und Geistesschwache eingeführt. Wer sich nicht selbst verteidigen konnte, keine sog. „Waffenfähigkeit" besaß, hatte Anspruch auf Schutz durch einen Vormund. Hintergrund waren aber auch Interessen der Familie am Schutz des Familienvermögens, ferner Interessen Dritter an der Bewahrung vor Schädigung durch den Mündel; schließlich konnte ein Mündel auch dem Gemeinwesen zur Last fallen.[110] Anders als im Zwölftafelgesetz wurde bei der „Munt" keine Zweiteilung zwischen Vormundschaft und Pflegschaft eingeführt, das germanische Recht kannte nur eine einheitliche Struktur. In ihrer Auswirkung bedeutete die Vormundschaft einen umfassenden Schutz für Person und Vermögen des Betroffenen, der auch die Vertretung umfasste.[111]

Die Munt war die elterliche Gewalt. Vormund war zunächst die gesamte Sippe, später meist der erste Aszendent der Väterseite, der seinerseits der Aufsicht der Sippe unterstand. Wer keinem Muntverband angehörte, hatte Anspruch auf den Schutz des Königs, der mit der Ausführung einen Freien beauftragen konnte. Diese Obervor-

[106] Diskussions-Teilentwurf, S. 26; Deinert, ZfF 1989, 245, 247; Holzhauer, Gutachten, B 12; v. Sachsen Gessaphe auch zur „tutela", S. 83.

[107] Diskussions-Teilentwurf, S. 26; Holzhauer, Gutachten, B 12; v. Sachsen Gessaphe, S. 84.

[108] Holzhauer, Gutachten B 12; v. Sachsen Gessaphe, S. 85 f mwN.

[109] Unter Stammesrecht oder Volksrecht im Frühmittelalter ist das Recht der einzelnen germanischen bzw. germanistischen Stämme zu verstehen. Sie sind geprägt von der Begegnung mit dem römischen Imperium wie auch von dem Vorbild der Kirche; seit dem Ausgang des 5. Jahrhunderts n. Chr. wurden sie grundsätzlich in Latein aufgezeichnet, die Aufzeichnungen klangen um 800 n. Chr. aus, s. Tilch/Arloth, Deutsches Rechts-Lexikon, S. 3966.

[110] Ausführlich v. Sachsen Gessaphe, S. 86.

[111] Diskussions-Teilentwurf, S. 26; v. Sachsen Gessaphe, S. 86.

mundschaft des Königs war Ausdruck des Herrscherideals, den Schutz der Schwachen vorrangig zu verwirklichen, abgeleitet aus der biblischen Pflicht, Witwen und Waisen beizustehen, insgesamt damit einer sich religiös verstehenden Obrigkeit.[112] Hierin lassen sich erste Anzeichen einer Entwicklung der Vormundschaft von einer privaten Familienangelegenheit zu einem öffentlichen Amt erkennen.

II. Ab dem Spätmittelalter

In den spätmittelalterlichen Städten führte das Auseinanderfallen bestimmter Familienstrukturen schließlich weiter zu einer städtischen obervormundschaftlichen Verwaltung. Es setzte sich der Charakter der Vormundschaft als hoheitlich verliehenes Amt und als öffentliche Aufgabe durch.

1. Reichspolizeiverordnungen[113]

Höhepunkt dieser Entwicklung waren die Reichspolizeiverordnungen von 1548 und 1577, in denen der polizeistaatliche Charakter der Vormundschaft betont wurde. Der Vormund hatte die Sorge für Person und Vermögen des Betroffenen, er wurde behördlich bestellt.[114] Diese Tendenz hin zur öffentlichen Verwaltung setzt sich in der Folgezeit fort, der staatliche Einfluss breitete sich von einer Aufsicht über den Vormund auf die Führung der Vormundschaft aus. Der Vormund war nur noch bloßer Beauftragter des Staates.

2. Preußisches Allgemeines Landrecht (ALR)[115]

Die Verstaatlichung der Vormundschaft erreichte unter der Geltung des ALR von 1794 ihren Höhepunkt. Eine Vormundschaft konnte für „Blödsinnige“, „Rasende“, „Wahnsinnige“, Taube oder Stumme und für „Verschwender“ angeordnet werden. Die Erklärung als „wahn- oder blödsinnig“ wurde ebenso wie die Feststellung als „Verschwender“ in einem gerichtlichen Verfahren vorgenommen. Mit der „Blödsinnigkeitserklärung“ oder im Fall der Verschwendung der „Prodigalitätserklärung“ verlor der Betroffene jegliche Geschäftsfähigkeit, „lucida intervalla“ wie sie noch im römi-

[112] Dieckmann, ZRP 2002, 425, 428 mwN.

[113] Reichspolizeiverordnungen waren im alten Deutschen Reich bis 1806 geltende Gesetze verwaltungsrechtlicher Art, überwiegend bezogen auf Handel, Gewerbe und Ordnungsrecht, s. Tilch/Arloth, Deutsches Rechts-Lexikon, S. 3530.

[114] Diskussions-Teilentwurf, S. 26.

[115] Das ALR ist ein von Friederich dem Großen (Friedrich II., Sohn von Friedrich-Wilhelm I.) erlassenes Gesetzeswerk. Die Anfänge gehen auf einen Auftrag von Friedrich-Wilhelm I. im Jahr 1714 zurück, der allerdings scheiterte; nach weiteren unvollendeten Projekten wurde es 1792 zunächst als „Allgemeines Gesetzesbuch für die Preußischen Staaten“ (AGB) fertiggestellt. Eine Überarbeitung erfolgte aufgrund der Ereignisse der Französischen Revolution, so dass das Gesetz unter dem Nachfolger Friedrich Wilhelm III. am 1. Juni 1794 unter dem Titel Allgemeines Landrecht (ALR) in Kraft trat; obwohl das ALR von der juristischen Wissenschaft des 19. Jahrhunderts weitgehend abgelehnt wurde, blieb es bis zur Schaffung des BGB im Wesentlichen unverändert in Kraft, s. Tilch/Arloth, Deutsches Rechts-Lexikon, S. 135 f.

schen Recht anerkannt waren, wurden völlig ausgeschlossen.[116] Der Vormund handelte im Auftrag und als Bevollmächtigter des Staates, er hatte die Vormundschaft unentgeltlich zu führen. Dem Vormund kam neben der Vertretung auch die Sorge um die Person und das Vermögen des Mündels zu.[117]

3. Code civil[118]

Auch der code civil enthielt ein System der Vormundschaft, in welchem „lucida intervalla" unbeachtlich waren. Im Jahr 1804 wurde eine Entmündigung, die „interdiction" eingeführt, die gegenüber jeder Vormundschaft vorrangig war. Diese wurde hoheitlich ausgesprochen, wirkte konstitutiv und hatte zur Folge, dass alle Rechtshandlungen, die ein „interdit" ohne seinen „tuteur" vornahm, nichtig waren.[119] Die Nichtigkeit musste vom „tuteur" allerdings erst mit einer Nichtigkeitsklage geltend gemacht werden.[120]

In leichteren Fällen von Geistesschwäche und im Falle der Verschwendung wurde keine Entmündigung durchgeführt, sondern ein Pfleger bestellt. Die Rechtsfolgen waren weniger tiefgehend, der Betroffene konnte rechtsgeschäftlich tätig sein, allerdings nur in Übereinstimmung mit dem Pfleger.[121]

4. Preußische Vormundschaftsordnung[122]

Mit der Preußischen Vormundschaftsordnung von 1875 trat eine Modifizierung ein. Der Vormund war nicht mehr Anweisungen des Gerichts ausgesetzt, sondern das Gericht übte nur noch die Aufsicht über die selbstständige Tätigkeit des Vormunds aus. Dem Gericht wurde ein Waisenrat, bestehend aus Gemeindemitgliedern, zur Seite gestellt, dessen Aufgabe insbesondere die Aufsicht über das persönliche Wohl des Mündels war.[123] Bedeutsam ist, dass der Vormund nicht mehr als Beauftragter des Staates galt, sondern als Stellvertreter des Mündels. Damit wurde die Vormundschaft von der öffentlichen Verwaltung gelöst und erhielt privatrechtlichen Charakter.

Wesentlich für die Preußische Vormundschaftsordnung war, dass sie eine Unterscheidung zwischen Vormundschaft und Pflegschaft einführte und sich damit dem rö-

---

[116] Holzhauer, Gutachten, B 14; v. Sachsen Gessaphe, S. 92 mwN.

[117] Diskussions-Teilentwurf, S. 27; Dieckmann, ZRP 2002, 425, 428; v. Sachsen Gessaphe, S. 90 f mwN.

[118] Der Code Civil ist das französische Gesetzbuch zum Zivilrecht, das durch Napoléon Bonaparte 1804 eingeführt wurde. In Deutschland galt der Code Civil in den von Frankreich annektierten linksrheinischen Gebieten; auch in einigen Rheinbundstaaten wurde er eingeführt, z.B. in Bayern. In anderen Staaten blieb es bei Entwürfen zur Einführung. Im Deutschen Reich wurde er erst durch das BGB von 1900 abgelöst, s. Tilch/Arloth, Deutsches Rechts-Lexikon, S. 980.

[119] Dazu auch Holzhauer, Gutachten, B 14.

[120] Dazu auch Diskussions-Teilentwurf, S. 27.

[121] S. dazu Diskussions-Teilentwurf, S. 27.

[122] Preußen war beherrschendes Mitglied des 1871 gegründeten zweiten Deutschen Reiches; dieser Periode ist u.a. die Preußische Vormundschaftsordnung zuzuordnen; vgl. zur Stellung Preußens seit dem 10. Jahrhundert bis zu seiner Auflösung durch das Kontrollratsgesetz vom 25.2.1947, s. Tilch/Arloth, Deutsches Rechts-Lexikon, S. 3350 f.

[123] Dieckmann, ZRP 2002, 425, 428.

mischen Recht wieder annäherte. Die Vormundschaft wurde als umfassende Fürsorge und Vertretung in allen Angelegenheiten verstanden. Angeordnet wurde sie für diejenigen, die für geisteskrank oder zum Verschwender erklärt worden waren. Damit ging sie weiter als der code civil, der im Falle der Verschwendung noch die Bestellung eines Pflegers für ausreichend erachtet hatte. Als Gegenstück zur Vormundschaft wurde die Pflegschaft begründet, die die Vertretung nur auf einzelne oder einen bestimmten Kreis von Aufgaben bezog.[124]

5. Reichseinheitliche Zivilprozeßordnung[125]

Kannte die Preußische Vormundschaftsordnung noch kein eigenes Entmündigungsverfahren, so wurde ein solches mit der reichseinheitlichen Zivilprozeßordnung von 1877 eingeführt. In den damaligen §§ 593 bis 627 wurde das Entmündigungsverfahren für Geisteskranke und Verschwender geregelt, auch Verfahrensgarantien wurden eingerichtet.[126]

B. Vormundschafts- und Pflegschaftsrecht des BGB bis zum 31.12.1991

Nach dieser weit zurückreichenden Tradition eines Fürsorgerechts kodifizierte schließlich das BGB erstmals für Deutschland ein einheitliches Recht der Vormundschaft und Pflegschaft, welches wiederum unmittelbarer Vorgänger des heutigen Betreuungsrechts war.

Dieses System hatte seit In-Kraft-Treten des BGB[127] bis zum 31.12.1991 im Wesentlichen unverändert fortbestanden, als es mit dem Betreuungsgesetz zum 1.1.1992[128] nach langjähriger Entwicklungszeit durch das neue Betreuungsrecht abgelöst wurde. Die Erforschung der Hintergründe, die weg vom alten System hin zu der Struktur des heute bestehenden Betreuungsrechts geführt haben, vermag hilfreiche Rückschlüsse auf Wertungen des heutigen Gesetzgebers zuzulassen und zugleich Grundlage für Anregungen möglicher Neustrukturierungen zu sein.

I. Die rechtliche Ausgestaltung der Vormundschaft mit Entmündigung

In Fortentwicklung des Vormundschaftswesens wurde auch im BGB die Vormundschaft geregelt. Gemäß § 1896 BGB a.F. war die Anordnung einer Vormundschaft für Volljährige an eine vorausgegangene Entmündigung gebunden.

---

[124] Diskussions-Teilentwurf, S. 27.

[125] Die reichseinheitliche Zivilprozessordnung vom 30.1.1877 ist eines der am 1.10.1879 in Kraft getretenen Reichsjustizgesetze, welche die Rechtseinheit auf dem Gebiete des Verfahrensrechts im zweiten Deutschen Reich bewirkten. Zu diesen gehörte ferner das Gerichtsverfassungsgesetz vom 27.1.1877, die Strafprozeßordnung vom 1.2.1877 und die inzwischen aufgehobene Konkursordnung vom 10.2.1877, s. Tilch/Arloth, Deutsches Rechts-Lexikon, S. 3529.

[126] Diskussions-Teilentwurf, S. 27.

[127] RGBl. S. 195; das BGB wurde am 18.8.1896 ausgefertigt, es trat am 1.1.1900 in Kraft.

[128] Am 12.9.1990 verkündet, s. BGBl. I, S. 2002.

1. Sachliche Voraussetzungen

Die sachlichen Voraussetzungen der Entmündigung ergaben sich aus § 6 Abs. 1 BGB a.F., welcher aufgrund der mit einer Entmündigung verbundenen Grundrechtsbeschränkung des Betroffenen als abschließend betrachtet werden musste und nicht analogiefähig war.[129]

a. § 6 Abs. 1 Nr. 1 BGB a.F.[130]

§ 6 Abs. 1 Nr. 1 BGB a.F. behandelte die Entmündigung wegen Geisteskrankheit oder Geistesschwäche. Welche der beiden Alternativen im Einzelfall vorlag, entschied sich allein aufgrund einer juristischen Begriffsdefinition, die sich nicht mit den in der medizinischen Wissenschaft verwendeten Begriffen deckte.[131] Hiermit deutete sich schon die Problematik an, dass Gerichte und medizinische Sachverständige keine gemeinsame Entscheidungsgrundlage hatten.

Erfasst wurden alle Formen dauerhafter geistiger Anomalie, maßgeblich für die Unterscheidung zwischen Geisteskrankheit oder Geistesschwäche war nicht etwa die Art der geistigen Störung, sondern eine qualitative Abstufung innerhalb einer ermittelten geistigen Störung.[132] Nach der Rechtsprechung[133] war geisteskrank, bei dem die geistige Störung so erheblich war, dass die verbleibende geistige Leistungsfähigkeit mit der eines noch nicht sieben Jahre alten Kindes vergleichbar war. Geistesschwäche wurde dagegen angenommen, wenn die geistige Leistungsfähigkeit des Betroffenen mit der eines Kindes über sieben Jahren vergleichbar war.[134]

Zusätzlich musste eine Unfähigkeit zur Besorgung der eigenen Angelegenheiten festgestellt werden können. Nach allgemeiner Ansicht war hierfür der Begriff der Angelegenheit weit zu fassen, es sollten alle sozialen oder staatsbürgerlichen Angelegenheiten gemeint sein.[135]

---

[129] Aufgrund der Beeinträchtigung der Grundrechte des Betroffenen musste auch der rechtsstaatliche Verhältnismäßigkeitsgrundsatz beachtet werden, was unter anderem wiederum die Gerichte in der Praxis immer häufiger dazu veranlasste, die weniger eingreifende sogenannte „Zwangspflegschaft" anzuordnen; s. dazu im Anschluss; in diesem Zusammenhang steht auch der Aufsatz von Hendel, FamRZ 1982, 1058; ferner Holzhauer, Gutachten, B 29; MüKo-Gitter, BGB, (2. A.) § 6/ Rn. 5 f.

[130] § 6 Abs. 1 Nr. 1 BGB a.F.: (Entmündigt werden kann) *"wer infolge von Geisteskrankheit oder Geistesschwäche seine Angelegenheiten nicht zu besorgen vermag."*

[131] V. Sachsen Gessaphe, S. 98, 101; MüKo-Gitter BGB, (2. A.), § 6/ Rn. 10 mwN.

[132] Betrachtet man die jeweiligen Rechtsfolgen, so wird erkennbar, dass diese oft ausschlaggebender Gesichtspunkt dafür waren, eine Entmündigung wegen Geisteskrankheit oder wegen Geistesschwäche auszusprechen, s. dazu unten.

[133] RGZ 50, 203 ff.

[134] Kritisch zu diesen Maßstäben Jochum/Pohl, Pflegschaft, Rn. 13.

[135] RGZ 162, 228; MüKo-Gitter, BGB, (2. A.), § 6/ Rn. 16; v. Sachsen Gessaphe, S. 101.

b. § 6 Abs. 1 Nr. 2 BGB a.F.[136]

§ 6 Abs. 1 Nr. 2 BGB a.F. ermöglichte eine Entmündigung auch bei Verschwendung, wenn eine Notstandsgefahr für den Verschwender oder seine Familie bestand.

Verschwendung bedeutete die Neigung zu Ausgaben, die in keinem Verhältnis zur materiellen Situation des zu Entmündigenden standen. Die Ursache der Verschwendung musste in einer bleibenden persönlichen Eigenschaft des Betroffenen gründen, wie etwa Leichtsinn oder Willensschwäche, zusätzlich musste Fortsetzungsgefahr bestehen.[137] Mit der Möglichkeit zur Entmündigung sollte vermieden werden, dass der Verschwender sein Vermögen verschleuderte und daher seiner gesetzlichen Unterhaltspflicht nicht mehr hätte nachkommen können. Der Kreis der Familie war daher auf die Gruppe der gesetzlich Unterhaltsberechtigten beschränkt.[138]

Die erforderliche Notstandsgefahr wurde bereits dann angenommen, wenn die sichere Aussicht bestand, dass in absehbarer Zeit die Mittel für eine standesgemäße Existenz gefährdet waren.[139]

c. § 6 Abs. 1 Nr. 3 BGB a.F.[140]

Die letzte Gruppe der Entmündigten war von § 6 Abs. 1 Nr. 3 BGB a.F. erfasst.

Wer trunk- oder rauschgiftsüchtig[141] war, sollte aus präventiven Gründen entmündigt werden können. Entscheidend war nicht die Art der konkreten Sucht, sondern das Bestehen eines tatsächlichen Abhängigkeitsverhältnisses psychischer oder physischer Art im Bezug auf alkoholische Getränke oder Rauschgift. Weiter war Voraussetzung, dass eine Unfähigkeit zur Besorgung der eigenen Angelegenheiten im Sinne von § 6 Abs. 1 Nr. 1 BGB a.F. oder eine Notstandsgefahr im Sinne von § 6 Abs. 1 Nr. 2 BGB a.F. bestand, oder die Sicherheit Dritter gefährdet war. Dies konnte eine persönliche oder vermögensbezogene Gefahr sein, wenn eine Neigung zur Gewalttätigkeit, besonders rücksichtslosem Verhalten oder ähnlichem bestand.[142]

2. Verfahren

Die Anordnung einer Vormundschaft erforderte ein vorgeschaltetes Entmündigungsverfahren.

---

[136] § 6 Abs. 1 Nr. 2 BGB a.F.: (Entmündigt werden kann) *„wer durch Verschwendung sich oder seine Familie der Gefahr des Notstands aussetzt"*.
[137] MüKo-Gitter, BGB, (2. A.), § 6/ Rn. 20, 22 mwN.
[138] MüKo-Gitter, BGB, (2. A.), § 6/ Rn. 26.
[139] MüKo-Gitter, BGB, (2. A.), § 6/ Rn. 28 mwN.
[140] § 6 Abs. 1 Nr. 3 BGB a.F.: (Entmündigt werden kann) *„wer infolge von Trunksucht oder Rauschgiftsucht seine Angelegenheiten nicht zu besorgen vermag oder sich oder seine Familie der Gefahr des Notstandes aussetzt oder die Sicherheit anderer gefährdet"*.
[141] Der Entmündigungsgrund der Rauschgiftsucht wurde mit dem Gesetz zur Neuregelung des Volljährigenalters vom 31.7.1974 eingeführt, BGBl. I, 1713.
[142] Vgl. allg. zu § 6 Abs. 1 Nr. 3 BGB a.F.: MüKo-Gitter, BGB, (2. A.), § 6/ Rn. 34; v. Sachsen Gessaphe, S. 99.

Aufgrund der erheblichen Grundrechtseingriffe war dieses in die ZPO aufgenommen worden - dort §§ 645 ff sowie §§ 680 ff ZPO a.F. - um die Verfahrensgarantien wie die Anhörung des Betroffenen im Falle der Entmündigung wegen Geisteskrankheit zu sichern. Es war als Antragsverfahren ausgestaltet, antragsberechtigt waren der Ehegatte, Verwandte, der gesetzliche Vertreter des zu Entmündigenden, dem die Sorge für die Person zustand, oder die zuständige Staatsanwaltschaft, § 646 ZPO a.F.

Nach Abschluss des Entmündigungsverfahrens - im Falle einer vorläufigen Vormundschaft auch bereits ab Anhängigkeit des Antrags - wurden dem Vormundschaftsgericht die Akten des Entmündigungsverfahrens von Amts wegen zugeleitet, §§ 660 ZPO a.F., 50 FGG. Dieses ordnete sodann im Wesentlichen nur noch als Formsache im Aktenverfahren die Vormundschaft an, §§ 12, 35 ff FGG.[143]

3. Rechtsfolgen

a. Geschäftsfähigkeit

Eine Entmündigung hatte weitreichende Folgen für den Mündel, sie ergaben sich insbesondere aus den §§ 104 ff BGB a.F. und bewirkten konstitutiv eine Beschränkung oder völlige Aberkennung der Geschäftsfähigkeit und zwar unabhängig davon, ob die Tatbestandsvoraussetzungen tatsächlich vorlagen.[144] Das Vormundschaftsgericht war an die Entscheidung aus dem Entmündigungsverfahren gebunden, es hatte daher die Voraussetzungen für die Entmündigung nicht mehr zu überprüfen, lichte Augenblicke wurden im Gegensatz zu § 104 Nr. 2 BGB aus Gründen der Rechtssicherheit abgelehnt.[145] Nur im Zusammenhang mit der Aufhebung der Entmündigung konnte die Geschäftsfähigkeit wieder hergestellt werden.

Den stärksten Eingriff in die rechtsgeschäftliche Selbständigkeit des Betroffenen bedeutete eine Entmündigung wegen Geisteskrankheit, deswegen auch „Totalentmündigung“ genannt; der Entmündigte verlor jegliche Geschäftsfähigkeit, §§ 6 Abs. 1 Nr. 1 1. Alt., 104 Nr. 3, 105 BGB a.F. Er war damit einem Minderjährigen unter sieben Jahren gleichgestellt.

Sämtliche andere Entmündigungsgründe führten dagegen zu einer beschränkten Geschäftsfähigkeit, hinsichtlich derer der Entmündigte die Rechtsstellung eines Minderjährigen über sieben Jahren erhielt, §§ 114, 107 bis 113 BGB a.F.

Unabhängig davon konnte im Einzelfall auch natürliche Geschäftsunfähigkeit im Sinne von § 104 Nr. 2 BGB bestehen, zwischen ihr und der Geschäftsunfähigkeit aufgrund einer Entmündigung nach § 6 Abs. 1 Nr. 1 1. Alt. BGB a.F. bestand kein Abhängigkeitsverhältnis.[146]

---

[143] Zweck der Anordnung der Vormundschaft war es, die Lücke zu schließen, die mit der Entmündigung entstand - dazu gleich im Anschluss - und dem in seiner Geschäftsfähigkeit Beeinträchtigtem einen Beistand zur Seite zu stellen.

[144] Bereits der code civil und das Preußische Allgemeine Landrecht hatten sich für eine konstitutive statt nur deklaratorische Wirkung entschieden, s. hierzu Diskussions-Teilentwurf, S. 28.

[145] V. Sachsen Gessaphe, S. 100.

[146] MüKo-Gitter, BGB, (2. A.), § 6/ Rn. 15; vgl. weiterführend hierzu Holzhauer, Gutachten, B 27.

b. Testierfähigkeit

Bedeutsam war, dass sämtlichen Entmündigten die Testierfähigkeit aberkannt wurde, § 2229 Abs. 3 BGB a.F.[147] Ob tatsächlich Testierunfähigkeit im natürlichen Sinn bestand, wurde aufgrund der konstitutiven Wirkung des Entmündigungsbeschlusses nicht geprüft, ebenso waren lichte Augenblicke ohne Belang.

Besonderheiten galten im Falle einer vorläufigen Vormundschaft, bei welcher die Entmündigung noch nicht ausgesprochen war. Die vorläufige Vormundschaft führte noch nicht zur Testierunfähigkeit, § 2229 Abs. 2 BGB a.F.[148] Kam es jedoch zum Ausspruch der Entmündigung, wurden die während des Bestehens der vorläufigen Vormundschaft vom nun Entmündigten errichteten letztwilligen Verfügungen rückwirkend nichtig, §§ 2229 Abs. 3[149], 114, 1906 BGB a.F. Allgemein war für den Eintritt der Testierunfähigkeit der Zeitpunkt der Antragstellung auf Entmündigung ausschlaggebend, sofern tatsächlich eine Entmündigung ausgesprochen wurde, § 2229 Abs. 3 Satz 2 BGB a.F. Wurde der Entmündigungsantrag abgewiesen oder zurückgenommen, blieben errichtete Testamente wirksam. Das Gleiche galt, wenn der Entmündigungsbeschluss infolge einer Anfechtungsklage - § 115 BGB a.F. - oder infolge eines Aufhebungsantrags - § 2230 Abs. 2 BGB a.F. - wieder aufgehoben wurde.

Eine weitere Ausnahme regelte § 2230 Abs. 1 BGB a.F.: starb ein zu Entmündigender, bevor der Entmündigungsbeschluss unanfechtbar war, so waren von ihm bis dahin errichtete Testamente wirksam.

Ein paar geringe Zugeständnisse wurden den Entmündigten gemacht, die nicht aufgrund einer Geisteskrankheit, sondern wegen einer der anderen Gründe des § 6 Abs. 1 BGB a.F. entmündigt worden waren, und damit in ihrer Geschäftsfähigkeit nur beschränkt worden waren.

Zwar war eine Parallele zur beschränkten Geschäftsfähigkeit mit der Rechtsfolge einer Art „beschränkten Testierfähigkeit" nicht denkbar; der Höchstpersönlichkeitsgrundsatz von § 2064 BGB hätte dem entgegengestanden. Jedoch konnten die Betroffenen ein bereits vor der Entmündigung errichtetes Testament widerrufen, § 2253 Abs. 2 BGB a.F.; einer Zustimmung des Vormunds bedurfte es dazu nicht. Um dies zu erreichen, konnten sie entweder den bloßen Widerruf erklären, § 2254 BGB, das Testament vernichten gemäß § 2255 BGB oder ein hinterlegtes Testament aus der Verwahrung nehmen, § 2256 BGB.[150] Diese Widerrufsmöglichkeiten wurden deswegen

---

[147] Die Frage der Wirksamkeit von testamentarischen Zuwendungen an den Vormund stellte sich daher gar nicht.

[148] § 2229 Abs. 2 BGB a.F.: *„...oder ein unter vorläufige Vormundschaft gestellter Volljähriger bedarf zur Errichtung eines Testaments nicht der Zustimmung seines gesetzlichen Vertreters."*

[149] § 2229 Abs. 3 BGB a.F.: *„Wer entmündigt ist, kann ein Testament nicht errichten. Die Unfähigkeit tritt schon mit der Stellung des Antrags ein, auf Grund dessen die Entmündigung ausgesprochen wird."*

[150] Umstritten war, ob auch ein Widerruf gemäß § 2258 Abs. 1 BGB durch Errichtung eines neuen Testaments möglich sein sollte. Eine Gruppe wollte in diesem Fall mittels Auslegung oder Umdeutung zwar die neue Verfügung mangels Testierfähigkeit scheitern lassen, aber zumindest den Widerruf der vorherigen Verfügung anerkennen. Einer Umdeutung widersetzte sich eine andere Ansicht mit dem Argument, dass ohne festzustellenden Widerrufswillen eine Aufrecherhaltung der neuen Verfügung auch hinsichtlich der Widerrufswirkung scheitern müsse; vgl. zum Streitstand

anerkannt, weil mit einem Widerruf nach den §§ 2254 bis 2256 BGB zumeist die gesetzliche Erbfolge eintrat und damit das, was in der Regel dem Willen eines voll geschäftsfähigen Erblassers entspricht. Dies würde eine „höhere Richtigkeitsgewähr" bieten als eine völlig freie Testamentserrichtung.[151]

Ferner stand den beschränkt geschäftsfähigen Entmündigten, welche verheiratet waren, ausnahmsweise der Weg über den Erbvertrag gemäß § 2275 BGB offen. In diesem Fall allerdings bedurfte es der Genehmigung durch den Vormund und das Vormundschaftsgericht, § 2275 Abs. 2 S. 2 BGB.

c. Sonstige

Schließlich hatte eine Entmündigung auch Auswirkung auf die Ehefähigkeit: ein wegen Geisteskrankheit Entmündigter konnte als Geschäftsunfähiger keine Ehe eingehen, § 2 EheG 1938.

Wer aus anderen Gründen entmündigt und daher beschränkt geschäftsfähig war, konnte eine Ehe mit der Einwilligung des Vormundes schließen, § 3 Abs. 1, 3 EheG 1938.[152] Unabhängig vom Entmündigungsgrund waren sämtliche Entmündigte vom aktiven und passiven Wahlrecht ausgeschlossen; für die Bundestagswahl ergab sich dies aus §§ 13 Nr. 2, 15 Abs. 2 BWahlG (a.F.). Gemäß §§ 10, 30 Abs. 1, 2 Nr. 10 BZRG a.F. war eine Entmündigung zudem in das Bundeszentralregister einzutragen und wurde im Führungszeugnis aufgeführt.

4. Stellung des Vormunds

Ein bestellter Vormund war gesetzlicher Vertreter des Mündling, § 1793 BGB a.F. Er war für sämtliche rechtsgeschäftliche Tätigkeiten des Mündels zuständig, außer es standen bestimmte Grundsätze, wie der Höchstpersönlichkeitsgrundsatz hinsichtlich der Errichtung einer letztwilligen Verfügung, entgegen. In anderen Fällen bedurfte der Vormund zur Vornahme von Handlungen einer vormundschaftsgerichtlichen Genehmigung.[153]

Lange-Kuchinke, § 36 II 4 (3. A.) sowie Staudinger-Firsching, BGB, (12. A.), § 2253 Rn. 8 jeweils mwN.

[151] So Canaris, JZ 1987, 993, 1000; Lange/Kuchnike, § 17 IV (3. A.); diese Argumentation erscheint jedoch nicht ganz schlüssig, da der Widerruf gerade nicht zwingend die gesetzliche Erbfolge herbeiführte, sondern gegebenenfalls frühere Testamente wieder aufleben ließ.

[152] Das EheG wurde durch das Gesetz zur Neuordnung des Eheschließungsrechts (EheschlRG) zum 1.7.1998 aufgehoben. Das materielle Eheschließungsrecht wurde in das BGB zurückgeführt, §§ 1303 ff BGB. § 1304 BGB entspricht dem früheren § 2 EheG, wonach Geschäftsunfähige auch eheunfähig sind. § 3 EheG ist z.T. in § 1303 BGB übernommen worden. Die in § 1303 Abs. 2, 3 BGB geregelte Eheschließungserklärung eines beschränkt Geschäftsfähigen hat für Volljährige keine Entsprechung mehr, ist für Betreute daher ohne Relevanz.

[153] Vgl. §§ 1897 S. 1 iVm 1812, 1822 BGB a.F. sowie § 1902 BGB a.F.

II. Rechtliche Ausgestaltung der Gebrechlichkeitspflegschaft

Neben Entmündigung und Vormundschaft existierte die hauptsächlich in § 1910 BGB a.F. geregelte Gebrechlichkeitspflegschaft, die als Ergänzung verstanden wurde und nur angeordnet werden konnte, wenn der Betroffene nicht unter Vormundschaft stand.

Da die Pflegschaftsanordnung die Geschäftsfähigkeit des Pfleglings unberührt ließ[154], schien sie das geeignetere Institut für Personen, welche - wenn auch ihre Willens- und Handlungsunfähigkeit nicht ausgeschlossen war -wegen ihres geistigen oder körperlichen Zustandes ihre Angelegenheiten selbst zu besorgen nicht im Stande waren.[155]

1. Sachliche Voraussetzungen

Die sachlichen Voraussetzungen ergaben sich aus § 1910 BGB a.F.

a. Totalpflegschaft

In § 1910 Abs. 1 BGB a.F.[156] war die in der Praxis seltene „Totalpflegschaft" geregelt, die eine umfassende Sorge für Person und Vermögen vorsah, wenn der Betroffene allein infolge körperlicher Gebrechen von gewisser Dauer nicht in der Lage war, seine Angelegenheiten zu besorgen. Der Begriff der Angelegenheiten wurde - wie bei § 6 Abs. 1 BGB a.F. - weit verstanden, es sollten sämtliche sozialen und staatsbürgerlichen Angelegenheiten erfasst sein.[157] Gemäß § 1910 Abs. 3 BGB a.F.[158] bedurfte die Anordnung der Einwilligung des Betroffenen. Unklar war, welchem Rechtscharakter die Einwilligung zugeordnet werden sollte. Die Gerichte schwankten hierzu in ihren Ansichten, bis das Reichsgericht sich schließlich für eine Qualifikation der Einwilligung als rechtsgeschäftliche Willenserklärung entschied.[159] Diese Auffassung wurde von der Rechtsprechung des BGH unbestritten übernommen und vom BVerfG als verfassungskonform gebilligt.[160]

---

[154] S. dazu unten 3.

[155] Diskussions-Teilentwurf, S. 29 unter Heranziehung der Motive IV, S. 1229 zu § 1727.

[156] § 1910 Abs. 1 BGB a.F.: *„Ein Volljähriger, der nicht unter Vormundschaft steht, kann einen Pfleger für seine Person und sein Vermögen erhalten, wenn er infolge körperlicher Gebrechen, insbesondere weil er taub, blind oder stumm ist, seine Angelegenheiten nicht zu besorgen vermag."*

[157] RGZ 162, 288; Jochum/Pohl, Pflegschaft, Rn. 14, 47 mwN.

[158] § 1910 Abs. 3 BGB a.F.: *„Die Pflegschaft darf nur mit Einwilligung des Gebrechlichen angeordnet werden, es sei denn, daß eine Verständigung mit ihm nicht möglich ist."*

[159] RGZ 65, 199, 203; MüKo-Goerke, BGB, (2. A.) § 1910/ Rn. 23 mwN.

[160] BVerfGE 19, 93.

b. Teilpflegschaft

§ 1910 Abs. 2 BGB a.F.[161] regelte die Voraussetzungen der sogenannten „Teilpflegschaft“. Weitergehend als bei einer Totalpflegschaft nach Absatz 1 konnte danach ein Pfleger auch aufgrund geistiger Gebrechen bestellt werden. Voraussetzung war ferner, dass der Betroffene nur einzelne seiner Angelegenheiten oder einen bestimmten Kreis seiner Angelegenheiten nicht selbst zu besorgen vermochte. Lag dagegen eine Unfähigkeit im Bezug auf sämtliche Angelegenheiten vor, konnte nur eine Totalpflegschaft unter der Prämisse rein körperlicher Gebrechen eingeleitet oder eine Entmündigung durchgeführt werden; eine Teilpflegschaft musste unterbleiben.

Die Beschränkung auf einzelne Angelegenheiten hatte damit auch zur Folge, dass der Pfleger nur für diese Angelegenheiten bestellt werden durfte. Schließlich bedurfte es auch zur Einrichtung einer Teilpflegschaft einer rechtsgeschäftlichen Einwilligung des Betroffenen.

c. Zwangspflegschaften

Immer häufiger kam es sodann zu den sogenannten „Zwangspflegschaften“[162], welche gemäß § 1910 Abs. 3 BGB a.F. ausnahmsweise ohne Einwilligung des Betroffenen angeordnet werden konnten, falls eine „Verständigung“ mit ihm nicht möglich war.

aa. Unmöglichkeit zur Verständigung

Folge hinsichtlich der rechtlichen Qualifizierung der Einwilligung war eine Auslegung von § 1910 Abs. 3 BGB a.F. seitens der Rechtsprechung dahin, dass eine Verständigung mit dem Pflegling dann unmöglich war, wenn dieser voll oder partiell[163] geschäftsunfähig im Sinne des § 104 Nr. 2 BGB war.

Ebenso wie die Einwilligung wurde die Verständigungsmöglichkeit damit an rechtsgeschäftliche Maßstäbe geknüpft.[164] Diese Maßstäbe wurden in der Rechtsprechung in der Folgezeit auch unbestritten angewandt. Es wurde angenommen, dass mit

---

[161] § 1910 Abs. 2 BGB a.F.: „*Vermag ein Volljähriger, der nicht unter Vormundschaft steht, infolge geistiger oder körperlicher Gebrechen einzelne seiner Angelegenheiten oder einen bestimmten Kreis seiner Angelegenheiten, insbesondere seine Vermögensangelegenheiten, nicht zu besorgen, so kann er für diese Angelegenheiten einen Pfleger erhalten.*“

[162] Der Begriff geht auf den Berliner Amtsrichter Diamand zurück, der die damit einhergegangene sprachliche Diskriminierung jedoch nicht bezweckte, s. dazu Holzhauer, Gutachten, B 30.

[163] Eine „partielle Geschäftsunfähigkeit“ war von der Rechtsprechung anerkannt worden, anders als die so genannte „relative Geschäftsunfähigkeit“, welche nach der Schwierigkeit des jeweiligen Rechtsgeschäfts unterscheiden wollte, vgl. dazu OLG Köln, NJW 1960, 1389; ausführlich unter Befürwortung einer relativen Geschäftsfähigkeit: Holzhauer, Gutachten B 44, 52; Jochum/Pohl, Rn. 54.

[164] Nach a.A. sollten nichtrechtsgeschäftliche Kategorien entscheidend sein, insbesondere wurde eine Umgehung von Verfahrensgarantien befürchtet; dieser Gefahr steuerte die Rechtsprechung entgegen, indem sie bereits vor Einführung von § 50 b FGG Verfahrensgarantien aus dem Entmündigungsverfahren übertrugen; vgl. zum Streitstand und der Entwicklung der Verfahrensgarantien ausführlich Hendel, FamRZ 1982, 1058 f, 1061.

einem Geschäftsunfähigen eine Verständigung iSv § 1910 Abs. 3 BGB a.F. nicht möglich sei, weil die Einwilligung in eine Pflegschaft rechtsgeschäftlicher Natur sei. Folge war, dass in der Praxis eine Anhörung des Betroffenen zu seiner Einwilligung in der Regel nicht stattfand, was vielfach kritisiert wurde und einen offensichtlichen Verstoß gegen Art. 103 GG darstellte.[165] Oft wurde vorschnell Geschäftsunfähigkeit bejaht, wenn die Weigerung des Betroffenen objektiv unsinnig und unvernünftig erschien oder ein „eindeutiger Fall" zu entscheiden war.[166] Ferner konnte mit Sicherheit gesagt werden, dass die Verfasser des BGB eine derartige Auslegung nicht bezweckt hatten, da sie andernfalls den Tatbestand des § 1910 Abs. 3 BGB a.F. anders formuliert hätten.[167]

bb. Hintergrund

Die Zwangspflegschaft als eigenständiges Rechtsinstitut wurde vor allem deswegen umfassend angewendet, um die starren Rechtsfolgen einer Entmündigung zu vermeiden.[168] Dem Betroffenen sollte das „Odium der Entmündigung" erspart bleiben.[169] Hätte ein Geschäftsunfähiger aufgrund seines natürlichen Willens eine Pflegschaft noch verhindern können, wäre es stattdessen zur Entmündigung gekommen; die Anordnung einer Zwangspflegschaft im Falle der Geschäftsunfähigkeit entsprach daher nach diesem Ansatz auch dem Verhältnismäßigkeitsgrundsatz.

Es war bereits früher anerkannt worden, dass auch in Fällen der Geisteskrankheit und Geistesschwäche die vom Gesetz nicht zwingend geforderte Entmündigung unterbleiben konnte; der Gesetzgeber hatte keine klare Abgrenzung zwischen Entmündigung und Pflegschaft statuiert.[170]

Zum anderen wurde eine Pflegschaft für einzelne oder einen Kreis bestimmter Angelegenheiten unter der Voraussetzung zugelassen, dass der Betroffene nur begrenzter Fürsorge bedarf, unabhängig davon, ob er entmündigungsreif war und im Allgemeinen seine Angelegenheit nicht mehr besorgen konnte.[171]

---

[165] S. Holzhauer, Gutachten, B 32, Fn. 83; Staudinger-Bienwald, BGB, (12. A.), Vorbem. zu §§ 1896 ff/ Rn. 15.

[166] Diskussions-Teilentwurf, S. 37; kritisch zur damaligen Praxis v.a. Dunz, JZ 1960, 475 ff.

[167] Jochum/Pohl, Rn. 51; MüKo-Goerke, BGB, (2. A.) § 1910/ Rn. 21.

[168] BVerfGE 19, 93, 98; Holzhauer, Gutachten, B 29; MüKo-Goerke, BGB, (2. A.) § 1910/ Rn. 19 mwN.

[169] Hierzu finden sich Nachweise bei Holzhauer, Gutachten, B 29: aus dem gleichen Grunde wurden auch häufiger vorläufige Vormundschaften angeordnet, um den Entmündigungsantrag zurücknehmen zu können, wenn die Angelegenheit besorgt worden war.

[170] Der erste Entwurf des BGB hatte im Falle einer Geisteskrankheit die Entmündigung vorgesehen, bei geistigen Gebrechen sollte eine Pflegschaft angeordnet werden; dies hätte ein klare Abgrenzung ermöglicht, wurde aber im Ergebnis nicht so übernommen, sondern die Entmündigung um die Geistesschwäche erweitert, die wiederum kaum von einem geistigen Gebrechen abzugrenzen war, vgl. dazu Holzhauer, Gutachten, B 24, 30 f; sowie ders., FuR 1990, 249 ff.

[171] MüKo-Goerke, BGB, (2. A.) § 1910/ Rn. 20 mwN.

2. Verfahren

Das Verfahren zur Bestellung eines Pflegers war einspurig allein nach den §§ 35 ff FGG geregelt und als Amtsverfahren ausgestaltet, § 12 FGG. „Anträge“ von Angehörigen oder anderen stellten daher bloße Anregungen an das Vormundschaftsgericht dar, zu ermitteln und zu prüfen, ob die Einrichtung einer Pflegschaft angezeigt war.[172]

3. Rechtsfolgen

Die Rechtsfolgen der Pflegschaft trafen den Pflegling deutlich weniger einschneidend als eine Entmündigung und die darauffolgende Vormundschaft; sie hatte keine Auswirkungen auf Geschäfts-, Testier- oder Ehefähigkeit, auch eine Eintragung im Bundeszentralregister unterblieb. Die Tatsache, dass ein Gebrechlichkeitspfleger bestellt worden war, durften die Gerichte nicht als Indiz für das Bestehen einer Geschäfts- oder Testierunfähigkeit ansehen oder würdigen.[173] Einziger Maßstab durfte hierfür § 104 Nr. 2 bzw. § 2229 Abs. 4 BGB sein. Dagegen verlor ein unter Zwangspflegschaft Stehender sein aktives und passives Wahlrecht, §§ 13 Nr. 2 BWahlG, 15 Abs. 2 Nr. 1 BWahlG a.F.[174]

4. Stellung des Pflegers

Unbestritten war, dass ein Pfleger eines voll oder partiell Geschäftsunfähigen dessen gesetzlicher Vertreter war. Bei geschäftsfähigen Pfleglingen hatte er dagegen nach überwiegender Ansicht die Stellung eines „staatlich bestellten Bevollmächtigten“, d.h. er war anstatt durch eine rechtsgeschäftliche Vollmacht kraft Hoheitsakt bevollmächtigt, für den Pflegling Rechtsgeschäfte unter der Geltung der §§ 166 ff BGB vorzunehmen.[175]

Da die Anordnung einer Pflegschaft für sich keine Veränderung der Geschäftsfähigkeit des Pfleglings herbeiführte, konnte es zu einer Art „Wettbewerb“ zwischen Pfleger und Pflegling kommen. Es war möglich, dass sie einander widersprechende Willenserklärungen abgaben. Dann sollte der Willenserklärung des Pfleglings der Vorrang eingeräumt werden.[176]

Bedeutsam war, dass im Falle der Zwangspflegschaft nach der Handhabung in der Rechtsprechung zwar die Feststellung der Geschäftsunfähigkeit in der Bestellung eines Zwangspflegers implizit enthalten war. Konstitutive Wirkung konnte sie dagegen nicht

---

[172] Jochen/Pohl, Rn. 60; Winterstein, in Jürgens/Kröger/Marschner/Winterstein, Rn. 8.

[173] Hierzu BayObLGZ 82, 309 ff; BayObLG FamRZ 1988, 1099.

[174] Hierzu und zu weiteren Rechtsfolgen MüKo-Goerke, BGB, (2. A.) § 1910/ Rn. 67 f.

[175] BGHZ 48, 147, 161; v. Sachsen Gessaphe, S. 111; MüKo-Goerke, BGB, (2. A.) § 1910/ Rn. 69 mwN; nach anderer Ansicht war auch dann von gesetzlicher Vertretung auszugehen, so Bobenhausen, RPfleger 1986, 248, 249 f; trotz allem war auch die Pflegschaft von privatrechtlichem Charakter und begründete ein privatrechtliches Verhältnis.

[176] BGHZ 48, 147, 160 f; MüKo-Goerke, BGB, (2. A.) § 1910/ Rn. 69 mwN; vgl. eingehend Weser, MittBayNot 1992, 161, 165.

entfalten, da die natürliche Geschäftsunfähigkeit nach § 104 Nr. 2 BGB zustandsbedingt ist.[177]

III. Die rechtstatsächlichen Verhältnisse in der Bundesrepublik Deutschland vor Einführung des Betreuungsrechts

Im Zuge anfänglicher Reformbestrebungen hatte die SPD-Fraktion eine Große Anfrage an die Bundesregierung gerichtet, um näheren Aufschluss über die rechtstatsächlichen Verhältnisse der geistig Behinderten und psychische Kranken in der Bundesrepublik Deutschland zu erlangen.[178]

In ihrer Antwort[179] stützte die Bundesregierung sich auf Rechtstatsachenmaterial, das durch Gutachten[180] im Auftrag des Bundesministeriums der Justiz erforscht worden war. Zusätzlich hatte der Bundesminister der Justiz eine interdisziplinäre Arbeitsgruppe zur Erarbeitung des bereits oben mehrfach zitierten Diskussionsteilentwurfs eingesetzt. Zunächst musste zugegeben werden, dass einheitliche Erhebungen für das gesamte Gebiet der Bundesrepublik nicht möglich waren; teilweise basierten die Erkenntnisse allein auf Schätzungen.

Gewisse Entwicklungen konnten dennoch als sicher angenommen werden: So war eindeutig, dass sich ein kontinuierlich steigendes Übergewicht angeordneter Gebrechlichkeitspflegschaften gegenüber Vormundschaften abzeichnete, obwohl das System der früheren Vormundschaft und Pflegschaft für Volljährige die Entmündigung und Vormundschaft in den Vordergrund gestellt hatte. Es wurde geschätzt, dass Ende 1984 rund 70.000 Vormundschaften für Volljährige und rund 150.000 Gebrechlichkeitspflegschaften bestanden und sich das Verhältnis damit auf etwa 1:2 eingependelt hatte.[181] Insgesamt nahmen die Entmündigungen von 4.498 im Jahr 1970 auf 3.564 im Jahr 1984 ab.[182] Weitergehend wurde geschätzt, dass zum Jahresende 1986 sogar 176.709 Gebrechlichkeitspflegschaften etwa 66.360 Vormundschaften gegenüberstehen würden. Dies bedeutete eine deutliche Verschiebung des Verhältnisses zu etwa 1:3 hin.[183] Genauere Zahlen, etwa für den Anteil der Zwangspflegschaften, standen nicht zur Verfügung, allerdings konnte durch Stichproben für den Amtsgerichtsbezirk München zum Jahr 1978 ermittelt werden, dass nur 8,2 % aller Pfleglinge mit der Einrichtung einer Pflegschaft einverstanden waren und dass bei etwa 2/3 der Pfleglingen die

[177] Dazu v. Sachsen Gessaphe, S. 112; s.a. Bobenhausen, RPfleger 1986, 248 zu der Gerichtspraxis, die Feststellung der Geschäftsunfähigkeit in den Tenor aufzunehmen, was zu dem Eindruck einer konstitutiven Geschäftsunfähigkeit führte; dies hätte jedoch weitergehende Folgen gehabt, als sie bei einer Entmündigung mit der Folge einer nur beschränkten Geschäftsunfähigkeit eingetreten wäre.

[178] BT-Drs. 10/ 4271.

[179] BT-Drs. 10/ 5970.

[180] Mende, „Psychiatrische Implikationen zur Vorbereitung einer Neuordnung des Rechts der Entmündigung, der Vormundschaft und Pflegschaft für geistig Behinderte sowie der Unterbringung nach Bürgerlichem Recht"; Zenz/v. Eicken/Ernst/Hofmann, „Vormundschaft und Pflegschaft für Volljährige - Eine Untersuchung zur Praxis und Kritik des geltenden Rechts".

[181] BT-Drs.10/ 5970, 3 f.

[182] BT-Drs. 10/ 5970, 8.

[183] Diskussions-Teilentwurf, S. 24.

ärztlichen Atteste eine „Unfähigkeit zur Verständigung" feststellten; damit nahm die Zwangspflegschaft den Großteil aller Pflegschaften ein.[184]

Insgesamt wurde angenommen, dass die Zwangspflegschaft immer mehr zur Ersatzform der Entmündigung geworden war und im Süden der Bundesrepublik diese bereits weitgehend verdrängt hatte.[185]

Signifikanterweise waren ältere Menschen überdurchschnittlich stark sowohl in der Gruppe der volljährigen Mündel als auch der Pfleglinge vertreten. Eine gesamtbundeseinheitliche Aussage konnte auch hierüber nicht getroffen werden, nachweisbar war allerdings, dass vor allem die Altersstufe der über 65-Jährigen unter den Entmündigten vertreten war.[186] Gebrechlichkeitspflegschaften wurden hauptsächlich für „altersverwirrte Menschen" im Alter von 70 Jahren und älter eingerichtet.[187]

Hieraus wurde deutlich, dass mit zunehmendem Alter die Möglichkeit einer Entmündigung oder Gebrechlichkeitspflegschaft zunahm.

Schließlich ergab die Tatsachenforschung, dass Entmündigungen trotz ihrer Aufhebungsmöglichkeit in der Regel lebenslang oder doch sehr lang aufrechterhalten wurden.[188]

Es lagen auch Erhebungen über die prozentuale Verteilung der einzelnen Entmündigungsgründe vor: Im Jahr 1984 wurden insgesamt 3.564 Menschen entmündigt, davon 42,5 % wegen Geisteskrankheit, 49,3 % wegen Geistesschwäche, 0,4 % wegen Verschwendung, 7,7 % wegen Trunksucht und schließlich 0,1 % wegen Rauschgiftsucht.[189]

C. Kritikpunkte

Zusammenfassend war die Tendenz weg von der Entmündigung hin zur Gebrechlichkeitspflegschaft auffallend und Schaubild einer Reformbedürftigkeit, die allerseits als dringlich anerkannt wurde.[190]

Es wurde deutlich, dass das geschriebene Recht in der Praxis nicht länger angenommen wurde. Innerhalb der Gesellschaft, Gerichtspraxis und Lehre kam es zu vielfacher Kritik am bestehenden System. Bereits noch vor den konkreten gesetzgeberischen Reformbestrebungen regte die eingesetzte Psychiatrie-Enquête[191] im Jahr 1975 eine Neuordnung des Vormundschafts- und Pflegschaftsrechts an, ferner hatte sich schon im Jahr 1971 Arnold[192] zu einer erforderlichen Reform der Entmündigung in ei-

[184] Mende, Gutachten, S. 25.
[185] Diskussions-Teilentwurf, S. 24, 30.
[186] BT-Drs. 10/ 5970, 5 f; Mende, Gutachten, S. 15, 30 (Anlage 1).
[187] Mende, Gutachten, S. 22, 24, 40 (Anlage 1); Zenz/v. Eicken/Ernst/Hofmann, Gutachten, S. 13; insoweit bestand eine Altersverteilung, die der heutigen entsprach, vgl. § 3 C II 2.
[188] Mende, Gutachten, S. 17, BT-Drs. 10/5970, 10 f.
[189] BT-Drs. 10/ 5970, 8; Mende errechnete weitergehend die Verteilung für das Jahr 1986; es zeigte sich, dass die Verteilung im Wesentlichen gleich blieb, s. Mende, Gutachten, S. 24.
[190] Vgl. nur etwa BT-Drs. 8/2565, S.49; 10/4271, S. 1; 10/ 5911; 10/ 5970, S. 1; Vorwort des damaligen Bundesministers der Justiz Engelhard zum Diskussions-Teilentwurf.
[191] Bericht der Sachverständigen-Kommission über die Lage der Psychiatrie in der Bundesrepublik Deutschland, BT-Drs. 7/ 4200, S. 371 ff.
[192] Arnold, FamRZ 1971, 289.

nem Aufsatz geäußert, ein Mitglied der seit 1964 betsehenden Kommission zur Reform der Freiwilligen Gerichtsbarkeit. Diese Quellen führten entscheidende Kritikpunkte am bestehenden System an, die sich in der Reformarbeit der im Jahr 1986 eingesetzten interdisziplinären Arbeitsgruppe[193] später wiederfanden und zusammen mit ihnen einen umfassenden Mängelkatalog ergaben.

Die Kritikpunkte reichten von den als diskriminierend empfundenen Bezeichnungen bis hin zu Fragen der Unterbringung und der Verfahrensrechte[194]; im Mittelpunkt standen aber vor allem die als zu starr und unverhältnismäßig empfundenen Rechtsfolgen, die eine Entmündigung nach sich zog. Ferner wurde das Bestehen einer „Zwei-Klassen-Pflegschaft" angeprangert.

Im Einzelnen griff das bestehende System der Entmündigung, die den Mündel weitgehend entrechtete, zu stark in das Selbstbestimmungsrecht der Betroffenen ein. Mit dem Ziel, ihm Hilfe zukommen zu lassen, wurde er im Ergebnis aus der Gesellschaft ausgegrenzt. Dies war mit den Fortschritten der Medizin nicht vereinbar, die es den Betroffenen ermöglichte, ein einigermaßen normales Leben zu führen und sich in die Gesellschaft wieder einzugliedern.[195] Generell musste beachtet werden, dass nur bei einem relativ kleinen Anteil der Betroffenen eine psychische Krankheit oder Behinderung mit dem Verlust der Fähigkeit zur Selbstbestimmung zusammentraf. Diese Fähigkeit sollte gefördert statt unterdrückt werden. Umgekehrt konnte auch bei psychisch Gesunden die Möglichkeit zur Selbstbestimmung mehr oder weniger eingeschränkt sein, so dass Ungleichbehandlungen zwischen diesen beiden Gruppen allein aufgrund eines Krankheitsbildes ungerecht waren.

Es wurde als nicht sachgerecht empfunden, dass im Falle einer sogenannten „Totalentmündigung" wegen Geisteskrankheit die Umstände des Einzelfalles nicht berücksichtigt werden konnten. In Fällen einer Entmündigung war eine Beschränkung der Vormundschaft auf einzelne Bereiche nicht möglich.[196] Entmündigungen wirkten daher kontraproduktiv. Sie machten es unmöglich, noch vorhandene Fähigkeiten zu berücksichtigen und damit eine Rehabilitation zu unterstützen.[197]

Die Auswirkungen auf die Testierfähigkeit und Ehefähigkeit wurden als unverhältnismäßige Fortsetzungen der Entrechtung in besonders sensiblen Bereichen betrachtet.[198]

Im Bereich der Testierfähigkeit musste dabei besonders beachtet werden, dass der Großteil aller Entmündigten bereits über 65 Jahre war und gerade für diese ein Bedürfnis bestand, eine letztwillige Entscheidung über ihr Vermögen treffen zu kön-

---

[193] Die Ergebnisse dieser Arbeitsgruppe wurden im Diskussions-Teilentwurf veröffentlicht und von BT-Drs. 11/4528 als Grundlage genommen.

[194] der Diskussions-Teilentwurf listet allein 17 Mängel auf, dort S. 36-38.

[195] Arnold, FamRZ 1971, 289, 290; Mende, Gutachten, S. 19; Zenz/v. Eicken/Ernst/Hofmann, Gutachten, S. 33 mwN; einen anderen Blickwinkel beleuchtet Coeppicus, „Handhabung und Reform des Betreuungsgesetzes", S. 33 ff: er betont die positive Wirkung der Entmündigung hinsichtlich erzielter Verhaltensänderungen z.B. bei Alkoholkranken.

[196] Zenz/v. Eicken/Ernst/Hofmann, Gutachten, S. 44 mwN.

[197] Eine Rehabilitation war zumeist ausgeschlossen, da Wiederbemündigungen nur sehr selten vorkamen, dazu Mende, Gutachten, S. 17.

[198] Diskussions-Teilentwurf, S. 36; Zenz/v. Eicken/Ernst/Hofmann, Gutachten, S. 55 mwN.

nen.[199] Diese Unverhältnismäßigkeit war Grundlage der Entwicklung in der Rechtsprechung, die den ihr überlassenen Spielraum nutzte und an die Stelle der Entmündigung immer mehr die geringer eingreifende Zwangspflegschaft anordnete.

In der Praxis lag es aufgrund der unscharfen Abgrenzung zwischen einer „Geisteskrankheit“ oder „Geistesschwäche“ im Sinne von § 6 Abs. 1 Nr. 1 BGB a.F. und einem „geistigen Gebrechen“ im Sinne von § 1910 BGB a.F. damit in der Hand des jeweiligen Richters, ob er entmündigte oder nicht. Dieser Spielraum barg zugleich die Gefahr in sich, dass fast willkürlich über die künftige Stellung des Betroffenen in der Gesellschaft entschieden werden konnte, was sich auch in den erheblichen regionalen Unterschieden in der Gerichtspraxis offenbarte.[200]

Im Bereich der Gebrechlichkeitspflegschaft führte die rechtstatsächliche Entwicklung hin zu der vermehrten Anordnung von Zwangspflegschaften zu einer Bildung einer „Zwei-Klassen-Pflegschaft“. Ein „Zwangspflegling“ wurde als „schwerer Fall“ behandelt, auch wenn er im natürlichen Sinne mit der Anordnung einverstanden war und die Zusammenarbeit mit seinem Pfleger klappte. Es hatte diskriminierende Wirkung für die Betroffenen, dass ihre Geschäftsfähigkeit geprüft wurde und schließlich eine „Zwangspflegschaft“ angeordnet wurde, obwohl sie sich einverstanden gezeigt hatten, von Zwang daher keine Rede sein konnte. Dies hatte kontraproduktive, demotivierende Wirkung für den Betroffenen. Hinzukam, dass in der Praxis die Prüfung der Geschäftsfähigkeit unterschiedlich genau gehandhabt wurde, und damit Zufälle über die Anordnung einer „normalen“ oder einer „Zwangspflegschaft“ entschieden.[201]

Im Geschäftsleben wurde die Abgrenzung zwischen freiwilliger Pflegschaft und Zwangspflegschaft am Merkmal der Geschäftsunfähigkeit vorgenommen, so dass im Rechtsverkehr ein „Zwangspflegling“ faktisch entrechtet war.[202]

D. Grundzüge der „Jahrhundertreform“ zum 1.1.1992

Es bestand Einigkeit darüber, dass dringend reformiert werden musste, wobei materiell-familienrechtliche, verfahrensrechtliche und sozialrechtliche Aspekte zu beachten waren.[203]

All diesen betroffenen Bereichen lag das Ziel einer grundlegenden Beseitigung vorhandener Mängel zugrunde. Die Betroffenen sollten in ihrer Eigenschaft als kranke oder behinderte Mitbürger ernst genommen werden und ihre Rechte sowie ihre verfassungsrechtliche Position gestärkt werden. Rechtseingriffe wurden nur dort zugelassen, wo dies unausweichlich war. Im Mittelpunkt der Zielsetzung mussten das Wohl der Betroffenen, ihre persönliche Betreuung und die Stärkung der Personensorge stehen.

---

[199] Mende, Gutachten, S. 12; angreifbar war auch die Tatsache, dass Minderjährige mit 16 Jahren testierfähig waren, § 2229 Abs. 2 BGB, und nur der Form aus § 2233 Abs. 1 BGB unterworfen waren, dagegen sämtliche Entmündigte, die immerhin volljährig waren, komplett von der Testamentserrichtung ausgeschlossen waren, § 2229 Abs. 3 BGB a.F.

[200] Hierzu Diskussions-Teilentwurf, S. 24; Mende, Gutachten, S. 35.

[201] Diskussions-Teilentwurf, S. 54.

[202] Zenz/v. Eicken/Ernst/Hofmann, Gutachten, S. 44.

[203] Näher hierzu Zenz/v. Eicken/Ernst/Hofmann, Gutachten, S. 34.

Dieses Ziel konnte nur durch eine umfassende Neustrukturierung des vorhandenen Rechts erreicht werden.

Auf Grundlage der angefertigten Gutachten, des erarbeiteten Diskussions-Teilentwurfes und der bereits seit 1971 geäußerten Reformanregungen wurde zum 1.2.1989 von der Bundesregierung der Gesetzentwurf eingebracht.[204] Der Bundesrat hatte einige Änderungsvorschläge eingebracht, die mit einer Gegenäußerung der Bundesregierung dem Bundestag, und schließlich dem Rechtsausschuss überwiesen wurden.[205] Die daraufhin gefundene Gesetzesfassung wurde schließlich Grundlage und wurde als „Gesetz zur Reform des Rechts der Vormundschaft und Pflegschaft für Volljährige (Betreuungsgesetz - BtG)" am 25.4.1990 verabschiedet. Es trat zum 1.1.1992 in Kraft.[206]

Die Reformierung im Bereich der Geschäfts- und damit zusammenhängend der Testierfähigkeit führte zu einem völlig neuen Rechtssystem.

I. Geschäftsfähigkeit

Kernpunkt im Bereich der Geschäftsfähigkeit war die allseits geforderte Abschaffung der Entmündigung; umfassend sollte nicht nur die Vormundschaft, sondern auch die Pflegschaft durch das neue Rechtsinstitut der Betreuung ersetzt werden.

1. Grundsätzliche Bemerkungen

Maßgeblich war, dass eine Betreuerbestellung im Regelfall keine Auswirkungen auf die Teilnahme des Betreuten am Rechtsverkehr haben sollte; alleiniger und ausreichender Maßstab war die natürliche Geschäftsfähigkeit gemäß § 104 Nr. 2 BGB.

Nur für den Ausnahmefall war die Anordnung eines Einwilligungsvorbehaltes vorgesehen, soweit dies für den Schutz des Vermögens oder der Person des Betreuten erforderlich war. In diesem Fall bedurfte der Betreute zur Abgabe einer wirksamen Willenserklärung, die den Wirkungskreis des Betreuers betraf, dessen Einwilligung. Die Vorschriften über die beschränkte Geschäftsfähigkeit galten teilweise entsprechend.

Zu diesem Ergebnis gelangte der Gesetzgeber in Folge einer umfassenden Diskussion, deren Grundlage unter anderem auch eine Rechtsvergleichung zu den Rechtsordnungen der europäischen Nachbarländer war.[207] Zudem hatte sich die eingesetzte Arbeitsgruppe über die Praxis des österreichischen Sachwalterrechts bei einem Aufenthalt in Österreich informiert.[208]

Der Reformwille der deutschen Gesetzgeber wurde aufgrund der dort ermittelten Ergebnisse noch gestärkt, nachdem sich gezeigt hatte, dass in den Rechtsordnungen der Nachbarn ein vergleichbarer hoher Grad an Entrechtung, wie ihn die Entmündi-

---

[204] BT-Drs. 11/ 4528.

[205] BT-Drs. 11/4528, Anlage 2 S. 203 ff, Anlage 3 S. 225 ff; BT-Drs. 11/6949.

[206] BGBl. I 1991, S. 2002.

[207] Hierüber wurden insgesamt drei Gutachten eingeholt, welche die Rechtsordnungen von Frankreich, Belgien, Schweiz, England, der Niederlande sowie Schweden untersuchten, vgl. Diskussions-Teilentwurf, S. 23.

[208] Hierzu Zenz/v. Eicken/Ernst/Hofmann, Gutachten, S. 85.

gung nach deutschem Recht zur Folge hatte, nicht für erforderlich gehalten wurde. Deutschland hatte mit der „Totalentmündigung" wegen Geisteskrankheit und dem damit verbundenen Verlust jeglicher Geschäftsfähigkeit die härtesten Regelungen.

Mittelpunkt der Rechtsvergleichung war Österreich, welches selber die Entmündigung durch ein neues Sachwalterrecht zum 1.7.1984 ersetzt hatte, dort geregelt in §§ 273 ff ABGB.[209]

Mit der Anordnung einer Sachwalterschaft - die sich auf einzelne Angelegenheiten, auf einen bestimmten Aufgabenkreis oder alle Angelegenheiten bezog - wird der Betroffene automatisch unter einen Einwilligungsvorbehalt gestellt, von dem die Gerichte jedoch Befreiungen aussprechen konnten. Einen Verlust der vollen Geschäftsfähigkeit kannte das österreichische Recht damit nicht mehr.[210]

Für den deutschen Gesetzgeber war gewichtig, dass Österreich bislang nur die Entmündigung kannte. Ein der deutschen Gebrechlichkeitspflegschaft verwandtes Institut, welches keinerlei Einschränkung der Geschäftsfähigkeit kannte, gab es dort nicht. Österreich hatte daher mit einer vergleichbar liberalen Einrichtung wie der der Gebrechlichkeitspflegschaft keinerlei Erfahrung, die Grundlage der dortigen Reformdiskussion hätte sein können.

Kein anderes europäisches Land hatte - wie sich herausstellte - im Übrigen so strikte Rechtsfolgen eingeführt wie die Bundesrepublik. In den Niederlanden, Schweden und der Schweiz hat die Anordnung einer Betreuung lediglich die Rechtsfolgen, die denen der beschränkten Geschäftsfähigkeit vergleichbar waren. Darüber hinaus existierte zwar in Frankreich und Belgien eine Art Entmündigung mit der Rechtsfolge einer Geschäftsunfähigkeit, allerdings trat dort die Nichtigkeit des Rechtsgeschäfts erst auf Grund einer Nichtigkeitsklage ein, deren Erhebung dem Vormund frei stand.

Insgesamt waren die Rechtsordnungen des europäischen Auslands schon zu diesem Zeitpunkt flexibler als die Regelungen in der Bundesrepublik ausgestaltet und es wurden dort sogar noch weitere Reformen angestrebt, um den Betroffenen mehr Rechte zu gewähren.[211]

Die Erfahrungen der ausländischen Rechtsordnungen zeigten dem Gesetzgeber auf, dass auch mildere Rechtsfolgen geeignet und ausreichend sein konnten. Für eine Abschaffung der Entmündigung und der Gebrechlichkeitspflegschaft sprach er sich auch frühzeitig aus.[212]

Die Entmündigung hatte nicht länger tragbare Eingriffe in das Selbstbestimmungsrecht der Betroffenen zur Folge. Aber auch die Gebrechlichkeitspflegschaft sollte, obwohl in der Praxis vornehmlich angeordnet, nicht unverändert übernommen werden. Sie hatte den Nachteil, dass sie keinerlei Einschränkungen der Geschäftsfähigkeit vorsah, die im Einzelfall aber durchaus geboten sein konnten. Ferner sollte die „Zwangs-

---

[209] Das Bundesgesetz Art. I Z 4 BG, BGBl. 1983/ 136 vom 2. Februar 1983 über die Sachwalterschaft für behinderte Personen ersetzte die bis dahin geltende Entmündigungsordnung von 1916; es trat am 1. Juli 1984 in Kraft. Einen interessanten Einblick in die rechtstatsächlichen Verhältnisse in Österreich vermittelt der Abschlussbericht-Praxisprojekt, S. 209 ff.

[210] Diskussions-Teilentwurf, S. 31 f.

[211] BT-Drs. 11/ 4528, S. 48.

[212] Vgl. BT-Drs. 10/ 5970.

pflegschaft“ aus der Welt geschafft werden, und das erforderte, sich von der Gebrechlichkeitspflegschaft im Ganzen zu trennen.

Nötig war, eine Lösung zu finden, die die Vorzüge der Entmündigung und Gebrechlichkeitspflegschaft verband und die erforderliche Flexibilität aufwies.

2. Alternativen

Mögliche Alternative zum bisherigen System wäre eine gerichtliche konstitutive Feststellung der Geschäftsunfähigkeit oder beschränkten Geschäftsfähigkeit im Einzelfall gewesen.[213] Damit hätte eine Kompetenzverlagerung vom Gesetzgeber hin zum Richter stattgefunden, deren Vorteil eine Abwägung im Einzelfall gewesen wäre. Sie hätte auch zur Rechtssicherheit beigetragen, da in einem Rechtsstreit über die Geschäftsfähigkeit des Betroffenen Klarheit bestanden hätte.

Der Nachteil dieser Alternative lag jedoch im konstitutiven Verlust oder der Beschränkung der Geschäftsfähigkeit unabhängig von einer sachlichen Richtigkeit. Auf Veränderungen der Verhältnisse hätte nicht angemessen flexibel reagiert werden können. Der Betreute wäre unabhängig von den tatsächlichen Umständen im Einzelfall bereits im Voraus von der Teilnahme am Rechtsverkehr ausgeschlossen oder beschränkt gewesen.

Da eine konstitutive Feststellung dem Reformziel, die Rechte der Betroffenen zu stärken, entgegenwirkte und ebenso rehabilitationsfeindlich war wie die existente Entmündigung, wurde diese Alternative schließlich abgelehnt.[214]

Auch ein Blick auf Österreich zeigte, dass dort nach Abschaffung der konstitutiven Feststellung der Geschäftsunfähigkeit keine Verschlechterung der Rechtslage eingetreten war; im Gegenteil hatte man damit gute Erfahrungen gemacht.[215]

Angedacht wurde auch, nur die Totalentmündigung abzuschaffen, und die Entmündigung mit der Folge der automatisch eintretenden beschränkten Geschäftsfähigkeit beizubehalten, so wie es in ähnlichem Maße in Österreich existierte.

Dies hätte jedoch im Widerspruch zu den ermittelten Rechtstatsachen gestanden. In der Bundesrepublik waren in der Mehrzahl Gebrechlichkeitspflegschaften angeordnet worden, welche zu keinerlei Einschränkung der Geschäftsfähigkeit führten. Die Schaffung einer Art „Teilentmündigung“ hätte die bestehende Rechtslage für die Betroffenen verschärft, und ebenfalls den Nachteil gehabt, unflexibel und rehabilitationsfeindlich zu sein.

3. Einführung des Einwilligungsvorbehaltes

Die angestrebte flexible Lösung sah der Gesetzgeber in der Einführung eines Einwilligungsvorbehaltes für den Einzelfall.

---

213 Dazu Diskussions-Teilentwurf, S. 50.

214 Diskussions-Teilentwurf, S. 52; Zenz/v. Eicken/Ernst/Hofmann, Gutachten, S. 44 f mwN.

215 Diskussions-Teilentwurf, S. 52; Zenz/v. Eicken/Ernst/Hofmann, Gutachten, S. 46.

Ausgangspunkt war, dass die Anordnung einer Betreuung keine automatischen Auswirkungen auf die Geschäftsfähigkeit haben sollte, und dass andererseits über die Geschäftsfähigkeit auch keine konstitutive Feststellung getroffen werden sollte.

Es wurde sodann das heutige System entwickelt. Danach ist es den Gerichten im Einzelfall möglich, die Teilnahme des Betroffenen am Rechtsverkehr einzuschränken. Dies jedoch nur, wenn und soweit es zur Abwehr erheblicher Gefahren für seine Person oder sein Vermögen erforderlich ist.

In diesen Fällen ist es auch interessengerecht, dass der Betroffene nur mit Einverständnis seines Betreuers handeln kann. Ein völliger Ausschluss vom rechtsgeschäftlichen Handeln ist dagegen nicht erforderlich. Ausgenommen von dem Einwilligungsvorbehalt müssen Rechtsgeschäfte höchstpersönlicher Art sein sowie lediglich vorteilhafte Rechtsgeschäfte. Einige Regeln über die beschränkte Geschäftsfähigkeit - §§ 108 bis 113 BGB - gelten ausdrücklich nur entsprechend, da der Einwilligungsvorbehalt gerade nicht zu einer beschränkten Geschäftsfähigkeit führt. Er unterscheidet sich von ihr dadurch, dass er sich nicht auf alle Angelegenheiten erstreckt, sondern nur partiell wirkt. Eine partielle beschränkte Geschäftsfähigkeit gibt es dagegen nicht.

Ferner hat der Einwilligungsvorbehalt, anders als die beschränkte Geschäftsfähigkeit, keinen Einfluss auf die Ehe- oder Testierfähigkeit.[216]

Ein Einwilligungsvorbehalt kann schließlich wie die Betreuung selbst wieder aufgehoben werden, § 1908 d BGB.

Weiteres Merkmal des Einwilligungsvorbehaltes ist, dass er bei einer rein körperlichen Behinderung nicht angeordnet werden darf, was sich bereits aus dem Erforderlichkeitsgrundsatz ergibt und im Zusammenhang damit stehen dürfte, dass bei rein körperlicher Behinderung bereits die Anordnung einer Betreuung von einem Antrag des Betroffenem abhängt.[217]

Ferner wurde das Verfahren zur Anordnung eines Einwilligungsvorbehaltes als Amtsverfahren ausgestaltet und mit Verfahrensgarantien versehen, wie z.B. der persönlichen Anhörung und der Einholung eines Gutachtens.[218]

II. Testierfähigkeit

Das alte System der Entmündigung hatte anders als die Gebrechlichkeitspflegschaft unabhängig vom Grund der Entmündigung zu Einschränkungen im Erbrecht geführt. Insbesondere wurde jedem Entmündigtem die Testierfähigkeit aberkannt, was gerade für den Großteil der Betroffenen, der Gruppe der über 65-Jährigen, einen erheblichen Eingriff bedeutete.

---

[216] Diskussions-Teilentwurf, S. 55; hierzu auch Holzhauer, Gutachten, B 75.

[217] § 1896 BGB sieht hierfür eine Ausnahme vor für den Fall, dass der Betreute seinen Willen nicht kundtun kann; dies dürfte anders als unter der Geltung der Gebrechlichkeitspflegschaft nicht mit der Geschäftsunfähigkeit gleichzusetzen, sondern als natürliche Verständigungsunmöglichkeit aufzufassen sein. Erstaunlich ist, dass der Gesetzentwurf hierzu keinerlei Stellung nimmt, obwohl bekanntermaßen im alten Recht der Gebrechlichkeitspflegschaft gerade darüber Streit bestand, wann im Sinne von § 1910 Abs. 3 BGB a.F. eine „Verständigung" nicht möglich sein sollte.

[218] §§ 68, 68 b FGG; ebenso wie die Betreuerbestellung ist auch der Einwilligungsvorbehalt aufzuheben, wenn seine Voraussetzungen entfallen; er unterliegt ebenfalls einer Befristung von höchstens fünf Jahren, § 1908 d BGB, § 69 Abs. 1 Nr. 5 FGG.

Geschäfts- und Testierfähigkeit hängen eng miteinander zusammen, genau genommen stellt die Testierfähigkeit eine besondere Unterart der Geschäftsfähigkeit dar, ist aber dennoch unabhängig von ihr geregelt. § 2229 Abs. 4 BGB fasst sachlich die Gesichtspunkte zusammen, die gemäß §§ 104 Nr. 2, 105 Abs. 2 BGB zur Nichtigkeit einer Willenserklärung führen. Sowohl die Geschäfts- als auch die Testierfähigkeit volljähriger Personen setzen eine Störung der Geschäftsfähigkeit im Zeitpunkt der Abgabe einer Willenserklärung voraus, die ein Handeln in freier Willensbestimmung ausschließt.

1. Grundsätzliche Bemerkungen

Mit Einführung des Betreuungsrechts hatte der Gesetzgeber sich zum Ziel gesetzt, die bisherige Vormundschaft über Volljährige und die Gebrechlichkeitspflegschaft durch ein neues einheitliches Gesetz zu ersetzen.

Im Bereich des Erbrechts hatte er sich dabei mit zwei entgegengesetzten Prinzipien auseinander zu setzen: auf der einen Seite wurde jedem Entmündigten die Testierfähigkeit aberkannt[219], § 2229 Abs. 3 BGB a.F.[220] Auf der anderen Seite wurde jedem, der unter Pflegschaft stand, die Testierfähigkeit belassen. Es bestanden auch keine besonderen Formerfordernisse für diesen Personenkreis.

Der Gesetzgeber hatte sich nun zu entscheiden, ob er eines der vorhandenen Systeme in das neu zu schaffende Rechtsinstitut „Betreuung" übernehmen oder ob er ein neues System unter völliger Aufgabe der vorhandenen Strukturen schaffen wollte.

Ziel des Betreuungsgesetzes war eine Verbesserung der Rechtsstellung von psychisch kranken und körperlich, geistig oder seelisch behinderten Menschen im Vergleich zum bisherigen Vormundschafts- und Pflegschaftsrecht.[221] Mit dieser Zielrichtung war es für den Gesetzgeber ausgeschlossen, die strengeren Regelungen der bisherigen Vormundschaft zu übertragen, denn zum einen waren diese in der Praxis im Verhältnis zu den Gebrechlichkeitspflegschaften diesen untergeordnet[222], und zum anderen sollte den Betroffenen ein Mehr an Rechten eingeräumt werden, was sich mit der Übernahme von § 2229 Abs. 3 BGB a.F. aber ins Gegenteil verkehrt hätte. Zudem wurde das Betreuungsrecht unter die Maxime der Erforderlichkeit nach § 1896 Abs. 1 BGB gestellt. Dies hätte sich nicht mit einer generellen Testierunfähigkeit der Betreuten vertragen.[223]

Im Ergebnis entschied der Gesetzgeber sich somit dafür, die generelle Testierfähigkeit auch den Betreuten zu belassen und allein die natürliche Testierunfähigkeit nach § 2229 Abs. 4 BGB Maßstab sein zu lassen.[224] Er übernahm insoweit das System der

[219] Bis auf ein paar Zugeständnisse für Entmündigte, die „nur" wegen Geistesschwäche, Verschwendung, Trunksucht oder Rauschgiftsucht entmündigt waren, s. § 5 B I 3 b.

[220] Hierüber wurde heftige Kritik geäußert, insbesondere Canaris, JZ 1987, 993, 998 sieht darin einen „Skandal". Zu Recht, denn es lässt sich mit keinerlei rechtlichen Grundsätzen vereinbaren, wenn einem nur beschränkt Geschäftsfähigem jegliche Testierfähigkeit versagt wird.

[221] BT-Drs. 11/4528, S. 1.

[222] Das Verhältnis betrug annähernd 1: 3, § 5 B III.

[223] Diskussions-Teilentwurf, S. 57.

[224] Regelungen zum Erbvertrag in den §§ 2275 II, III, 2281 I 1, 2284 S. 2, 2296 I 2 und 2290 BGB sehen Beschränkungen für beschränkt Geschäftsfähige vor. Diese gelten für Betreute automatisch

Gebrechlichkeitspflegschaft; dieses hatte sich seiner Ansicht nach in dieser Frage auch bewährt.[225] Zusätzlicher Effekt war, dass erhobene verfassungsrechtliche Einwände im Bezug auf die Testierunfähigkeit den Entmündigungen, die nur zu einer beschränkten Geschäftsfähigkeit führten, aus der Welt geschaffen wurden.[226]

2. Nachweisprobleme

Der Gesetzgeber erkannte die Problematik der Nachweisbarkeit im Prozess, da die Feststellung der natürlichen Testierunfähigkeit im Streitfall oft schwieriger sein dürfte als die Feststellung der Geschäftsunfähigkeit.[227] Andererseits war dies kein spezifisches Problem, das erst mit der Abschaffung der Entmündigung auftreten würde, vielmehr bestand es auch damals schon, wie die zahlenmäßige Verteilung der Gebrechlichkeitspflegschaft im Verhältnis zu den Vormundschaften bewies. Die in der Praxis schwierigsten Fälle der Beurteilung der Testierunfähigkeit waren ohnehin solche, in denen der Erblasser weder entmündigt war noch unter Gebrechlichkeitspflegschaft stand, da andernfalls Rückschlüsse aus den Erkenntnissen im Pflegschaftsverfahren möglich waren.

Der Vorteil des neuen Systems wurde demgegenüber darin gesehen, dass die neuen Verfahrensvorschriften - über die persönliche Anhörung, über die sachverständige Begutachtung und über das Abschlussgespräch[228] - eine zuverlässige Dokumentation bieten würden, die in einem späteren Verfahren die Feststellung der Testierunfähigkeit sogar erleichtern würde. Darüber hinaus würde aufgrund der zeitlichen Befristung einer Betreuung sichergestellt sein, dass keine allzu weit zurückliegenden Sachverhalte Beurteilungsgrundlage sein würden.[229]

3. Alternativen

a. „Beschränkte" Testierfähigkeit

Die Einführung einer Art „beschränkten Testierfähigkeit" verbot sich aufgrund des unumstößlichen Grundsatzes der Höchstpersönlichkeit. Die Entscheidung darüber, wer etwa erben soll oder von der gesetzlichen Erbfolge ausgeschlossen sein soll, wurde bereits nach dem alten System nicht in die Hände eines gesetzlichen Vertreters gelegt. Daran sollte festgehalten werden, so dass auch der neue Einwilligungsvorbehalt sich nicht darauf beziehen durfte.[230] Dies steht im Einklang mit der bereits damals existenten Regelung von § 2229 Abs. 2 BGB, wonach minderjährige Erblasser, obwohl be-

nicht mehr, da sie als Bezugspunkt die beschränkte Geschäftsfähigkeit haben; s. hierzu BT-Drs. 11/4528, S. 161 f; Hahn, FamRZ 1991, 27, 28; Müller, S. 108 ff.

[225] Diskussions-Teilentwurf, S. 57.

[226] S. Canaris, JZ 1987, S. 993, 999.

[227] Diskussions-Teilentwurf, S. 57.

[228] §§ 66, 68 b FGG.

[229] Diskussions-Teilentwurf, S. 58; Holzhauer, Gutachten B 76.

[230] Diskussions-Teilentwurf, S. 58; Holzhauer, Gutachten B 75.

schränkt geschäftsfähig, dennoch voll testierfähig waren, mochten sie auch an bestimmte Errichtungsformen gebunden gewesen sein, § 2233 Abs. 1 BGB.

b. Österreichisches Modell

Zwischen zwei bestehenden Systemen hatte sich der Gesetzgeber damit für die Übernahme des einen entschieden. Es wäre allerdings zu überlegen gewesen, einen Mittelweg einzuschlagen, wie ihn der österreichische Gesetzgeber mit Einführung der Sachwalterschaft zum 1. Juli 1984[231] beschritten hatte.

Er erklärte die unter einer Sachwalterschaft Stehenden für testierfähig, gab ihnen aber die Beschränkung auf, nur mündlich vor Gericht oder mündlich vor einem Notar testieren zu können, § 568 ABGB.

Der deutsche Gesetzgeber hatte sich mit dieser Gesetzeslage eingehend auseinander gesetzt, es wurden Gespräche mit den österreichischen Kollegen geführt. Im Ergebnis wurde eine entsprechende Regelung im BGB jedoch abgelehnt.

Begründung hierfür war, dass mit einer generellen Einführung eines Formzwangs für Betreute die Frage, ob Betreuungsbedürftigkeit besteht, in unzulässiger Weise mit der Frage der Testierfähigkeit, also der Frage, ob jemand noch in der Lage ist, seinen Nachlass zu regeln, automatisch verknüpft werden würde.[232] Beispielhaft sei hier die Situation zu nennen, in der ein Betreuter, für den im Aufgabenkreis der Aufenthaltsbestimmung ein Betreuer zur Seite gestellt wurde, nicht automatisch seine Testierfähigkeit verloren hat.

c. Einzelfallanordnung

An dieser Grundentscheidung musste sich aber konsequent die Überlegung anschließen, ob anstatt einer generellen Regel nicht eine speziellere Norm geschaffen werden sollte.

Daran dachte der Gesetzgeber insoweit, als er eine gerichtliche Einzelfallregelung für möglich hielt, wonach ein Richter im Einzelfall dem Betreuten einen Formzwang auferlegen können sollte.[233]

Dieser Ansatz wurde aber ohne weitere Diskussion[234] wieder verworfen, da insoweit ein Zirkelschluss entstehen würde: eine derartige Regelung wäre „nicht sinnvoll“, da auch vor einem Notar nur testieren kann, wer natürlich testierfähig ist. Damit könnte dies nur möglich sein bei Betreuten, die an sich testierfähig sind. Diesen aber eine Form aufzuerlegen, wäre aus keinen Gründen zu rechtfertigen.[235] Ferner beständen praktische Schwierigkeiten, da wegen dem „Erforderlichkeitsgrundsatz“ eine Anord-

---

[231] V.a. §§ 273 ff ABGB, eingefügt durch Art. I Z 4 BG, BGBl. 1983/ 136.

[232] Diskussions-Teilentwurf, S. 58; Hahn, FamRZ 1991, 27, 28; a.A. Cypionka, DNotZ 1991, 571, 584 f; sowie Canaris, JZ 1988, 993, 999, der für eine Kombination aus Formvorschrift und Zustimmungsbedürfnis ist; s. dazu § 10 B I.

[233] Hahn, a.a.O. plädiert für eine Übernahme von § 2233; Dieckmann, JZ 1988, 789, 796 will zwecks einer Einzelfallgerechtigkeit ein abgestuftes System einführen, s. näher § 9 B I.

[234] Der Bundesrat nahm zu dieser Frage nicht mehr Stellung, s. BT-Drs. 11/ 4528, S. 203 ff.

[235] Diskussions-Teilentwurf, S. 58.

nung im Voraus nicht zu rechtfertigen ist, und nur möglich, wenn bereits im Zeitpunkt der Anordnung ersichtlich ist, dass eine Verfügung getroffen werden soll. Solche Anhaltspunkte gäbe es regelmäßig nur, wenn bereits Verfügungen von Todes wegen vorhanden sind. Im Ergebnis würde dann die Testierfreiheit aberkannt werden mit der Rechtsfolge, dass der Betreute sein bisheriges privatschriftliches Testament nicht mehr privatschriftlich widerrufen kann. Rechtsfolge wäre eine „Verstetigung vorhandener Testamente, wofür es keine Rechtfertigung gibt“.[236]

4. Ausnutzungsgefahr

Im Rahmen der laufenden Beratungen zum Erlass des Betreuungsgesetzes wurde die Versuchung erkannt, der die Betreuer unterliegen könnten: eine Ausnutzung des entstandenen Näheverhältnisses zu ihrem Betreuten könnte dazu führen, dass die Betreuer auf eine finanzielle Begünstigung durch ihren Betreuten hinwirken könnten.

a. Vorschlag von Holzhauer

Holzhauer hat deshalb in seinem Gutachten während des laufenden Gesetzgebungsverfahrens die Problematik ansatzweise erörtert und drei Lösungsalternativen aufgezeigt.[237]

Eine Erwerbsunfähigkeit, wie sie bereits für Notare und deren Angehörigen nach §§ 7, 27 BeurkG gilt, wenn sie an der Beurkundung mitgewirkt haben, sah er als zu weitgehend an.

Mindestens wurde eine Anzeigepflicht an das Vormundschaftsgericht von Holzhauer gefordert, damit dieses gegebenenfalls im Aufsichtswege eingreifen könnte. Zur Effektivität wäre es zugleich nötig, die zivilrechtliche Unwirksamkeit der Zuwendung zu statuieren, falls der Betreuer gegen die Anzeigepflicht verstieße.

Für den besten Lösungsweg wurde von Holzhauer eine Genehmigungspflicht durch das Vormundschaftsgericht, wie es damals Art. 86 EGBGB vorsah, betrachtet.

Obwohl anzunehmen ist, dass dem Bundestag die Verhandlungen des 57. Deutschen Juristentages von 1988 und damit auch das Gutachten Holzhauers zum Zeitpunkt der Gesetzesberatungen bis zur Verabschiedung am 25.4.1990 bekannt waren, nahm das Parlament zu dieser vorgetragenen Problematik keine Stellung.

b. Vorschlag von Rink

Im Gesetzgebungsverfahren nicht weiter beachtet wurde ein Antrag des Amtsrichters Jürgen Rink, den er im Laufe der Verhandlungen zum 57. Deutschen Juristentag im Anschluss an das Gutachten von Holzhauer gestellt hatte. Er berichtete von mehrfach aufgetretenen Fällen, in denen Pflegebefohlene, die finanziell leicht beeinflussbar waren, ihren Pfleger als Alleinerben eingesetzt hatten. Diese Missbrauchsgefahr sollte

---

[236] Diskussions-Teilentwurf, S. 58; dieses Argument ist allerdings aus m.E. nicht stichhaltig.

[237] Holzhauer, Gutachten, B 78, 79; auf diese wird in § 12 C I näher Stellung genommen; zustimmend Dieckmann, JZ 1988, 789, 796.

durch eine an § 14 HeimG angelehnte Vorschrift verhindert werden, wodurch es den Betreuern untersagt werden sollte, sich von Betreuten Vermögensvorteile versprechen oder gewähren zu lassen, soweit es sich nicht um geringwertige Aufmerksamkeiten handelte.[238]

Sein Antrag fand große Unterstützung und wurde sodann mit deutlicher Mehrheit von 63 zu 13 Stimmen bei 11 Enthaltungen angenommen.[239]

Im weiteren Verlauf der Reform wurde diese Problematik erstaunlicherweise vom Parlament trotz des gefundenen Zuspruches nicht verfolgt.

III. Position des Betreuers

1. Rechtlich

Im neuen Rechtsinstitut der Betreuung nimmt der Betreuer die Stellung eines gesetzlichen Vertreters ein. Er vertritt den Betreuten in seinem Aufgabenkreis gerichtlich und außergerichtlich, § 1902 BGB.

Da die Betreuerbestellung an sich weder eine Geschäftsunfähigkeit des Betreuten zur Voraussetzung hat noch eine Beschränkung der Geschäftsfähigkeit bewirkt, besteht im Außenverhältnis eine Doppelzuständigkeit von geschäftsfähigem Betreuten und seinem Betreuer. Dies ist Ausfluss der gesetzgeberischen Entscheidung hin zur Stärkung der Autonomie des Betreuten.

Dem Umfang nach besteht die Vertretungsmacht nur im Rahmen des übertragenen Aufgabenkreises. Die grundsätzlich selbständige Vertretungsmacht stößt aber auch auf Grenzen und Beschränkungen.[240] So ist eine Vertretung für höchstpersönliche Rechtsgeschäfte ausgeschlossen, für die nach § 1903 Abs. 2 BGB auch kein Einwilligungsvorbehalt angeordnet werden darf. Ferner ist eine Vertretung ausgeschlossen, wenn es sich um ein „In-Sich-Geschäft“ im Sinne von § 181 BGB handelt, s. §§ 1908 i Abs. 1, 1795 Abs. 2 BGB. In anderen Fällen bedarf der Betreuer einer vorherigen Genehmigung des Vormundschaftsgerichts, vgl. §§ 1904 ff BGB, §§ 1908 i Abs. 1, 1821, 1822 BGB.

Insgesamt kann das Rechtsverhältnis zum Betreuten als gesetzliches, vom Vormundschaftsgericht überwachtes Privatrechtsverhältnis bezeichnet werden, das seinem obligatorischen Gehalt nach dem Auftrags- und Geschäftsbesorgungsverhältnis ähnelt.[241] Die Überwachung des Vormundschaftsgerichts kann auch in eine Entlassung des Betreuers münden, § 1908 b BGB.

Einen entscheidenden Gesichtspunkt für die vorliegende Arbeit bildet die Tatsache, dass im Innenverhältnis keinerlei rechtsgeschäftliche Beschränkungen bestehen, sofern kein Einwilligungsvorbehalt besteht. D. h. ein geschäftsfähiger und nicht einem Einwilligungsvorbehalt unterworfener Betreuter kann ohne weiteres seinen Betreuer selbst zu Lebezeiten beschenken, ein testierfähiger Betreuter seinen Betreuer letztwillig be-

---

[238] Rink, 57. DJT, K 147 f.
[239] Rink, 57. DJT, K 240.
[240] Vgl. zum sog. „Selbständigkeitsgrundsatz“ näher bei § 11 B II 1.
[241] So Schwab, FamRZ 1992, 493, 502.

denken.[242] Eine mögliche Interessenkollision oder Missbauchsmöglichkeit wird im Gesetz nicht thematisiert. Da in einem solchen Fall der Betreuer nicht als Vertreter agiert, unterliegt er auch nicht den Beschränkungen aus §§ 1908 i Abs. 1, 1795 Abs. 2, 181 BGB.

2. Tatsächlich

Im Betreuungsrecht wird neben der rechtlichen Vertretung Wert gelegt auf eine persönlich geführte Betreuung.[243]

Das Forschungsprojekt „Die Lebenslage älterer Menschen mit rechtlicher Betreuung“[244] ermittelte durch Befragung teilnehmender Betreuer neben der verwandtschaftlichen oder sonstigen persönlichen Beziehung auch die Kontakthäufigkeit und die Beziehungsqualität gegenüber älteren Betreuten.[245]

37,5 % der Betreuungen wurden von fremden Personen geführt, 62,5 % von verwandten Personen. Innerhalb der letzten Gruppe übernahmen mit 58 % hauptsächlich die eigenen Kinder die Betreuung, im Vergleich zu nur 11,2 % der Ehe- oder Lebenspartner.

Den engsten Kontakt hielten Betreuer, die mit dem Betroffenen verwandt waren oder ihm sonst nahe standen; hier besuchten etwa ein Drittel ihren Verwandten täglich, weitere 46 % einmal in der Woche. Innerhalb der Fremdbetreuer hielten ehrenamtliche Betreuer deutlich engeren Kontakt als Berufsbetreuer. So war bei ersteren der tägliche Besuch knapp doppelt so häufig, der wöchentliche gar viermal häufiger als der von Berufsbetreuern.[246]

Interessant ist auch die Einschätzung der Betreuer/Innen, wie die Betreuten zu ihnen stehen. Aus der Sicht der Betreuer/Innen wurden wiederum bestehende Beziehungen besser bewertet als diejenigen, die erst durch die rechtliche Betreuung entstanden. Im Vergleich zwischen ehrenamtlichen Fremdbetreuern und Berufsbetreuern wurde die Beziehung durch Ehrenamtliche deutlich besser bewertet als durch Berufsbetreuer.

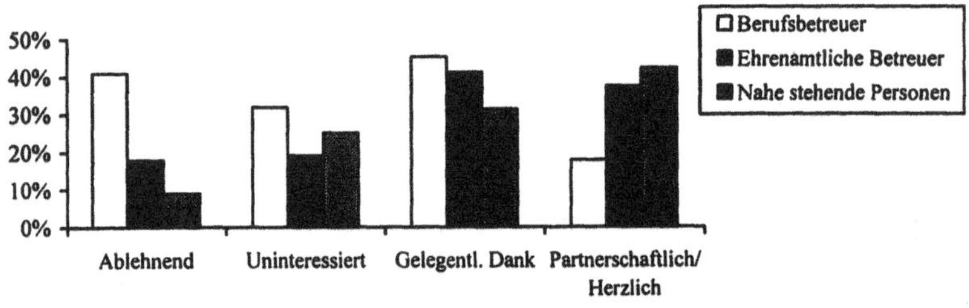

Einschätzung der Beziehung aus Sicht der Betreuer/Innen

---

[242] Darauf weist u.a. auch Weser, MittBayNot 1992, 161, 166 hin.
[243] S. o. § 4 A I 1 a bb.
[244] Zu den Hintergründen vgl. § 3 C 2.
[245] Abschlussbericht-Praxisprojekt, S. 143, 144.
[246] Abschlussbericht-Praxisprojekt, S. 143, 144.

IV. Zusammenfassung

Mit Einführung des Betreuungsrechts wurden die rechtsgeschäftlichen Befugnisse der Betroffenen gestärkt. Der Gesetzgeber hatte sich unter Beachtung des Erforderlichkeitsgrundsatzes dafür entschieden, grundsätzlich die volle Geschäftsfähigkeit zu belassen und sie nur im Rahmen eines im Einzelfall anzuordnenden Einwilligungsvorbehaltes zu beschränken. Eine totale Aberkennung wie es noch die Entmündigung kannte, wurde abgelehnt. Ebenso sieht das Betreuungsrecht keinerlei Einschränkungen der Testierfähigkeit mehr vor, einzige und ausreichende Grenze ist die natürliche Testierunfähigkeit im Sinne von § 2229 Abs. 4 BGB.

Dem Betreuer kommt die Stellung eines gesetzlichen Vertreters zu, begleitet von einer erstrebten persönlichen Beziehung zum Betreuten.

Im Ergebnis begründete das neue Rechtsinstitut eine bessere Rechtsstellung der Betroffenen. Unerklärlich ist allerdings, wieso die von Holzhauer und Rink aufgeworfene Problematik nicht weiter in den Gesetzesberatungen beachtet wurde.

E. Weitere Reformen

I. 1. Betreuungsrechtsänderungsgesetz zum 1.1.1999

Nachdem mit dem Betreuungsgesetz von 1992 eine völlige Umwälzung der bisherigen Rechtssysteme in Gang gesetzt worden war, wurde in den Folgejahren das Augenmerk darauf gerichtet, ob das neue Rechtsinstitut sich in der Praxis bewähren konnte. Da es an Erfahrungen mangelte, war es nicht verwunderlich, dass alsbald Nachbesserungen gefordert wurden.

In einer Großen Anfrage wies die SPD-Fraktion[247] auf vermehrt geäußerte Zweifel hin, ob die an sich begrüßenswerten Ziele der Reform auf der vorhandenen Grundlage erreicht werden könnten. Die Bundesregierung sah sich unter anderem hiervon dazu veranlasst, einige der angezweifelten Regelungen zu reformieren, und legte 1996 einen Gesetzesentwurf vor, der in abgeänderter Form eingebracht wurde.[248] Auf einige Änderungsvorschläge des Bundesrates hin wurde der Entwurf noch weiter im Rechtsausschuss modifiziert und schließlich nach Anrufung des Vermittlungsausschusses mit der dort gefundenen Einigung verabschiedet.[249] Das Betreuungsrechtsänderungsgesetz (BtÄndG) trat sodann in zwei Stufen zum 1.7.1998 sowie überwiegend zum 1.1.1999 in Kraft.[250]

---

[247] BT-Drs.13/ 3834.

[248] BR-Drs. 690/96; BT-Drs. 13/7158.

[249] BR-Drs. 338/98; BT-Drs. 13/10331; dazu Winterstein, in Jürgens/Kröger/Marschner/Winterstein, Rn. 22 ff.

[250] Verkündet in BGBl. 1998 I, S. 1580, gemäß Art. 5 Abs. 2 überwiegend zum 1.1.1999 in Kraft getreten.

1. Kernpunkt

Kernpunkt der Reform waren im materiellen Recht zum einen eine Neuregelung der Vorschriften zur Aufwandsentschädigung und Vergütung des Betreuers, zum anderen eine Stärkung der Vorsorgevollmacht. Im Verfahrensrecht sollten ein weniger kostenträchtiges und weniger schwerfälliges Verfahren gefunden werden.

Am System der grundsätzlichen Unabhängigkeit von Betreuungsanordnung und Geschäftsfähigkeit wurde jedoch festgehalten. Auch die Testierfähigkeit wurde nicht angetastet.

Im Rahmen der Reformverhandlungen wurde allerdings eine für die vorliegende Arbeit interessante Forderung laut.

2. Norm gegen Ausnutzung

a. Anregung des Bundesrats

Der Bundesrat regte in seiner Stellungnahme zum Regierungsentwurf - evtl. durch verschiedene Gerichtsentscheidungen aufmerksam geworden - wie seinerzeit bereits Rink[251] an, zu prüfen, ob eine an § 14 Abs. 5 HeimG angelehnte Bestimmung notwendig und geeignet sei, missbräuchlichen eigennützigen Vermögensübertragungen von kraft Gesetzes oder kraft vertraglichen Auftrags tätigen Vermögensverwaltern entgegenzuwirken. Der Kreis der Betroffenen sollte dabei beruflich tätige Betreuer, Nachlaßverwalter, Testamentsvollstrecker sowie Rechtsanwälte und Steuerberater im Rahmen eines Mandatsverhältnisses erfassen.[252]

Zur Begründung wurde ausgeführt: „Vor allem ältere Personen, die professionelle Beratung und Hilfe für die Verwaltung des Vermögens in Anspruch nehmen, können im Einzelfall in besonderem Maße missbräuchlichen Beeinflussungen ihrer Vertreter bzw. Vermögensverwalter ausgesetzt sein. Gegenstand dieser Beeinflussung kann vor allem der Versuch sein, über die Vergütung für die erbrachte Tätigkeit hinaus großzügige Schenkungen zu erhalten oder in Verfügungen von Todes wegen bedacht zu werden. Dieses Problem wird sich in den nächsten Jahren durch steigende Lebenserwartung und den weiteren Anstieg des Vermögens älterer Mitbürgerinnen und Mitbürger noch verschärfen. Spektakuläre Einzelfälle, wie der Rechtsstreit einer hochbetagten Erbin eines Schauspielers um die Rückgabe eines Grundstücks, das sie zuvor dem Nachlaßverwalter geschenkt hatte, wecken auch das öffentliche Bewusstsein für die hier denkbaren Missbrauchsmöglichkeiten.

Der Gesetzgeber hat für Fallgestaltungen, in denen eine vergleichbare psychische Beeinflussbarkeit nicht fern liegt, durch § 14 Abs. 5 HeimG entsprechende Vorkehrungen getroffen. Danach ist es dem Personal von Heimen untersagt, sich von oder zugunsten von Bewohnern neben der vom Träger des Heimes erbrachten Vergütung Geld oder geldwerte Leistungen für die Erfüllung der Pflichten aus dem Heimvertrag versprechen oder gewähren zu lassen, soweit es sich nicht um geringwertige Aufmerk-

---

[251] S. § 5 D II 4 b.

[252] BT-Drs. 13/7158, S. 43.

samkeiten handelt. Es sollte geprüft werden, ob ein ähnliches Annahmeverbot auch für alle beruflichen "Vermögensverwalter" im vorgenannten Sinne eingeführt werden sollte."

b. Gegenäußerung der Bundesregierung

Der Gesetzgeber wurde damit erneut - diesmal jedoch ausdrücklich - auf die Missbrauchsgefahr hingewiesen.

Die Bundesregierung wandte sich gegen die Anregung des Bundesrats: „Im Verhältnis zwischen den in der Prüfbitte genannten Vermögensverwaltern und dem Betroffenen oder Auftraggeber besteht keine dem § 14 Abs. 5 HeimG vergleichbare Interessenlage: (es folgen Ausführungen zu Funktion eines Nachlaßverwalters, Testamentsvollstreckers, Rechtsanwalts und Steuerberaters)... Im Verhältnis zwischen Betreutem und Betreuer dürfte die Problematik vielfach dadurch entschärft werden, dass der Betreute geschäftsunfähig und deshalb zu Verfügungen zugunsten seines Betreuers gar nicht in der Lage ist. Im Übrigen wird hier zwar ein persönliches Abhängigkeitsverhältnis häufiger vorkommen als in den zuvor genannten Fallkonstellationen; allerdings sind auch hier vielfältige Abstufungen denkbar. Im Vergleich zur Situation des Heimbewohners fehlt es in vielen Fällen - gerade wenn ein Berufsbetreuer bestellt ist - an dem Merkmal der Einbindung des Betreuten in einen von dem Betreuer beherrschten Lebensraum. Auch das zur Begründung der in § 14 Abs. 5 HeimG getroffenen Regelung angeführte Bestreben, sachwidrigen Ungleichbehandlungen unter den Heimbewohnern vorzubeugen, dürfte insoweit kaum zum Tragen kommen.

Im Übrigen kann das Maß an persönlicher Abhängigkeit des Betreuten bei ehrenamtlicher Betreuung weit stärker ausgeprägt sein als bei einer Berufsbetreuung; dies gilt namentlich bei der Aufnahme des Betreuten in den Haushalt eines ihn betreuenden Familienangehörigen. Dennoch werden sich Eingriffe in die Vertrags- und Testierfreiheit, soweit Zuwendungen an Familienangehörige oder andere dem Betreuten nahestehende Personen betroffen sind, verbieten. Derartige Beschränkungen könnten nicht nur auf verfassungsrechtliche Bedenken stoßen, sondern auch die Bereitschaft, Betreuungen im Familien- oder Freundeskreis zu übernehmen, nachhaltig beeinträchtigen."

Nach der Gegenäußerung wurde im weiteren Gesetzgebungsverfahren der Antrag des Bundesrats nicht weiterverfolgt, auch der Rechtsausschuss nahm dazu keine Stellung.

II. 2. Betreuungsrechtsänderungsgesetz zum 1.7. 2005

Auch in den Folgejahren wurde ersichtlich, dass mit dem BtÄndG von 1999 noch nicht das Ende der Reformen erreicht sein konnte, denn Schwierigkeit jeder Diskussion über eine Weiterentwicklung des Betreuungsrechts war, dass es in der kurzen Zeit seines Bestehens an aussagekräftigen Erfahrungswerten mangelte.

Nach dem Wechsel der Regierungsmehrheit im Jahr 1998 wollte die neue Regierung eine „Strukturreform" zur Novellierung des Betreuungsrechts durchführen. Bemerkenswert ist, dass dieser Programmpunkt zusammen mit der Novellierung des Heimgesetzes im Maßnahmekatalog zur Verbesserung der Lebenssituation älterer

Menschen aufgenommen wurde.[253] Der Fortgang der Reform wurde unterstützt durch Arbeiten einer bereits 1999 zusammengetretenen interfraktionellen Arbeitsgruppe „Strukturreform des Betreuungsrechts", der Bund-Länder-Arbeitsgruppe unter dem Vorsitz von Nordrhein-Westfalen[254] sowie der Forschungsarbeit des rechtstatsächlichen Projekts „Die Lebenslage älterer Menschen mit rechtlicher Betreuung" gefördert vom Bundesministerium für Familie, Senioren, Frauen und Jugend.[255] Wesentliches Ziel aller Gruppen war es, die „Kostenexplosion" im Betreuungsrecht angesichts der drastisch gestiegenen Zahl von Betreuungen und der Aufwendungen für Betreuungen einzudämmen, welches sich mit der Zurückdrängung der Zahl von Betreuungen am besten verwirklichen lassen sollte.[256]

Im Wesentlichen wurden die gleichen Einwände erhoben wie bereits vor Schaffung des BtÄndG; die in die Reform gesetzten Erwartungen waren noch nicht erfüllt worden. Vorhandene Missstände waren insbesondere die erheblichen Kosten, die die Vergütungen für Berufsbetreuer verursachten. Dem sollte im Wege einer Pauschalierung Einhalt geboten werden. Ferner sollte eine Stärkung der Vorsorgevollmacht vorangetrieben, das Verfahren weg von der Justizlastigkeit vereinfacht und das Selbstbestimmungsrecht des Betreuten gestärkt werden.[257]

Neu vorgesehen war die Einführung einer gesetzlichen Vertretungsmacht für nahe Angehörige des Betroffenen, um ein unnötiges langes Verfahren zu vermeiden.[258] Dies wurde am Ende jedoch im Gesetzgebungsverfahren wieder verworfen.[259]

Die vom Rechtsausschuss erarbeitete Beschlussempfehlung wurde schließlich am 21.04.2005 im Bundestag verabschiedet, das „2. Gesetz zur Änderung des Betreuungsrechts (2. Betreuungsrechtsänderungsgesetz - 2. BtÄndG)" trat zum 1.7.2005 in Kraft.[260]

Ungeachtet der erheblichen umwälzenden Änderungen insbesondere im System der Vergütung, trat in den Grundzügen der Geschäfts- und Testierfähigkeit durch das 2. BtÄndG keine Veränderung ein.

---

[253] Vgl. Brill in Brill, S. 8.

[254] Vgl. dazu § 4 A I 1 c aa.

[255] Vgl. dazu § 3 C I 2.

[256] Abschlussbericht, S. 16.

[257] BT-Drs. 15/2494, S. 12 ff.

[258] Hierzu BT-Drs. 15/2494, S. 15 ff.

[259] Der federführende Rechtsausschuss lehnte insbesondere angesichts der nicht auszuschließenden Missbrauchsgefahr die Einführung einer gesetzlichen Vertretungsmacht für Ehegatten ab. Seiner Meinung nach führten Einschränkungen der vorgeschlagenen rechtlichen Regelung nicht weiter, da dies die ohnehin schon komplizierte Norm unpraktikabel machen würde, ohne wirkliche Sicherheit zu erreichen. Vorzugswürdig sei es, die Betroffenen auf die Möglichkeiten der Vorsorge durch Vollmachten hinzuweisen; BT-Drs. 15/4897, S. 56 (Beschluss des Rechtsausschusses vom 16.2. 2005); die SPD stimmte gegen eine gesetzliche Vertretungsmacht, dagegen hatte sich die CDU/CSU-Fraktion für eine solche ausgesprochen; übergreifend wurde jedoch eine zweijährige Evaluierungszeit vereinbart, so dass zum 01.07.2007 ein Bericht über die bis dahin gesammelten Erfahrungen vorzulegen ist, BT-Drs. 15/ 4874, S. 54 f.

[260] Vom Bundestag einstimmig am 18.02.2005 angenommen, PlPr.15/158, der Bundesrat erteilte seine Zustimmung am 18.03.2005, PlPr. 809; verkündet wurde das Gesetz am 26.04.2005, BGBl. I, S. 1073.

Obwohl die eingesetzte Bund-Länder-Arbeitsgruppe aufgrund von berichteten Missständen im Betreuungsrecht umfassend das vorhandene Aufsichtssystem überprüfte, ging sie nicht der Frage nach, ob Zuwendungen innerhalb Betreuungsverhältnis zwischen Betreutem und Betreuer einer besonderen Kontrolle oder Einschränkung unterliegen müssten.[261]

Noch vor Erlass des 2. BtÄndG wurde das 3. BtÄndG in die Wege geleitet. Dieses verfolgt eine dringende Regelung der Patientenverfügung.[262]

III. Zusammenfassung

Die Problematik um mögliche finanzielle Ausnutzungen ist nach dem BtÄndG weitgehend wieder eingeschlafen. Dies könnte ihre Ursache in fehlendem Tatsachenmaterial haben. So erörterte auch ein Gutachten des DIV (Deutsches Institut für das Vormundschaftswesen) vom 27.7.1998 die Anregung des Bundesrats und kam zu dem Ergebnis, dass die Einführung einer entsprechenden Norm generell möglich wäre, man müsste aber noch mehr Tatsachenmaterial anführen, um ein Normbedürfnis nachweisen zu können.[263]

---

[261] Vgl. Abschlussbericht, S. 152-177; betont wurde, dass aufgrund des Selbständigkeitsgrundsatzes (dazu in § 10 B II) in der Betreuungsführung die gerichtliche Aufsicht nicht zu einer gerichtlichen Bevormundung ausarten dürfte, Abschlussbericht, S. 152.

[262] Von einer weitergehenden Darstellung wird mangels Relevanz im Rahmen der vorliegenden Arbeit abgesehen.

[263] DIV-Gutachten, ZjF 1999, 23 ff.

Teil II

§ 6 Letztwillige Zuwendungen an den Betreuer

A. Rechtsstand

Aufgrund der Betonung einer persönlich geführten Betreuung ist es gesetzgeberischer Wille, zwischen Betreutem und Betreuer ein besonderes Nähe- und Vertrauensverhältnis zu begründen.[1] Einerseits werden Betreuer für ihre Tätigkeit den gesetzlichen Bestimmungen entsprechend vergütet.[2] Darüber hinaus ist es aber nicht ungewöhnlich, dass ein Betreuter seinem Betreuer zusätzlich Geld- oder geldwerte Leistungen zukommen lässt, um seiner Dankbarkeit Ausdruck zu verleihen.

Zu beachten ist in diesem Zusammenhang, dass sich bei den aktuellen Neuzugängen die Hälfte aller Betreuten im hohen Lebensalter von 75 Jahren und älter befinden.[3] In diesem Lebensabschnitt werden Betreuer neben den - soweit vorhanden - Verwandten die einzigen Bezugs- und Vertrauenspersonen sein. Daher zählen sie zu dem Kreis der potentiellen Erben.

Zugleich tragen aber derartige, aus besonderen Umständen begründete, Vertrauensverhältnisse als Kehrseite eine Gefahr von Missbrauch und Ausnutzung in sich. Wie auch in anderen Näheverhältnissen besteht die Gefahr, dass entgegengebrachtes Vertrauen ausgenutzt oder entstandene persönliche Abhängigkeit unter Druck oder Drohung missbraucht wird.[4] Ferner kann auf Seiten des Betreuten eine psychische Zwangslage entstehen, wenn ihm kraft Gerichtsbeschluss ein Betreuer „übergeordnet" wird, welcher eine Art Machtposition gegenüber dem Betreuten ausspielen könnte.

Es handelt sich bei dieser Überlegung keinesfalls um den Regelfall oder gar eine Vermutung, sondern um ein allgemeines Problem zwischenmenschlicher Beziehungen, das zu diskutieren nicht vernachlässigt werden darf. § 138 Abs. 2 BGB statuiert als Generalklausel die Unwirksamkeit von Austauschgeschäften, die unter einer oben genannten besonderen Drucksituation in ausbeutender Weise vorgenommen werden. Spezialisierend ist nun zu untersuchen, ob und wenn ja wie ein Betreuter bei Zuwendungen an seinen Betreuer gesetzlichen Schranken ausgesetzt ist.

Aus der oben vorgenommenen Erörterung ergab sich, dass sich bis heute Anregungen zur Einführung einer Sondernorm bezogen auf alle Betreuer nicht haben durchsetzen können. Soweit sich die Testierunfähigkeit daher nicht aus den allgemeinen Regeln zu § 2229 BGB ergibt, ist es dem Betreuten unbenommen, seinen Betreuer zu bedenken. Dabei ist es aufgrund des besonders herausgestellten Schutzes der Testierfrei-

---

1 Dies wurde im Wesentlichen erreicht, wie rechtstatsächliche Erhebungen zur Beziehungsqualität zeigen, s. § 5 D III 2.

2 §§ 1908e, 1908h, 1908i iVm 1836 ff BGB.

3 Hoffmann, BtPrax 2003, 249, 250.

4 Auf den Zusammenhang des gewünschten Vertrauensverhältnisses und einer möglichen Ausnutzung wies neben Holzhauer und Rink auch Schwab in MüKo-Schwab, BGB, § 1908 i/ Rn. 44 hin. Schwab spricht hierbei von einem „Grundfehler des Gesetzgebers, jemanden, der in einem bestimmten Bereich seine Angelegenheiten nicht mehr selbst zu besorgen vermag, in demselben Bereich als voll geschäftsfähig zu behandeln."

heit nach § 1903 Abs. 2 BGB im Unterschied zu lebzeitigen Zuwendungen unbeachtlich, ob ein Einwilligungsvorbehalt besteht.

B. Existente Sondernormen

Auch wenn das Betreuungsrecht im BGB keine eigenständige Regelung enthält, sind Rechtsgeschäfte zwischen Betreuer und Betreutem in einigen Fällen aufgrund anderer Vorschriften nur eingeschränkt möglich.

Diese Vorschriften entstammen dem öffentlichen Dienst- und Beamtenrecht und betreffen daher nur die von Behörden oder Behördenbetreuer geführten Betreuungen. Für den Großteil aller Betreuungen, die allein zu 70 % ehrenamtlich geführt werden[5], haben diese Normen deshalb keine Bedeutung, allerdings sollten sie in der Diskussion nicht vernachlässigt werden.

I. Geltungsbereich

Behördenbetreuer und Betreuungsbehörden führten zusammen zum Ende des Jahres 2003 weniger als 1 % (0,91 %) aller Betreuungen.[6]

Betreuungsbehörden sind Teil der mittelbaren Staatsverwaltung, es sind Landesbehörden und kommunale Behörden, wobei sich die sachliche Zuständigkeit nach Landesrecht bestimmt, § 1 Satz 1 BtBG.[7] Sie üben ihre Aufgaben auf örtlicher Ebene als Aufgaben des eigenen Wirkungskreises, als Selbstverwaltungsangelegenheit aus. Sie sind nur der Rechtsaufsicht unterworfen.[8]

Gemäß § 9 BtBG iVm § 1900 Abs. 4 BGB kann die Behörde selbst zum Betreuer bestellt werden, allerdings ist dies „ultima ratio".[9] Dies kommt insbesondere dann in Betracht, wenn wegen besonderer Eilbedürftigkeit umfangreiche Ermittlungen nach geeigneten Personen oder Vereinen nicht rechtzeitig möglich sind. Ausgeführt werden die Betreuungsaufgaben von einem Bediensteten der Behörde, der damit entweder Beamter des Landes oder Kommunalbeamter oder Angestellter im öffentlichen Dienst ist.[10] Welchem der Mitarbeiter die Führung der Betreuung übertragen wurde, hat die Behörde dem Vormundschaftsgericht mitzuteilen, § 1900 Abs. 2, Satz 3, 4 Satz 2 BGB.

Daneben kann es zu einer Bestellung eines Behördenbetreuers als Einzelperson kommen, § 1897 Abs. 2 Satz 2 BGB. Auch er ist Mitarbeiter der Behörde, damit eben-

---

5 S. § 4 C.

6 Deinert, BtPrax 2004, 227, 229; davon wurden 930 Behördenbetreuer und 1.115 Betreuungsbehörden zum Betreuer bestellt; im Jahr 2002 waren es 1,15%, 2001 noch 1,89%, Deinert, BtPrax 2002, S. 257 ff.

7 Betreuungsbehördengesetz vom 12.9.1990, BGBl. I, S. 2002, 2025; BT-Drs. 11/ 4528, S. 196. In Bayern wurde die örtliche Zuständigkeit der Landkreise und kreisfreien Städte begründet, überörtlich sind die Regierungen zuständig, Art. 1 und 2 AGBtG, vom 27. 12. 1991, BayGVBl. S. 496; s. zu weiteren Ausführungsgesetzen die Auflistung bei Damrau/Zimmermann-Zimmermann, Teil VII, S. 846 ff sowie MüKo-Schwab, BGB, vor § 1896/ Rn. 22.

8 So Damrau/Zimmermann-Zimmermann, Betreuungsrecht, Teil V § 1/ Rn. 1.

9 S. zur Betreuungsbehörde § 4 B.

10 Damrau/Zimmermann-Damrau, Betreuungsrecht, § 1900/ 18.

falls Beamter des Landes oder Kommunalbeamter oder Angestellter des öffentlichen Dienstes. Er hat die besonderen Vorgaben des Dienstrechts zu beachten.[11]

Zusammenfassend werden somit bei Betreuungen durch eine Behörde oder durch einen Behördenbetreuer stets natürliche Personen als Betreuer tätig, die entweder Beamte des Landes oder Kommunalbeamte oder Angestellte im öffentlichen Dienst sind. Die Führung der Betreuung gehört zu ihren Dienstpflichten, sie haben dabei das jeweilige Dienstrecht zu beachten. Damit stehen sie in doppelter Verantwortung gegenüber ihrem Arbeitgeber und zugleich gegenüber ihrem Betreuten.

II. Angestellte im öffentlichen Dienst, § 10 BAT und § 3 Abs. 2 TVöD

1. Wortlaut/Zweck

a. § 10 BAT

Für diejenigen, die sich in einem öffentlichen Angestelltenverhältnis befinden, entfaltete bislang § 10 BAT[12] seine Wirkungen.

> *„(1) Der Angestellte darf Belohnungen und Geschenke in bezug auf seine dienstliche Tätigkeit nur mit Zustimmung des Arbeitgebers annehmen.*
> *(2) Werden dem Angestellten Belohnungen und Geschenke in bezug auf seine dienstliche Tätigkeit angeboten, so hat er dies dem Arbeitgeber unverzüglich und unaufgefordert mitzuteilen."*

Der Bundesminister des Innern sah sich bereits im Jahr 1962 aufgrund von Missständen dazu veranlasst, in einem Runderlass Verwaltungsanweisungen und Maßstäbe zur Handhabung der § 10 BAT, § 70 BBG zu erteilen.

Danach und nach allgemeiner Ansicht ist Zweck der Vorschrift, eine saubere und unbestechliche Diensterfüllung zu gewährleisten. Das Vertrauen der Bevölkerung in die Gerechtigkeit und Objektivität der Verwaltung soll nicht gefährdet werden.[13] Bürger sollen nicht zu Doppelbezahlungen von Leistungen veranlasst werden, auf die ein Anspruch besteht. Ferner sollen diejenigen, die solche zusätzlichen Leistungen nicht aufbringen könnten, keinerlei Benachteiligungen befürchten müssen. Bereits der Anschein einer voreingenommenen Diensterfüllung soll vermieden werden.[14]

Dieser Normzweck kommt bei angestellten Mitarbeitern einer Betreuungsbehörde zum Tragen, da sich diese in einer doppelten Verantwortung befinden. Zum einen ha-

---

[11] Zum Behördenbetreuer s. § 4 A II 2.

[12] Bundes-Angestelltentarifvertrag für Bund, Länder und Gemeinden vom 23.2.1961, GMBl., S. 137, zuletzt geändert durch 78. Tarifvertrag zur Änderung des BAT vom 31.1. 2003, GMBl., S. 392.

[13] Runderlass des BMI v. 20.3.1962, GMBl. 1962, 120, 122; BAGE 45, 325, 328; Uttlinger/Breier/Kiefer/Hoffmann/Dassau, BAT, § 10/ Rn. 1; Fürst-Baumgärtel/Fieberg, GKÖD, T § 10/ Rn. 1.

[14] Runderlass des BMI, GMBl. 1962, 120, 121, 122; BAGE 45, 325, 329.

ben sie das Wohl des Betreuten als Maßstab ihrer Handlungen zu beachten, § 1901 BGB, zum anderen sind sie an ihre Pflichten gegenüber ihrem Arbeitgeber gebunden.

Zuwendungen eines Betreuten an seinen Betreuer sind somit nach § 10 BAT eingeschränkt. Möchte der Betreute seinen Betreuer in einer letztwilligen Verfügung bedenken, stellt sich daher zum einen die Frage, ob § 10 BAT auf eine solche Anwendung findet und zum anderen, welche Folgen ein Verstoß gegen § 10 BAT nach sich zieht.

b. § 3 Abs. 2 TVöD

An dieser Stelle ist auf eine wichtige Änderung im Tarifvertragsrecht hinzuweisen. Am 13. September 2005 haben die Gewerkschaften sowie Bund und Kommunen einen neuen Tarifvertrag öffentlicher Dienst (TVöD) unterzeichnet.[15] Danach wurde mit Wirkung zum 1. Oktober 2005 der seit 44 Jahren bestehende BAT von 1961 abgelöst. Der TVöD gilt für alle Beschäftigten in Bund und Kommunen, deren Arbeitsverhältnis über den 30. September 2005 hinaus fortbesteht. Zu beachten ist, dass die Länder sich bis zum Abschluss dieser Arbeit nicht an diesem Tarifvertrag beteiligt hatten und auch keine dahingehenden Absichten äußerten. Daher gilt für die bei den Ländern beschäftigten Angestellten weiterhin § 10 BAT.

§ 3 TVöD, welcher die allgemeinen Arbeitsbedingungen festlegt, bestimmt in seinem Absatz 2 in Fortsetzung zum bisherigen § 10 BAT:

> „§ 3
> Allgemeine Arbeitsbedingungen
> ...
> *(2) Die Beschäftigten dürfen von Dritten Belohnungen, Geschenke, Provisionen und sonstige Vergünstigungen in Bezug auf ihre Tätigkeit nicht annehmen. Ausnahmen sind nur mit Zustimmung des Arbeitgebers möglich. Werden den Beschäftigten derartige Vergünstigungen angeboten, haben sie dies dem Arbeitgeber unverzüglich anzuzeigen...*"

Ein Wortlautvergleich von § 3 Abs. 2 TVöD zum bisherigen § 10 BAT ergibt, dass einerseits Veränderungen in der Formulierung vorgenommen wurden. Andererseits beschränken sich die Unterschiede abgesehen von einer umfangreicheren Aufzählung möglicher Zuwendungen auf die Bildung eines eigenständigen Satzes 2, welcher die Voraussetzung einer Zustimmung des Arbeitgebers hervorhebt.[16] Da ansonsten keine Änderungen vorgenommen wurden, ist für die folgende Darstellung davon auszugehen, dass die bislang zu § 10 BAT diskutierten Probleme und die gefundenen Ergebnisse sich auf § 3 Abs.2 TVöD unterschiedslos übertragen lassen. Da bislang keine Li-

[15] Zum Zeitpunkt des Abschluss dieser Arbeit war der TVöD noch nicht im maßgeblichen BGBl. veröffentlicht.

[16] Interessant ist, dass sich § 3 Abs. 2 TVöD damit den neuen Beamtengesetzen angleicht, auch dort wurde die Voraussetzung einer Zustimmung in einem eigenen Satz 2 normiert; zu den Hintergründen dafür ist auf dortige Ausführungen zu verweisen, s. u. § 6 III 1.

teratur oder Rechtsprechung zu § 3 Abs. 2 TVöD existiert, wird sich die folgende Darstellung allein an § 10 BAT orientieren.[17]

2. Relevanz für letztwillige Verfügungen

a. „Belohnungen und Geschenke"

Nach allgemeiner Ansicht sind „Belohnungen und Geschenke" im Sinne des § 10 BAT nicht nur Geld oder Sachwerte, sondern auch sonstige Vorteile, die dem Mitarbeiter von anderer Seite gewährt werden. Geschenke sind Vorteile, für die eine gleichwertige außerdienstliche Leistung des Mitarbeiters nicht vorliegt. Belohnungen sind sonstige vermögenswerte oder immaterielle Vorteile.[18]

Dem Wortlaut nach unterfallen auch letztwillige Zuwendungen dem Begriff des Geschenks oder der Belohnung. Eine Einschränkung nach dem Normzweck von § 10 BAT ist nicht geboten. Wie das BAG ausführt, gebietet eine effektive Handhabung von § 10 BAT eine Erfassung von Belohnungen und Geschenken jeder Art, gleichgültig, ob sie dem Empfänger bereits zu Lebzeiten oder erst nach dem Tode des Versprechenden zufließen sollen.[19] Entscheidend ist, dass auch eine Verfügung von Todes wegen zu Lebzeiten errichtet wird und ihr die Ursachen zugrunde liegen können, vor denen § 10 BAT bewahren will. Auf den Zufluss der Zuwendung zur Lebzeit des Gebers kann es nicht ankommen.[20]

Ferner ist unbeachtlich, ob die Zuwendung aufgrund einer pflichtwidrigen oder einer pflichtgemäßen dienstlichen Tätigkeit vorgenommen wird.[21]

b. „Annahme"-Handlung des Empfängers

Besteht im ersten Punkt noch Einigkeit, so gehen die Meinungen darüber auseinander, ob der Begünstigte einer letztwilligen Verfügung diese immer auch „annimmt" im Sinne von § 10 BAT.

Handelt es sich um den Abschluss eines Erbvertrags, kommt er wie ein Vertrag zu Lebzeiten mit Angebot und Annahme zustande.

Umstritten sind dagegen Testamente, die nach der Konstruktion des BGB vom Grundsatz der „Universalsukzession" und des sogenannten „Von-Selbst-Erwerbs" geprägt sind, §§ 1922, 1942 BGB. Hierin liegt der konstruktive Unterschied zur Geschenkannahme zu Lebzeiten, und es stellt sich die Frage, ob dieser zivilrechtliche Unterschied auch Auswirkungen auf Rechtsgeschäfte nach § 10 BAT haben muss.

---

[17] Zu Übergangsvorschriften vgl. §§ 36 ff TVöD.

[18] So Fürst-Baumgärtel/Fieberg, GKÖD, T § 10/ Rn. 4.

[19] BAGE 45, 325, 328; einschränkend Dubischar, DNotZ 1993, 419, 430 der auf die Kenntnis des Angestellten abstellt.

[20] Zur Geltung für letztwillige Verfügungen Dittmann/Reimann/Bengel-Limmer, Systematischer Teil E/ Rn. 202 mwN; anders hier soweit ersichtlich nur Dornheim//Rochon, PflR 1999, 243, 245.

[21] Uttlinger/Breier/Kiefer/Hoffmann/Dassau, BAT, § 10/ 1; Fürst-Baumgärtel/Fieberg, GKÖD, T § 10/ Rn. 3.

Entscheidend ist, ob ein „annehmen" nach § 10 BAT rechtsgeschäftlich zu verstehen ist und damit einer rechtstechnischen Deutung unterliegt.

aa. Der erbrechtliche „Von-Selbst-Erwerb"

Mit dem Erbfall geht das Vermögen als solches samt Verbindlichkeiten auf den oder die Erben als Ganzes über. Dies erfolgt kraft Gesetz ohne rechtsgeschäftliche Mitwirkungshandlung des oder der Erben.

Diese Konstruktion wurde aufgrund praktischer Erwägungen ins BGB aufgenommen, nach Ansicht der Gesetzgeber kämen Ausschlagungen verhältnismäßig wenig vor[22]. Der „Von-Selbst-Erwerb" verfolgt den Zweck, den Nachlass in seiner wirtschaftlichen Gesamtheit zu erhalten und ihn nicht herrenlos werden zu lassen. Es soll eine Haftungseinheit fortbestehen und Rechtsklarheit geschaffen werden.[23]

Mehrfach führt dies in der Literatur zu der Schlussfolgerung, im Erbrecht gäbe es keine „Annahme", dabei wird jedoch übersehen, dass es dem Erben freisteht, die Erbschaft noch zusätzlich anzunehmen, § 1943 BGB. Die erbrechtliche Annahmeerklärung ist eine nicht empfangsbedürftige Willenserklärung, die den Erbschaftserwerb „dingfest" macht.

(1) Grundsätzliche Regelungen

Da es dem Erben - außer dem Fiskus, § 1942 Abs. 2 BGB - frei stehen soll, ob er die Erbschaft behalten will, sieht das Gesetz auch ein Recht zur Ausschlagung der Erbschaft vor. Mit deren Ausübung entfällt die bereits angefallene Erbschaft rückwirkend wieder, § 1953 BGB, und fällt dem nachfolgend Bedachten zu. § 1944 BGB gewährt dem Erben eine Überlegungsfrist von sechs Wochen, deren Lauf erst mit gesicherter Kenntnis von Anfall und Grund der Berufung beginnt.

Dem Erben stehen daher mit der Möglichkeit der gesonderten Annahme und der Ausschlagung zwei Wege offen, seinen Willen zum Erbschaftserwerb zur Geltung zu bringen.

Unterlässt der Erbe jedoch, eine der zwei Möglichkeiten auszuüben, greift eine gesetzliche Annahmefiktion nach § 1943 2. Hs. BGB ein: der Ablauf der Ausschlagungsfrist gilt als Annahme der Erbschaft. Es wird damit eine Willenserklärung fingiert, dem Schweigen kommt kraft Gesetzes eine Erklärungswirkung zu.[24] Zweck ist die Schaffung einer klaren Rechtslage. Die in der Versäumung der Ausschlagungsfrist liegende Annahme kann gemäß § 1956 BGB angefochten werden.

---

[22] Mot. V, vor § 2025, S. 486; Staudinger-Otte, BGB, § 1942/ Rn. 3.

[23] MüKo-Leipold, BGB, §1922/ 100, § 1942/ Rn.1 ff; Staudinger-Otte, BGB, § 1942/ Rn. 3.

[24] Fiktion ist eine im Gesetz festgelegte Annahme eines Sachverhalts, der in Wirklichkeit nicht besteht, Creifelds, Rechtswörterbuch, „Fiktion", S. 485; zur dogmatischen Einordnung als Fiktion, s. Staudinger-Otte, BGB, § 1943/ Rn. 13; MüKo-Leipold, BGB, § 1943/ 6; diese ist von einer möglichen stillschweigenden Annahme zu unterscheiden, welche als Willenserklärung zu verstehen ist, Staudinger-Otte, BGB, § 1943/ Rn. 2.

Zu beachten bleibt auch, dass sich die Wirksamkeit eines Testaments allein nach den Vorschriften für seine Errichtung bestimmt, die eine Mitwirkungshandlung oder ein bestimmtes Verhalten des Erben nicht vorsehen.

(2) Ansicht von Stach

Anderer Ansicht nach[25] ist eine Annahme der Erbschaft erforderlich, d.h. es solle einer rechtsgeschäftlichen Willenserklärung mit dem Erklärungswert bedürfen, endgültig Erbe werden zu wollen oder auf das Recht zur Ausschlagung zu verzichten. Diese Annahmehandlung sei eine der „beiden tragenden Säulen" des Erbschaftserwerbs.[26]

Dieser Ansicht kann dem Rechtsgedanken nach zugegeben werden, dass das Verstreichenlassen der Ausschlagungsfrist die gleichen Rechtsfolgen hat wie eine ausdrücklich erklärte Annahme.

Diese Rechtsfolge wird jedoch im Fall der Annahmefiktion aus § 1943 BGB kraft Gesetz und nicht durch eine Willenserklärung des Erben herbeigeführt. Hierin liegt der Unterschied, eine Besonderheit des Erbschaftserwerbs, den diese Ansicht übersieht.

(3) Ergebnis

Als Ergebnis ist damit festzuhalten, dass nach dem System der §§ 1942, 1943 BGB der Erbe den Erbschaftserwerb kraft eigener Willenserklärungen mitgestalten kann, dies aber nicht Wirksamkeitsvoraussetzung ist, wie die Genehmigungsfiktion zeigt. Einer rechtsgeschäftlichen Annahmehandlung bedarf es entgegen der Ansicht von Stach gerade nicht.

bb. „Annehmen" nach § 10 BAT

Bezogen auf § 10 BAT wird zum Teil eine technische Auslegung vertreten. „Annehmen" wäre damit eine rechtsgeschäftliche Willenserklärung im Sinne des § 147 BGB. Konsequenz wäre, dass § 10 BAT für Testamente nicht gelten würde, da die Annahme einer Erbschaft gerade nicht Voraussetzung des Erbschaftserwerbes ist.[27]

Nach allgemeiner Ansicht jedoch ist ein untechnisches Verständnis vorzuziehen.[28] Die Wortwahl des BAT soll nicht am zivilrechtlichen Verständnis gemessen werden.[29] Das Tatbestandsmerkmal „annehmen" in § 10 BAT wird also nicht durch eine rechtsgeschäftliche Willenserklärung des Angestellten zur Annahme der Erbschaft erfüllt.

Dem ist zuzustimmen, da der konstruktive Unterschied zwischen Geschenkannahme und Erbschaftserwerb keine Privilegierung des Erbschaftserwerbs im Fall von § 10

---

[25] Soweit ersichtlich einzige Vertreterin Stach, NJW 1988, 943.

[26] Stach, NJW 1988, 943, 946.

[27] So Dornheim/Rochon, PflR 1999, 243, 245.

[28] BAGE 45, 325, 328; BAG, ZEV 2004, 71, 72 zum inhaltsgleichen § 3 Abs. 3 AVR-K (Arbeitsvertragsrichtlinien der Konföderation evangelischer Kirchen in Niedersachsen); Koos, ZEV 1997, 435 ff; ebenso Stach, NJW 1988, 943, 944 (Fn. 24), 945, die nur hinsichtlich des Annahmeerfordernisses im Erbrecht anderer Ansicht ist.

[29] Koos, ZEV 1997, 435, 438.

BAT bezweckt, wie bereits dessen unbestrittene Anwendbarkeit auf Erbverträge deutlich macht. Mit einem technischen Verständnis der „Annahme“ würden deshalb ohne Rechtfertigung Testamente im Gegensatz zu Erbverträgen vom Anwendungsbereich ausgenommen.

Die „Annahme“ wird in dem Moment erfüllt, in dem der Angestellte den Vorteil tatsächlich nutzt, formeller Annahmeakte bedarf es nicht.[30]

c. Ergebnis

Zusammenfassend ergibt sich damit, dass § 10 BAT auf Testamente Anwendung findet. Dabei ist ein „annehmen“ nicht in einem rechtstechnischen, sondern in einem tatsächlichen Sinn zu verstehen.

3. Ursachenzusammenhang

Geschenke und Belohnungen nach § 10 BAT müssen dem Normzweck entsprechend ihre Ursache in der dienstlichen Tätigkeit des Angestellten haben.

Dies ist immer dann der Fall, wenn der Geber sich davon bestimmen lässt, dass der Angestellte eine bestimmte Position bekleidet oder eine bestimmte Diensthandlung vornimmt.[31] Ausreichend ist insoweit eine Mitkausalität.[32] Maßstab ist, ob die Zuwendung ohne das Bestehen des Dienstverhältnisses nicht gewährt worden wäre, wenn nach den Umständen des Einzelfalles für die Zuwendung kein anderer Grund gefunden werden kann als der, dass der Zuwendungsempfänger ein bestimmtes Amt bekleidet oder ihm bestimmte Dienstleistungen obliegen. Bestehen sowohl dienstliche als auch private Beziehungen, so kommt es darauf an, in welchem Bereich die Zuwendung ihre Grundlage hat.[33]

Negativ abgegrenzt bedeutet dies, dass Vorteile, die ausschließlich mit Rücksicht auf Beziehungen innerhalb der privaten Sphäre des Angestellten gewährt werden, nicht mehr unter § 10 BAT fallen. Entscheidend sind damit die Motive, die den Erblasser zu der Verfügung bewogen haben.

Teilweise wird aus einem Urteil des BVerwG zu der gleichen Voraussetzung in § 78 Abs. 2 ZDG iVm § 19 SG[34] gefolgert, für dieses Tatbestandsmerkmal sei von einer Anscheinsvermutung auszugehen, wonach die Kausalität bei einer Zuwendung im

---

30 Fürst-Baumgärtel/Fieberg, GKÖD, T § 10 / Rn. 5.

31 Runderlass des BMI, GMBl. 1962, 120, 121.

32 S. hierzu in Hinsicht auf den insoweit gleichlautenden § 78 Abs. 2 ZDG iVm § 19 SG (s. Fn. 34) die insgesamt vielbeachtete Entscheidung des BVerwG, BVerwGE 100, 172, 176 m. Anm. Ebenroth/Koos in ZEV 1996, 344, Meincke, ZEV 1996, 384, Battis, JZ 1996, 856; Fürst-Baumgärtel/ Fieberg, GKÖD, T § 10 / Rn. 6.

33 BayObLG, FamRZ 1990, 301, 302, Rpfleger 1990, 56; BayObLG, NJW 1995, 3260; Dittmann/ Reimann/ Bengel-Limmer, Systematischer Teil E/ Rn. 202.

34 Vgl. Rn 32; § 19 SG, auf den § 78 Abs. 2 ZDG verweist, lautet: *„Der Soldat darf, auch nach seinem Ausscheiden aus dem Wehrdienst, keine Belohnungen* oder *Geschenke in Bezug auf seine dienstliche Tätigkeit annehmen. Ausnahmen bedürfen der Zustimmung des Bundesministers der Verteidigung. Die Befugnis zur Zustimmung kann auf andere Dienststellen übertragen werden.“*

Zeitraum des dienstlichen Kontakts mit dem Geber regelmäßig anzunehmen sei.[35] Die Befürworter dieser Annahme sehen eine Notwendigkeit dazu wohl deswegen, weil sämtliche Pflegeberufe eine besondere Risikolage für Bestechung und Missbrauch besonderer Vertrauensstellungen mit sich bringen.[36]

Eine solche Schlussfolgerung tragen die Entscheidungsgründe bei genauer Betrachtung jedoch nicht.[37] Daher wird an dieser Stelle nicht weiter auf die Möglichkeiten von Beweiserleichterungen eingegangen.[38]

Die neuere Rechtsprechung des BAG wendet sich nun hinsichtlich der arbeitsvertraglichen Folgen gegen eine subjektive Determinierung auf der Seite des Gebers.[39] Für den dienstlichen Zusammenhang könne gerade aufgrund der Beweisschwierigkeiten und zum Zwecke der Normeffektivität allein eine objektive Betrachtung in Frage kommen.

Damit tritt zur bisherigen Rechtsprechung[40] insoweit eine Kehrtwende ein, als nun die Motivation des Gebers völlig außer Acht zu bleiben habe, wenn bereits ein objektiver enger sachlicher und zeitlicher Zusammenhang zwischen der Zuwendung und der dienstlichen Tätigkeit besteht. Mit dieser Handhabung wird auch die Diskussion um eine Anscheinsvermutung für den dienstlichen Zusammenhang hinfällig, da bereits die objektive Betrachtung den Zusammenhang ermittelt.

4. Zustimmungserfordernis

§ 10 BAT stellt die nicht rechtstechnisch zu verstehende „Annahme“ unter ein Zustimmungserfordernis des Arbeitgebers.

Ausgenommen sind sogenannte „geringwertige Aufmerksamkeiten“, d.h. Zuwendungen, die üblich und nach allgemeiner Auffassung nicht zu beanstanden sind sowie übliche Gesten der Bewirtung.[41]

Hierbei wird zu Recht die Bedeutung der Zustimmung im Falle eines Testamentes hinterfragt, da weder die Erteilung noch die Verweigerung zivilrechtlich am Übergang der Erbschaft etwas bewirken können.[42]

---

35 So Petto, S. 128; Ebenroth/Koos, ZEV 1996, 344, 345.

36 In diese Richtung ist wohl auch Fürst-Baumgärtel/Fieberg zu verstehen, GKÖD, T § 10 BAT/ Rn. 4a.

37 Allg. zur Anscheinsvermutung im Verwaltungsprozess auch Korbmacher, S. 193 mwN; Kopp/ Schenke, VwGO, § 108/ Rn.11 ff, 18; Kuhla/Hüttenbrink-Hüttenbrink, E/ Rn. 237a mwN; Lorenz, Verwaltungsprozessrecht, § 30/ Rn. 23 ff, § 33/ Rn. 9 ff, 14 f mwN.

38 S. dazu § 7 B V 3 b.

39 BAG, ZEV 2004, 71, 73: erbrechtliche Auswirkungen habe § 3 Abs. 3 AVR-K ebenso wie § 10 BAT nicht; für derartige Fernwirkungen eines Arbeitsverhältnisses sei die Begrenzung auf subjektive Motive an sich jedoch richtig; zustimmend Müller, Anm. zu BAG, ZEV 2004, 73 f.

40 Vgl. BVerwG 100, 172 ff.

41 Runderlass der BMI, GMBl. 1962, 120, 121; näher dazu in § 7 B VI 1.

42 Hierzu Meincke ZEV 1996, 384 .

a. Rechtscharakter

Demnach ist zunächst der Rechtscharakter der Zustimmung zu beleuchten. Wäre sie eine Willenserklärung, die zusätzlich Wirksamkeitsfunktion hätte, so müsste man konsequent zu dem Ergebnis gelangen, dass § 10 BAT wegen des konstruktiven Unterschieds des Erbschaftserwerbs doch nicht auf Testamente anwendbar sein könnte.

Es wird angenommen, dass die „Zustimmung" nur das Innenverhältnis zum Angestellten betrifft, sie ist eine rechtsgeschäftliche Erklärung, die den Inhalt des Arbeitsverhältnisses einseitig gestaltet.[43] Hieraus ist wiederum zu folgern, dass die Zustimmung bzw. die Verweigerung auf die Rechte und Pflichten des Arbeitnehmers ausstrahlt. Handelt er einer verweigerten Zustimmung zuwider, begeht er eine Verletzung des Arbeitsvertrages.

Auf das betreffende Rechtsgeschäft im Außenverhältnis zum Geber hat sie dagegen keine Auswirkungen. Sie ist damit keine Wirksamkeitsvoraussetzung.

Der Zustimmungsbegriff in § 10 BAT deckt sich folglich nicht mit dem Zustimmungsverständnis der §§ 182 ff BGB.[44] Dies ergibt sich ferner daraus, dass die Zustimmungsbedürftigkeit im Sinne von §§ 182 ff BGB einer gesetzlichen Grundlage bedürfte.[45] Der BAT ist jedoch unstreitig kein Gesetz, auch wenn umstritten ist, ob er Rechtsnorm im Sinne von Art. 2 EGBGB, § 134 BGB sein kann.[46]

Ob sich hieraus auch eine Verhaltenspflicht ergeben kann, die evtl. die Ausschlagung der angefallenen Erbschaft zum Inhalt hat, wird noch zu klären sein.[47]

b. Maßstäbe der Erteilung

Unter welchen Voraussetzungen die Zustimmung zu erteilen ist, ist nach dem Normzweck zu bestimmen. Die per Runderlass im Jahr 1962 erlassenen internen Verwaltungsvorschriften gaben auch hierzu Anweisungen.[48] Die Gefahr der Beeinflussung von Diensthandlungen sei danach im Falle geringwertiger Aufmerksamkeiten nicht zu befürchten, weshalb der Angestellte bei diesen von einer stillschweigend erteilten Zustimmung ausgehen dürfte.[49] Ansonsten müsse die Zustimmung vor der Annahmehandlung eingeholt werden, eine nachträgliche Genehmigung sei nur im Ausnahmefall zulässig. Im Falle der Erbschaft haben diese Grundsätze wie dargestellt allerdings keine Relevanz für den Anfall der Erbschaft.

---

43 BAGE 45, 325, 329; i. E. ebenso BGHZ 143, 283, 286 ff; Soergel-Stein, BGB, § 1923/ Rn 11; allg. zur Tarifmacht, wonach diese das Arbeitsverhältnis betrifft: Löwisch/ Rieble, Tarifvertragsgesetz, § 1/ Rn. 21.

44 Allg. hierzu MüKo-Schramm, BGB, vor § 182/ Rn.16 ff.

45 Etwa MüKo-Schramm, BGB, vor § 182/ Rn. 13; Staudinger-Gursky, BGB, Vorbem zu § 182 ff/ Rn. 27 mwN.

46 Dazu unten § 6 B II 5 c bb (1).

47 Hierzu unten § 6 B II 5 c bb (4); beachte jedoch bereits hier Uttlinger/Breier/Kiefer/Hoffmann/ Dassau, BAT, § 10/ 1 zur Frage einer Herausgabepflicht: *Der Angestellte ist jedoch nicht verpflichtet, verbotswidrig angenommene Geschenke oder Belohnungen an den Arbeitgeber auszuhändigen.*

48 Runderlass des BMI, GMBl. 1962, 120, 121.

49 Runderlass des BMI, GMBl. 1962, 120, 121.

Die Erteilung der Zustimmung betrifft das Innenverhältnis zwischen Arbeitgeber und Angestelltem. Daher hat jener seine Entscheidung an § 315 BGB zu orientieren, d.h. er hat die Entscheidung über die Zustimmung nach billigem Ermessen zu treffen. An dieser Stelle entfalten die Grundrechte mittelbare Wirkung im Privatrecht.[50] Es hat eine Abwägung der wesentlichen Umstände und der beiderseitig betroffenen Interessen stattzufinden, die auf Arbeitgeberseite durch den Normzweck von § 10 BAT vertreten werden, auf Arbeitnehmerseite durch dessen Erwerbsinteresse. Der Arbeitgeber wird daher zu beachten haben, ob die Zuwendung den Anschein einer beeinflussbaren Dienstführung in sich trägt.

Das BAG bewertete in einem Einzelfall den Schutzaspekt aus § 10 BAT höher als das Erwerbsinteresse des Angestellten. Es begründete seine Entscheidung mit den wesentlichen Umständen des Einzelfalls, da die Erblasserin zugleich Heimbewohnerin war und insoweit auch der Schutzgedanke des HeimG zum Tragen käme.[51]

Verallgemeinern lässt sich diese Lösung jedoch nicht, insbesondere müssen erneut die Besonderheiten des Erbrechts miteinbezogen werden.[52]

In die Abwägung nach § 315 BGB muss der Arbeitgeber insbesondere zum einen das Erwerbsrecht des Angestellten und zum anderen die unvoreingenommene Diensterfüllung im öffentlichen Dienst einbeziehen. Die Testierfreiheit des Erblassers nach Art. 14 GG ist demgegenüber mangels Rechtsbeziehung des Arbeitgebers zu diesem ohne Belang.

c. Zeitpunkt

Nachdem der Wortlaut von § 10 BAT keine Aussage hierzu trifft, ergibt sich aus einer Gesamtbetrachtung vom Zweck und den Konkretisierungen durch den Runderlass des BMI, dass die Zustimmung keine Wirksamkeitsvoraussetzung für das betroffene Rechtsgeschäft ist. Ferner ergibt sich, dass zwar generell eine vorherige Kontrolle, daher eine vorher erteilte Zustimmung bezweckt ist, im Ausnahmefall jedoch auch eine nachträgliche Prüfung erlaubt ist.[53]

d. Ergebnis

Zusammenfassend ergibt sich, dass § 10 BAT auf Testamente anwendbar ist.

Die „Annahmehandlung“ darf nicht rechtstechnisch verstanden werden, die Zustimmung ist nicht Wirksamkeitsvoraussetzung für das Rechtsgeschäft.

---

[50] Grundrechte strahlen in alle Rechtsbereiche aus, wie sich bei der Konkretisierung unbestimmter Rechtsbegriffe bemerkbar macht. Generalklauseln wie §§ 138, 242 und 315 BGB sind „Einbruchstellen“ der Grundrechte in das bürgerliche Recht, näher dazu BVerfGE 7, 198, 206; 34, 269, 279 f; Maunz/Dürig-Maunz, GG, Art. 1/ Rn. 127 ff.

[51] BAGE 45, 325, 329.

[52] Angedeutet bei Dubischar, DNotZ 1993, 419, 431; Koos, ZEV 1997, 435, 438.

[53] Runderlass BMI GMBl. 1962, 120, 121; Dittmann/Reimann/Bengel-Limmer, Systematischer Teil E/ Rn. 202 mwN.

Ob die Zustimmung erteilt wird, hängt von einer vom Einzelfall abhängigen Abwägung nach § 315 BGB ab, die grundsätzlich vor Vornahme der Zuwendung vorzunehmen ist.[54]

5. Folgen eines Verstoßes

Für den Betroffenen entscheidend ist nun, welche Rechtsfolgen sich bei einem Verstoß gegen § 10 BAT ergeben, d.h. wenn entweder die Zustimmung des Arbeitsgebers gar nicht eingeholt wird oder sie verweigert wurde.

Es sind insoweit drei Dimensionen zu beachten: ein Verstoß kann sich dienstrechtlich, strafrechtlich und zivilrechtlich auswirken.

a. Dienstrechtlich

Mit den §§ 53, 54 BAT und dem Recht zur Abmahnung stehen dem Arbeitgeber drei Wege offen, den Verstoß dienstrechtlich zu verfolgen. Eine Abmahnung ist dabei die geringste Ahndung des vertragswidrigen Handelns. Daneben kann mittels einer ordentlichen Kündigung oder einer außerordentlichen Kündigung das Dienstverhältnis aufgelöst werden.[55]

b. Strafrechtlich

Auch strafrechtlich kann ein Verstoß gegen § 10 BAT Konsequenzen nach sich ziehen.

Wirken Geber und Empfänger zusammen und ist Ziel der Zuwendung eine bestimmte Dienstausübung, werden damit die Grenzen zur Vorteilsannahme und Vorteilsgewährung überschritten. Den Angestellten können die §§ 331, 332 StGB, den Geber § 333 StGB treffen.

c. Zivilrechtlich

Meist diskutiert ist allerdings die Frage nach möglichen zivilrechtlichen Folgen, mithin auch, ob nach § 134 BGB die Nichtigkeit von Testamenten angenommen werden muss.[56]

Einfach erscheint die Lösung, wenn ein Straftatbestand nach §§ 331 ff StGB erfüllt ist. Diese stellen anerkanntermaßen Verbotsgesetze im Sinne von § 134 BGB dar, sind Strafgesetze doch ein Hauptanwendungsfall von § 134 BGB. Doch kann aus dieser Feststellung nicht auf die Nichtigkeit der Rechtsgeschäfte geschlossen werden. Denn

---

[54] Vgl. zu weiteren Möglichkeiten des Arbeitgebers, z.B. eine Aufforderung an zuwendende Personen, die Zuwendung als anonymisierte Spende zu tätigen, Ill-Groß/Sträßner, PflR 2000, 406, 412 f.

[55] Uttlinger/Breier/Kiefer/Hoffmann/Dassau, BAT, § 10/ 1; Fürst-Baumgärtel/Fieberg, GKÖD, T § 10 BAT/ Rn. 3.

[56] Zum Streitstand Dittmann/Reimann/Bengel-Limmer, Systematischer Teil E/ Rn. 202 mwN; Koos, ZEV 1997, 435 ff; Petto, S. 131 ff; Plantholz/ Rochon, FamRZ 2001, 270 ff; Stach, NJW 1988, 943 ff.

auch bei strafrechtlichen Tatbeständen ist hierfür auf den Zweck der Verbotsnorm abzustellen.[57]

Somit stellt sich generell die Frage nach § 134 BGB, unabhängig von einer Verwirklichung eines Straftatbestandes.

aa. Geltung von § 134 BGB?

Setzt die Diskussion um § 134 BGB nun am Normzweck von § 10 BAT an, so sollte zuerst geklärt werden, ob es auf § 134 BGB überhaupt ankommt.

Würde man nämlich die „Zustimmung“ in § 10 BAT als Wirksamkeitsvoraussetzung klassifizieren, würde sich die zivilrechtliche Wirksamkeit bzw. Nichtigkeit bereits aus ihrer Erteilung bzw. Versagung ergeben.

Auf § 134 BGB dürfte dann nicht mehr zurückgegriffen werden, zumindest wäre dies überflüssig.[58]

Damit erweist sich das Tatbestandsmerkmal der Zustimmung als erster Ort für die Diskussion um die zivilrechtlichen Folgen. Für die Auslegung des Begriffs der Zustimmung gilt, dass diese nur das Dienstverhältnis betrifft und keine Außenwirkungen haben soll, ebenso, dass sie unabhängig davon nicht den Anfall einer Erbschaft verhindern kann.[59]

Hiermit wird aber bereits die Reichweite von § 10 BAT vorgegeben. Man muss konsequenterweise zu dem Schluss kommen, dass die Zustimmung aus § 10 BAT das Rechtsverhältnis zwischen Zuwendendem und Empfänger unberührt lassen soll.[60] Dies muss auch bei § 134 BGB beachtet werden. Es erscheint nicht logisch, eine zivilrechtliche Komponente der Zustimmung im Sinne einer Wirksamkeitsvoraussetzung zu verneinen, um dann bei § 134 BGB zum entgegengesetzten Schluss zu gelangen.[61]

Wer eine Nichtigkeit nach § 134 BGB bejaht, erhebt damit auch das Merkmal der Zustimmung zum Wirksamkeitserfordernis.[62] Dogmatisch würde die Nichtigkeit aber dann bereits aus dem Fehlen der Zustimmung folgen, ein Rückgriff auf § 134 BGB wäre zumindest überflüssig.[63]

bb. Streitpunkte innerhalb von § 134 BGB

Um die Diskussion der Auswirkungen von § 134 BGB auf § 10 BAT ranken sich jedoch einige Problemfelder, die nicht vernachlässigt werden sollten, auch wenn sich das Gesamtergebnis bereits aus dem Charakter der Zustimmung ergibt.

---

[57] BGHZ 89, 369, 373; 115, 123, 125; 132, 313, 318.

[58] Zum Streitstand s. MüKo-Mayer-Maly/Armbrüster, BGB, § 134/ Rn. 7.

[59] S.o. § 6 B II 4 a; BAGE 45, 325, 329; BGHZ 143, 283, 286 f; a.A. war hier noch die Vorinstanz des OLG Hamm, NJW-RR 1999, 424, 425.

[60] Diese Ausstrahlung der Bedeutung der Zustimmung wird, soweit ersichtlich, nirgends diskutiert. Es wird generell sofort § 134 BGB beleuchtet.

[61] S. hierzu unten.

[62] So wohl Dubischar, DNotZ 1993, 419, 430.

[63] S. MüKo-Mayer-Maly/Armbrüster, BGB, § 134/ Rn. 7.

(1) Gesetzescharakter von § 10 BAT

Nachdem anerkannt ist, dass sowohl Erbverträge als auch Testamente dem Begriff des Rechtsgeschäfts von § 134 BGB unterfallen, ist weiter zu klären, ob § 10 BAT ein Gesetz im Sinne von § 134 BGB darstellen kann. Der Gesetzesbegriff von § 134 BGB wird über Art. 2 EGBGB festgelegt, danach ist Gesetz im Sinne des BGB jede Rechtsnorm.

Ob ein Tarifvertrag Rechtsnormcharakter hat, wird in unterschiedlichen Ansätzen beantwortet.

(1) Von wenigen Vertretern wird die Rechtsnormqualität zumindest des normativen Teils, der Bestimmungen mit normativem Gehalt, bejaht, z. T. unter gemeinsamer Nennung von Rechtsverordnungen, Satzungen, Gewohnheitsrecht und Art. 2 EGBGB.[64] Teilweise wird die normative Wirkung bereits aus dem parallelen Wortlaut von § 10 BAT zu den Beamtengesetzen gefolgert.[65]

(2) Von der überwiegenden Meinung wird dies dagegen abgelehnt.[66] Dabei beruft sie sich auf den Wirkungskreis eines Tarifvertrages, wonach auch der normative Teil gemäß § 3 TVG nur die tarifgebundenen Vertragsparteien erfasst, und abgesehen von einer individualvertraglichen Vereinbarung nur im Falle einer Allgemeinverbindlicherklärung nach § 5 TVG sich darüber hinaus auf andere erstrecken kann.

Rechtsnormcharakter könnten aber nur Regelungen mit einem allgemeinen Geltungsbereich in Anspruch nehmen. Im Übrigen würde sich ein Tarifvertrag als unzulässiger Vertrag zu Lasten eines Dritten, nämlich des Erblassers, erweisen, wollte man eine Geltung auch im Außenverhältnis zu ihm annehmen.

(3) Vermittelnd wird schließlich angeboten, nur den für allgemein verbindlich erklärten Tarifverträgen den Rechtsnormcharakter zuzugestehen.[67]

(4) In Auseinandersetzung mit den Meinungen (1) und (2) ist den Argumenten zu (2) zuzustimmen. Die Ansicht von (3) kann für die hier vorliegende Frage des § 10 BAT offen bleiben, da der BAT mangels öffentlichen Interesses nicht für allgemein verbindlich erklärt wurde.[68]

Der Begriff der Rechtsnorm impliziert eine abstrakt-generelle Regelung, d.h. dies kann nur bei Regelungen mit allgemeinem Geltungsanspruch der Fall sein. Die in § 4

---

[64] AK-BGB-Damm, § 134/ Rn. 22; Dubischar, DNotZ 1993, 419, 430; Ermann-Palm, BGB, § 134/ Rn. 8; Koos, Anm. zu BGHZ 143, 283 ff in ZEV 2000, 235 f; Soergel-Hartmann, BGB, Art. 2 EGBGB/ Rn. 10; Stach, NJW 1988, 943, 944 f mwN; Staudinger-Merten, BGB, Art. 2 EGBGB/ Rn. 79.

[65] OLG Hamm, NJW-RR 1999, 424, 425 unter fälschlicher Berufung auf BAGE 45, 325, ff (dort ging das BAG weder auf eine zivilrechtliche Komponente von § 10 BAT ein, noch äußerte es sich über einen reinen Wortlautvergleich zu den Beamtengesetzen hinaus über eine Normqualität von § 10 BAT).

[66] AK-BGB-Finger, § 2078/ Rn. 37; Dornheim/Rochon, PflR 1999, 243, 245; Ehmann, Anm. zu BGHZ 143, 283 in WuB IV A. § 134 BGB 2.00; MüKo-Mayer-Maly/Armbrüster, BGB, § 134/ Rn. 30; MünchArbR-Richardi, § 44/ Rn. 5; Plantholz/Rochon, FamRZ 2001, 270, 271; Soergel-Stein, BGB, § 1923/ Rn. 11, § 1943/ Rn. 7; Staudinger-Sack, BGB, § 134 / Rn. 24.

[67] Petto, S. 133 ohne Begründung; Staudinger-Sack, BGB, § 134/ Rn. 24.

[68] S. hierzu das abschließende Verzeichnis des Bundesministeriums für Wirtschaft und Arbeit: „www.bmwa.bund.de"; diese Tatsache übersah Petto, a.a.O., als sie § 134 BGB erörterte.

TVG ausdrücklich normierte Geltung nur zwischen den Vertragsparteien erweist sich jedoch als eine relative. Insoweit ist auch der Tarifvertrag eine Sonderrechtsnorm, die nur für einen beschränkten Kreis, nämlich für die Tarifgebundenen, gilt.

Ferner würde andernfalls das unbefriedigende Ergebnis entstehen, dass die Tarifgebundenen kraft eines Vertrags einem gesetzlichen Verbot unterfallen sollen, Außenstehende dagegen nicht.

Weiterhin würde eine andere Wertung übersehen, dass eine Normsetzung mit Außenwirkung nach den Grundsätzen des Rechtstaates nur von dazu gesetzlich legitimierten Organen vorgenommen werden darf.[69] Im TVG wird jedoch keine derartige Rechtsetzungsbefugnis niedergelegt. Soweit sich (1) aufzählend auf Rechtsverordnungen, Satzungen und Gewohnheitsrecht beruft, übersieht diese Ansicht, dass auch diese sämtlich allgemeine Geltung beanspruchen, auch das Gewohnheitsrecht.

Im Ergebnis ist damit festzuhalten, dass der BAT keine Rechtsnorm im Sinne von Art. 2 EGBGB, § 134 BGB darstellt und bereits daher keine Nichtigkeitsfolge auslösen kann.

(2) Nichtigkeitsfolge

Nimmt man nun aber mit der anderen Ansicht die Rechtsnormqualität eines Tarifvertrages an, kann man noch ein Verbot aus § 10 BAT herauslesen.

Zu beachten ist, dass § 10 BAT dem System des TVG entsprechend nur auf die Angestellten wirken kann, die tarifgebunden sind. Umfassend kann zwar per Individualvertrag die Geltung vereinbart werden. Dann erhält § 10 BAT aber nur den Charakter einer individuellen Vertragsvereinbarung und kann keinesfalls Verbotsgesetz sein.

Entscheidend ist im Anschluss daran jedoch, ob der Verstoß zur Nichtigkeit des Rechtsgeschäfts, d.h. des Erbvertrages oder des Testaments führen kann. Anerkannt ist hierbei wiederum sowohl, dass einseitige Rechtsgeschäfte unter § 134 BGB fallen können, als auch, dass bei einem einseitigen Verstoß im Rahmen eines zweiseitigen Rechtsgeschäftes die Nichtigkeitsfolge nicht ausgeschlossen ist.[70]

Die Frage, ob verbotswidrige Rechtsgeschäfte nach § 134 BGB nichtig sind, ist aus Sinn und Zweck der jeweiligen Verbotsvorschrift zu beantworten, wenn nicht das Gesetz selbst bereits eine Sanktion anordnet.[71] Entscheidend ist, ob das Gesetz sich nicht nur gegen den Abschluss des Rechtsgeschäfts wendet, sondern darüber hinaus gegen seine privatrechtliche Wirksamkeit und damit gegen seinen wirtschaftlichen Erfolg. Dies gilt unabhängig davon, ob Geber und Empfänger im strafrechtlichen Sinn zusammenwirken.[72]

---

[69] Vgl. LAG Saarbrücken, NJW 1966, 2136, 2137 zum relativen Wirkungskreis einer Betriebsvereinbarung, der keiner normativen Wirkung nach außen zukommt.

[70] BGHZ 89, 369, 373; 143, 283, 287; Koos, ZEV 1997, 435, 437 bezweifelt dagegen die Gültigkeit dieser Aussage in den Fällen, in denen sich das Verbot ausschließlich an den Begünstigten richtet, der ohne jegliches rechtsgeschäftliche Zutun von dem einseitigen Rechtsgeschäft profitiert, so wie es sich bei testamentarischen Zuwendungen verhält. Koos bezieht sich dafür auf die Aussage in BGHZ 46, 24, 26, wo das Verbot nur einen der „Vertragsbeteiligten" traf, s. dazu unten (4); Soergel-Hefermehl, BGB, § 134/ Rn. 14.

[71] BGHZ 89, 369, 372; 143, 283, 287.

[72] BGHZ 89, 369, 372 f; 115, 123, 125; 132, 313, 318; Soergel-Hefermehl, BGB, § 134/ Rn. 14.

Hiernach ist § 10 BAT auf seine Zweckrichtung hin zu untersuchen und zu klären, ob dieser die Nichtigkeit der vorgenommenen Rechtsgeschäfte fordert.

Wollte man bereits jeden Anschein der Beeinflussbarkeit eines Dienstverpflichteten vermeiden, könnte argumentiert werden, dass jeder Verstoß, auch ohne strafrechtliche Relevanz, die Nichtigkeit zwingend zur Folge hätte.[73]

Dem ist jedoch zu entgegnen, dass diesen Anschein bereits jede Zuwendung in sich tragen kann, auch wenn sie - wovon die Öffentlichkeit in der Regel keine Kenntnis hat - mit Zustimmung erfolgt oder die Zustimmung nachträglich eingeholt wird. Ebenso entsteht der befürchtete Anschein bereits im Moment der Erbeinsetzung oder im Moment des vertragswidrigen tatsächlichen Verhaltens des Angestellten, unabhängig von Wirksamkeit oder Vollzug des Rechtsgeschäfts. Der Verlust des Ansehens in der Öffentlichkeit kann auch mittels einer zivilrechtlichen Nichtigkeit nicht mehr rückgängig gemacht werden.[74]

Auf der anderen Seite ist zu beachten, dass der Arbeitgeber nicht machtlos ist, ihm stehen dienstrechtliche Mittel zur Verfügung, um den Arbeitnehmer zu sanktionieren.

Ferner muss erneut die Besonderheit des BAT als Tarifvertrag beachtet werden. Dieser sog. „kollektive Normenvertrag" setzt in seinem normativen Teil zwischen den tarifgebundenen Parteien Arbeitsbedingungen fest, die auf ihre Individualverträge wirken. Es sollen der Rechtsnatur nach nur die internen Rechte und Pflichten ausgestaltet werden. Wie § 4 TVG ausdrücklich statuiert, entfaltet der Tarifvertrag nur Wirkung zwischen den Vertragsparteien.

Die Erstreckung auf alle Arbeitsverträge der Gewerkschafter mittels der sogenannten „normativen Geltung" wurde allein aus Zweckmäßigkeits- und Vereinfachungsgründen begründet.[75] Nicht mehr möglich ist dem gegenüber eine absolute Geltung auch auf Außenstehende, der Tarifvertrag wäre andernfalls ein stets unzulässiger Vertrag zu Lasten eines Dritten. Insbesondere bezweckt der BAT die Außenwirkung auf Dritte nicht, da er wie jeder andere Tarifvertrag die Rechte und Pflichten im Innenverhältnis regeln will, nicht aber wirtschaftliche Interessen des Zuwendenden im Auge hat.[76]

Insoweit ist es auch Zweck von § 10 BAT, dem Angestellten Verhaltensregeln aufzuzeigen und dem Arbeitgeber Kontrollmöglichkeiten zu gewähren, um zukünftigen Zuwiderhandlungen entgegenzuwirken, nicht jedoch Zuwendungen an sich zu verhindern.[77] Verhält der Angestellte sich nicht vertragsgerecht, stehen dem Arbeitgeber mit §§ 53, 54 BAT ausreichende Möglichkeiten zur Verfügung, dies zu sanktionieren.

Ein schlagendes zusätzliches Argument fand der BGH in einer Revisionsentscheidung zur Vorinstanz des OLG Hamm.[78]

---

[73] So Koos, ZEV 1997, 435, 437; Stach, NJW 1988, 943, 945.

[74] Soergel-Stein, BGB, § 1923/ Rn. 11.

[75] BAGE 45, 325, 329; BGHZ 143, 283, 288; Löwisch/Rieble, Tarifvertragsgesetz, § 1/ Rn. 21 ff.

[76] A.A. Ehmann, Anm. zu BGHZ 143, 283 in WuB IV A. § 134 BGB 2.00 und Koos, Anm. zu BGHZ 143, 283 ff, ZEV 2000, 235.

[77] So nun auch BAG, ZEV 2004, 71; BGHZ 143, 283, 289.

[78] BGHZ 143, 283 ff; OLG Hamm, NJW-RR 1999, 424 f; Dittmann/Reimann/Bengel-Limmer, Systematischer Teil E/ Rn. 202.

Gemäß § 4 Abs. 3 TVG können Regelungen eines Tarifvertrages zugunsten der Angestellten geändert werden. Daraus folgt die Disponibilität des Verbots aus § 10 BAT, im Unterschied zu den entsprechenden Beamtengesetzen. Dieser Charakter der Nachgiebigkeit kommt jedoch dem Zweck einer Ordnungsvorschrift näher und verbietet wie diese grundsätzlich die Nichtigkeitsfolge.[79]

(3) Zwischenergebnis

Aus all diesen Überlegungen folgt damit, dass § 10 BAT zum einen kein „Gesetz" im Sinne von § 134 BGB darstellt und dass darüber hinaus nach Sinn und Zweck der Vorschrift keine Nichtigkeitsfolge erforderlich ist.

(4) Andere Lösungsvorschläge

Nimmt man mit der Minderansicht jedoch an, dass zum einen § 134 BGB Gesetz ist und dass aus dem Zweck von § 10 BAT die Nichtigkeit des Rechtsgeschäfts zu folgen habe, so stellen sich Folgefragen, die hier kurz dargestellt werden sollen.

(a) Ausschlagungspflicht, § 134 BGB analog

Koos setzt sich mit den konstruktiven Unterschieden im Erbschaftserwerb auseinander.

Seiner Meinung nach scheitert eine direkte Anwendung von § 134 BGB daran, dass hierfür jeder Ansatzpunkt fehle. Man könne nicht zur sofortigen Nichtigkeit gelangen, wenn das Verbotsgesetz sich an nur einen Beteiligten des Rechtsgeschäfts richtet, dieser aber aufgrund des Von-Selbst-Erwerbs im Erbrecht überhaupt nichts für den Erwerb getan hat.[80] Andererseits wäre eine unheilbare Nichtigkeit nicht zweckgerecht, welche aber eintreten würde, falls die erforderliche Zustimmung nicht vorläge.[81]

Er zeigt im Folgenden zwei Lösungsalternativen auf, um das wirtschaftliche Ergebnis herbeizuführen, welches seiner Meinung nach von § 10 BAT verlangt wird.

Zunächst stellt Koos in Fortführung zu der allgemeinen Ansicht, dass die „Annahme" in § 10 BAT nicht rechts-technisch zu verstehen ist, allein auf das anscheinend verbotene wirtschaftliche Ergebnis ab und kommt daher zu einem Ausschlagungsgebot des Angestellten als Korrelat zum Annahmeverbot bei lebzeitigen Rechtsgeschäften. Um Probleme in den Fällen zu vermeiden, in denen der Arbeitgeber nicht innerhalb der Ausschlagungsfrist über die Zustimmung entschieden hat, sollte eine Anlaufhem-

---

79 A.A. Ehmann, Anm. zu BGHZ 143, 283 in WuB IV A. § 134 BGB 2.00: § 4 Abs. 3 TVG hätte für den Fall einer Zuwendung an den Angestellten keinerlei Aussagekraft.

80 M.E. legt Koos für diese Begründung seine Quelle aus BGHZ, 46, 24, 26 zu eng aus; ausschlaggebend muss stets sein, ob nach Sinn und Zweck Nichtigkeit eintreten soll. Dass im Fall einer einseitigen letztwilligen Zuwendung der Verbotsadressat nicht an deren Zustandekommen beteiligt ist, ist eine erbrechtliche Besonderheit, die aber nach Sinn und Zweck von § 10 BAT zu keiner anderen Beurteilung führen darf als bei beidseitigen Rechtsgeschäften, die einer Annahmeerklärung des Zuwendungsempfängers bedürfen.

81 Koos, ZEV 1997, 435, 437; Meincke, ZEV 1996, 384.

mung der Frist gemäß § 1944 Abs. 2 Satz 1 BGB analog eintreten, da der Angestellte bis zur Entscheidung noch im Ungewissen über das Behaltendürfen der Erbschaft sei.

Dogmatisch sieht sich dieser Lösungsweg der Schwierigkeit ausgesetzt, dass er sich auf keine gesetzliche Grundlage zu stützen vermag.[82]

Ihm ist vom Grundgedanken jedoch zuzugeben, dass er dem Leitbild von § 10 BAT entsprechen würde und die erbrechtlichen Besonderheiten auf § 10 BAT überträgt, wollte man tatsächlich die wirtschaftlichen Folgen nicht anerkennen.

Eine Ausschlagungspflicht wäre jedoch nicht geeignet, denn auch ein Zuwiderhandeln wäre sanktionslos, der Erbschaftserwerb würde mit Ablauf der Ausschlagungsfrist endgültig werden.[83] Ferner würde eine Anlaufhemmung analog zu § 1944 Abs. 2 Satz 1 BGB unter Berücksichtigung des Zwecks der Ausschlagungsfrist, möglichst bald Rechtsklarheit herbeizuführen, nur schwer begründbar sein.

Koos selbst zieht eine andere Lösungsalternative vor: das Testament soll dem Rechtsgedanken aus § 134 BGB entsprechend bis zur Entscheidung über die Zustimmung schwebend unwirksam sein.[84]

Doch auch diese Lösung widerspricht dem Zweck der Ausschlagungsfrist aus § 1944 BGB, lange Schwebezustände zu vermeiden. Diese würden aber eintreten, wenn die Genehmigung gar nicht beantragt oder die Entscheidung über sie sich verzögern würde.

(b) Gesetzliche Erbfolge, Teilnichtigkeit

Diskutiert wird schließlich von Stach, dass erst die Versagung der Genehmigung zu einer Unwirksamkeit des an sich gültig errichteten Testaments führe und damit die gesetzliche Erbfolge eintreten müsse.[85] Dieser Ansicht ist jedoch entgegenzuhalten, dass sie nicht mit der erbrechtlichen Besonderheit des Von-Selbst-Erwerbs zu vereinbaren ist.

Nicht problematisiert wird insoweit, ob das Testament vollständig oder nur zum Teil Nichtigkeitswirkung entfalten solle. Gemäß dem Grundsatz von § 2085 BGB müsste jedoch von Teilnichtigkeit ausgegangen werden.

6. Ergebnis

Für Angestellte des öffentlichen Dienstes bestimmt § 10 BAT bzw. § 3 Abs. 2 TVöD eine Verhaltenspflicht gegenüber dem Arbeitgeber. Sie gilt auch für letztwillige Verfügungen, die einzelnen Tatbestandsvoraussetzungen sind nicht im rechts-technischen Sinne zu verstehen.

Im Rahmen der Zustimmungsentscheidung hat der Arbeitgeber sich an § 315 BGB zu orientieren, und somit die Grundrechtspositionen des Angestellten mittelbar zu beachten.

---

82 So auch Rossak, ZEV 1996, 41, 45 mwN.

83 Dies erkannte Staudinger-Otte, BGB, § 1945/ Rn. 29.

84 Koos, a.a.O., S. 439.

85 Stach, NJW 1988, 943, 947 unter der m. E. unzutreffenden Berufung auf KG, DNotZ 1956, 564 und v. Lübtow, S. 235.

Ein Verstoß gegen § 10 BAT kann dienstrechtliche und strafrechtliche Folgen nach sich ziehen. Zivilrechtlich dagegen bleiben vorgenommene Rechtsgeschäfte bestehen, § 10 BAT ist weder Rechtsnorm im Sinne von § 134 BGB, Art. 2 EGBGB, noch erfordert der Zweck der Vorschrift die Nichtigkeitssanktion. Alternative Lösungsversuche der Mindermeinung mittels der Konstruktion einer Ausschlagungspflicht oder einer Analogie zu § 134 BGB erweisen sich als ungeeignet und zudem als zweckwidrig.

Das Gleiche gilt für Zuwendungen, die unter der Geltung von § 3 Abs. 2 TVöD vorgenommen werden, welcher mit Wirkung zum 1. Oktober 2005 zum Teil an die Stelle von § 10 BAT getreten ist.

III. Landesbeamte und Kommunalbeamte

1. Wortlaut/Zweck

Für diejenigen Behördenbetreuer oder Mitarbeiter einer Betreuungsbehörde, die Beamte sind, entfalten die beamtenrechtlichen Vorschriften ihre Wirkung.[86] Diese Vorschriften gehen sämtlich auf den vom Beamtenrechtsrahmengesetz in § 43 BRRG[87] vorgegebenen Wortlaut zurück; die Länder haben die Vorgabe daraus entsprechend umgesetzt. Wegen seiner Leitfunktion als Rahmengesetz soll die Erörterung anhand des Wortlautes § 43 BRRG stellvertretend für alle Ländergesetze erfolgen, es ist jedoch zu beachten, dass diese Vorschrift aufgrund von § 1 BRRG keine unmittelbare Wirkung entfalten kann.

> *„Der Beamte darf, auch nach Beendigung des Beamtenverhältnisses, keine Belohnungen oder Geschenke in Bezug auf sein Amt annehmen. Ausnahmen bedürfen der Zustimmung seines gegenwärtigen oder letzten Dienstherrn."*

Wie bereits der Wortlaut erahnen lässt, treten bei den beamtenrechtlichen Vorschriften vergleichbare Kernfragen zu Tage wie bei § 10 BAT.[88]

Zweck auch dieser Norm ist es, die Pflicht des Beamten zu unparteiischer, gerechter und uneigennütziger Amtsführung zu gewährleisten. Auch nur der Verdacht der Befangenheit oder Bestechlichkeit soll vermieden werden.[89]

---

[86] Bayern: Art. 79 BayBG, Baden Württemberg § 89, Berlin § 34, Brandenburg, § 35, Bremen § 69, Hamburg § 74, Hessen § 84, Mecklenburg-Vorpommern § 75, Niedersachsen § 78, Nordrhein Westfalen § 76, Rheinland-Pfalz § 78, Saarland § 85, Sachsen § 90, Sachsen-Anhalt § 70, Schleswig-Holstein § 86, Thüringen § 73; da keine Bundesbeamten Betreuer sind, ist § 70 BBG für die vorliegende Arbeit nicht relevant. Es wird aufgrund des gleichen Wortlautes und der gleichen Probleme allerdings z.T. auf zu § 70 BBG ergangene Rechtsprechung oder Kommentarliteratur eingegangen werden.

[87] BGBl 1999 I, 654.

[88] Zu beachten ist insbesondere, dass auch der Runderlass des BMI, GMBl. 1962, S. 120 ff die Vorschriften von § 10 BAT und § 70 BBG zusammenfassend behandelt.

[89] Runderlass des BMI, GMBl. 1962, 120, 122; BAGE 45, 325, 328; Battis, BBG § 70/ Rn. 2.

Um diesen Gedanken im Gegensatz zur Altfassung[90] herauszustellen, wurde § 43 BRRG und entsprechend die Ländergesetze umformuliert und der Ausnahmecharakter in einem gesonderten Satz 2 betont.[91]

Zuwendungen eines Betreuten an einen Landesbeamten oder Kommunalbeamten als Betreuer sind somit eingeschränkt. Möchte der Betreute seinen Betreuer in einer letztwilligen Verfügung bedenken, stellt sich daher zum einen die Frage, ob die beamtenrechtlichen Ländervorschriften in Umsetzung von § 43 BRRG auf eine solche Anwendung findet und zum anderen, welche Folgen ein Verstoß dagegen nach sich zieht.

2. Relevanz für letztwillige Verfügungen

Hinsichtlich dieser Frage ergeben sich zu § 10 BAT keine Unterschiede, insoweit sei auf die dortige Abhandlung verwiesen.[92]

3. Zustimmungserfordernis

Durch die Neufassung der Beamtengesetze sollte der hohe Rang der Unbestechlichkeit des Beamten noch stärker als bisher zum Ausdruck gebracht werden. Inhaltliche Änderungen waren damit jedoch nicht verbunden.[93] Wie bisher stellt die Zustimmung die Ausnahme vom grundsätzlichen Verbot der Annahme dar.

Hinsichtlich des Rechtscharakters der Zustimmung ist die gleiche Wertung wie bei § 10 BAT vorzunehmen, damit ist sie auch im Bereich des Beamtenrechts keine Wirksamkeitsvoraussetzung.[94]

4. Maßstäbe der Erteilung

Die Erteilung der Zustimmung unterliegt dem pflichtgemäßen Ermessen des Dienstherrn. Sie darf nur erteilt werden, wenn dem Normzweck der Ländervorschriften in Umsetzung zu § 43 BRRG entsprechend nicht zu besorgen ist, dass die unparteiische Amtsführung des Beamten beeinträchtigt oder bei Außenstehenden auch nur den Anschein der Befangenheit erwecken könnte.[95]

Anders als bei § 10 BAT befindet der Beamte sich jedoch in einem öffentlich-rechtlichen Dienst- und Treueverhältnis[96], somit orientiert sich die Ermessensentscheidung nicht an § 315 BGB, sondern an den Grundsätzen des Verwaltungsermessens,

---

[90] *„Der Beamte darf, auch nach Beendigung des Beamtenverhältnisses, Belohnungen oder Geschenke in bezug auf sein Amt nur mit Zustimmung der obersten oder der letzten obersten Dienstbehörde annehmen.“*

[91] § 43 BRRG, 70 BBG geändert durch Antikorruptionsgesetz vom 12.8.1997, BGBl. I, S. 2038; BT-Drs. 13 / 5584, S. 8, 10; BT-Drs. 13/ 8079, S. 8.

[92] Vgl. Battis, BBG, § 70/ Rn. 3 ff, zur Auslegung der Begriffe Belohnung, Geschenk, Annahme und Erteilung der Zustimmung.

[93] BT-Drs. 13/ 5584, S. 10.

[94] Geringwertige Zuwendungen sind vom Zustimmungserfordernis ebenfalls ausgenommen, Runderlass des BMI, GMBl. 1962, 120, 121; näher dazu in § 7 B VI 1.

[95] Runderlass BMI GMBl. 1962, S. 120, 121; Battis, BBG, § 70/ Rn. 5.

[96] S. etwa Art. 2 BayBG.

wobei die hergebrachten Grundsätze des Beamtentums zu beachten sind, Art. 33 Abs. 5 GG. Ablehnung sowie Erteilung der Zustimmung sind Verwaltungsakte.[97]

Im Einzelfall wird es auf die Entscheidung der Frage ankommen, welchen Rang die Grundrechte des Beamten im Verhältnis zu seinem Dienstherren einnehmen, dem er aufgrund des öffentlich-rechtlichen Dienst- und Treueverhältnisses jedoch besonders verpflichtet ist. Die Erteilung der Zustimmung hat sich an den Grundsätzen eines Verwaltungsermessens zu orientieren, wobei das Erbrecht sowie das Eigentumsrecht des Bedachten durch die hergebrachten Grundsätze des Beamtentums aus Art. 33 Abs. 5 GG in verfassungskonformer Weise eingeschränkt werden.[98]

5. Folgen eines Verstoßes

An die getroffenen Feststellungen schließt sich erneut die Frage nach den Konsequenzen eines Verstoßes gegen die landesrechtlichen Zuwendungsverbote der Beamtengesetze an.

Strafrechtlich könnte der Beamte nach §§ 331, 332 StGB belangt werden.

Dienstrechtlich stellt ein Verstoß ein Dienstvergehen dar, das ein Disziplinarverfahren nach sich ziehen und mit einer Entfernung des Beamten aus dem Beamtenverhältnis enden kann.[99]

Umstritten ist erneut die zivilrechtliche Dimension eines Verstoßes.

Anders als § 10 BAT erfüllen die Beamtengesetze die Anforderungen an eine Rechtsnorm im Sinne von § 134 BGB, Art. 2 EGBGB, sie besitzen auch Verbotscharakter. Untersucht werden muss nun erneut, ob ein Verstoß die zivilrechtliche Nichtigkeit nach sich ziehen muss.

Überschreitet das Rechtsgeschäft die Grenzen zum strafrechtlichen Tun, so kann der Normzweck der betroffenen strafrechtlichen Tatbestände die Nichtigkeit des Rechtsgeschäftes erfordern.

In den übrigen Fällen ist der Normzweck der Beamtengesetze, stellvertretend von § 43 BRRG dargestellt, maßgebend. Ungeeignet ist in diesem Zusammenhang die Erwägung des BGH zur Disponibilität von § 10 BAT.[100] Die Beamtengesetze haben sich sämtlich an den vorgegebenen Rahmen aus § 43 BRRG zu halten und sind, da im BRRG selbst keine Befreiungsmöglichkeit vorgesehen ist, somit zwingend.

Es wird z.T. vorgetragen, das Tatbestandsmerkmal der Zustimmung impliziere bereits die Nichtigkeitssanktion.[101] Andere führen an, die Nichtigkeit müsse sich aus der Besonderheit des öffentlich-rechtlichen Treue- und Dienstverhältnisses ergeben, jeder Anschein der Voreingenommenheit müsse vermieden werden.[102]

---

[97] Vgl. etwa Art. 35 BayVwVfG; hierzu Battis, BBG, § 70/ RN. 5.

[98] In diesem Zusammenhang BVerfG, DÖD 2002, 97; BVerwGE 100, 172, 176 m. Anm. Battis, JZ 1996, 856.

[99] Vgl. stellvertretend Art. 84 BayBG, Art. 6 ff BayDO.

[100] BGHZ 143, 283, 287.

[101] Dubischar, DNotZ 1993, 419, 430, welcher jedoch einschränkend die Kenntnis der Bedachten fordert; s. dazu § 7 B VII 1 c.

[102] Plantholz/Rochon, FamRZ 2001, 270, 271 unter Berufung auf eine ständige Rechtsprechung, jedoch ohne weitere Nachweise; Stach, NJW 1988, 943, 946.

Dagegen wendet sich auch hier die h.M. Ihr ist aufgrund folgender Erwägungen zuzustimmen, welche bereits bei der Frage des Rechtscharakters der Zustimmung im Rahmen von § 10 BAT zum Tragen kamen.

Zum einen wäre eine zivilrechtliche Nichtigkeit ungeeignet, einen bereits eingetretenen Verlust des Ansehens rückgängig zu machen.[103]

Zum anderen zielen die Beamtengesetze der Länder nur auf die Regelung der Pflichten des Beamten im Innenverhältnis zu seinem Dienstherrn. Das Verbot soll dem Dienstherrn Kontrollmöglichkeiten schaffen, um zukünftigen Zuwiderhandlungen entgegenzuwirken.[104] Diese Zielsetzung verfolgte der Gesetzgeber auch im Rahmen der Neufassung von § 43 BRRG, wobei er zwar neben anderen Gesetzen Änderungen im StGB vornahm, trotz der bekannten Diskussionen um § 134 BGB jedoch keine zivilrechtliche Komponente einführte.[105]

Ferner geht die Rechtsprechung von einem Herausgaberecht des Dienstherrn per Leistungsbescheid aus, sofern nicht im strafrechtlichen Verfahren der Verfall angeordnet worden ist.[106] Dieser Herausgabeanspruch wäre jedoch nicht zulässig, würde das Rechtsgeschäft zivilrechtlich nichtig sein.

Schließlich ist auch zu beachten, dass es kein Annahmeverbot für die Behörde selbst gibt, die Ländergesetze richten sich im Einklang mit dem ihnen vorgegebenen Rahmen aus § 43 BRRG allein an den Beamten, eine vergleichbare Vorschrift für die Behörde besteht nicht. Auch hieraus ergibt sich der Zweck, dass die beamtenrechtlichen Vorschriften allein eine interne Kontrolle sicherstellen soll.

6. Ergebnis

Als Rahmenvorgabe für die Gesetze der einzelnen Länder sieht § 43 BRRG eine Verhaltenspflicht der Beamten gegenüber dem Dienstherrn vor. Diese Verhaltenspflicht wurde in den Beamtengesetzen der Länder entsprechend umgesetzt

Wie aufgezeigt, gilt diese Pflicht auch für letztwillige Verfügungen; dabei sind die einzelnen Tatbestandsvoraussetzungen wie auch bei dem zuvor erörterten § 10 BAT nicht im rechts-technischen Sinne zu verstehen.

Im Rahmen der Zustimmungsentscheidung hat der Dienstherr nach pflichtgemäßem Ermessen zu entscheiden und auch die Grundrechte des Beamten zu berücksichtigen, die jedoch hinter Art. 33 Abs. 5 GG zurücktreten können.

Ein Verstoß kann dienstrechtliche und strafrechtliche Folgen nach sich ziehen. Zivilrechtlich dagegen bleiben vorgenommene Rechtsgeschäfte bestehen, die Ländergesetze erfordern in Umsetzung auch des Zwecks von § 43 BRRG keine Nichtigkeitssanktion. [107]

---

[103] BayObLG, NJW 1992, 55, 57; Soergel-Stein, BGB, § 1923/Rn. 11.
[104] BT-Drs. 13/ 5584, S. 8.
[105] BT-Drs. 13/ 5584, S. 10.
[106] OVG Münster, NWVBl. 2002, 471; Battis, BBG, § 70/ Rn. 6 mwN; sehr kritisch zu dieser Rechtsprechung äußert sich Zetzschke, DÖD 2003, 225.
[107] Zu Alternativlösungen vgl. zuvor § 6 B II 5 c bb (4).

C. Zusammenfassung

Die Erörterung der Zuwendungsbestimmungen in den Sonderregeln von § 10 BAT bzw. § 3 Abs. 2 TVöD und den beamtenrechtlichen Regelungen der Länder ergab, dass all diese Sonderregeln das Innenverhältnis der betroffenen Personen näher ausgestalten. D.h. es werden Verhaltenspflichten des Arbeitnehmers bzw. des Beamten gegenüber dem Arbeitgeber bzw. Dienstherrn festgelegt, ohne eine Außenwirkung auf Dritte zu entfalten. Aufgrund dieser Zweckbestimmung stellen die in den Vorschriften aufgenommenen Zustimmungserfordernisse keine Wirksamkeitsvoraussetzung im zivilrechtlichen Sinn dar. Entscheidend ist, dass ein Verstoß gegen die festgelegten Verhaltenspflichten nicht zur zivilrechtlichen Nichtigkeit der Zuwendung führt und daher den wirtschaftlichen Erfolg nicht verhindert.

§ 7 Letztwillige Zuwendungen im Heimverhältnis - § 14 HeimG

A. Das Heimgesetz [108]

I. Bedeutsamkeit des HeimG für Betreute

Eine genaue Betrachtung von Forschungsprojekten zur Erhebung von Rechtstatsachen ergibt, dass ein bedeutsamer Zusammenhang zwischen der Einrichtung einer Betreuung und der Unterbringung in einer stationären Einrichtung besteht.[109]

Laut dem Vierten Altenbericht der Bundesregierung vom 18.4.2002[110] leben mindestens 85 % aller Bundesbürger im Alter von 70 Jahren und älter im eigenen Haushalt oder im Privathaushalt von ihnen nahestehenden Personen. Umgekehrt betrachtet nehmen aus dieser Altersgruppe daher nur 15 % die Unterstützung stationärer Einrichtungen in Anspruch.

Auf der anderen Seite leben von der Gesamtzahl aller Betreuten 57 % in stationären Einrichtungen.[111] In der Altersgruppe der 65 Jährigen und älter sind es bereits 74 %, welche in stationären Einrichtungen, hauptsächlich in Einrichtungen der Altenpflege (71 %), leben und wohnen. Der Anteil der jüngeren Betreuten, d.h. jünger als 65 Jahre, beläuft sich dabei auf 40 %; in Alteneinrichtungen wohnen hiervon 13 %. 5 % befinden sich in psychiatrischen Einrichtungen, 18 % in Behinderteneinrichtungen.[112]

In ein anderes Verhältnis gesetzt wird davon ausgegangen, dass bezogen auf die Gesamtzahl bis zu 75 % der Heimbewohner von Altenpflegeheimen einen gesetzlichen Betreuer haben.[113]

Den stationären Einrichtungen, insbesondere den Altenpflegeeinrichtungen, kommt damit auch im Zusammenhang mit Betreuungen ein herausgehobener Stellenwert zu.

Etwa 60 % aller Betreuten werden im Ergebnis von zwei Fürsorgesystemen umschlossen. Für die rechtliche Sorge wird ihnen ein Betreuer zur Seite gestellt; für die tatsächliche Pflege, medizinische Behandlung und Hilfe im Alltag sind sie auf die Einrichtung angewiesen, in der sie leben. Die jeweiligen Einrichtungen unterstehen dabei in der Regel dem HeimG; dessen Bedeutung für die Betreuten darf deshalb neben den betreuungsrechtlichen Regelungen des BGB nicht außer Acht gelassen werden. Im Verhältnis gegenüber dem Heim und dessen Mitarbeiter bestehen in vergleichbarer

[108] Gesetz über Altenheime, Altenwohnheime und Pflegeheime für Volljährige (Heimgesetz - HeimG), BGBl. I 1974/ S. 1873, im Folgenden zitiert als „HeimG".

[109] Welche Bedeutung dieser Tatsache beigemessen wird, verdeutlicht die Tatsache, dass das Bundesministerium für Familie, Senioren, Frauen und Jugend ein Forschungsprojekt „Betreuungsrechtliche Praxis in Einrichtungen der stationären Altenhilfe" - unter diesem Titel im Jahr 2002 veröffentlicht von Hoffmann/Korte - in Auftrag gegeben hatte; § 3 C 4.

[110] BT-Drs. 14/ 8822, S. 115.

[111] Z.T. wird sogar von 61 % ausgegangen, s. Hoffmann/ Korte, BtPrax 2001, 17.

[112] S. Abschlussbericht-Praxisprojekt, S. 71 f, Zusammenfassung von Hoffmann in BtPrax 2003, 249.

[113] S. Hoffmann/Korte, BtPrax 2001, 17.

Weise wie gegenüber dem Betreuer besondere Nähe- und Vertrauensverhältnisse, wenn auch qualitativ und rechtlich anders ausgestaltet.[114]

II. Einordnung in die Gesamtrechtsordnung

Das HeimG - entstanden aus der Gewerbeordnung (GewO) [115] - bezweckte seit seiner Einführung den Schutz von alten Menschen, sowie von sonstigen pflegebedürftigen oder behinderten Volljährigen, die in Altenheimen, Altenwohnheimen und in Pflegeheimen untergebracht sind.[116]

Mit seinen Wurzeln in der Gewerbeordnung als Teil des öffentlichen Sicherheits- und Ordnungsrechts blieb das HeimG auch nach seiner Verselbständigung ein gewerberechtliches Sondergesetz mit sozialrechtlichem Einschlag.[117]

Es ist ein soziales Schutzgesetz, das dennoch nicht zum Sozialrecht zu zählen ist, da das HeimG keine Sozialleistungen gestaltet und deshalb nicht in das SGB einbezogen ist.[118]

III. Rechtsentwicklung

Das heute gültige HeimG kann bereits auf eine 30-jährige Geschichte zurückblicken, anders als das Betreuungsrecht, das „erst“ 14 Jahre Erfahrung sammeln konnte.

Seit seiner Einführung im Jahre 1975 sah sich das Gesetz über Altenheime, Altenwohnheime und Pflegeheime für Volljährige (Heimgesetz - HeimG) dem Mangel ausgesetzt, nur lückenhaft formuliert zu sein und den gesellschaftlichen Änderungen nicht nachhaltig entsprechen zu können.

Bis heute wurde es bereits dreimal geändert und ob die jetzt seit dem 1.1.2002 geltende Fassung endgültig sein kann, erscheint angesichts der immerwährenden Veränderungen im Heimbereich und der Gesellschaft mehr als unwahrscheinlich.

1. Situation vor 1975

Bis zum Jahre 1974 existierte kein eigenständiges HeimG, das auf die besondere Schutzbedürftigkeit älterer und behinderter volljähriger Menschen zugeschnitten war.

---

[114] Deswegen wird zu diskutieren sein, ob entsprechend im Verhältnis zu diesen „faktischen“ Hilfspersonen auch im Verhältnis zum rechtlichen Betreuer eine an § 14 HeimG angelehnte Vorschrift erforderlich ist, s.u. § 12.

[115] § 38 Satz 1 Nr. 10 GewO (1967), BGBl. I, S. 933.

[116] BT-Drs. 7/180, S. 1, 7 (Gesetzentwurf des Bundesrats vom 14.2.1973).

[117] So wurde auch die Gesetzgebungskompetenz auf das Recht der öffentlichen Fürsorge gestützt, Art. 74 Nr. 7 GG; dies ist inzw. anerkannt, vgl. zum Streit hierüber nachfolgend § 7 A III 2 b.

[118] S. Dahlem/Giese/Igl/Klie, HeimG, Einleitung Rn. 11 ff; Brandmüller, BayVBl. 1978, S. 364, 366; vgl. zu den sozialpolitischen Zielen des HeimG Gössling/Knopp, HeimG, Vorwort; s. aber SGB XI, geändert durch das Pflege-Qualitätssicherungsgesetz vom 1. November 2001, BGBl. I 2001, S. 2320, das u.a. Vorschriften über die Berechnung und Zahlung von Heimentgelten, über den Pflegeheimvergleich und über die Qualitätsprüfung enthält, Gitter/Schmitt, HeimG, Einführung, S. 10 f; LPK-Krahmer/Richter, HeimG, Einführung/ Rn. 6 ff.

Eine staatliche Aufsicht und Kontrolle bestand vorerst nur durch eine gesundheitspolizeiliche Aufsicht über bestimmte Pflegeheime nach § 47 der Dritten Durchführungsverordnung zum Gesetz über die Vereinheitlichung des Gesundheitswesens vom 30.3.1935[119] und für Heime der Jugendhilfe, die der Unterbringung Minderjähriger dienten.[120]

Als Teil des öffentlichen Sicherheits- und Ordnungsrechts hatte der Gesetzgeber sich im Rahmen der Änderung der damaligen Gewerbeordnung im Jahr 1967 dazu entschieden, in die damals geltende Gewerbeordnung in § 38 Satz 1 Nr. 10 GewO zum Zwecke der Überwachung von gewerblich betriebenen Heimen eine Ermächtigungsgrundlage aufzunehmen.[121] Hierdurch wurden die Landesregierungen ermächtigt, Rechtsverordnungen für den Betrieb von gewerblichen Altenheimen, Altenwohnheimen und Pflegeheimen zu erlassen und bestimmte Mindestanforderungen, wie etwa die Art der Buchführung, zu regeln.

Die Landesregierungen erließen auf Grund dieser Ermächtigungsnorm entsprechende Heimverordnungen, in denen einige Mindestanforderungen an die Räume und die im Betrieb Beschäftigten sowie einige Überwachungspflichten statuiert wurden. Bei Missständen konnte nach § 35 GewO der Heimbetrieb untersagt werden.

2. Grundfassung zum HeimG von 1975

a. Loslösung von der Gewerbeordnung

Die Ausgestaltung innerhalb der Gewerbeordnung wurde bereits 1967 von einigen Ländern als unzureichend kritisiert. So wurde das einzige Eingriffsinstrumentarium einer nachträglichen Gewerbeuntersagung nach § 35 GewO zu Recht als unwirksam bemängelt, da den betroffenen Heimbewohnern, die dann bereits Opfer der ausschlaggebenden Missstände geworden waren, damit nicht mehr geholfen werden konnte. Es sollte eine personen- und sachbezogene Erlaubnispflicht zum Betrieb in die GewO integriert werden, um den nötigen präventiven Schutz sicherzustellen.[122]

Dieser Vorstoß wurde jedoch im Gesetzgebungsverfahren als unberechtigt zurückgewiesen. Auch ein im Jahr 1969 erstellter Bericht der Bundesregierung stützte die These, dass die Ermächtigung aus § 38 Satz 1 Nr. 10 GewO ihre Wirkung ausreichend entfaltet hätte, unzuverlässige Gewerbetreibende würden erfolgreich vom Betrieb von Altenpflegeeinrichtungen abgehalten, weitere Maßnahmen wären nicht erforderlich.[123]

Kurze Zeit darauf änderte sich die Einstellung, nachdem zahlreiche Presseartikel über unzumutbare Missstände in Heimen berichtet hatten. Ebenso häuften sich Klagen Einzelner oder von Seiten der Verbände über z.T. unerträgliche Verhältnisse, wie auch über die unzureichende personelle Betreuung oder materielle Ausstattung. Öfter wur-

---

[119] BGBl. III, S. 2120-1-3 (Fundstelle der Sammlung des Bundesrechts); RMBl. S. 327, 435.
[120] §§ 78, 79 des Gesetzes für Jugendwohlfahrt vom 6.8.1970, BGBl. I, S. 1197.
[121] BGBl. I 1967/ S. 933.
[122] BR-Drs. 522/ 71, S. 4; Kunz/Butz/Wiedemann, Heimgesetz, Einführung/ Rn. 2.
[123] BT-Drs. 5/ 4122, S. 8; Kunz/Butz/Wiedemann, Heimgesetz, Einführung/ Rn. 2.

den auch Fälle finanzieller Ausnutzung oder Übervorteilung bekannt.[124] Schließlich galt § 38 Satz 1 Nr. 10 GewO mit der Aufnahme in die Gewerbeordnung entsprechend nur für gewerblich betriebene Einrichtungen.

Zu dem Ganzen traten noch die allgemeinen gesellschaftlichen Veränderungen hinzu. Die Familienstruktur der Bundesrepublik hatte sich mit der Urbanisierung weg von der Groß- hin zu einer Struktur von Kleinfamilien entwickelt, es lebten regelmäßig nur noch die Abkömmlinge mit ihren Eltern und ihren regelmäßig berufstätigen Ehegatten in zwei Generationen unter einem Dach, während die dritte Generation als Großeltern immer mehr alleinstehend war oder in zahlenmäßig wachsenden Heimen untergebracht wurden.

Mit diesen Tatsachen war es automatisch verbunden, dass entsprechend mehr ältere Leute auf eine Unterstützung durch Heime angewiesen waren. Mit der im Alter eintretenden faktischen Abhängigkeit von fremder Hilfe wurde die Notwendigkeit ersichtlich, diese Menschen auch vor materieller und finanzieller Ausnützung zu schützen.

Vor diesem Hintergrund unternahm das Land Hessen im Jahr 1971 einen erneuten Vorstoß zur Einführung einer Erlaubnispflicht für gewerblich betriebene Altenheime in die GewO, welcher von einem Ausschuss von Vertretern der Bundesländer und des Bundesministeriums für Jugend, Familie und Gesundheit weiterentwickelt wurde zu einem Gesetzesentwurf zur Errichtung eines eigenständigen Heimgesetzes.[125] Im Wesentlichen unverändert wurde dieser Entwurf dann am 16.3.1972 vom Land Berlin als Entwurf eines Gesetzes über Altenheime, Altenwohnheime und Pflegeheime für Volljährige (HeimG) dem Bundesrat zugeleitet.[126] Nach den Beratungen und Änderungen im Bundesrat wurde der Entwurf beim Bundestag eingebracht. Aufgrund erfolgter vorzeitiger Auflösung des Bundestags im Jahr 1972 wurde der Gesetzesentwurf erneut am 14.2.1973 vorgelegt und am 23.2.1973 beraten.[127] Nach erneuten Änderungen und Beratungen verabschiedete der Bundestag auf Empfehlung des federführenden Ausschusses für Jugend, Familie und Gesundheit am 11.6.1974 einstimmig das Gesetz, der Bundesrat stimmte am 12.7.1974 zu.[128]

Am 7.8.1974 gelangte das HeimG zur Ausfertigung und trat gemäß § 25 HeimG (1974) am 1. Januar 1975 in Kraft.[129]

---

[124] Bericht des BT-Ausschusses für Jugend, Familie und Gesundheit zum BR-Entwurf zum Heimgesetz, BT-Drs. 7/2068, S.3; s.a. Bahrke, ThuP 1974, 283; Bullinger, Caritas 1973, 11; Giese, BdW 1974, 300; ders. ZfF 1973, 26.

[125] Gesetzesentwurf des Landes Hessen; BR-Drs. 522/ 71 vom 21.9.1971.

[126] Gesetzesentwurf des Landes Berlin; BR-Drs. 173/72 vom 16.3.1972.

[127] BT-Drs. 7/ 180.

[128] Vgl. BT-Drs. 7/ 2068 zur Empfehlung des Ausschusses für Familie, Jugend und Gesundheit; s. Kunz/Butz/Wiedemann, Heimgesetz, Einführung/ Rn. 8.

[129] BGBl. I 1974, S. 1873; neben dem HeimG wurden einige Nebengesetze erlassen, unter ihnen auch die HeimsicherungsVO vom 1.8.1978, BGBl. I 1978/ S. 553, in welcher die Pflichten der Träger von Altenheimen, Altenwohnheimen und Pflegeheimen für Volljährige im Falle der Entgegennahme von Leistungen zum Zwecke der Unterbringung eines Bewohners oder Bewerbers näher geregelt wurden.

b. Kritik während des Gesetzgebungsverfahrens

Einer Schaffung eines eigenständigen Gesetzes über Heime wurde von Anfang an mehrfach Kritik und Skepsis entgegen gebracht.[130]

Dem Gesetzgeber wurde vorgeworfen, man dürfe nicht von einzelnen „krassen Fällen der Übervorteilung, Ausnutzung und Vernachlässigung von Heimbewohnern geleitet schnell und einmütig ein vom Misstrauen gegenüber dem Heimträger geprägtes, in der Systematik unübersichtliches und in vielen Einzelfragen unklares und lückenhaftes Gesetz“ schaffen.[131] Ein Gesetz, das dem Gedanken des Gefahrenabwehrbereiches entspringt, würde bei den gesetzesanwendenden Behörden keine kooperative Haltung hervorrufen können.[132]

Es wurde davor gewarnt, in einem HeimG ein Heilmittel gegen die vorhandenen Missstände zu sehen, denn auch ein Gesetz könne an den vorhandenen Unzulänglichkeiten nichts ändern.[133] Ein HeimG wäre weder effektiv, noch sei die vorgelegte Fassung ausgereift genug, es sei lückenhaft, in vielen Einzelfragen unklar und „eine nicht mehr zeitgemäße gesetzgeberische Wertung“, in der die wirklichen Probleme nicht aufgegriffen würden. Statt einem Gesetz, das sich dem Hilfe- und Förderungsbedarf der Heime annehme, wäre nur ein „Heimaufsichtsgesetz“ geschaffen worden.[134]

Ein weiterer Vorwurf richtete sich gegen die Gesetzgebungskompetenz.[135] Der Bundestag nahm für sich die Kompetenzen aus dem Katalog der konkurrierenden Gesetzgebung nach Art. 74 Abs. 1 Nr. 7, 11 GG sowie Art. 72 Abs. 2 GG zur Begründung einer bundeseinheitlichen Regelung in Anspruch.[136] Im Ergebnis wurde eine Gesetzgebungskompetenz für das Gesetz an sich nicht bestritten, allerdings erhob sich Kritik, soweit von einem Fall der „öffentlichen Fürsorge“ nach Art. 74 Abs. 1 Nr. 7 GG auch im Falle der freigemeinnützigen Heimträger ausgegangen wurde.[137]

---

[130] So lehnten Caritas, Diakonisches Werk u.a. in einem gemeinsamen Memorandum vom 21.2.1973 den Gesetzesentwurf aus politischen, sozialpolitischen und verfassungsrechtlichen Gründen ab, hierzu Bahrke, ThuP 1974, 283, 286.

[131] Bischoff DöV 1978, 201.

[132] Finkelnburg NJW 1976, 1477, 1478.

[133] Giese, ZfF 1973, 26, 28.

[134] Bischoff DÖV 1978, 201; Korbmacher, Grundfragen des öffentlichen Heimrechts, S. 3 mwN.

[135] Bischoff, DÖV 1978, 201 mwN.

[136] Korbmacher sieht aufgrund einzelner privatrechtlicher Regelungen wie §§ 4 und 14 HeimG auch die Gesetzgebungskompetenz des Bundes auf dem Gebiet des bürgerlichen Rechts nach Art. 74 Abs. 1 Nr. 1 GG für gegeben, Korbmacher, S. 6.

[137] Bischoff, DÖV 1978, 201 mwN; v. Münch, GG, Art. 74/ Rn. 27; Ansatzpunkt der Kritik war, dass die Tätigkeit freigemeinnütziger Heimträger nicht als „öffentliche“ Fürsorge angesehen werden konnte, da sie als private Träger private Fürsorge betreiben. Damit läge für Letztere die Gesetzgebungskompetenz ausschließlich bei den Ländern, denn auch Art. 74 Abs. 1 Nr. 11 GG (Recht der Wirtschaft) erfasst die freigemeinnützigen Heimträger nicht, sondern ist auf die gewerblichen Heimträger beschränkt, Bischoff, DÖV 1978, 201, 202; jedoch ist nach höchstrichterlicher Rechtsprechung des BVerfG sowie in dessen Gefolge des BVerwG der Begriff der „öffentlichen Fürsorge“ in seiner Gesamtheit weit zu fassen und es sind darunter auch vorbeugende Regelungen zur Abwendung von Gefahren zu verstehen. Aufgrund der deutlichen Stellungnahmen des BVerfG und des BVerwG in BVerfGE 31, 113, 117; BVerwGE 19, 94 wird heute die Gesetzgebungskompetenz aus Art. 74 Abs. 1 Nr. 7 GG nicht mehr diskutiert.

Schließlich wurde schon damals auf die verfassungsrechtliche Kollision von § 14 HeimG mit Art. 2 Abs. 1 GG hingewiesen; diese Vorschrift könne nur mittels verfassungskonformer Auslegung aufrechterhalten werden.[138] Beanstandet wurde, dass die zuständige Behörde Ausnahmen vom Zuwendungsverbot des § 14 HeimG nur zulassen durfte, "wenn der Vermögensvorteil ausschließlich für gemeinnützige Zwecke oder in Erfüllung einer sittlichen Verpflichtung versprochen oder gewährt wird."[139] Diese Beschränkung der Ausnahmegenehmigung sei ein Verstoß gegen den Verhältnismäßigkeitsgrundsatz, die zu einer unverhältnismäßigen Bevormundung der Heimbewohner führen würde.[140]

3. Änderungsgesetze

15 Jahre bestand das HeimG in seiner Grundfassung vom 1.1.1975. Doch seit 1990 wurden fortlaufend Änderungsgesetze beschlossen, die versuchten, den gesellschaftlichen Änderungen gerecht zu werden.

a. Erstes Gesetz zur Änderung des HeimG

Die erste Novellierung wurde durch das Erste Gesetz zur Änderung des Heimgesetzes (1. HeimGÄndG) vom 23.4.1990, in Kraft seit 1.8.1990, auf den Weg gebracht.[141] Dem modernen Sprachgebrauch entsprechend wurde zugleich die Bezeichnung des Gesetzes ab sofort in „Heimgesetz" (HeimG) abgeändert.[142]

Auslöser der Gesetzesnovelle war, dass bei der Durchführung des Gesetzes, das rechtliches Neuland betreten hatte, Mängel, Lücken und Anwendungsschwierigkeiten aufgetreten waren, die Nachkorrekturen erforderlich machten. Die Anwendung in der Praxis zeigte, dass das HeimG noch keineswegs ausgereift war und insbesondere eine Anpassung an die gesellschaftliche Entwicklung der letzten 15 Jahre erforderlich war.

Bereits am 16.10.1985 hatte der Bundestag eine entsprechende Entschließung eingebracht, welcher die Bundesregierung mit dem ersten Änderungsgesetz entsprechen sollte.[143] Es wurde gefordert, im Rahmen einer zukunftsorientierten Gesellschaftspolitik" das HeimG „der gesellschaftlichen Entwicklung gemäß" anzupassen.

Zielsetzung der Novelle war es im Kern, auf der Grundlage eines sich bis dahin bewährten HeimG[144] die komplexe Rechtsmaterie im Heimbereich überschaubarer zu machen, die Erfahrungen und Erkenntnisse der letzten 15 Jahre umzusetzen sowie die gesellschaftlichen Wandlungen zu berücksichtigen.[145] Neben redaktionellen Änderun-

---

[138] Bischoff, DÖV 1978, 201, 203 f; Korbmacher, S. 183.
[139] § 14 Abs. 1 Satz 2 HeimG i.d.F. vom 1. 1. 1975.
[140] Bischoff, DÖV 1978, 201, 203 f mwN; Korbmacher, S. 161 mwN.
[141] Erstes Gesetz zur Änderung des Heimgesetzes: BGBl I 1990, S. 758; s. HeimG in der Fassung vom 23.4.1990 in BGBl I 1990, S. 763.
[142] BT-Drs. 11/5120, S. 8; BGBl 1990 I, S. 764.
[143] BT-Drs. 10/4020 vom 16.10.1985.
[144] So die Ansicht der Bundesregierung, BT-Drs. 11/ 5120, S. 8.
[145] BR-Drs. 203/ 89, S. 14.

gen sollten Unklarheiten, Streitpunkte, wesentliche Mängel und Lücken beseitigt werden.[146]

Wiederum wurde im Vorfeld der Änderung Kritik am HeimG geäußert. Es sei nur in Einzelfällen zu schwerwiegenden Verstößen gekommen, das Gesetz habe sich als überzogen erwiesen, meist seien Beschwerden von Heimbewohnern unberechtigt gewesen. Auf der anderen Seite seien die behördlichen Eingriffsmöglichkeiten in den Heimbetrieb nicht nötig sowie die Anforderungen aus dem HeimG nicht praxistauglich ausgestaltet worden.[147]

Allgemein wurde vertreten, dass das Änderungsgesetz dem Auftrag des Parlaments aus der Entschließung vom 16.10.1985[148], nicht gerecht werde.[149]

b. Zweites Gesetz zur Änderung des HeimG

Auch in den darauffolgenden Jahren zeigte sich das HeimG uneffektiv und unausgereift, erneut forderten die gesellschaftlichen Entwicklungen im Heimbereich eine Novellierung des HeimG. Immer wieder berichtete die Presse über erschreckende Missstände in Einrichtungen.

So wurde durch das Zweite Gesetz zur Änderung des HeimG (2. HeimGÄndG) vom 7.2.1997 ein erneuter Versuch gestartet, das HeimG praxistauglich und effektiv auszugestalten. [150] Diesmal wurden allerdings nur geringfügige Änderungen vorgenommen, zwei zentrale Anliegen wurden verfolgt: Angesichts von Berichten über Missstände in Einrichtungen der Kurzzeitpflege sollte zum Schutz der betroffenen meist älteren Bürger die Eingliederung der Kurzzeitpflege in den Anwendungsbereich des HeimG stattfinden, um einen menschenwürdigen, dem aktuellen Stand der Altenhilfe entsprechenden Heimaufenthalt gewähren zu können. Die bisher angewandten allgemeinen aufsichtsrechtlichen Regelungen des Gewerbe- und Ordnungsrechts, erwiesen sich als unzulänglich.[151]

c. Drittes Gesetz zur Änderung des HeimG

Die bislang letzte Änderung des HeimG wurde mit dem Dritten Gesetz zur Änderung des HeimG (3. HeimGÄndG) vom 5.11.2001 vorgenommen.[152]

Ausgangspunkt der Novelle waren erneut die fortlaufenden demographischen und gesellschaftlichen Entwicklungen in Deutschland. Die deutliche Erhöhung des Durchschnittsalters beim Wechsel von der Wohnung in ein Heim und die Zunahme der Zahl

---

[146] Gesetzentwurf der BReg. vom 1.9.1989, BT-Drs. 11/ 5120, S. 1, 8.
[147] Maas, DÖV 1978, 204, 208; Wiedemann NJW 1990, 237 mwN.
[148] S. BT-Drs. 10/4020.
[149] Wiedemann, NJW 1990, 2237 mwN.
[150] BGBl. I, S. 158 f.
[151] BT-Drs. 13/ 2347, S. 4.
[152] Schließlich nach Beratungen und Beschlussempfehlung des Ausschusses für Familie, Senioren, Frauen und Jugend, aufgrund welcher 25 Änderungen einflossen, in Kraft seit dem 1.1.2002., BGBl. 2001 I, 2960.

der pflegebedürftigen Heimbewohner sowie des Grades der Pflegebedürftigkeit stellten die neuen gesellschaftlichen Rahmenbedingungen.[153]

Ebenso rissen die Skandalberichte über Missstände in den Heimen nicht ab, die Bevölkerung blickte mit wachsamen Augen auf die damaligen Verhältnisse. Ferner wurden die Heimverträge als nicht transparent genug bemängelt, es bestand die Gefahr der finanziellen Ausnutzung der Bewohner.

Weiterhin blieb Ziel, eine moderne, den Anforderungen der Praxis entsprechende gesetzliche Grundlage für die Betreuung älterer und behinderter Menschen in Heimen zu schaffen, um ein menschenwürdiges Leben im Heim zu sichern.[154]

Aufgrund der steigenden Zahl hilfsbedürftiger Menschen entwickelten sich auch immer mehr andere gewerblich betriebene Versorgungsmodelle für meist ältere oder behinderte Menschen, namentlich das sog. „Betreute Wohnen", bei welchem der Vermieter lediglich allgemeine Betreuungsdienste, wie Notrufdienste oder Vermittlung von Pflegediensten anbietet. Die Gesetzesnovelle musste zu diesen neuen Modellen Stellung nehmen und grenzte durch eine Neudefinition in § 1 HeimG den Anwendungsbereich des HeimG deutlicher von anderen Einrichtungen ab, welche keine zu einem Heim vergleichbare Betreuung und Verpflegung anbieten.[155]

In diesem Zusammenhang forderte der Bundesrat die Bundesregierung auf, auch die wachsende Anzahl ambulanter Pflegedienste nicht aus den Augen zu verlieren und für diese dem HeimG entsprechende Regelungen aufzustellen.[156]

B. § 14 HeimG

Im Rahmen der Gesamtchronologie des HeimG soll Blickpunkt der vorliegenden Arbeit die Entwicklung von § 14 HeimG sein, soweit es sich um Leistungen an den Träger oder Beschäftigte des Heimes handelt. Diese sind Mittelpunkt der Absätze 1, 5 und 6. Dabei wird der praktischen und wissenschaftlichen Relevanz entsprechend die Errichtung von Testamenten untersucht.[157]

I. Zielsetzung

§ 14 HeimG wurde von Anfang an als eine der schwierigsten Normen im ganzen HeimG betrachtet, die Formulierungen seien missdeutig und deren Bedeutung im Einzelnen unklar.[158] Die Diskussionen um § 14 HeimG sind bis heute nicht abgeflaut, in neuerer Zeit hatte sich die Rechtsprechung insbesondere mit Zurechnungsfragen[159] und Umgehungskonstellationen bei Zuwendungen an heimfremde Dritte auseinander

---

[153] BT-Drs. 14/5399, S. 15.

[154] BT-Drs. 14/5399, S. 15.

[155] Hierzu auch die Beschlussempfehlung und Bericht des federführenden Ausschusses für Familie, Senioren, Frauen und Jugend, vom 21.06.2001, BT-Drs. 14/ 6366, S. 1.

[156] Stellungnahme des BRats zum Gesetzesentwurf, BT-Drs. 14/ 5399, S. 37.

[157] Zu anderen letztwilligen Verfügungen wird Stellung genommen, soweit es für den jeweils zu besprechenden Aspekt von Bedeutung ist.

[158] Finkelnburg, NJW 1976, 1477; Korbmacher, S. 116; Ruf/Hütten, BayVBl. 1978, 39 ff.

[159] Näher hierzu im Kapitel § 7 IX.

zu setzen.[160] Es zeigte sich, dass zivilrechtliche Konsequenzen dieser Norm, welche dem öffentlichen Sicherheitsrecht zugeordnet wurden, übersehen wurden.[161] Daraus resultierte eine Fülle an Entscheidungen.

§ 14 HeimG sollte eine wesentliche Zielrichtung des HeimG hervorheben, nämlich die Bewohner vor finanzieller Ausnutzung einer bestehenden besonderen seelischen und/ oder körperlichen Abhängigkeit durch den Träger oder die Bediensteten des Heimes zu schützen.

Allgemeine Zielsetzungen des HeimG waren zunächst in § 2 Abs. 1 HeimG (1975) niedergelegt, hierbei regelten insbesondere Ziff. 1, 2 und 4 die finanziellen Schutzinteressen der Bewohner. Später wurde die numerische Aufzählung in § 2 HeimG zunächst aus Gründen der Vereinfachung und Klarstellung stark verkürzt, ohne jedoch den sachlichen Inhalt ändern zu wollen.[162] An der verkürzten Fassung wurde zunächst unverändert festgehalten, bis mit dem Dritten Gesetz zur Änderung des HeimG im Jahr 2001 eine über die Grundfassung von 1975 hinausgehende Kehrtwende zu einer expliziten Aufzählung der Schutzzwecke beschlossen wurde.[163]

§ 14 HeimG selbst verfolgt drei Zwecke:[164]

- Erstens soll verhindert werden, dass die Hilf- oder Arglosigkeit alter und pflegebedürftiger Menschen in finanzieller Hinsicht ausgenützt wird. Sie sollen vor der nochmaligen oder überhöhten Abgeltung von Pflegeleistungen bewahrt werden.[165]
- Zweitens soll der Heimfriede geschützt werden. Es sollen keine finanziellen Zusatzleistungen oder Zusatzversprechen gewährt werden können, die zu einer unterschiedlichen (privilegierenden oder benachteiligenden) Behandlung der Bewohner führen könnten.[166]
- Drittens dient § 14 HeimG dazu, die Testierfreiheit der Heimbewohner zu sichern. Die Vorschrift soll alte Menschen davor bewahren, dass ihr Recht auf freie Verfügung von Todes wegen durch offenen oder versteckten Druck fak-

[160] Näher hierzu im Kapitel § 7 XIII.

[161] Zu den früheren Gegenansichten Brandmüller BayVBl. 1978, 364; allgemein zu gewerblichen Verbotsgesetzen Westphal.

[162] BT-Drs. 11/ 5120, S. 9; HeimG in der Fassung des Ersten Änderungsgesetzes 1990, BGBl. I, S. 763.

[163] BT-Drs. 14 / 5399, S. 20; BGBl. I, S. 2960; durch die Aufnahme von sieben Einzelziffern in § 2 sollen die besonderen Interessen und Bedürfnisse der Bewohner klar herausgestellt und darauf hingewirkt werden, dass diese besser als bisher berücksichtigt werden.

[164] Zusammenfassend zu finden bei BVerfG, Beschluss v. 3.7.1998, NJW 1998, 2964 = ZEV 1998, 312; ebenso bereits Gössling/Knopp, HeimG, § 14/ Rn. 10; von BVerwG, NJW 1990, 2268 und OVG Berlin, OVGE 20, 119, 121 wird weiterführend der Schutz des Lebens einbezogen, da ein unseriöser Heimbetreiber am vorzeitigen Ableben des Heimbewohners interessiert sein könnte.

[165] BR-Drs. 173/72, S. 14; BT-Drs. 7 / 180, S. 12, 15; BR-Drs. 203/89, S. 44f; BT-Drs. 11/ 5120, S. 17.

[166] BR-Drs. 173/72, S. 14; BT-Drs. 7 / 180, S. 12, 15; BR-Drs. 203/89, S. 44f; BT-Drs. 11/ 5120, S. 17.

tisch gefährdet wird.[167] Von der Aufnahme eines Genehmigungsvorbehalts ausdrücklich für letztwillige Verfügungen hat der Gesetzgeber jedoch Abstand genommen.

Diese Schutzaspekte können somit zum einen den zuwendenden Heimbewohner, z.T. auch den Bewerber um einen Heimplatz, ansprechen.[168] Er soll vor unbedachten Vermögenszuwendungen und Ausnützung eines Abhängigkeitsverhältnisses geschützt werden.

Auf der anderen Seite werden aber auch die übrigen Heimbewohner berücksichtigt, es soll eine faktische Benachteiligung derer vermieden werden, die ob ihrer finanziellen „Unterlegenheit" keine Zuwendungen vornehmen könnten. Finanziell besser ausgestattete Heimbewohner bzw. Bewerber sollen sich nicht mehr Zuwendung oder sonstige Annehmlichkeiten erkaufen können als die übrigen. In den auf Pflege und ein friedliches Zusammenleben ausgerichteten Heimen soll keine Konkurrenzsituation eintreten, die von den marktwirtschaftlichen Regeln des höchsten Gebots regiert werden würde.

Indem § 14 HeimG die Person des einzelnen Heimbewohners sowie der Mitbewohner in den Mittelpunkt rückt, zeigt sich, dass die Zielrichtung im Kern eine andere ist als bei den Normen des öffentlichen Dienstrechts und den Beamtengesetzen. Bei diesen steht das Ansehen des öffentlichen Dienstes und des Beamtentums im Mittelpunkt.[169]

II. Rechtsentwicklungen

Eine allen Bedenken und Interessen gerecht werdende Formulierung der Verbote in § 14 HeimG verursachte dem Gesetzgeber jedoch von Anfang an erhebliche Schwierigkeiten. Immer wieder wurden Korrekturen im Wortlaut notwendig, um Unsicherheiten und Unklarheiten zu beseitigen.

---

[167] Hierzu soweit ersichtlich erstmalig BT-Drs. 11/ 5120, S. 17; die Stellungnahme der Bundesregierung zum Schutze der Testierfreiheit hatte ihren Hintergrund in den hierüber geführten Diskussionen in Lehre und Praxis; Bischoff, DÖV 1978, 201, 203 f; Brandmüller BayVBl. 1978, 364; Ruf/ Hütten BayVBl. 1978, 37, 41; die Diskussion wurde mit der Stellungnahme der Bundesregierung jedoch nicht beseitigt, vgl. nur Jacobi, ZfSH/ SGB 1994, 633: „*In der Begründung zum Entwurf ... wird die Auffassung vertreten, dass das Ziel von § 14 ist, ..., sowie die Testierfreiheit der Bewohner zu sichern. Eine Bestimmung, die die Testierfreiheit einschränkt, ist jedoch nicht geeignet, die Testierfreiheit gleichzeitig zu sichern...*".

[168] Bzgl. der Neuaufnahme des Bewerberschutzes s. weiter unten 4 b.

[169] S. § 6 B II 1, III 1.

1. Grundfassung von 1975

a. Text

§ 14[170]
Vermögensvorteile

(1) Dem Träger einer Einrichtung ist es untersagt, sich über das für die Unterbringung, Beköstigung und Pflege der Bewohner vereinbarte Entgelt hinaus Vermögensvorteile versprechen oder gewähren zu lassen, soweit es sich nicht um geringwertige Aufmerksamkeiten handelt. Die zuständige Behörde kann Ausnahmen zulassen, wenn der Vermögensvorteil ausschließlich für gemeinnützige oder in Erfüllung einer sittlichen Verpflichtung versprochen oder gewährt wird.

(2) Dem Leiter, den Beschäftigten oder sonstigen Mitarbeitern der Einrichtung ist es untersagt, sich für zu erbringende Leistungen Vermögensvorteile versprechen oder gewähren zu lassen, soweit es sich nicht um geringwertige Aufmerksamkeiten handelt.

b. Anmerkung

Bereits in der ursprünglichen Fassung von Absatz 1 und Absatz 2 werden Ungenauigkeiten in der Formulierung deutlich. So erscheint bereits der Begriff der Einrichtung in Absatz 1 zu unbestimmt. Ferner wurde allein für Zuwendungen an den Träger der Einrichtung in Absatz 1 Satz 2 eine Ausnahmegenehmigung statuiert, nicht jedoch für Zuwendungen an Heimbedienstete.

Unklar ist auch, wieso in Absatz 2 von „zu erbringenden", anscheinend also zukünftigen Leistungen gesprochen wurde, bereits erbrachte Leistungen dagegen ausgenommen sein sollten.

2. Erstes Gesetz zur Änderung des HeimG[171]

a. Text

§ 14
Leistungen an Träger und Beschäftigte

(1) Dem Träger eines Heims ist es untersagt, sich von oder zugunsten von Bewohnern Geld- oder geldwerte Leistungen über das nach § 4 vereinbarte Entgelt hinaus versprechen oder gewähren zu lassen.

(2) Dies gilt nicht, wenn

---

[170] BGBl. I, S. 1875.
[171] Vom 23.4.1990, BGBl. I S. 767.

1. andere als die in § 4 aufgeführten Leistungen des Trägers abgegolten werden,

2. geringwertige Aufmerksamkeiten versprochen oder gewährt werden.

...

(3)...

(4)...

(5) Dem Leiter, den Beschäftigten oder sonstigen Mitarbeitern der Heims ist es untersagt, sich von oder zugunsten von Bewohnern neben der vom Träger erbrachten Vergütung Geld- oder geldwerte Leistungen für die Erfüllung der Pflichten aus dem Heimvertrag versprechen oder gewähren zu lassen. Das gilt nicht, soweit es sich um geringwertige Aufmerksamkeiten handelt.

(6) Die zuständige Behörde kann in Einzelfällen Ausnahmen von den Verboten der Absätze 1 und 5 zulassen, soweit der Schutz der Bewohner die Aufrechterhaltung der Verbote nicht erfordert und die Leistungen noch nicht versprochen oder gewährt worden sind.

b. Anmerkung

§ 14 HeimG hatte durch das Erste Gesetz zur Änderung des HeimG erhebliche Änderungen erfahren. Mit einer umfassenden Novellierung wollte der Gesetzgeber seit der Einführung des HeimG bestehende Rechtsunsicherheiten beseitigen.[172]

Der Begriff der Vermögensvorteile wurde durch den Begriff der Geld- oder geldwerten Leistungen ersetzt, um in der Praxis herrschende Auslegungsschwierigkeiten zu beseitigen.[173]

Konkretisierend wurde der Begriff Einrichtung gestrichen und an seine Stelle die Bezeichnung Heim aufgenommen.

In Absatz 5 wurde zur Klarstellung aufgenommen, dass sich das Verbot nicht wie bisher nur auf zu erbringende, also künftige, sondern auch auf bereits erbrachte Leistungen des Personals bezieht.[174]

Die Neuformulierung „von oder zugunsten von Bewohnern" stellte klar, dass auch Leistungen Dritter dem Verbot unterfallen sollten.[175]

Die bedeutendsten inhaltlichen Veränderungen lagen in der Statuierung von Absatz 6. Nun bestand auch für Zuwendungen an das Personal die Möglichkeit einer Aus-

---

[172] Es bestanden erhebliche Meinungsverschiedenheiten über die Bedeutung einiger Begriffe sowie allgemein über Rechtsnatur, Inhalt und Reichweite der Verbote aus § 14 HeimG. Die Verfassungsmäßigkeit der Verbote an sich war ebenso Gegenstand heftig geführter Diskussionen, wie die Verfassungsmäßigkeit der bisherigen eng gefassten Ausnahmegenehmigung von § 14 Abs. 1 Satz 2 HeimG. Damit war für die Normadressaten nicht klar ersichtlich, wann sie gegen die Verbote aus § 14 HeimG verstießen, was jedoch wiederum mit dem rechtsstaatlichen Gebot der Berechenbarkeit und Gleichmäßigkeit staatlichen Handelns nicht vereinbar war. Zum damaligen Meinungsstand s. Bischoff, DÖV 1978, 201, 203; Finkelnburg, NJW 1976, 1477; Korbmacher, S. 116.

[173] BT-Drs. 11/ 5120, S. 18.

[174] BT-Drs. 11/ 5120, S. 18.

[175] BT-Drs. 11/ 5120, S. 18; hierzu auch Dahlem/Giese/Igl/Klie, HeimG, § 14/ Rn. 6; Dittmann/ Reimann/Bengel-Limmer, Systematischer Teil E/ Rn. 195.

nahmegenehmigung, was an sich die zwingende Konsequenz der Aufnahme einer Ausnahmegenehmigung überhaupt war. Der Kreis möglicher Ausnahmegründe für die nach Abs. 1 Betroffenen wurde schließlich erweitert und mit den Betroffenen aus Abs. 5 harmonisiert. Hintergrund dieser Änderung waren die Auslegungsschwierigkeiten und mehrfach geäußerten verfassungsrechtlichen Zweifel an dem beschränkten Anwendungsbereich der Genehmigung, die insbesondere bei Zuwendungen an Bedienstete des Heims völlig ausgeschlossen war.[176]

Allerdings zeichnete sich ein neues Problem hinsichtlich der Genehmigungsregelung ab: nur noch nicht versprochene oder gewährte Leistungen sollten ausnahmefähig und damit eine nachträgliche Genehmigung ausgeschlossen sein. Die Schwierigkeit einer praktischen Umsetzung dieser Voraussetzungen springt ins Auge.[177]

3. Zweites Gesetz zur Änderung des HeimG

Im Zweiten Gesetz zur Änderung des HeimG von 1997 erfuhr § 14 HeimG keine Änderungen.[178]

4. Drittes Gesetz zur Änderung des Heimgesetzes[179]

a. Text

§ 14
Leistungen an Träger und Beschäftigte

(1)Dem Träger eines Heims ist es untersagt, sich von oder zugunsten von Bewohnerinnen und Bewohnern oder den Bewerberinnen und Bewerbern um einen Heimplatz Geld- oder geldwerte Leistungen über das nach § 5 vereinbarte Entgelt hinaus versprechen oder gewähren zu lassen.
(2)Dies gilt nicht, wenn
a. andere als die in § 5 aufgeführten Leistungen des Trägers abgegolten werden,
b. geringwertige Aufmerksamkeiten versprochen oder gewährt werden.
...
(3)...
(4)...
(5)Der Leitung, den Beschäftigten oder sonstigen Mitarbeiterinnen oder Mitarbeitern des Heims ist es untersagt, sich von oder zugunsten von Bewohnerinnen und Bewohnern neben der vom Träger erbrachten Vergütung Geld- oder geldwerte Leistungen für die Erfüllung der Pflichten aus dem Heimvertrag versprechen oder gewähren zu lassen. Das gilt nicht, soweit es sich um geringwertige Aufmerksamkeiten handelt.

---

176 Bischoff, DÖV 1978, 201, 203; Korbmacher, S. 150 ff; Ruf/Hütten BayVBl. 1978, 37, 41.
177 S. näher dazu § 7 VI.
178 BGBl. I, S. 158.
179 Vom 5. 11. 2001, BGBl. I, S. 2960.

(6)Die zuständige Behörde kann in Einzelfällen Ausnahmen von den Verboten der Absätze 1 und 5 zulassen, soweit der Schutz der Bewohnerinnen und Bewohner die Aufrechterhaltung der Verbote nicht erfordert und die Leistungen noch nicht versprochen oder gewährt worden sind.

b. Anmerkung

Neben den einzelnen grammatikalischen Konkretisierungen in Bewohnerinnen und Bewohner und Mitarbeiterinnen und Mitarbeiter wurde die Nennung von § 4 in Konsequenz zur Neunummerierung in § 5 geändert.

Daneben findet sich nur eine inhaltliche Änderung zur vorhergehenden Gesetzesfassung, wonach ausdrücklich auch Zuwendungen von Bewerberinnen und Bewerbern auf einen Heimplatz vom Verbot des § 14 Abs. 1 HeimG erfasst werden. In seiner Stellungnahme betonte der Bundesrat deren vergleichbare Schutzbedürftigkeit. Es sollte insgesamt der Schutzzweck von § 14 Abs. 1 HeimG auch zukünftige Heimbewohner erfassen und insbesondere damit der Praxis von Verhandlungs- und Aufnahmegebühren, Vormerkgebühren u.ä. entgegengewirkt werden.[180]

Auffallend ist hierbei, dass die Neuregelung nur für Zuwendungen nach Absatz 1, nicht aber nach Absatz 5 eingeführt wurde.

Zunächst galt § 14 HeimG nur für bereits aufgenommene Bewohner, es herrschte die Meinung, dass der Schutzzweck der Norm nur für diese Geltung hätte. Eine finanzielle Ausnutzung sei nur bei bereits aufgenommenen Heimbewohnern zu befürchten, da die Einflussnahme des Heimbetreibers auf Heimbewerber nicht bestehen würde.[181] Damit seien insbesondere Aufnahmegebühren zulässig, die dem Prinzip der Vertragsfreiheit entsprechen würden. Die Bewerber um einen Heimplatz wären hierbei durch die zivilrechtlichen Schranken der §§ 134, 138 BGB ausreichend geschützt.[182]

Diese Meinung unterlag einem Wandel. Eine Ungleichbehandlung von Bewerbern und bereits aufgenommenen Bewohnern in dieser Hinsicht war inkonsequent. Bewerber um einen Heimplatz befinden sich in einer unsichereren Lebenssituation als bereits aufgenommene und versorgte Bewohner. Sie müssen erst darüber verhandeln und mangels ausreichender Pflegeplätze hoffen, aufgenommen zu werden.

Einer Beeinflussung wäre in dieser Lebenslage Tür und Tor geöffnet. Wollte man die Vertragsfreiheit immer als ausreichende Begründung betrachten, bedürfte es der gesamten Schutzvorschrift des § 14 HeimG nicht. Der Schutz der Interessen auch von Bewerbern wurde ferner mit dem Ersten Gesetz zur Änderung des HeimG in § 2 Absatz 1 Ziff. 1 HeimG 1990 ausdrücklich aufgenommen.

---

[180] BT-Drs. 14/ 5399, S. 36; Dahlem/Giese/Igl/Klie, HeimG, § 14/ Rn. 10; Kunz/Butz/Wiedemann, HeimG, § 14/ Rn. 9; Kunz ZfSH/ SGB 1984, 251; LPK- Plantholz, HeimG, § 14/ Rn. 7.

[181] S. § 7 XI 2 b aa; Kunz/(noch) Ruf/Wiedemann, HeimG, (8. Auflage 1998), § 14/ Rn. 4; Kunz, ZfSH/SGB 1984, 251.

[182] S. § 7 XI 2 b aa; OLG Frankfurt, NJW-RR 1994, 312; Kunz/Ruf/Wiedemann, a.a.O. Rn. 9; Kunz, ZfSH/SGB 1984, S. 251.

Diese Inkonsequenz wurde mit dem Dritten Gesetz zur Änderung des HeimG zumindest in § 14 Abs. 1 HeimG beseitigt.[183]

Es stellt sich die Frage nach den Hintergründen für die fehlende Angleichung auch in Absatz 5.[184] Es kann vermutet werden, dass der Gesetzgeber die Anpassung einfach übersah, damit ein „gesetzgeberisches Versehen" vorliegen würde. Andererseits hatte sich der Gesetzgeber möglicherweise von der Überlegung leiten lassen, dass Heimbewerber in der Regel nur mit dem Träger des Heimes einen Aufnahmevertrag schließen, und es deshalb nur notwendig ist, in diesem Verhältnis den Schutz des § 14 HeimG auszuweiten, zur Vermeidung von Verhandlungs- und Aufnahmegebühren, Vormerkgebühren u.ä.

Dieser Ansatz erscheint richtig. Wollte der Gesetzgeber allein die Problematik der zusätzlichen Gebühren lösen, so ist dafür die vorgenommene Änderung in Absatz 1 ausreichend.

Der Bewerberschutz wird im Übrigen auch durch die bisherige Fassung von § 14 Abs. 5 HeimG erreicht, da mit Einzug ins Heim nach allgemeiner Meinung bis dahin errichtete Testamente ihre Gültigkeit verlieren.[185] Daher ist anzunehmen, dass die Neuerung des Bewerberschutzes der Vermeidung von unangemessenen Gebühren galt; es war eine politische Entscheidung des Gesetzgebers, nur zum Schutz hiervor den Bewerberschutz auszuweiten.

Mit dem Hintergrund, Verhandlungs- und Aufnahmegebühren, Vormerkgebühren u.ä. zu verhindern, würde sich auch erklären, warum die Genehmigungsmöglichkeit von Absatz 6 nicht auf Bewerber erstreckt wurde.

Das oben angeführte Problem, ob Absatz 6 unter Umständen eine nachträgliche Genehmigung tragen würde, wurde dagegen nicht weiter diskutiert, damit ist davon auszugehen, dass der Gesetzgeber bewusst die Ausnahmegenehmigung auf noch nicht vollzogene Leistungen beschränken wollte.

5. Zusammenfassung

Das im öffentlichen Recht angesiedelte HeimG hat einen praktisch bedeutsamen Anwendungsbereich für Betreute. Es besteht bereits seit 30 Jahren und seit seiner Grundfassung von 1975 hat es bis heute wiederholt Änderungen erfahren, die noch nicht an ihrem Endpunkt angelangt sind. Dies gilt insbesondere für § 14 HeimG mit seiner zivilrechtlichen Ausrichtung.

---

[183] Allerdings erst nach der Stellungnahme des Bundesrats zum Gesetzesentwurf der Bundesregierung und entsprechender Beschlussempfehlung des Ausschusses für Familie, Senioren, Frauen und Jugend; BT-Drs. 14/ 5399, S. 36; BT-Drs. 14/ 6366, S. 32.

[184] Im Gesetzgebungsverfahren wurde zu dieser Frage nicht Stellung genommen, die einschlägige Kommentarliteratur schweigt hierzu, z.T. wurde sogar die Einbeziehung der Bewerber und Bewerberinnen in § 14 Abs. 1 HeimG übersehen, etwa Gitter/Schmitt, Heimgesetz, § 14 , S. 10, 14, oder das Fehlen in § 14 Abs. 5 HeimG nicht bemerkt, etwa Kunz/Butz/Wiedemann, Heimgesetz, § 14 / Rn. 4.

[185] Hierzu näher im Kapitel § 7 XIII 2b aa; BGH, NJW-RR 1995, 1272; KG, NJW-RR 1999, 2, 3; BayObLG, NJW-RR 2001, 295, 296; VGH Mannheim, NJW 2004, 3792, 3793.

Indem § 14 HeimG die Person des einzelnen Heimbewohners sowie der Mitbewohner in den Mittelpunkt rückt, zeigt sich, dass die Zielrichtung im Kern eine andere ist als bei § 10 BAT, § 3 Abs. 2 TVöD und den beamtenrechtlichen Vorschriften.

III. Verfassungskonformität

Die Verfassungskonformität von § 14 HeimG war lange sehr umstritten. Allerdings hat das BVerfG sie im Jahr 1998 in einem Nichtannahmebeschluss bejaht und damit den diesbezüglichen Streit einem vorläufigen Schlusspunkt zugeführt.[186] Entgegen von in der Literatur geäußerten Bedenken betrachtete das Gericht den Grundsatz der Verhältnismäßigkeit als nicht verletzt.[187]

§ 14 HeimG wurde insbesondere durch eine verfassungskonforme Auslegung in den Punkten einer erforderlichen Kenntniserlangung und eines Anspruches auf Genehmigung aufrechterhalten.[188] Wie noch darzustellen sein wird, ist im Falle einer einseitigen letztwilligen Verfügung § 14 HeimG verfassungskonform zum einen derart auszulegen, dass der Anwendungsbereich der Verbote nur eröffnet ist, wenn der Empfänger noch zu Lebzeiten des Heimbewohners Kenntnis von der Zuwendung erlangte. Zum anderen ist von einem Anspruch auf Erteilung der Genehmigung auszugehen, solange der Schutzzweck der jeweiligen Norm nicht ausgehebelt wird. Die verfassungsrechtliche Wertung des Verhältnismäßigkeitsgrundsatzes erfordert die Einräumung eines Anspruchs.[189]

IV. Adressatenkreis und geschützte Personen

1. Adressaten

Der Wortlaut von § 14 HeimG wendet sich wie auch § 10 BAT und die Beamtengesetze nicht an den Geber, sondern an die Seite der Empfänger.

a. Heimträger

Adressat von § 14 Abs. 1 HeimG ist der Träger des Heimes, dieser Begriff wird jedoch nicht näher erläutert. § 2 der aufgrund von § 14 Abs. 7 HeimG erlassenen HeimsicherungsVO[190] definiert den Träger als die natürliche oder juristische Person, die eine Einrichtung im Sinne des § 1 Abs. 1 HeimG betreibt oder der die Aufnahme des Be-

---

[186] BVerfG, NJW 1998, 2964.

[187] Gegen die Verfassungsmäßigkeit v.a. Brox, S. 17; Jacobi, ZfSH/SGB 1994, 633 f; Münzel, NJW 1997, 112f.

[188] Die mit der Frage der Verfassungskonformität verknüpften Einzelaspekte können im Rahmen dieser Arbeit nicht erschöpfend behandelt werden. Daher soll dieser Punkt für die vorliegende Arbeit auf sich beruhen und nur dort punktuell aufgegriffen werden, wo es für den jeweils zu besprechenden Aspekt von Bedeutung ist.

[189] Näher zu dem Problemkreis der Kenntnis bei § 7 B VIII; zum Anspruch auf Genehmigung unter § 7 B VI 2 e.

[190] Vom 24.4.1978, BGBl. I, S. 553.

triebs vorbereitet.[191] Die Einrichtung kann öffentlich-rechtlich oder privatrechtlich ausgestaltet sein. Betreiber ist im Einklang mit der GewO derjenige, in dessen Namen und auf dessen Rechnung ein Heim im Sinne von § 1 Abs. 1 HeimG betrieben wird. Es ist eine natürliche oder juristische Person, die als Eigner der Einrichtungen die Zwecke bestimmen und die Ausführung derselben verantworten.[192]

b. Heimbeschäftigte

Wie sich aus dem Auffangtatbestand der „sonstigen Mitarbeiter“ ergibt, ist der Adressatenkreis von § 14 Abs. 5 HeimG weit gefasst. Ihm unterfallen sämtliche in einem Heim beschäftigte Personen, unabhängig davon, ob sie hauptberuflich, nebenberuflich oder ehrenamtlich tätig sind, es muss sich nicht um Pflegekräfte handeln. Entscheidend ist, dass die Leistung, die von der jeweiligen Person erbracht wird, schon im Entgelt der Bewohnerin bzw. des Bewohners enthalten sind; dass es sich nicht um zusätzliche Leistungen handelt, sondern um Leistungen, die aufgrund des Heimvertrags zu erbringen sind.[193]

Daraus ergibt sich, dass diejenigen Personen, die allein aufgrund einer vertraglichen Beziehung zum Heimbewohner ihre Tätigkeit rein zufällig und nur vorübergehend im Heim ausüben, nicht § 14 Abs. 5 HeimG unterworfen sind. Es fehlt für sie an der maßgeblichen Eingliederung in den Heimbetrieb und die darauf zurück zu führenden Einflussmöglichkeiten.

Auf der anderen Seite ist ein selbständig Tätiger, der zwar Leistungen auf eigene Rechnung und im eigenen Namen erbringt, dennoch Adressat von § 14 Abs. 5 HeimG, vorausgesetzt dass Gegenstand seiner Handlungen Leistungen sind, die zu den laut Heimvertrag zu erbringenden Leistungen zählen und denen er zwar von Weisungen des Heimträgers unabhängig, aber mit dessen Einverständnis nachgeht.[194]

Für die in § 14 Abs. 5 HeimG genannten Personen gilt, dass Leiter einer Einrichtung diejenige Person ist, die den Heimbetrieb verantwortlich führt und ihn entscheidend prägt.[195] Wird das Heim nicht durch eine juristische Person betrieben sind Leiter und Träger identisch. Mitarbeiter sind alle Personen, die in einem Heim tätig sind und in einem festen Arbeitsverhältnis zum Träger stehen.[196] Ist der Träger keine natürliche Person, ist der Leiter zugleich auch Mitarbeiter. Sonstige Beschäftigte sind solche im Heim tätigen Personen, die in keinem festen Arbeitsverhältnis stehen, sondern aufgrund sonstiger Verträge oder ehrenamtlich tätig sind.[197]

---

[191] Zum Heimbegriff s. § 1 HeimG, dort findet sich insbesondere eine begriffliche Abgrenzung zum „heimrechtsfreien“ Betreuten Wohnen.

[192] Vgl. zum Trägerbegriff Dahlem/Giese/Igl/Klie, HeimG, § 1/ Rn. 9; Gitter/Schmitt, HeimG, § 1/ III 2 a bb; Korbmacher, S. 16; LPK-Krahmer, HeimG, § 1/ Rn. 5; Rossak, ZEV 1996, 41, 42.

[193] Gitter/Schmitt, HeimG, § 14/ VIII 1; Gössling/Knopp, HeimG, § 14/ Rn. 23; LPK- Plantholz, HeimG, § 14/ Rn. 20.

[194] BayObLG NJW-RR 2001, 295, 296; Rossak, ZEV 1996, 41, 42.

[195] Vgl. nur LPK-Krahmer, HeimG, § 2 HeimPersV/ Rn. 3.

[196] Vgl. nur LPK-Krahmer, HeimG, § 4 HeimPersV/ Rn. 3.

[197] Vgl. BayObLG ZEV 2001, 120 ff: auch ein ehemaliger Heimleiter kann „sonstiger Mitarbeiter“ sein, wenn er noch im Heim Arbeiten verrichtet, etwa als allgemeiner Stellvertreter oder Urlaubsvertreter.

c. Fortentwicklung

An dieser Stelle ist bereits auf eine Entwicklung in der Rechtsprechung hinzuweisen. Im Wege der Analogie hat die Rechtsprechung zum einen den Adressatenkreis erweitert, wenn Träger des Heimes eine Kapitalgesellschaft war und deren Geschäftsführer oder Alleingesellschafter bedacht wurde.[198]

Zum andern haben die Gerichte auch mittelbare Zuwendungen an Angehörige oder Verwandte von Mitarbeitern im Sinne von § 14 Abs. 5 HeimG dem Verbot unterworfen, wenn aufgrund ihrer Begünstigung im Einzelfall ein Umgehungsgeschäft zu § 14 Abs. 5 HeimG vorlag.[199]

2. Geschützte Personen

Mit dem Dritten Gesetz zur Änderung des HeimG[200] wurde der Kreis der geschützten Personen erweitert und neben den Heimbewohnern auch Heimbewerber in § 14 Abs. 1 HeimG aufgenommen.[201]

Auch nach Austritt eines Heimbewohners entfaltet § 14 HeimG noch seine Wirkung.[202]

V. Untersagte Handlungen

1. Heimträger

Der Heimträger darf sich Geld- oder geldwerte Leistungen nicht über das nach § 5 HeimG vereinbarte Entgelt hinaus versprechen oder gewähren lassen.

Im Heimvertrag nach § 5 HeimG kann individualvertraglich der Umfang der geschuldeten Pflichten und Leistungen vereinbart werden. Er hat mindestens die in § 1 Abs. 1 Satz 3 HeimG beschriebenen Hauptpflichten (Unterkunft, Gewährung oder Vorhaltung von Verpflegung und Betreuung), kann aber darüber hinausgehen. Der Sache nach geht es um den Schutz vor Doppelbezahlungen, zu deren Abgrenzung von zulässigen Sonderentgelten die nach § 5 Abs. 3 HeimG geforderte detaillierte Erfassung im Heimvertrag ausreichend geeignet ist.[203] Taugliches Abgrenzungskriterium

---

[198] Vgl. hierzu § 7 B XII.

[199] Vgl. hierzu § 7 B XIII sowie Ziegert, ZErb 2003, 166 ff.

[200] Vom 5.11.2001, BGBl. I, S. 2960, s. dazu oben § 7 B II 4.

[201] Vgl. dazu oben § 7 B II 4 b.

[202] S. dazu im Kapitel § 7 B XIV 2 b bb.

[203] Andererseits wird vertreten, dass das Entgelt im Sinne von § 5 Abs. 3 HeimG nur die Hauptleistungen und die im jeweiligen Heim üblichen Leistungen umfassen könne, Kunz/ Butz/Wiedemann, HeimG, § 14/ Rn. 5; diese Ansicht übersieht jedoch den individualvertraglichen Charakter, der mit § 5 Abs. 3 HeimG betont wird und führt zu unnötigen Abgrenzungsschwierigkeiten. Ferner widerspricht sie § 14 Abs. 2 Nr. 1 HeimG, wo ausdrücklich von „*... in § 5 aufgeführten Leistungen ...*" gesprochen wird; so bereits Gössling/Knopp, HeimG, § 14/ Rn. 12.

für die Frage, ob eine Doppelbezahlung besteht, sind die vertraglich vereinbarten Leistungen, die mit dem vertraglich vereinbarten Entgelt abgegolten werden.[204]

2. Heimbeschäftigte

Die Beschäftigten des Heimes dürfen sich neben der vom Träger erbrachten Vergütung Geld- oder geldwerte Leistungen nicht für die Erfüllung der Pflichten aus dem Heimvertrag versprechen oder gewähren lassen, § 14 Abs. 5 HeimG.

Bewohner sollen keine Leistungen, auf die sie einen vertraglichen Anspruch haben und die sie durch das vereinbarte Entgelt bereits vergüten, doppelt bezahlen müssen.[205] Entscheidend ist, dass die Leistung mit einer nach dem Heimvertrag ohnehin geschuldeten Leistung im Zusammenhang stehen muss, wobei eine Mitverursachung ausreichend ist.[206]

Negativ abgegrenzt bedeutet dies, dass lediglich privat motivierte Leistungen nicht von § 14 Abs. 5 HeimG betroffen sind. In diesem Fall werden die Leistungen nicht mehr im Rahmen des Heimvertrages erbracht, es fehlt am erforderlichen Zusammenhang.

Mit dem Ersten Gesetz zur Änderung des HeimG wurde zur Klarstellung aufgenommen, dass sich das Verbot nicht wie bisher nur auf zu erbringende, also künftige, sondern auch auf bereits erbrachte Leistungen des Personals bezieht.[207]

3. Ursachenzusammenhang

a. Problematik

Anders als bei § 14 Abs. 1 HeimG, wo eine Abgrenzung von den vertraglichen Leistungen, zulässigen Sonderentgelten und unzulässigen Doppelbezahlungen anhand des Vertrags leicht möglich ist, bereitet die Abgrenzung im Rahmen von § 14 Abs. 5 HeimG Schwierigkeiten, da die Heimbeschäftigen regelmäßig in keinem unmittelbaren Vertragsverhältnis zum Heimbewohner stehen.

Die Feststellung des Zusammenhangs der Leistung mit dem Heimvertrag ist daher im Vergleich zu § 14 Abs. 1 HeimG erschwert. Wollte ein Heimbewohner die Unwirksamkeit eines Entgelts seinerseits geltend machen, müsste er nach den allgemeinen Regeln zur Beweislastverteilung beweisen, dass die Voraussetzungen von § 14 Abs. 5 HeimG vorlagen. Dabei wäre es auch an ihm nachzuweisen, dass die konkrete Leistung des Beschäftigten den vertraglich geschuldeten Leistungen zuzurechnen ist und dass sein Entgelt entweder gar nicht geschuldet war, oder betragsmäßig seine Schuld übersteigt. Damit wäre er jedoch für Tatsachen beweispflichtig, für die es ihm

---

[204] H.M. Dahlem/Giese/Igl/Klie, HeimG, § 14/ Rn. 7; Gitter/Schmitt, HeimG, § 14 / IV 3; Gössling/Kopp noch zur Erstfassung des HeimG, § 14/ Rn. 12; LPK-Plantholz, HeimG, § 14/ Rn. 9.

[205] Zum Bewerberschutz vgl. § 7 B II 4 b.

[206] BGHZ 110, 235, 237; BayObLG NJW-RR 2001, 295, 296; Dahlem/Giese/Igl/Klie, HeimG, § 14/ Rn. 20; Gitter/Schmitt, HeimG, § 14 / VIII 2.

[207] Vom 23.4.1990, BGBl. I S. 767; Begründung der Bundesregierung BT-Drs. 11/ 5120, S. 18, vgl. § 7 B II 2; zuvor bereits BGHZ 110, 235, 238.

am erforderlichen Einblick in den Heimbetrieb fehlt. Diese Sonderkenntnisse entziehen sich seiner Sphäre, auf der anderen Seite ist es dem Beschäftigten ein Leichtes, die Grenze zu ziehen.

b. Vermutungsregel

Unter Beachtung dieser besonderen Situation des Heimbewohners hat die Rechtsprechung auf entsprechende Vorschläge der Literatur reagiert und hat eine Vermutungsregel zur Feststellung des Ursachenzusammenhangs bei Zuwendungen angenommen.[208]

Danach sei „bis zum Beweis des Gegenteils zu vermuten, dass sich das Heimpersonal die entsprechenden Vermögensvorteile hat versprechen oder gewähren lassen unter Ausnutzung des durch den Heimaufenthalt begründeten Vertrauensverhältnisses, im Zusammenhang mit den im Heim erbrachten oder zu erbringenden Leistungen“.[209]

Wie diese Aussage des BGH in BGHZ 110, 235, 239 zu verstehen ist, ist im Schrifttum umstritten. In Anlehnung an die Formulierung des BGH wird z.T. angenommen, es handle sich um eine echte Beweislastumkehr[210], andere gehen von einer bloßen Beweiserleichterung, einem „prima-facie“-Beweis aus.[211]

Welcher dieser Ansichten gefolgt wird, hat Auswirkungen auf die Voraussetzungen, die zur Widerlegung der Vermutung erfüllt sein müssen.

Es ist an dieser Stelle zu betonen, dass die maßgebliche Entscheidung des BGH ein Verfahren der streitigen Gerichtsbarkeit betraf, da sie eine lebzeitige Zuwendung zum Gegenstand hatte. Soweit jedoch die Wirksamkeit von Testamenten Verfahrensgegenstand ist, wird es sich regelmäßig um ein Verfahren der freiwilligen Gerichtsbarkeit zur Erteilung oder Einziehung eines Erbscheins handeln. Hierbei sind auch Besonderheiten im Beweisrecht zu beachten, die im Folgenden kurz erläutert werden.

aa. Besonderheiten des Erbscheinsverfahrens

Charakteristisch für ein Erbscheinsverfahren als Verfahren der Freiwilligen Gerichtsbarkeit ist die Geltung der Grundsätze zur Amtsermittlung, § 2358 BGB, § 12 FGG; das Nachlassgericht hat alle Erkenntnisquellen auszunutzen, ohne an die Erklärungen der Beteiligten oder die von diesen erbrachten Beweismittel gebunden zu sein.[212]

Im streitigen Verfahren sind dagegen die Grundsätze des ZPO-Verfahrens zu beachten, in dem anders als im Verfahren der Freiwilligen Gerichtsbarkeit kein öffentliches Interesse daran besteht, die Wahrheit zu ermitteln. Die Parteien unterliegen dem Verhandlungsgrundsatz, wonach sie zur Beibringung des Tatsachenstoffs verpflichtet

---

208 Vgl. BGHZ 110, 325 ff; Brandmüller, BayVBl. 1978, 364, 365; Korbmacher, S. 192 f.

209 BGHZ 110, 235, 239.

210 Allg. Rechtsprechung, OLG Düsseldorf, FamRZ 1998, 192, 193; OLG Frankfurt a.M., FGPrax 2001, 80; Ziegert, ZErb 2003, 166, 174 mwN; in diese Richtung bereits vor BGHZ 110, 235 Gössling/Knopp, HeimG, § 14 / Rn. 14.

211 Petto, S. 51; Rossak, ZEV 2001, 364, 366, ZEV 1998, 34, 35, anders wohl in ZEV 1996, 41, 43.

212 Näher zur Untersuchungsmaxime im Erbscheinsverfahren Hardt, S. 31 ff; Jansen, FGG, § 12/ Rn. 1 ff; Keidel/Kuntze/Winkler-Schmidt, FGG, § 12/ Rn 1 ff.

sind, und das Gericht Tatsachen, die nicht vorgetragen sind, nicht berücksichtigen darf, außer sie sind Folge eines Erfahrungsgrundsatzes.[213]

Ferner unterliegen die Beteiligten im Erbscheinsverfahren keiner sogenannten „Beweisführungslast“ oder „subjektiven Beweislast“. Diese betrifft die den Parteien obliegende Last, durch eigenes Tätigwerden - etwa durch das Stellen von Beweisanträgen oder die Benennung von Beweismitteln - den Beweis einer streitigen Tatsache zu führen, um den Prozessverlust zu vermeiden.[214]

Dagegen existiert nur die objektive Beweislast, die sogenannte „Feststellungslast“.[215] Sie betrifft die Frage, zu wessen Nachteil es geht, wenn das Vorhandensein bzw. Nichtvorhandensein eines entscheidungserheblichen Tatbestandmerkmals ungeklärt bleibt. Sie dient der Überwindung des „non liquet“ nach Ausschöpfung der vorhandenen Beweismittel.[216] Die Frage nach der Feststellungslast stellt sich erst, wenn nach Durchführung der erforderlichen Ermittlungen nicht behebbare Zweifel an der Richtigkeit entscheidungserheblicher Tatsachen geblieben sind, die auch im Rahmen der Beweiswürdigung nicht überwunden werden konnten. Regeln zur Feststellungslast finden dann keine Anwendung, wenn der Sachverhalt nach Überzeugung des Gerichts hinreichend aufgeklärt ist, selbst wenn eine rechtliche Würdigung zweifelhaft bleibt.[217]

Auf Grund der Amtsermittlung ist das Gericht an Beweisanträge der Beteiligten nicht gebunden, sie sind jedoch als Beweisanregungen zu behandeln. Allerdings ist der Amtsermittlungsgrundsatz dadurch eingeschränkt, dass die Beteiligten aufgrund der §§ 2354 - 2357 BGB zur Mitwirkung verpflichtet sind, indem sie bestimmte Tatsachen vortragen und evtl. diese auch urkundlich nachweisen müssen; sie trifft die sogenannte „Verfahrensförderungslast.“ Dem Parteiverhalten kommt daher auch im Erbscheinsverfahren Bedeutung zu, wie auch § 2358 Abs. 1 BGB betont.[218]

Für die Verteilung der Feststellungslast gilt die ungeschriebene allgemein anerkannte Grundregel, dass der Antragsteller die Feststellungslast für die rechtsbegründenden Tatbestandsmerkmale trägt, der Antragsgegner dagegen für die rechtshindernden, rechtsvernichtenden und rechtshemmenden Merkmale.[219] Der Antragsteller trägt dagegen nicht die Feststellungslast für das Nichtvorhandensein von Tatsachen, welche

---

213 Vgl. nur Rosenberg/Schwab/Gottwald, ZPO, § 77/ Rn. 1 ff; Thomas/Putzo-Reichold, ZPO, Einl. I/ Rn. 1; Zöller-Greger, ZPO, vor § 128/ Rn. 10.

214 Jansen, FGG, § 12/ Rn. 9; Keidel/Kuntze/Winkler, FGG, § 12/ Rn. 210; Rosenberg/Schwab/ Gottwald, ZPO, § 114/ Rn. 4; Stein/Jonas-Leipold, ZPO, § 286/ Rn. 29 mwN; Zöller-Greger, ZPO, vor § 284/ Rn. 18.

215 Der Begriff der Feststellungslast wurde von Rosenberg eingeführt; zu dem Begriff und seiner Geltung auch im Erbscheinsverfahren vgl. Hardt, S. 66.

216 Baumgärtel, Beweislastpraxis, Rn. 10; Jansen, FGG, § 12/ Rn. 9; Keidel/Kuntze/Winkler, FGG, § 12/ Rn. 210; Laumen, NJW 2004, 3739, 3742; Rosenberg/Schwab/Gottwald, ZPO, § 114/ Rn. 3 mwN; Stein/Jonas-Leipold, ZPO, § 286/ Rn. 25 mwN; Zöller-Greger, ZPO, vor § 284/ Rn. 15.

217 Keidel/Kuntze/Winkler-Schmidt, FGG, § 12/ Rn. 213; Schneider, Rn. 327.

218 Zur sog. „Verfahrensförderungslast“ näher Hardt, S. 52 ff; MüKo-Mayer, BGB, § 2358/ Rn. 28 mwN.

219 Keidel/Kuntze/Winkler-Schmidt, FGG, § 12/ Rn. 214; MüKo-Maly, BGB, § 2359/ Rn. 15; Rosenberg/Schwab/Gottwald, ZPO, § 114/ Rn. 10; Stein/Jonas-Leipold, ZPO, § 286/ Rn. 38; Zöller-Greger, ZPO, vor § 284 /Rn. 17.

das Erbrecht ausschließen würden.[220] Die Parteienstellung ist daher ohne Einfluss auf die Verteilung der Feststellungslast.

Im Erbscheinsverfahren trägt damit derjenige, der das Erbrecht beansprucht, die Feststellungslast für die erbrechtsbegründenden Tatsachen, wie das Vorliegen und die Echtheit eines Testaments. Der Antragsteller muss zum Nachweis des von ihm behaupteten Erbrechts alles tun, was in seiner Kraft steht. Für die erbrechtshindernden und erbrechtsvernichtenden Tatsachen trägt derjenige die Feststellungslast, der sich auf sie beruft. Somit trägt derjenige die Feststellungslast für eine Testierunfähigkeit im Zeitpunkt der Testamentserrichtung, der die Wirksamkeit eines Testamentes streitig macht.

Diese Grundregel wird historisch, rechtsvergleichend und auch im geltenden Recht allgemein anerkannt; daher kann sie als Teil des geltenden Gesetzesrechts, zumindest als Gewohnheitsrecht angesehen werden.[221] Sie kann nicht von richterlichem Ermessen oder von im Einzelfall gegebenen Wahrscheinlichkeiten abhängig gemacht werden. Der Gesetzgeber ging vielmehr von einer generellen Regelung der Beweislast aus.[222]

Wie im streitigen Verfahren liegen der Verteilung der Feststellungslast generalisierende Risikozuweisungen des Gesetzgebers zugrunde, und ist als Frage der materiellen Gerechtigkeit einzuordnen. Sie hat sich daher an der Rechtsnorm zu orientieren, auf welcher die zu klärende Tatsache beruht.[223]

Als Weiteres muss das Gericht im Rahmen des Erbscheinverfahrens die zur Begründung des Antrags erforderlichen Tatsachen für festgestellt erachten, § 2359 Abs. 1 BGB. Daraus ergibt sich, dass das Gericht immer dann, wenn die rechtsbegründenden Tatsachen nicht festgestellt werden können oder bei einem „non liquet", die Erteilung des Erbscheins verweigern muss. Der Grad der Feststellung entspricht dabei dem Grad der generellen Beweiserbringung im ZPO-Verfahren. Danach ist ein „Vollbeweis" bzw. „Vollnachweis" zu fordern, d.h. der Beweis ist dann erbracht (bzw. liegt die Feststellung vor), wenn das Gericht von der Wahrheit der Tatsachen, auf die sich die Beweispflicht (bzw. Feststellungslast) erstreckt, voll überzeugt ist. Der Richter darf nicht nach einer bloß überwiegenden Wahrscheinlichkeit urteilen.[224]

bb. Charakterisierung der Vermutungsregel

Zunächst kann daher festgehalten werden, dass in Anwendung der o.g. Grundregel bezogen auf die Feststellung des Ursachenzusammenhangs der Zuwendung mit dem

[220] Baumgärtel/Laumen-Baumgärtel, Handbuch, § 2358/ Rn. 4; Jansen, FGG, § 12/ Rn. 9; Keidel/Kuntze/Winkler-Schmidt, FGG, § 12/ Rn. 214.

[221] MüKo-Prütting, ZPO, § 286/ Rn. 110; Rosenberg/Schwab/Gottwald, ZPO, § 114/ Rn. 8 mwN; Stein/Jonas-Leipold, ZPO, § 286/ Rn. 38 mwN.

[222] Stein/Jonas-Leipold, § 286/ Rn. 47 mwN, 49; Zöller-Greger, ZPO, vor § 284/ Rn. 17.

[223] Str.; Baumgärtel, „Beweislastpraxis im Privatrecht", Rn. 169; Rosenberg/Schwab/Gottwald, § 114/ Rn. 32 ff; zum Streitstand Stein/Jonas-Leipold, § 286/ Rn. 54, welcher zur Einordnung im materiellen Recht tendiert; Zöller-Greger, vor § 284/ RN. 14.

[224] Baumgärtel/Laumen-Baumgärtel, „Handbuch der Beweislast im Privatrecht", Bd. 2 § 2351/ Rn. 1; Laumen, NJW 2004, 3739, 3740; Stein/Jonas-Leipold, § 284/ Rn. 5, § 286/ Rn. 4; Thomas/Putzo-Reichold, ZPO, Vorbem § 284/ Rn. 7.

Heimvertrag im Rahmen von § 14 HeimG derjenige, der die Nichtigkeit des Testaments geltend macht, die Feststellungslast für die Nichterweislichkeit dieses Zusammenhangs trägt.

Diese Grundregel hat der BGH in der erwähnten Entscheidung mit der Aufstellung der Vermutung bis zum Beweis des Gegenteils aufgehoben.[225] Damit könnte er eine Umkehr der Feststellungslast - im Folgenden im Einklang mit dem Schrifttum als „Beweislastumkehr" bezeichnet - oder eine Beweiserleichterung im Wege eines Anscheinsbeweises bezweckt haben. Beide Institute bestehen ungeachtet der verfahrensrechtlichen Besonderheiten auch im Erbscheinsverfahren.

Einführend werden kurz beide Institute dargestellt und sodann erörtert, welches von ihnen der BGH mit seiner Aussage gemeint hat. Diese Aussage wird sodann einer kritischen Prüfung unterzogen.

(1) Möglichkeiten einer Umkehr der Feststellungslast im Erbscheinsverfahren

In Fällen tatsächlicher Beweisnöte hat der BGH in Verfahren nach der ZPO als ultima ratio vereinzelt eine Umkehr der objektiven Beweislast entwickelt.[226] Nachdem sie die Feststellungslast betrifft, ist sie auch in einem Erbscheinsverfahren denkbar.

Sie wird regelmäßig als eine Situation bezeichnet, bei der der Richter eine Beweislastverteilung abweichend von den gesetzlichen Vorgaben vornimmt.[227] Methodisch ist sie daher der richterlichen Rechtsfortbildung zuzuordnen.[228] In Rechtsprechung und Literatur wird dabei nicht von einheitlichen Voraussetzungen für die Anordnung einer Beweislastumkehr ausgegangen; z.T. soll eine durch methodische Rechtsfortbildung geschaffene Norm Voraussetzung sein[229], z.T. soll die Anordnung von Maßstäben der Gefahrenbereichslehre abhängen.[230] Danach ist jeder Beteiligte für seinen Bereich verantwortlich und soll deshalb auch die Nachteile tragen müssen, die entstehen, wenn daraus herrührende Umstände nicht aufgeklärt werden können.

Einigkeit besteht jedoch dahingehend, dass einer Beweislastumkehr ein abstrakt-genereller Charakter zukommt und nicht aus Billigkeits- oder Gerechtigkeitsgründen im Einzelfall in Betracht kommen kann.[231]

---

225 BGHZ 110, 235.

226 Baumgärtel, „Beweislastpraxis im Privatrecht", Rn. 63; Laumen, NJW 2002, 3739, 3743; MüKo-ZPO-Prütting, § 286/Rn. 126; Rosenberg/Schwab/Gottwald, § 114/ Rn. 20 ff; Stein/Jonas-Leipold, § 286/ Rn. 120 ff.

227 Baumgärtel, Beweislastpraxis, Rn. 446; MüKo-Prütting, ZPO, § 286/ Rn. 121; nach a.A. sollen bereits auch gesetzliche Abweichungen von der Grundregel hiervon erfasst werden, s. Baumgärtel, a.a.O., Rn. 446 mwN; im Bereich von § 14 HeimG kommt diesem Meinungsstreit jedoch keine Relevanz zu.

228 Baumgärtel, Beweislastpraxis, Rn. 62; MüKo-Prütting, ZPO, § 286/ Rn. 121.

229 Baumgärtel, Beweislastpraxis, Rn. 450-452 mwN; MüKo-Prütting, ZPO, § 286/ Rn. 121; Zöller-Greger, ZPO, vor § 284/ Rn. 22.

230 Baumgärtel, Beweislastpraxis, Rn. 450-452 mwN; Rosenberg/Schwab/Gottwald, ZPO, § 114/ Rn. 18 mwN unter der Betonung, dass die Gefahrenbereichslehre kein allgemeines Beweislastprinzip sein könne.

231 Baumgärtel, Beweislastpraxis, Rn. 450-452; MüKo-Prütting, ZPO § 286/ Rn. 121; Laumen, NJW 2002, 3739, 3742.

Ferner dürfe der durch Normen des einfachen Rechts bezweckte Grundrechtsschutz durch die Verteilung der Beweislast nicht beeinträchtig werden.[232]

Mit Eintritt der Beweislastumkehr treffen die Folgen der Unfeststellbarkeit des erforderlichen Sachverhalts nicht mehr den ursprünglich belasteten Beteiligten, sondern den ursprünglich Unbelasteten. Mit dieser Risikozuweisung soll eine „selbständige sekundäre materielle Risikozurechnung verwirklicht werden.[233]

Zusammenfassend kann zunächst festgehalten werden:

Nachdem im Falle einer Beweislastumkehr die aus dem materiellen Recht abgeleiteten Risikozurechnungen ins Gegenteil verkehrt werden und dadurch von den grundsätzlichen Wertvorstellungen des Gesetzgebers, die sich in der konkreten Norm niedergeschlagen haben, abgewichen wird, bedarf es zu ihrer richterlichen Rechtfertigung besonderer Gründe, die ihrerseits mit anderen, vorrangigen Wertvorstellungen des Gesetzgebers im Einklang stehen.

Derartige vorrangige Wertvorstellungen hat der BGH bisher im Bereich der Beweisvereitelung[234], Produzentenhaftung[235], der Arzthaftung[236] sowie im Bereich der Haftung für eine Verletzung von Aufklärungs- und Beratungspflichten und im Rahmen allgemeiner Berufshaftung[237] anerkannt. Dabei bejahte das Gericht eine Umkehr der Beweislast - abgesehen von dem Sonderfall der Beweisvereitelung, bei der eine umfassende Beweislastumkehr eintritt - entweder für den Nachweis der Kausalität oder des Verschuldens.

Es lässt sich als Muster im Rahmen der Urteilsbegründungen erkennen, dass eine Beweislastumkehr dann zugelassen wurde, wenn der an sich nicht Beweispflichtige „näher dran" war, um den Sachverhalt aufzuklären und die Folgen der Beweislosigkeit zu tragen. Grund waren stets eine besondere Zumutbarkeit und bessere Informationsmöglichkeiten auf Seiten des in Anspruch genommenen.[238] Die wertungsmäßige Grundlage einer Beweislastumkehr soll nach Herleitung der Rechtsprechung in einer gerechten Interessenabwägung[239] liegen, in welche bisher auch die Gefahrenbereichslehre[240] und das Verschuldensprinzip[241] mit einbezogen wurden.

---

232 Zöller-Greger, ZPO, vor § 284/ Rn. 17.

233 So Baumgärtel, Beweislastpraxis, Rn. 455; Rosenberg/Schwab/Gottwald, ZPO, § 114/ Rn. 34 mwN.

234 Rosenberg/Schwab/Gottwald, ZPO, § 114/ Rn. 20 ; Stein/Jonas-Leipold, ZPO, § 286/ Rn. 120.

235 Rosenberg/Schwab/Gottwald, ZPO, § 114/ Rn. 30; Stein/Jonas-Leipold, ZPO, § 286/ Rn. 86 f.

236 MüKo-Prütting, ZPO, § 286/ Rn. 122 mwN; Rosenberg/Schwab/Gottwald, ZPO, § 114/ Rn. 26 ff; Stein/Jonas-Leipold, ZPO, § 286/ Rn. 126 ff.

237 MüKo-Prütting, ZPO, § 286/ Rn. 124 mwN; z.T. kritisch Rosenberg/Schwab/Gottwald, ZPO, § 114/ Rn. 26, 31; Stein/Jonas-Leipold, ZPO, § 286/ Rn. 88 d.

238 Baumgärtel, Handbuch, § 823 Anh. C II/ Rn. 33.

239 Baumgärtel, Handbuch, § 823 Anh. C II/ Rn. 33 mit Nachweis auf die reichsgerichtliche Rechtsprechung zur Arzthaftung, s. RGZ 171, 168, 171; BGH, NJW 1959, 1583, 1584.

240 So insbesondere im Bereich der Produzentenhaftung, Baumgärtel, Handbuch, § 823 Anh. C III/ Rn. 28 f.

241 So sei anzunehmen, dass ein Arzt, der die Unaufklärbarkeit des Sachverhaltes durch einen groben Behandlungsfehler oder eine unzureichende Dokumentation erst verschuldet hat, auch näher dran sei, mit dem Beweislastrisiko belastet zu werden, Baumgärtel, Handbuch, § 823 Anh. C II/ Rn. 33;

Als Ergebnis ist festzuhalten, dass eine Umkehr der Beweislast bislang von der Rechtsprechung nur in vereinzelten wenigen Fallgruppen entwickelt wurde, welche zudem abgesehen von dem Sonderfall der Beweisvereitelung sämtlich im Bereich der Schadensersatzhaftung angesiedelt waren. Ferner wurde sie nur für die Frage der Kausalität und des Verschuldens entwickelt. Kein Gegenstand bisheriger Beweislastumkehr war die Feststellung innerer Tatsachen oder individueller Willensvorgänge.

(2) Möglichkeiten eines Anscheinsbeweises

Häufiger als eine Umkehr der Beweislast finden sich in der Rechtsprechung Beweiserleichterungen, bei denen es sich um eine Herabsetzung des Beweismaßes handelt, nach welchem der Richter seine Überzeugung bildet. Zu dieser Möglichkeit, praktische Beweisnöte zu mildern, zählt auch der sogenannte „prima facie"- Beweis, der „Beweis des ersten Anscheins".

Anders als die Beweislastumkehr, die dem materiellen Recht zugeschrieben wird, ist er dem Bereich der Beweiswürdigung zuzuordnen, damit dem Verfahrensrecht.[242]

Der Anscheinsbeweis ist ein gewohnheitsrechtlich anerkanntes Institut, welches inzwischen auch in der Gesetzessprache Einzug gehalten hat.[243] Hierbei wird eine Beweiswürdigung auf Grund des ersten Anscheins vorgenommen, wobei der Richter seine Überzeugung unter Heranziehung besonders zuverlässiger Erfahrungssätze gewinnt ohne eine exakte Tatsachengrundlage zur Verfügung zu haben. Erfahrungssätze können deshalb berücksichtigt werden, weil eine Beweiswürdigung auch die Erfahrungen des Lebens zu berücksichtigen hat, die bei typischen Geschehensabläufen auf bestimmte Ursachen hinweisen.[244] Da somit von festgestellten Tatsachen Schlüsse auf das Vorliegen oder Nichtvorliegen anderer, noch festzustellender, Tatsachen gezogen werden, handelt es sich beim Anscheinsbeweis um eine besondere Art des Indizienbeweises.[245]

Es besteht Einigkeit darüber, dass der Anscheinsbeweis nicht zu einer Umkehr der objektiven Beweislast führt, da es sich um einen Vorgang im Rahmen der Beweiswürdigung handelt und durch seine Anwendung eine non-liquet-Entscheidung gerade vermieden werden soll.[246]

Der Unterschied zu einer üblichen Beweiswürdigung liegt darin, dass im Falle des Anscheinsbeweises dem Erfahrungssatz eine so starke Beweiskraft zukommt, dass al-

allg. zur Beweislastumkehr im Rahmen der Arzthaftung Stein/Jonas-Leipold, ZPO, § 286/ Rn. 126 ff.

[242] Str., für eine verfahrensrechtliche Wertung Rosenberg/Schwab/Gottwald, § 112/ Rn. 32 ff mwN; Stein/Jonas-Leipold, ZPO, § 286/ Rn. 99.

[243] S. § 292 a ZPO; Stein/ Jonas-Leipold, ZPO, § 286/ Rn. 99; Zöller-Greger, ZPO, vor § 284/ Rn. 29.

[244] Rosenberg/Schwab/Gottwald, ZPO, § 112/ Rn. 16; Schneider, Rn. 323.

[245] Rosenberg/Schwab/Gottwald, ZPO, § 112/ Rn.18; Stein/Jonas-Leipold, ZPO, § 286/ Rn. 87.

[246] Laumen, NJW 2002, 3739, 3742; Rosenberg/Schwab/Gottwald, ZPO, § 112/ Rn. 33 mwN; Stein/Jonas-Leipold, ZPO, § 286/ Rn. 97.

lein dieser geeignet ist, eine tatsächliche Vermutung für einen bestimmten Geschehensablauf zu begründen.[247]

Von einem Anscheinsbeweis wird meistens im Bereich des Kausalverlaufs und des Verschuldens Gebrauch gemacht; ob ein darüber hinausgehender Anwendungsbereich anzuerkennen ist, wird bezweifelt.[248]

Der Beweis des ersten Anscheins ist dort anwendbar, wo eine Typisierung bestimmter Geschehensabläufe ermittelt werden kann und somit auf Grund dieser Typisierung ein Erfahrungssatz gebildet wird, der als Nachweis für die betreffende Tatsache angesehen werden kann.[249] Die Beurteilung der Typizität obliegt dem Richter nach der Lebenserfahrung. Er muss dabei alle bekannten Umstände einbeziehen, die in der Gesamtbetrachtung schon auf den ersten Blick nach einem durch Regelmäßigkeit, Üblichkeit und Häufigkeit geprägten „Muster" abzulaufen pflegen.[250]

Dem Grade nach muss der Richter auch bei Annahme eines Anscheinsbeweises zur vollen Überzeugung gelangen. Aus der Erfahrung des Lebens muss sich ohne weiteres bei typischen Geschehensabläufen der Schluss auf die Richtigkeit der klärungsbedürftigen Tatsache aufdrängen.[251]

Es zeigt sich, dass das Wesen eines Anscheinsbeweises in der Möglichkeit zur Typisierung liegt und deshalb dort seine Grenzen findet, wo es um individuelle Geschehensabläufe geht, die erfahrungsgemäß von jedem Menschen nach verschiedenen Gesichtspunkten erfasst werden.[252] In solchen Fällen kann nur auf die für nicht typische Geschehensabläufe geltenden Grundsätze der freien Beweiswürdigung im Einzelfall zurückgegriffen werden.

Zweck des Anscheinbeweises ist, die in ihrer Starre oft ungerechte Beweislastverteilung des Gesetzes auszugleichen, indem er die volle richterliche Überzeugung auf einen Indizienbeweis stützt und dem Gegner die Aufklärung überlässt.

Dies erfordert es auf der anderen Seite, dass die Widerlegung des Anscheinbeweises ebenso erleichtert sein muss. Liegen weitere Tatsachen vor bzw. konnte ein Verfahrensbeteiligter weitere vorbringen, so können diese bereits dann die zunächst gewonnene Überzeugung erschüttern, wenn die ernsthafte Möglichkeit eines von der Lebenserfahrung abweichenden Geschehensablaufes festgestellt wird, sog. „Gegenbe-

---

247 Baum, S. 202; Rosenberg/Schwab/Gottwald, ZPO, 112/ Rn.16; Schneider, Rn. 324; Stein/Jonas-Leipold stellt die grundsätzlich verschieden starken Beweiswerte von Erfahrungssätzen heraus, ZPO, § 286/ Rn. 7, 90.

248 Vgl. hierzu Stein/Jonas-Leipold, ZPO, § 286/ Rn. 95 mwN; vielfach wird es an entsprechenden Erfahrungssätzen fehlen, die eine sichere Beurteilung gestatten würden, Rosenberg/Schwab/Gottwald, ZPO, § 112/ Rn.19 ff.

249 Laumen, NJW 2002, 3739, 3742; Schneider, Rn. 355; Stein/Jonas-Leipold, § 286/ Rn. 94.

250 Rosenberg/Schwab/Gottwald, ZPO, § 112/ Rn. 17 mwN; Stein/Jonas-Leipold, ZPO, § 286/ Rn. 87; Zöller-Greger, ZPO, vor § 294/ Rn. 29.

251 Rosenberg/Schwab/Gottwald, ZPO, § 112/ Rn. 32 ff; Schneider, Rn. 336; Stein/Jonas-Leipold, ZPO, § 286/ Rn. 88.

252 Rosenberg/Schwab/Gottwald, ZPO, § 112/ Rn. 31; Schneider, Rn. 356; Stein/Jonas-Leipold, ZPO, § 286/ Rn. 117.

weis".[253] Damit wird die auf dem Anscheinsbeweis beruhende Schlussfolgerung aufgehoben. Demgegenüber wird der Beweis im Falle einer Beweislastumkehr erst durch die Erbringung des „Vollbeweises" erschüttert.

Als Ergebnis ist festzuhalten, dass dem Anscheinsbeweis typische Geschehensabläufe zu Grunde liegen. Es ist deshalb entscheidend, ob auch bei § 14 HeimG im Bereich des Zusammenhangs nach der Lebenserfahrung typische Geschehensabläufe herausgearbeitet werden können.

cc. Bewertung der Aussage in BGHZ 110, 235 ff

Bevor eine konkrete Auseinandersetzung mit der maßgebenden Entscheidung des BGH in BGHZ 110, 235 stattfindet, soll klargestellt werden, dass das Gericht die Vermutungsregel entgegen einer im Schrifttum geäußerten Ansicht auf alle Arten von Zuwendungen erstrecken wollte.

Ostlinning vertritt die Auffassung, dass der BGH die Vermutungswirkung nur auf lebzeitige Zuwendungen beschränkt habe.[254] Für eine solche Annahme besteht jedoch kein Grund, vielmehr bestehen bei lebzeitigen wie bei letztwilligen Zuwendungen die gleichen tatsächlichen Beweisnöte.

Betrachtet man die Unschärfen in der Rechtsprechung, die sich in der Anwendung von Beweislastumkehr und Anscheinsbeweis aufzeigen, so ist die Aussage des BGH diskussionswürdig. Wie in der Literatur aufzeigt wird[255], hält der BGH in seiner Rechtsprechung keine klare Trennung zwischen einer Beweislastumkehr und der Annahme eines Anscheinsbeweises ein; z.B. wird oft die Formulierung verwendet, ein bestimmter Umstand könne bei problematischen Beweislagen „Beweiserleichterung bis zur Beweislastumkehr" zur Folge haben. Da wie gezeigt Beweislastumkehr und der Anscheinsbeweis als Erscheinungsform einer Beweiserleichterung methodisch zwei verschiedenen Gebieten - Beweislastumkehr dem materiellen Recht, Beweiserleichterungen der Beweiswürdigung und damit dem Verfahrensrecht - zuzuordnen sind, muss geklärt werden, was der BGH im jeweiligen Einzelfall genau mit seiner Wortwahl impliziert hat, wenn er von einer Beweislastumkehr oder ähnlichem spricht.

Auch in BGHZ 110, 235 ff ist die Wortwahl des BGH ungenau, das Gericht fordert zum einen zur Widerlegung den „Beweis des Gegenteils", zugleich „vermutet" es den Zusammenhang nur.[256]

Während der Begriff „bis zum Beweis des Gegenteils" eine Beweislastumkehr impliziert, deutet eine „Vermutung" auf eine tatsächliche Vermutung hin, die im Rahmen der Beweiswürdigung als Anscheinsbeweis Wirkung entfalten kann.[257] Der BGH

---

[253] Rosenberg/Schwab/Gottwald, ZPO, § 112/ Rn. 36 mwN; Stein/Jonas-Leipold, ZPO, § 284/ Rn. 5, § 286/ Rn. 97; Thomas/Putzo-Reichold, ZPO, § 286/ Rn. 13; Zöller-Greger, ZPO, vor § 284/ Rn. 29.

[254] Ostlinning, S. 45 f.

[255] Laumen, NJW 2002, 3739 ff; diese Unschärfe kritisiert auch Stein/Jonas-Leipold, ZPO, § 286/ Rn. 130 mwN; Rosenberg/Schwab/Gottwald, ZPO, § 114/ Rn. 21 sprechen sich für die Methode des BGH aus, da so flexibler auf Beweisschwierigkeiten reagiert werden könne.

[256] BGHZ 110, 235, 239; zu einem ähnlichen Fall s. Laumen, NJW 2002, 3739, 3744.

[257] Stein/Jonas-Leipold, § 292/ Rn. 6, § 286 / Rn. 87 ff.

weist auch auf einen „regelmäßig bestehenden Zusammenhang" hin, auch dies ist eine Wendung, die zur Begründung eines Anscheinsbeweises herangezogen wird.

Indem das Gericht in seiner Urteilsbegründung die besonderen Nöte der Heimbewohner, die sich bereits aus der Heimsituation an sich ergeben, darstellt und ihre besondere Schutzbedürftigkeit betont, kann seine Wortwahl nur dahin gedeutet werden, dass es eine Beweislastumkehr im Rahmen der Kausalität vornimmt, um, wie es ausführt, „den Schutzzweck von § 14 Abs. 2 HeimG"[258] nicht weitgehend leer laufen zu lassen".[259]

Dieser Wertung des BGH - der sich weitere Gerichte ohne nähere Auseinandersetzung mit dieser Frage angeschlossen haben[260] - ist zuzugeben, dass gerade in Fällen, in denen die Motive und Zusammenhänge der Zuwendung im Dunkeln bleiben, eine Umgehung des Verbotes von § 14 HeimG droht.

Der Bedachte könnte allein dadurch, dass er auch private Kontakte zum Heimbewohner pflegte, die Nachweisbarkeit des Zusammenhanges erheblich erschweren oder auch komplett unmöglich machen.

Es besteht ein nicht zu leugnendes Bedürfnis, dieser Gefahr auch im Beweisrecht zu begegnen. Ob allerdings der Weg über eine Beweislastumkehr die richtige Lösung ist, bedarf der Diskussion.

Insoweit ist zu beachten, dass die Annahme einer Beweislastumkehr zu fixen Rechtsfolgen führt und keine flexible Handhabung im Einzelfall ermöglicht.

Im Fall von § 14 HeimG soll es für die Geltung der Vermutung nach der Rechtsprechung einerseits nicht darauf ankommen, ob der Bedachte Einfluss auf die Lebenssituation des Betroffenen hat, oder in welchem Teil des Heimbetriebs er tätig ist.[261]

Andererseits wird die volle Feststellung des Gegenteils im Falle einer testamentarischen Zuwendung nach dem Tod des Heimbewohners nur schwer zu führen sein, so dass sich hier Berührungspunkte mit der Testierfreiheit aus Art. 14 GG aufzeigen.

Im Ergebnis ist eine Interessenabwägung entscheidend, die die Wertungen des Gesetzgebers zu beachten hat. Für § 14 HeimG bedeutet dies, dass sich die Interessen des Heimbewohners - Schutz des Heimfriedens, Schutz vor finanzieller Ausnutzung, Schutz der Testierfreiheit - und die des Bedachten - Schutz des Rechts, die Zuwendung zu erhalten und behalten zu dürfen - gegenüberstehen.

Die Annahme einer Beweislastumkehr führt zu einer Einschränkung der Testierfreiheit, da damit der Wirksamkeit der Zuwendung über § 14 HeimG hinaus noch eine weitere Hürde entgegengestellt wird. Ob dieser Eingriff anhand der Schutzbelange von § 14 HeimG zu rechtfertigen ist, erscheint fraglich. Gegen eine unverhältnismäßige Einschränkung der Testierfreiheit lässt sich vorbringen, dass diese durch eine Beweislastumkehr mehr geschützt als beeinträchtigt wird, gerade weil es dem Heimbewohner

---

[258] Das Urteil betraf das HeimG in der ersten Fassung von 1975, wo Zuwendungen an die Heimbeschäftigten noch von § 14 Abs. 2 HeimG erfasst waren, s. § 7 B II 1 a.

[259] BGHZ 110, 235, 239.

[260] OLG Düsseldorf, FamRZ 1998, 192, 193; OLG Frankfurt a.M., FGPrax 2001, 80.

[261] Vgl. LPK-Plantholz, HeimG, § 14/ Rn. 20; a.A. Dahlem/Giese/Igl/Klie, HeimG, § 14 /Rn. 20 unter Berufung auf OLG Düsseldorf v. 16.5.1997 - 3 Wx 401/96).

nicht mehr möglich ist, im Erbscheinsverfahren zu seinen Motiven Stellung zu nehmen. Allerdings ist dies ein dem Erbscheinsverfahren generell anhaftendes Problem.

Zu beachten ist, dass in der Praxis eine Umkehr der Beweislast oft zu einem faktischen Erbverbot führt, weil an die Feststellung des Gegenteils sehr hohe Anforderungen gestellt werden.[262]

Berücksichtigt man nun zusätzlich den verfassungsrechtlichen Bezug zu Art. 14 GG[263], muss eine Interessenabwägung zu dem Ergebnis gelangen, dass eine Beweislastumkehr zu weit in die Wertungen des Gesetzgebers eingreift. § 14 HeimG will seinem Zweck nach Zuwendungen nicht generell verbieten, sondern nur einer Kontrolle unterziehen. Ein faktisches Erbverbot ist damit nicht in Einklang zu bringen.

dd. Ergebnis

Interessengerecht und der gebotenen Flexibilität angemessen erscheint es, die Vermutungsregel als Anscheinsbeweis zu betrachten, dem folgender Erfahrungssatz zu Grunde liegen würde:

> *„Errichtet ein Heimbewohner während[264] seines Heimaufenthaltes ein Testament zugunsten eines Adressaten von § 14 Abs. 1 oder 5 HeimG, so spricht der erste Anschein dafür, dass die Errichtung auf den Heimaufenthalt und auf die dadurch entstandene Vertrauensbeziehung zum Adressaten von §14 Abs. 1 bzw. 5 HeimG zurückzuführen ist und nicht auf private Gründe.“*[265]

Zuzustimmen ist an dieser Stelle einer Einschränkung der Vermutungsregel, die bereits in den Anfangsjahren des HeimG in der Kommentarliteratur vorgenommen wurde. Danach muss nach der Person des Leistenden differenziert werden; d.h. wird die Leistung von dem Heimbewohner oder einer ihm nahestehenden Person versprochen oder gewährt, soll die Vermutungsregel gelten. Dagegen sollen Leistungen von Personen, die zum Heimbewohner in keiner Beziehung stehen, nicht davon erfasst sein.[266]

---

262 Die Rechtsprechung lässt für die Annahme der Kausalität etwa eine Mitkausalität genügen, und auch vorhandene Zeugenaussagen führen oft nicht zur Überzeugung des Gerichts, es wird den Grundsätzen einer Beweislastumkehr entsprechend ein zweifelsfreier Ausschluss der Kausalität gefordert, OLG Düsseldorf, FamRZ 1998, 192, 193.

263 Hierzu auch Rossak, ZEV 1996, 41, 43.

264 Zur Frage der Errichtung vor Eintritt bzw. nach Austritt, s. § 7 B XI 2 b.

265 Anzumerken sei an dieser Stelle, dass die Vermutungsregel mit der Wirkung eines Anscheinsbeweises auch im Verwaltungsprozess Geltung entfalten kann, vgl. hierzu Kopp/Schenke, VwGO, § 108/ Rn. 18; Kuhla/Hüttenbrink-Hüttenbrink, E/ Rn. 237a; Lorenz, Verwaltungsprozessrecht, § 33/ Rn. 14 f mwN. Der Ansicht von Korbmacher, S. 192 f kann daher nicht gefolgt werden. Ostlinning erwog die Möglichkeiten einer gesetzlichen Vermutung der Kausalität, verwarf dies im Ergebnis jedoch, S. 93 ff, 99.

266 S. Gössling/Knopp, HeimG, § 14/ Rn. 14, wobei auch diese von einem „Beweis bis zum Gegenteil“ ausgehen.

4. Versprechen oder Gewähren lassen

Relevantes Handeln im Rahmen von § 14 Abs. 1, 5 HeimG ist ein „Sich-Versprechen-Lassen“ oder ein „Sich-Gewähren-Lassen“.

Die Wortwahl von § 14 HeimG entspricht insoweit § 138 Abs. 2 BGB; der Gesetzgeber hatte zunächst sogar ebenfalls die im ersten Entwurf zum HeimG vorgesehene Leistungsbezeichnung als „Zuwendung“ in „Vermögensvorteile“ geändert, um Einklang mit § 138 Abs. 2 BGB herzustellen.[267] Die Konformität zu § 138 Abs. 2 BGB sollte die gleiche Schutzrichtung von § 14 HeimG betonen. Soweit das HeimG Missstände zu verhindern oder zu beseitigen sucht, handelt es sich um eine Durchsetzung des Rechtsgedankens von § 138 Abs. 2 BGB mit den Mitteln öffentlichen Rechts.[268]

So kann für die Begriffsbestimmungen auf § 138 Abs. 2 BGB zurückgegriffen werden, es ist aber zu beachten, dass dieser bereits im Wortlaut zusätzlich eine besondere Ausbeutungssituation voraussetzt und zudem nur auf Austauschverträge anwendbar ist. § 14 HeimG sieht keine derartige Eingrenzung vor, so dass von einem erweiterten Anwendungsbereich auszugehen ist, insbesondere da § 14 HeimG noch weitere Schutzbelange (Bewahrung des Heimfriedens, Testierfreiheit) verfolgt.

Demnach ist zunächst festzuhalten, dass das „Sich-Versprechen-Lassen“ das Verpflichtungsgeschäft erfasst und die Annahme eines auf die zukünftige Hingabe eines Vermögensvorteils gerichteten Angebots bedeutet.[269] „Sich-Gewähren-Lassen“ erfasst sodann das Verfügungsgeschäft und bedeutet das Annehmen eines Vorteils mit dem Willen, ihn im eigenen Interesse auszunutzen.[270]

Ob § 14 HeimG ebenso wie § 138 Abs. 2 BGB bei Verstoß die Nichtigkeit des Rechtsgeschäfts nach sich zieht, wird noch zu klären sein.

VI. Ausnahmen von den Verboten des § 14 HeimG

§ 14 HeimG nimmt geringwertige Aufmerksamkeiten aus seinem Anwendungsbereich aus.

In den anderen Fällen kann die nach § 23 HeimG zuständige Behörde gemäß § 14 Abs. 6 HeimG die Zuwendung ausnahmsweise zulassen.

1. Geringwertige Aufmerksamkeiten

Während bei den öffentlichen Dienstvorschriften und den Beamtengesetzen im Falle einer geringwertigen Aufmerksamkeit von einer stillschweigend erteilten Genehmi-

---

[267] BT-Drs. 7/ 180, S. 4, S. 15; die Begrifflichkeiten wurden wiederum geändert durch das Erste ÄndG zum HeimG vom 1.9.1989 in „Leistungen an Träger und Beschäftigte“, um entstandene Auslegungsschwierigkeiten zu beseitigen, BT-Drs. 11/ 5120, S. 17.

[268] So auch Dahlem/Giese/Igl/Klie, HeimG, § 14/ Rn. 2.

[269] Dahlem/Giese/Igl/Klie, HeimG, § 14/ Rn. 11; Gitter/Schmitt, HeimG, § 14 / IV 4; LPK-Plantholz, HeimG, § 14/ Rn. 8.

[270] Dahlem/Giese/Igl/Klie, HeimG, § 14/ Rn. 12; Gitter/Schmitt, HeimG, § 14 / IV 4; LPK-Plantholz, HeimG, § 14/ Rn. 8.

gung auszugehen ist,[271] nimmt § 14 HeimG in Abs. 2 Nr. 1 und Abs. 5 Satz 2 diese ausdrücklich vom Anwendungsbereich heraus.

Es ist nach der allgemeinen Verkehrsanschauung zu beurteilen, ob eine geringwertige Aufmerksamkeit vorliegt oder nicht. Wesensmerkmal ist die subjektive Motivation aus Höflichkeit bzw. Anerkennung oder hinsichtlich der Pflege eines guten Verhältnisses zwischen Bewohner und Träger bzw. Personal. Insbesondere handelt es sich um Sach- und Geldgeschenke, die zu besonderen Anlässen gewährt und auch aus Sicht des Heimbetriebs als üblich angesehen werden. Objektiv führt die Hingabe einer geringwertigen Aufmerksamkeit zu keiner nennenswerten Vermögensminderung auf Seiten des Gebers und zu keiner nennenswerten Vermögensmehrung auf der Empfängerseite.

Beim kumulativen Vorliegen der subjektiven und objektiven Merkmale werden die Schutzzwecke von § 14 HeimG nicht berührt, somit besteht kein Bedürfnis für ihre Einbeziehung in den Anwendungsbereich.[272]

Betragsbezogene Maßstäbe für die Bewertung einer geringwertigen Aufmerksamkeit werden mit einer Spanne zwischen 25,- und 250,- Euro sehr unterschiedlich angesetzt.[273] Schwierig stellt sich eine Bewertung mehrerer geringwertiger Aufmerksamkeiten dar, die zusammen genommen die Grenze einer geringwertigen Aufmerksamkeit übersteigen.[274] Zu überlegen wäre, ob eine Einzelfallprüfung dem Schutzzweck von § 14 HeimG gerechter würde als eine Festlegung einer starren betragsmäßigen Obergrenze.[275] Für die Einführung einer Obergrenze spricht die Rechtssicherheit in der Handhabung der Norm.[276] In der Kommentarliteratur finden sich nur ungenaue Maßstäbe, woran ein Höchstbetrag sich orientieren müsste. Bei der Festlegung eines Höchstbetrags sollte man die generelle Vermögenslage der Heimbewohner nicht außer Acht lassen. Angemessen erscheint es, über einen längeren Zeitraum Zuwendungen in einer Gesamthöhe von 200,- Euro nicht zu beanstanden. Zur Lösung der Frage, welcher Zeitraum in Betracht gezogen werden sollte, wäre vorzuschlagen, Zuwendungen innerhalb eines Kalenderjahres zusammenzufassen.

2. Genehmigung, § 14 Abs. 6 HeimG

Sofern kein Fall einer geringwertigen Aufmerksamkeit vorliegt, bestimmt § 14 Abs. 6 HeimG, dass die zuständige Behörde in Einzelfällen Ausnahmen von den Verboten aus § 14 Abs. 1, 5 HeimG erteilen kann.

Die nach § 23 HeimG zuständige Aufsichtsbehörde kann im Einzelfall eine Ausnahme zulassen, soweit der Schutz der Bewohnerinnen und Bewohner die Aufrechter-

---

[271] Runderlass des BMI, GMBl. 1962, 120. 121.

[272] BT-Drs. 7/ 180, S. 12; Dahlem/Giese/Igl/Klie, HeimG, § 14/ Rn. 15; Gitter/Schmitt, HeimG, § 14 / V 2; Gössling/Knopp, HeimG, § 14/ Rn. 17; Kunz/ Butz/Wiedemann, HeimG, § 14/ Rn. 12; LPK-Plantholz, HeimG, § 14/ Rn. 13.

[273] LPK-Plantholz, HeimG, § 14/ Rn. 13.

[274] Darauf weisen Gössling/Knopp, HeimG, § 14/ Rn. 28 und Jacobi, ZfSH/SGB 1994, 633 hin.

[275] So LPK-Plantholz, HeimG, § 14/ Rn. 13.

[276] Für eine fixe Obergrenze auch Korbmacher, S. 150.

haltung nicht erfordert und kumulativ dazu die Leistungen noch nicht versprochen oder gewährt worden sind.

a. Zuständige Behörde

Die Erteilung der Genehmigung wurde im Einklang mit dem Grundsatz der Verwaltungshoheit der Länder - Art. 83, 84 Abs. 1 GG - gemäß § 23 HeimG in die Hände der nach Landesrecht zu bestimmenden staatlichen Heimaufsichtsbehörde gelegt.[277] Als neutrale Stelle kann sie eine von den betroffenen Interessen unabhängige Entscheidung treffen, welche deshalb in der Regel bei den Beteiligten größere Akzeptanz findet.[278]

b. Rechtscharakter der Genehmigung

Bereits an dieser Stelle ist es entscheidend, festzustellen, welchen Rechtscharakter die Ausnahmegenehmigung in § 14 Abs. 6 HeimG hat. Denn von der Funktion der Genehmigung, die sie im Rahmen der Norm einnimmt, kann bereits ein erster Schluss auf eine mögliche zivilrechtliche Dimension von § 14 HeimG gezogen werden.[279] Dies ergibt sich aus der Tatsache, dass die Untersuchung und Bewertung der Funktion der Genehmigung im Wesentlichen und letztendlich entscheidend anhand von ihrem Sinn und Zweck erfolgt. Diese Aussagekraft wurde bereits in den Sondernormen von § 10 BAT, § 3 Abs. 2 TVöD und den beamtenrechtlichen Vorschriften deutlich.[280]

Die Genehmigung seitens der Aufsichtsbehörde ist als Verwaltungsakt nach § 35 VwVfG[281] zu qualifizieren, die Wirksamkeit richtet sich nach dem öffentlichen Verfahrensrecht, es gilt der Grundsatz der Amtsermittlung, § 24 VwVfG.[282] Bedeutsam ist, ob sie Wirksamkeitsvoraussetzung ist. Geklärt werden muss, ob die behördliche Erlaubnis nur das rechtliche Dürfen im Innenverhältnis regeln oder weitergehend die Grenzen eines rechtlichen Könnens mit Außenwirkung aufzeigen soll. Um dies klären zu können, muss § 14 HeimG insgesamt betrachtet werden.

§ 14 HeimG ist ein „Verbot mit Erlaubnisvorbehalt", d.h. grundsätzlich sind die dort beschriebenen Handlungen verboten, nur im Ausnahmefall kann dieses gesetzliche Verbot aufgehoben werden, so gibt es bereits der Wortlaut von § 14 Abs. 6 HeimG vor.[283]

---

[277] In Bayern wurde die Zuständigkeit gemäß § 1 ZustVHeimG in der Fassung vom 30.11.1982, GVBl., S. 986 auf die Kreisverwaltungsbehörden, damit auf die Landratsämter oder die kreisfreien Städte, übertragen; vgl. im Einzelnen die Ausführungsgesetze der Länder, eine Auflistung findet sich bei Kunz/Butz/Wiedemann, HeimG, § 23/ Rn. 2 ff.

[278] Auf das Erfordernis der Vermeidung von Interessenkollisionen weist insbesondere § 23 Abs. 3 n.F. HeimG hin, s. BT-Drs. 14/ 5399, S. 13; BT-Drs. 14/ 6366, S. 23, 33.

[279] MüKo-Mayer-Maly/Armbrüster, BGB, § 134/ Rn. 7; Soergel-Hefermehl, BGB, § 134/ Rn. 42; Staudinger-Sack, BGB, § 134/ Rn. 166.

[280] S. hierzu § 6 B II 4 a, 5 c aa.

[281] Bzw. der entsprechenden Bestimmungen der einzelnen Länder.

[282] BVerwGE 78, 357, 358; Dahlem/Giese/Igl/Klie, HeimG, § 14/ Rn. 29.

[283] Hierzu allgemein BVerwGE 41, 1, 6; 48, 123, 127; Bischoff, BayVBl. 1978, 201, 204 sprach sich für eine lockerere Erlaubnis als formelle Voraussetzung für die rechtmäßige Ausübung eines gene-

Dem Schutzzweck von § 14 HeimG entsprechend muss davon ausgegangen werden, dass dann, wenn eine Genehmigung an sich bereits nur als Ausnahme für ein generell untersagtes Handeln möglich ist, dieser eine hohe Bedeutung einzuräumen ist. Hierbei ist besonders zu beachten, dass über die Erteilung der Genehmigung eine außenstehende Behörde entscheidet. Der Entscheidung einer neutralen Instanz kommt ein hoher Stellenwert zu, aufgrund dessen ist auf einen Charakter der Genehmigung als Wirksamkeitsvoraussetzung zu schließen.

Anders als bei § 10 BAT, § 3 Abs. 2 TVöD und den Beamtengesetzen geht es nicht um innerdienstliche Belange, sondern um Aufsichtsrecht. Im Mittelpunkt der behördlichen Entscheidung steht bei § 14 HeimG nicht etwa das Ansehen eines unbeeinflussbaren Heimbetriebs, sondern der Schutz der Bewohner.

Um einen effektiven Schutz für diese zu gewähren, muss die Genehmigung Wirksamkeitsvoraussetzung sein. Erst mit ihrem Vorliegen wird das jeweilige Handeln nach § 14 HeimG auch mit Außenwirkung gestattet.[284] Dieses Ergebnis lässt sich auch aus dem Stellenwert der Entscheidung, die eine neutrale Behörde vornimmt, stützen.

Die Genehmigung aus § 14 Abs. 6 HeimG erweist sich als privatrechtsgestaltender Verwaltungsakt. Zur Feststellung der Rechtsfolgen im Falle eines Verstoßes braucht auf § 134 BGB nicht zurückgegriffen zu werden, da sich die Nichtigkeit des jeweiligen Rechtsgeschäfts bereits aus dem Wesen der Genehmigungsbedürftigkeit ergibt.[285]

c. Zeitpunkt

Eine Ausnahmegenehmigung erfordert zunächst, dass der Bewohnerschutz - d.h. der Schutz des gebenden Bewohners oder der Bewohnerschaft - eine Aufrechterhaltung des Verbotes nicht erfordert; damit werden zwei Schutzzwecke aus § 14 HeimG angesprochen.

Die zuständige Behörde hat im Einzelfall zu ermitteln, ob die Leistung freiwillig und ohne Druck oder mit dem Ziel der Besserbehandlung gegenüber anderen Bewohnern erbracht werden soll. Es kommt darauf an, ob eine Ausnahme im Einzelfall dazu führen könnte, dass sozial besser gestellte Bewohner aufgrund ihres Vermögens einen höheren Grad an Zuwendung erreichen.

Nach Auffassung der Rechtsprechung wurde mit der Aufnahme von Absatz 6 die Ausnahmemöglichkeit auf eine vorherige Erteilung beschränkt.[286]

Das BVerwG widmete sich diesem Problem in einer Entscheidung vom 18.12.1987 ausführlich.[287] Mit der Eingrenzung auf eine vorherige Erteilung würde dem Schutz-

---

rell gebilligten Handelns aus, an Stelle eines Verbots; zum Verbot mit Erlaubnisvorbehalt vgl. allgemein Schwabe, JuS 1973, 133 ff.

[284] BVerwGE 78, 357, 359.

[285] MüKo-Mayer-Maly/Armbrüster, BGB, § 134/ Rn. 7; s. in diesem Zusammenhang auch § 6 B II 5 c aa; allg. zu behördlichen Genehmigungen MüKo-Schramm, BGB, vor § 182/ Rn. 22; Staudinger-Sack, § 134/ Rn.167; zu den Rechtsfolgen vgl. unten, § 7 B XI.

[286] BVerwGE 78, 357, 360; BVerwG, NJW 1990, 2268; Dahlem/Giese/Igl/Klie, HeimG, § 14/ Rn. 26; Gitter/Schmitt, HeimG, § 14 / IX; Kunz/Butz/Wiedemann, HeimG, § 14 / Rn. 27; LPK-Plantholz, HeimG, § 14/ Rn. 9; vgl. zu der Auslegung der „vorherigen" Erteilung und zu der u.a. von KG Berlin, NJW-RR 1999, 2, 3, vertretenen Möglichkeit einer Genehmigung im Stadium zwischen Angebots- und Annahmehandlung unter § 7 B VIII 4 c.

gedanken aus § 14 HeimG entsprochen. Dem ist zuzustimmen, denn will die Behörde die tatsächlichen Motive der Leistung im Amtsverfahren nach § 24 VwVfG effektiv ermitteln und die betroffenen Interessen gerecht abwägen, ist eine persönliche Befragung des zuwendenden Heimbewohners erforderlich. Nach dessen Tod wäre damit eine effektive Ermittlung nicht mehr möglich, die wichtigste Auskunftsperson wäre weggefallen.

Eine vorherige Ermittlung stellt dem gegenüber sicher, dass der Bewohner über die bestehende Rechtslage aufgeklärt wird und seine Entscheidung noch einmal überdenken kann. Mit dem Wissen, dass seine bisherigen Handlungen unwirksam sind, ist er in seiner Entscheidung frei und fühlt sich nicht gebunden.[288]

Die Alternative einer nachträglich möglichen Erteilung der Genehmigung sähe sich demgegenüber umfassenden Einwendungen ausgesetzt. Zum einen ist sie bereits vom Wortlaut des § 14 Abs. 6 HeimG nicht gedeckt. Zum anderen würde sie dem Bewohnerschutz zuwider laufen. Würde die nachträgliche Erteilung zugelassen werden, würde bis zu der Entscheidung darüber ein Schwebezustand bestehen. Der Bewohner sähe sich in einem solchen Fall jedoch subjektiven Zwängen ausgesetzt, am einmal Versprochenen festhalten zu müssen und die Zuwendung rechtfertigen zu müssen; die Freiheit seiner Entscheidung wäre beeinträchtigt.[289]

Der Empfänger der Leistung könnte auf der anderen Seite bewusst den Zeitpunkt über die Einholung der Genehmigung selbst bestimmen und weit nach hinten verlegen. Dies hätte Ermittlungsschwierigkeiten seitens der Behörde zur Folge, besonders wenn der Heimbewohner inzwischen verstorben ist. Die durch erschwerte Ermittlungen herbeigeführte Gefahr behördlicher Fehlentscheidungen muss aber vermieden werden.[290]

Schließlich würde die Billigung eines Schwebezustandes dazu führen, dass die Rechtslage von den Betroffenen im Laufe des Genehmigungsverfahrens zunächst als wirksam angesehen und dadurch bereits vollendete Tatsachen geschaffen würden. Das Heimklima würde auch in diesem Fall tatsächlich beeinträchtigt, was dem Schutzinteresse der Bewohnerschaft erheblich zuwiderliefe.[291]

Der Argumentation des BVerwG ist vollumfänglich zu folgen. Insbesondere dulden die Schutzzwecke von § 14 HeimG einen Schwebezustand nicht, weshalb allein eine vorherige Genehmigung nach Sinn und Zweck möglich sein kann.

Die Ansicht des BVerwG wurde schließlich vom BVerfG bestätigt; danach ist mit der Beschränkung auf eine vorherige Genehmigungserteilung keine unzumutbare Einschränkung der Rechte der Betroffenen verbunden. § 14 Abs. 6 HeimG ist als verfassungskonform zu betrachten, da im Regelfall eine Neuvornahme des Rechtsgeschäftes möglich ist, und daher Art. 14 GG nicht unzumutbar beeinträchtigt ist.[292] Dass dies im Einzelfall aufgrund eines schnellen Versterbens des Heimbewohners nicht mehr un-

[287] Bestätigend BVerfG, NJW 1998, 2964, 2965; BVerwGE 78, 357 ff; gesetzlich in den Wortlaut aufgenommen mit dem Ersten Änderungsgesetz zum HeimG, vom 23. 4. 1990, BGBl. I S. 767; BT-Drs. 11/ 5120, S.18.

[288] BVerwGE 78, 357, 360.

[289] BVerwGE 78, 357, 361.

[290] BVerwGE 78, 357, 361.

[291] BVerwGE 78, 357, 361.

[292] BVerfG, NJW 1998, 2964, 2965.

möglich ist, muss angesichts der Befugnis des Gesetzgebers zur Typisierung hingenommen werden.[293]

d. Genehmigungserfordernis bei testamentarischer Zuwendung?

Wie auch bei den dienst- und den beamtenrechtlichen Vorschriften stellt sich hier die Frage, welche Auswirkung es hat, dass die Wirksamkeit eines Testamentes als einseitiges höchstpersönliches Rechtsgeschäft grundsätzlich unabhängig von dem Bestehen einer Genehmigung zu bestimmen ist.[294]

Nach der Systematik von § 14 HeimG ist es dem Zuwendungsempfänger mit Kenntniserlangung der Zuwendungsabsicht des Heimbewohners auferlegt, die behördliche Genehmigung einzuholen. Auch Testamente sind vom Genehmigungserfordernis an sich insoweit nicht ausgenommen, trotz ihres höchstpersönlichen Charakters. Allerdings kann sich die Überprüfung im Genehmigungsverfahren nur auf das „Ob" beziehen, eine Erstreckung auf den konkreten Inhalt und Umfang der Zuwendung verbietet sich nach dem Grundsatz der Testierfreiheit. Im Rahmen der Ermittlungen muss daher der genaue Inhalt der Verfügung nicht dargetan werden. Für die Behörde ist es ausreichend, wenn der Bewohner seine Motive offen legt, über den Umfang der Zuwendung kann er schweigen.[295] Wollte die Behörde anderenfalls erforschen, ob durch die Zuwendung andere potentielle Erben übergangen werden, müsste sie im Zeitpunkt ihrer Entscheidung wissen, wer Erbe werden soll. Die Erforschung dieser Verhältnisse würde jedoch den Grundsatz der Testierfreiheit verletzten. Ferner bezweckt § 14 HeimG nicht den Schutz des Heimbewohners vor seiner eigenen Freigebigkeit.[296]

e. Ermessensausübung - Anspruch auf Erteilung

Dem Wortlaut nach wird die Entscheidung der Behörde in ihr Ermessen gestellt, welches sie pflichtgemäß auszuüben hat. Wenn bereits auf der Tatbestandsseite ermittelt wurde, dass keine konkrete Gefahr für den Bewohnerschutz besteht und somit kein Schutzzweck aus § 14 HeimG einer Erteilung der Genehmigung entgegensteht, wird die Behörde auf der Rechtsfolgenseite nur noch andere zusätzliche Umstände in ihre Abwägung einbeziehen können.

Zu beachten sind insbesondere die Grundrechte der Beteiligten, auf Seiten des Empfängers Art. 2 Abs. 1 GG, auf Seiten des Gebers Art. 2 Abs. 1 GG sowie Art. 14 GG.

Da zwar zusätzliche Abwägungsgesichtspunkte in die Ermessensentscheidung einfließen könnten, die entscheidenden Aspekte aber bereits auf der Tatbestandsseite geklärt werden müssen, ist § 14 Absatz 6 HeimG ein Tatbestand mit Regelermessen.[297]

---

293 So VGH Mannheim, NJW 2004, 3792, 3794.

294 Die folgenden Ausführungen gelten unter der Prämisse, dass § 14 HeimG überhaupt auch auf Testamente Anwendung findet; dies wird im Anschluss hieran noch näher zu erörtern sein.

295 Hierzu auch Kunz/Butz/Wiedemann, HeimG, § 14 / Rn. 27.

296 So zu Recht Kunz, ZfSH/ SGB 1984, 251, 252 unter Heranziehung von VG München, Urteil vom 28.9.1983, M 496 IX 83, nicht veröffentlicht.

297 So zu Recht Dahlem/Giese/Igl/Klie, HeimG, § 14/ Rn. 28.

Die Behörde wird in der Regel bei Vorliegen der Tatbestandsvoraussetzungen die Genehmigung erteilen.

Weitergehend ist allerdings zu beachten, dass im Rahmen der Ermessensentscheidung nur Gesichtspunkte einbezogen werden dürfen, die auch vom Schutzzweck von § 14 HeimG erfasst werden und die das Verbot rechtfertigen.

Mit den Merkmalen des Bewohnerschutzes und der Erforderlichkeit werden jedoch die Gesichtspunkte, die den Schutzzweck von § 14 HeimG tragen, bereits auf Tatbestandsseite ermittelt. Im Ergebnis bleiben keine zu berücksichtigende Gesichtspunkte auf der Rechtsfolgenseite übrig.

Deswegen muss im Einklang mit der h.M. und dem BVerfG angenommen werden, dass mit Überwindung der Hürden auf der Tatbestandsseite die Lösung bereits vorgegeben ist. Dem Antragsteller steht ein gebundener Anspruch auf Erteilung der Genehmigung zu.[298]

Dies entspricht der Rechtsprechung des BVerfG zur Bedeutung der Grundrechte im Rahmen einer Ermessensnorm. Solange der Schutzzweck der jeweiligen Norm nicht ausgehebelt wird, erfordert die verfassungsrechtliche Wertung des Verhältnismäßigkeitsgrundsatzes die Einräumung eines Anspruchs auf Erteilung der Genehmigung.[299]

f. Versagung

Welche Rechtsfolge sich aus einer Versagung der Genehmigung ergibt, ist ausgehend von ihrem Rechtscharakter zu ermitteln. Wie festgestellt wurde, ermöglicht Absatz 6 allein eine vorherige Genehmigungserteilung, Schwebezustände sind dem Schutzzweck der Norm entsprechend nicht zu dulden.[300] Deswegen ergibt sich, dass ohne vorherige Erteilung der Genehmigung eine Wirksamkeitsvoraussetzung fehlt und daher das jeweilige Rechtsgeschäft sofort nichtig ist.

Eine schwebende Unwirksamkeit, wie sie in der Regel im Falle genehmigungsbedürftiger Rechtsgeschäfte eintritt, scheidet mangels der Möglichkeit, die Wirksamkeit auch nachträglich noch herbeizuführen, aus.

Im Falle einer testamentarischen Zuwendung ergibt sich dies zusätzlich aus der Tatsache, dass die Vornahme eines einseitigen Rechtsgeschäftes ohne Vorliegen einer erforderlichen behördlichen Genehmigung stets zur Nichtigkeit führt.[301]

Diese Rechtsfolge ergibt sich allein aus der Betrachtung des Genehmigungserfordernisses aus § 14 Abs. 6 HeimG, auch hierfür bedarf es des Rückgriffs auf § 134 BGB nicht.

Das Gleiche gilt für den Fall, dass eine Genehmigung gar nicht beantragt wird.

---

[298] BVerfG NJW 1998, 2964 f; Bischoff, BayVBl. 1978, 201, 204; Gitter/Schmitt, HeimG, § 14 / IX; Korbmacher, S. 184; ders., RsDE 1991, 41, 55; Kunz/Butz/Wiedemann, HeimG, § 14 / Rn. 27; vermittelnd LPK-Plantholz, HeimG, § 14/ Rn. 27; Petersen, DNotZ 2000, 739, 748; Petto, S. 86.

[299] BVerfGE 18, 353, 363, E 71, 137, 146.

[300] Zuletzt BayObLG, NJW 2004, 3792, 3794; daher kann hier der von Staudinger-Sack, BGB, § 134/ Rn. 167 unter Berufung auf BGHZ 37, 233, 235 f erörterte ausnahmsweise denkbare Schwebezustand im Falle von behördlich zu genehmigenden Vermächtnissen nicht gelten.

[301] MüKo-Mayer-Maly/Armbrüster, BGB, § 134/ Rn. 7; Soergel-Hefermehl, BGB, § 134/ Rn. 43; Staudinger-Sack, BGB, § 134/ Rn. 167.

g. Ergebnis

Die Tatbestandsvoraussetzung einer vorherigen Genehmigungserteilung spielt auch für testamentarische Zuwendungen eine erhebliche Rolle. Aufgrund ihres Charakters als Wirksamkeitserfordernis entscheidet allein ihre Erteilung oder Versagung über das Schicksal einer Zuwendung. Ihre Grundrechtsrelevanz erfordert es, beim Vorliegen der Genehmigungsvoraussetzungen von einem gebundenen Anspruch auf Erteilung auszugehen.

Die Nichtigkeit oder Wirksamkeit einer Zuwendung ist bereits anhand der Erteilung oder des Versagens der Genehmigung zu ermitteln, unabhängig von einer zusätzlichen Wertung nach § 134 BGB.

VII. Relevanz für Testamtente

Nach Darstellung der Grundsätze zu § 14 HeimG, teilweise erörtert unter der Prämisse, dass Testamente dieser Norm tatsächlich unterfallen, ist es für den Betreuten als Testierenden entscheidend zu wissen, ob diese Prämisse überhaupt gelten kann.

Diese Frage wurde bereits seit dem In-Kraft-Treten des HeimG angeregt diskutiert.[302] Mittelpunkt der Erörterungen ist dabei der Wortlaut von § 14 HeimG, der ein Versprechen- oder Gewähren- Lassen erfordert und daher wie bereits bei § 10 BAT, § 3 Abs. 2 TVöD und den Beamtengesetzen in Kollision mit den konstruktiven Besonderheiten des Erbschaftserwerbs gerät.

Die Definitionen von „Versprechen- oder Gewähren- Lassen" setzen beide eine Mitwirkungshandlung des Empfängers voraus. Im Widerspruch hierzu steht die Tatsache, dass eine Mitwirkungshandlung des testamentarisch Begünstigten jedoch aufgrund des Grundsatzes des „Von - Selbst- Erwerbs" gerade nicht erforderlich ist.

1. Standpunkte

In Literatur und Rechtsprechung werden daraus verschiedene, umstrittene Schlussfolgerungen gezogen.

a. Keinerlei Geltung

Teilweise wird vertreten, Testamente würden von § 14 HeimG gar nicht erfasst.[303]

Brandmüller stützte sich in den Anfangszeiten von § 14 HeimG für seine Begründung noch auf die erste Fassung von § 14 Abs. 2 HeimG, in welcher von „zu erbringenden Leistungen" gesprochen wurde. Dies könnten aber keine mehr sein, wenn der Heimbewohner bereits tot ist.[304]

Neueren Datums ist die Stellungnahme von Brox; er begründet seine Ansicht damit, dass der Begünstigte erst nach dem Erbfall aktiv wird, indem er die Erbschaft an-

302 Aus der Anfangszeit etwa Bischoff, BayVBl. 1978, 201; Brandmüller, BayVBl. 1978, 364; Ruf/Hütten, BayVBl. 1978, 37.

303 So anscheinend frühere h.M.: Brandmüller, BayVBl. 1978, 364; Brox, S. 17 ff.

304 Brandmüller, BayVBl. 1978, 364, 365.

nimmt oder die Ausschlagungsfrist verstreichen lässt. Dies widerspreche jedoch dem aus § 14 HeimG herauszulesenden Erfordernis einer vorherigen Mitwirkung seitens des Empfängers. Andernfalls müsste man eine Ausschlagungspflicht konstruieren, die es jedoch gerade nicht gäbe. Ferner meint Brox, der Schutzzweck von § 14 HeimG sei nicht tangiert, da der Erbe nur eine ungewisse Chance auf den Erwerb hat. Auch die finanziellen Folgen würden schließlich erst nach dem Tod eintreten, so dass nicht der Erblasser, sondern seine Nachfolger von ihnen getroffen würden. Zuletzt führt er an, dass § 14 HeimG die Testierfreiheit nicht schützen sondern einschränken würde, würde man diese Norm auf Testamente anwenden. § 138 BGB schließlich wäre eine ausreichende Garantie.[305]

Die Argumentation Brandmüllers hat mit der Neufassung des Wortlauts von § 14 HeimG ihre Wirksamkeit verloren, der Gesetzgeber hat bereits im Gesetzgebungsverfahren zum Ersten Änderungsgesetz des HeimG betont, dass auch die Testierfreiheit von § 14 HeimG geschützt werden soll.[306] Um Rechtsunsicherheiten zu vermeiden, wurde die bisherige Formulierung der „zu erbringenden Leistungen" nicht aufrechterhalten.

Der Ansicht von Brox ist zu entgegnen, dass wegen des Schutzzwecks der Testierfreiheit nicht entscheidend sein kann, wann die finanziellen Folgen eintreten. § 14 HeimG will vor dem Moment der Willensbeeinflussung schützen, nicht erst vor den Folgen daraus. Der Normzweck von § 14 HeimG ist auf Schutz der Heimbewohner vor finanzieller Ausnutzung, auf einen Schutz des Heimfriedens, auf Schutz der Testierfreiheit und auch auf Schutz des Lebens gerichtet, bedenkt man die Situationen, in denen ein unseriöser Heimträger oder Heimmitarbeiter am vorzeitigen Ableben des Heimbewohners interessiert sein könnte.[307] Die Gefahren, denen § 14 HeimG begegnen will, bestehen in gleicher Weise bei lebzeitigen wie letztwilligen Verfügungen zugunsten eines Heimträgers oder Heimmitarbeiters.

Auch wenn bis zum Erbfall zunächst nur eine ungewisse Chance besteht, so kann auf Seiten des Erblassers dennoch ein psychischer Zwang entstehen, die einmal getroffene Entscheidung beizubehalten; davor will § 14 HeimG mittels des Schutzzwecks der Testierfreiheit bewahren.

Schließlich genügt § 138 BGB nicht, um den besonderen Lebenslagen der Heimbewohner gerecht zu werden, § 14 HeimG verfolgt über § 138 BGB hinausgehende Schutzbelange wie etwa den Schutz des Heimfriedens. Im Übrigen existieren auch im Rahmen von § 138 BGB Streitigkeiten über die Anwendbarkeit auf Testamente und über die einzelnen Voraussetzungen dafür.[308]

---

305 Brox, S. 17, 23 f.
306 BT-Drs. 11/ 5120, S. 17; dazu § 7 B II 1.
307 BVerwG NJW 1990, 2268; OVG Berlin, OVGE 20, 119, 121.
308 Vgl. dazu § 11 B II 3a.

b. Vollumfängliche Geltung

Aus anderer Sicht wird vertreten, § 14 HeimG sei auf jede testamentarische Bedenkung von Heimträger oder Heimmitarbeitern anwendbar.[309]

aa. „Relative Erbunfähigkeit"

Stein spricht hierbei von einer „relativen Erbunfähigkeit" des Heimträgers bzw. der Bediensteten.[310]

Die Fähigkeit Erbe zu sein, ist die Eigenschaft einer Person, den Nachlass eines Erblassers als erbrechtlicher Gesamtrechtsnachfolger zu erlangen.[311] Relativ erbunfähig zu sein bedeutet, dass bestimmte Personen als Erben für bestimmte Erblasser kraft gesetzlicher Bestimmung ausscheiden.[312]

§ 14 HeimG würde nach Ansicht Steins in zweifacher Weise eine relative Erbunfähigkeit begründen: zum einen würde nur die gewillkürte Erbfolge betroffen sein und zum anderen beträfe sie nur bestimmte Erblasser.[313]

Der Begriff der relativen Erbunfähigkeit erscheint jedoch ungeeignet für die Sachverhalte von § 14 HeimG. Entsprechend der Definition der Erbfähigkeit gründet sich auch die relative Erbunfähigkeit auf einer Eigenschaft, die der bestimmten Person anhaftet und ihr unabhängig von einem Verhalten die Erbfähigkeit aberkennt. § 14 HeimG allerdings erfordert eine Mitwirkung seitens des Bedachten, und Absatz 6 erlaubt im Einzelfall Ausnahmen, so dass die Erbenstellung nicht von einer Eigenschaft der Person abhängt, sondern von den Umständen der Testamentserrichtung.

Im Übrigen ist der von der zitierten Ansicht verwendete Begriff der relativen Erbunfähigkeit dem heutigen Verständnis des BGB fremd. Der Gesetzgeber zum BGB hatte ausdrücklich früher bestehende relative Erbunfähigkeitsgründe nicht übernommen, wobei auch er darunter den Ausschluss der Erbfähigkeit aufgrund bestimmter Eigenschaften der Person verstand.[314] Es wurde betont, dass Vorschriften, die zum Schutz der freien Willensbestimmung des Erblassers oder der Sicherung des wirtschaftlich letzten Willens gewisse Personen nicht oder nur beschränkt als Bedachte zuzulassen, als Formvorschriften zu verstehen seien, und nicht eine relative Erbunfähigkeit begründen würden.[315] Eine „relative Erbunfähigkeit" im früheren Verständnis gibt es heute nicht mehr.[316]

---

309 Nieder, § 3/ Rz. 255, der als maßgebliches Kriterium den Ursachenzusammenhang sieht; Soergel-Stein, BGB, § 1923/ Rn. 10 f; Stein, S. 68 ff.

310 Soergel-Stein, BGB, § 1923/ Rn. 10, 11; unklar Kroiß in Anwaltskommentar, BGB, § 1923/ Rn. 3 ff.

311 Kroiß in Anwaltskommentar, BGB, § 1923/ Rn. 1 mwN.

312 Kroiß in Anwaltskommentar, BGB, § 1923/ Rn. 3.

313 Soergel-Stein, BGB, § 1923/ Rn. 11.

314 Mot. V, S. 14, früher waren etwa Personen, die in blutschänderischer Ehe lebten oder deren Abkömmlinge relativ erbunfähig, ebenso Witwen, die das Trauerjahr verletzt hatten.

315 Mot. V, S. 15; derartige Vorschriften bestehen heute u.a. für Notare oder Dolmetscher, die bei der Beurkundung mitwirken, sowie deren Familienangehörige, §§ 7, 16 Abs. 2 S. 2, 24 Abs. 2, 26 Abs. 1 Nr. 2, 27 BeurkG.

316 So auch Dubischar, DNotZ 1993, 419, 422.

bb. Kritik

Unabhängig von der begrifflichen Einrahmung bestehen weitere Einwände gegen die Annahme, § 14 HeimG würde alle Testamente erfassen und damit einem Genehmigungserfordernis unterwerfen.

Bereits der Wille des Gesetzgebers geht dahin, einen Schutz nur vor bestimmten Gefahrensituationen bereitzustellen. Das bedeutet, wo keine Gefahr besteht, soll auch § 14 HeimG nicht eingreifen. Dies wird bereits durch die Herausnahme der geringwertigen Aufmerksamkeiten aus dem Anwendungsbereich sowie der Ausgestaltung der Ausnahmevorschrift von Absatz 6 deutlich. Es soll einem Heimbewohner nicht verwehrt sein, in Ausübung seines freien Willens dem Heimträger oder Heimmitarbeiter etwas zuzuwenden.

Zudem deutet die Aufnahme des „Lassens" in § 14 HeimG auf eine erforderliche Mitwirkung des Bedachten hin.

Würden alle Testamente von § 14 HeimG erfasst, würde sich ferner die Schwierigkeit der praktischen Umsetzung von dem Erfordernis der Ausnahmegenehmigung ergeben. In den Fällen, in denen der Bedachte erst mit Testamentseröffnung von der Zuwendung erfährt, ist es ihm verwehrt, eine nachträgliche Genehmigung einzuholen. Damit würde faktisch tatsächlich eine Art von Unmöglichkeit eintreten, für die es aber keinen Grund gibt, wenn die Schutzbelange von § 14 HeimG nicht betroffen sind.

Zudem würden sich hieran verfassungsrechtliche Bedenken anschließen. § 14 HeimG beschränkt auf Seiten des Heimbewohners und des Heimträgers bzw. Heimmitarbeiters jeweils die Grundrechte auf Handlungsfreiheit und Privatautonomie (Art. 2 Abs. 1 GG), Gleichbehandlung (Art. 3 Abs. 1 GG) und die von der Erbrechtsgarantie umfasste Testierfreiheit des Erblassers bzw. die Erberwerbrechtsgarantie des Bedachten (Art. 14 GG).[317] Die Beachtung des Verhältnismäßigkeitsgrundsatzes innerhalb der Grundrechtseinschränkungen erfordert, dass solche nur innerhalb des Schutzzweckes von § 14 HeimG zulässig sind.[318]

Die dargestellte Ansicht aber würde zu einer unverhältnismäßigen Einschränkung der betroffenen Grundrechte führen, wodurch es dem Heimbewohner grundlos strikt untersagt wäre, den Heimträger oder Heimmitarbeiter zu begünstigen, auch wenn dies aus nachvollziehbaren, nicht zu beanstandenden Motiven erfolgen soll. Damit würde der Anwendungsbereich von § 14 HeimG über den Schutzzweck hinausgehen, was auch vom Gesetzgeber nicht gewollt war.

317 Zu der Frage, inwieweit der Erbe verfassungsrechtlichen Schutz erfährt, Jarass/Pieroth, GG, Art. 14/ Rn. 68.

318 Zur Verfassungskonformität von § 14 HeimG s. § 7 B III.

c. Erforderliches Einvernehmen

Unter Beachtung der Wortlautfassung und vorgebrachter verfassungsrechtlicher Vorgaben gehen die h.M. und die Rechtsprechung von einer grundsätzlich möglichen Anwendbarkeit des § 14 HeimG auf Testamtente aus.[319]

Zunächst läge der erforderliche Vermögensvorteil in der zugewandten erbrechtlichen Position. Auch wenn dies vorerst nur eine rechtlich begründete Erwartung hinsichtlich der zugewandten Vermögenswerte beinhaltet, so sei sie dennoch ein Vermögenswert, zumal bei den in der Regel älteren Heimbewohnern der Eintritt des Erbfalls absehbar sei.[320] Im Regelfall hielte der Erblasser im Übrigen an seiner einmal getroffenen letztwilligen Verfügung fest.

Zur Bestimmung, ob ein Testament das Merkmal des „Sich-Gewähren-Lassen" erfüllen kann, muss beachtet werden, dass für ein „Gewähren" mittels einseitiger Verfügung eine wie auch immer geartete Mitwirkung oder Kenntnis des Bedachten aus Rechtsgründen gerade nicht erforderlich ist. Der einseitige Akt des Testierens genügt für ein „Gewähren", der Rechtserwerb tritt mit Tod des Testierenden kraft Gesetzes ein.[321]

Dagegen erfordert § 14 HeimG ein sich gewähren „lassen", womit eindeutig ein Tun oder Unterlassen, zumindest ein kognitives Element auf Seiten des Bedachten erforderlich sein muss.[322]

In Anlehnung an § 138 Abs. 2 BGB, dessen Rechtsgedanke Leitfaden für § 14 HeimG ist, läge nach Ansicht der h.M. in Folge des Wortlautes ein „Gewähren-Lassen" jedenfalls dann vor, wenn eine - nicht rechtstechnisch zu verstehende[323] - „Annahmeerklärung" des Empfängers hinzukommt und sich deshalb das Eintreten des Vermögensvorteils auf ein Einverständnis oder Einvernehmen zwischen Testierenden und Bedachten gründe.[324]

Neben dieser Wortlautauslegung erfordert auch der Schutzzweck von § 14 HeimG diese Auslegung. Dem Schutzzweck nach muss § 14 HeimG auf Testamente anwendbar sein, da die geschilderten Gefahren in gleicher Weise bei lebzeitigen wie bei letztwilligen Zuwendungen bestehen können.

Aufgrund des sozialen Schutzzwecks (Art. 20 Abs. 1 GG) ist auch verfassungsrechtlich zu bedenken, dass Einschränkungen der betroffenen Grundrechte hierdurch gerechtfertigt sein können. Der soziale Schutzzweck ist aber Grund und zugleich Grenze der Grundrechtseinschränkungen. Dem Gesetzeszweck entsprechend sollen nur Zuwendungen untersagt sein, bei denen eine dargestellte Gefahrenlage besteht.

---

319 Vgl. nur Dahlem/Giese/Igl/Klie, HeimG, § 14/ Rn. 11; Dubischar, DNotZ 1993, 419, 426 f; Gitter/Schmitt, HeimG, § 14 IV, VIII; Korbmacher, S. 143; Kunz/Butz/Wiedemann, HeimG, § 14/ Rn. 7; LPK-Plantholz, HeimG, § 14/ Rn. 8; Müller, ZEV 1998, 219, 221; Rossak, ZEV 1996, 41, 43 ff.

320 BayObLGZ 1992, 344, 347.

321 BayObLGZ 1992, 344, 348.

322 Insoweit unterscheidet sich § 14 HeimG bereits im Wortlaut von § 10 BAT, § 3 Abs. 2 TVöD und den Beamtengesetzen der Länder.

323 Siehe zum hier nicht vertretenen Ansatz Stachs in NJW 1988, 943 ff bereits in § 6 B II 2 b aa (2).

324 So BayObLGZ 1991, 251, 256; BayObLGZ 1992, 344, 347.

Dies erfordere eine enge Auslegung dahin, dass der Tatbestand von § 14 HeimG jedenfalls dann nicht erfüllt sei, wenn der Bedachte erst nach dem Erbfall von der Zuwendung Kenntnis erlange.[325] Bei Vorliegen dieser sogenannten „Überraschungstestamente" konnte der Bedachte sich mangels Kenntnis auch nicht von der Erbeinsetzung in seinem Verhalten beeinflussen lassen; auf der anderen Seite war der Erblasser nicht in seiner Testierfreiheit eingeschränkt.

Umgekehrt seien jedenfalls die Testamente von § 14 HeimG erfasst, bei denen neben der Tatsache der Testamentserrichtung ein Einverständnis oder Einvernehmen zwischen Testierendem und Bedachtem vorhanden war.[326]

Diesen Prämissen ist zuzustimmen, da sie allen anfangs erwähnten Schwierigkeiten und Besonderheiten im Rahmen der Testamentserrichtung Rechnung tragen: Zunächst wird damit dem Tatbestandsmerkmal „lassen" genügt. Ferner wird der Heimbewohner ohne Einvernehmen nicht in einem schützenswerten Belang beeinträchtigt, denn seine Verfügungsfreiheit bleibt auch psychisch betrachtet bestehen. Anders verhielte es sich bei Kenntniserlangung des Bedachten, weil sich dann der Heimbewohner gehindert fühlen könnte, später anderweitig zu verfügen.

Auch die Bewohnerschaft und der Heimfrieden sind nicht beeinträchtigt, wenn der Begünstigte nichts von der Zuwendung weiß, denn dann wird er seine Handlungen nicht an ihr orientieren.[327]

2. Ergebnis

Im Ergebnis gibt daher eine dem Wortlaut, dem Willen des Gesetzgebers und dem Schutzzweck der Norm entsprechende Auslegung von § 14 HeimG zunächst die Lösung vor, dass jedenfalls die Testamtente erfasst werden, welche auf einem Einverständnis oder Einvernehmen zwischen Testierendem und Bedachtem beruhen.

Nicht erfasst sind Testamente, von denen der Bedachte zu Lebzeiten des Erblassers keine Kenntnis erhielt, es sich damit um ein „Überraschungstestament" handelt.[328]

Rechtsprechung und herrschende Literatur haben somit einen Mittelweg hinsichtlich des Problems des Tatbestandsmerkmals „sich versprechen- oder gewähren lassen" eingeschlagen, der als die beste Lösung anzusehen ist.

---

[325] Allg. M.; vgl. nur BVerfG, NJW 1998, 2964, 2965; BayObLGZ 1991, 251, 256 mwN; Dittmann/Reimann/ Bengel-Limmer, Systematischer Teil E/ Rn. 195 mwN; Kunz/Butz/Wiedemann, HeimG, § 14/ Rn. 24; LPK-Plantholz, HeimG, § 14/ Rn. 8; Staudinger-Otte, BGB, vor §§ 2064 ff/ Rn. 146.

[326] BVerfG, NJW 1998, 2264, 1165; BayObLGZ 1991, 251, 256 unter Hinweis auf KG Berlin vom 29.10.1979 - AR [B] 103/ 79 - 2 Ws [B] 121/ 79 (nicht veröffentlicht); NDV-Gutachten, NDV 1991, 434.

[327] BayObLGZ 1991, 251, 256.

[328] BayObLGZ 1991, 251, 256; Staudinger-Otte, BGB, vor §§ 2064 ff/ Rn. 146.

VIII. Konkretisierung des „Einvernehmens"

Soweit die überwiegende Meinung in den eben dargestellten zwei Prämissen - kein Fall von § 14 HeimG, wenn „Überraschungstestament"; auf jeden Fall § 14 HeimG, wenn beiderseitiges Einvernehmen vorhanden ist - übereinstimmt, sind innerhalb dieser Gruppe noch einzelne Punkte ungeklärt, zu denen bislang keine höchstrichterliche Entscheidung erging.

Zum einen handelt es sich dabei um Aspekte zur dogmatischen Eingruppierung des Merkmals „Einvernehmen".

So wird diskutiert, ob hierfür zwei rechtsgeschäftliche Willenserklärungen gefordert werden sollen, die dann als Vertrag zu qualifizieren wären. Alternativ dazu können rechtsgeschäftsähnliche Handlungen als Wissenserklärungen im Sinne einer „Doppelkenntnis" gemeint sein.[329] Schließlich stellt sich die Frage, ob ein Einvernehmen auch das bloße Wissen oder die Kenntnis des Bedachten, damit eine rein innere Tatsache sein kann. Die verwendeten Begrifflichkeiten in der Rechtsprechung lassen hier keine eindeutige Linie erkennen; auch die Kommentarliteratur ist nicht immer eindeutig.[330]

Der Unterschied liegt darin, dass ein bloß einseitiges Wissen oder eine Kenntnisnahme des Bedachten als rechtserhebliche rein innere Tatsachen nicht empfangsbedürftig wäre. Hierzu verhalten sich die rechtsgeschäftsähnlichen Handlungen anders, denn sie müssen nach außen treten und dem jeweils anderen erkennbar gemacht werden. Gleiches gilt für rechtsgeschäftliche Willenserklärungen.

1. Keine Willenserklärungen

Eine Vertragslösung, nach welcher auf beiden Seiten empfangsbedürftige Willenserklärungen abgegeben werden müssten, wäre nicht interessengerecht. Sie würde ohne Grund Sachverhalte vom Anwendungsbereich ausschließen, in denen die Willenserklärungen eines der Beteiligten unwirksam wäre oder nicht wirksam zuging.

Ferner würde damit die besondere Situation bei Testamenten, dass sie nämlich ohne jegliche Mitwirkung des Bedachten zustande kommen können, damit gerade keine Verträge sind, außer Acht gelassen werden.

Dem gegenüber sollte jedoch dem Schutzzweck von § 14 HeimG entsprechend gefragt werden, in welchen Fällen eine Gefahrenlage vorliegt, vor der diese Norm schützen will. Zur Bestimmung der Gefahrenlage muss entscheidend auf tatsächliche Vorgänge abgestellt werden und nicht allein auf eine rechtliche Wertung.

Die Tatsache, dass eine Gefahr der Ungleichbehandlung der Mitbewohner besteht, ist bereits dann erfüllt, wenn ein Adressat aus § 14 HeimG Kenntnis von der Zuwendung des Heimbewohners erhält. Die Abgabe einer Willenserklärung beeinflusst diese Gefahrenlage dann nicht mehr und ist wirkungslos.

---

329 Rossak, ZEV 1996, 41, 44 mwN.

330 Vgl. nur BVerwG, NJW 1990, 2268; BayObLGZ 1992, 344, 349; Dahlem/Giese/Igl/Klie, HeimG, § 14/ Rn. 10; Gitter/Schmidt, HeimG, § 14/ VIII 2.

Ebenso existiert eine Gefahr für die Testierfreiheit des Heimbewohners unabhängig von einer hinzutretenden Willenserklärung zumindest dann, wenn der Heimbewohner seinerseits von der Kenntnis des Bedachten weiß, denn dann ist eine psychisch vermittelte Verpflichtung zur Beibehaltung des Testaments denkbar.

Es ist daher festzuhalten, dass jedenfalls kein Vertrag zwischen Heimbewohner und Bedachtem vorliegen muss.[331]

2. Einseitige Kenntnis - Doppelkenntnis

Schwieriger zu beurteilen ist dagegen die Frage, ob tatsächlich eine einseitige Kenntnis oder ein einseitiges Wissen des Bedachten um die Zuwendung ausreichend sein kann, oder ob die Kenntnis des Bedachten nur eine Mindestvoraussetzung ist, bei deren Fehlen § 14 HeimG auf keinen Fall erfüllt sein kann.

Würde man sich der letzteren Alternative anschließen, müsste die Kenntnis des Bedachten wiederum dem Zuwendendem bekannt werden und damit eine „Doppelkenntnis"/„Kenntnis der Kenntnis" vorliegen.

a. Relevanz der Unterscheidung

Die Diskussion dieses Punktes findet vornehmlich in der Literatur statt, da bisher in der Rechtsprechung kein Fall zu entscheiden war, in dem nur eine einseitige Kenntnis bestand.

Die Auswertung der ergangenen Rechtsprechung ergibt, dass den Urteilen stets Sachverhalte zu Grunde lagen, bei denen entweder bereits die Kenntnis des Bedachten nicht vorgelegen hatte,[332] oder bei denen stets der Heimbewohner selbst den Bedachten[333] von der Zuwendung in Kenntnis gesetzt und damit stets eine „Doppelkenntnis" bestanden hatte. In diesen Fällen hatte der Heimbewohner den Bedachten entweder zu der Testamentserrichtung hinzugezogen[334] oder ihm das Testament zur Aufbewahrung in einem offenen Umschlag übergeben, woraufhin dieser das Testament sodann in Kenntnis des Inhalts zu den Akten legte.[335]

Eine einseitige Kenntnis kann sich daher nur dann ergeben, wenn der Bedachte von anderer Seite von der Zuwendung erfährt und dieses Wissen dann für sich behält, oder wenn er - zufällig oder weil er gezielt danach suchte - selbst das Testament des Heimbewohners findet und auch darüber schweigt.

Den bislang in Gerichtsentscheidungen festgestellten Sachverhalten zu § 14 HeimG nach zu urteilen, tritt diese Konstellation in der Praxis wohl äußerst selten auf bzw. tritt sie nicht ans Tageslicht. Grund für Letzteres wird sein, dass eine einseitige Kenntnis als rein innere Tatsache sich erheblichen Nachweisproblemen ausgesetzt sieht.[336]

---

331 Ebenso Dittmann/Reimann/Bengel-Limmer, Systematischer Teil E/ Rn. 195; Rossak, ZEV 1996, 41, 45.

332 So bei BayObLGZ 1991, 251; BayObLG, ZEV 2001, 121; BayObLG, FamRZ 2003, 1882.

333 Bzw. einer ihm zuzurechnenden Person, s. dazu § 7 B IX.

334 BayObLGZ 1992, 344; OVG Berlin, OVGE Bln. 20, 119, KG, NJW-RR 1999, 2.

335 BVerwG NJW 1990, 2268; BayObLG ZEV 2001, 121.

336 Hierzu in § 7 B X.

b. Überblick über den Meinungsstand

Wie soeben erwähnt, finden sich in der Rechtsprechung nur vereinzelt Äußerungen zu dem Problem der einseitigen Kenntnis. Diese Frage war nicht entscheidungserheblich, so dass entweder gar keine Stellungnahme dazu erging, weil es etwa allein auf den Ausschluss der Überraschungstestamente ankam, oder nur unklare Äußerungen vorgenommen wurden.[337] Im Rahmen eines Gutachtens wurde diese Frage gar ausdrücklich offen gelassen.[338] Die Kommentarliteratur zu § 14 HeimG schweigt hierzu; vereinzelte Stellungsnahmen finden sich in den Kommentierungen zum BGB.[339]

Sofern sich konkrete Aussagen in der Literatur und vereinzelt in der Rechtsprechung hierzu finden, lassen diese sich in drei verschiedene Meinungsgruppen einteilen.

aa. Einseitige Kenntnis ausreichend

Eine kleinere Gruppe[340] vertritt die Ansicht, dass es für ein „Einvernehmen" erforderlich aber auch ausreichend sei, wenn der Bedachte Kenntnis von der Bedenkung hat, wobei es unerheblich sei, auf welchem Weg er diese Kenntnis erlangt hat.[341]

Die Vertreter dieser Ansicht stützen sich zur Begründung auf eine verfassungskonforme Auslegung sowie auf den Schutzzweck der Gleichbehandlung in § 14 HeimG: Bereits mit dem Wissen des Bedachten um die Zuwendung besteht die Gefahr einer Privilegierung des zuwendenden Heimbewohners gegenüber den übrigen Heimbewohnern. Entscheidend für die Geltung des Verbotes soll der Moment sein, ab dem der Bedachte in seinen Handlungen nicht mehr frei ist von einer Rücksichtnahme auf die bekannte Zuwendung.[342] Daher kann es auf eine Kenntnis auf Seiten des Zuwendenden nicht mehr ankommen, da die Gefahr, die es zu vermeiden gilt, zeitlich bereits früher entsteht.

Diese Ansicht erhebt damit den Schutzzweck der Gleichbehandlung zu dem entscheidenden Maßstab dafür, dass bereits die einseitige Kenntniserlangung beim Bedachten ausreicht.

---

[337] BVerfG, NJW 1998, 2964, 2965; BVerwG, NJW 1990, 2268; BayObLGZ 1991, 251, 255; 92, 344, 348 (letztere mit einer nicht eindeutigen Tendenz zum Erfordernis einer Doppelkenntnis: dort heißt es im Leitsatz: „*...ist... wegen eines Verstoßes gegen das Verbot des § 14 Abs. 1 HeimG grundsätzlich nichtig, wenn die Erbeinsetzung dem Heimträger zu Lebzeiten des Erblassers mit dessen Wissen bekannt war und eine Ausnahmegenehmigung fehlt.*"); BayObLG, ZEV 2001, 121; unklar auch OVG Berlin, OVGE Bln. 20, 119, 122.

[338] NDV-Gutachten, NDV 1991, 434, 435.

[339] Staudinger-Otte, BGB, vor § 2064/ Rn. 145; bei Soergel-Stein, BGB, § 1923/Rn. 11 erübrigte sich diese Frage, da dort § 14 HeimG als Fall einer relativen Erbunfähigkeit angesehen wird.

[340] Bei Brox, S. 17, 24 und Petto, S. 34 m.E. zu Unrecht unter Bezugnahme auf die Rspr. als herrschende Meinung bezeichnet. Die dort zitierten Entscheidungen trafen zu dieser Frage gerade keine ausdrücklichen Aussagen, da sie nicht entscheidungserheblich war.

[341] Ostlinning, S. 36 ff, S. 38; Petersen, DNotZ 2000, 739, 748; wobei auch er sich nicht eindeutig hierzu äußert, stets aber nur eine Kenntnis diskutiert, ohne auf ein „Einvernehmen" einzugehen.

[342] Ostlinning, S. 38.

bb. „Doppelkenntnis“ erforderlich

Dem steht nun die in der Mehrzahl vertretene Ansicht gegenüber, dass eine einseitige Kenntnis beim Bedachten nicht ausreichen kann; § 14 HeimG müsse enger gefasst werden.[343]

Die Vertreter führen für ihre Ansicht verschiedene Gesichtspunkte an. Einerseits sei die Wortlautauslegung von § 14 HeimG in Anlehnung an § 138 Abs. 2 BGB vorzunehmen. Diese ergäbe, dass ein irgendwie geartetes Zusammenwirken oder Einvernehmen zwischen Heimbewohner und Bedachtem bestehen müsse, welches nicht in der bloßen Kenntniserlangung beim Bedachten als innere Tatsache liegen könne. § 14 HeimG setze eine Willensübereinstimmung voraus. Zu der auf Zufluss gerichteten Willenserklärung oder Willensbetätigung des Gebers müsse daher eine ausdrückliche oder konkludente Annahmeerklärung des Empfängers hinzutreten oder ein entsprechendes Verhalten vorausgegangen sein.[344]

Andere Vertreter gelangen zu diesem Ergebnis in einer nach ihrem Verständnis vorgenommenen Umsetzung der Rechtsprechung zur verfassungskonformen Auslegung. Danach sei die engste verfassungskonforme Auslegung zu wählen, um den Anwendungsbereich der Norm nicht zu sehr auszuweiten. Daher könne zum Schutze der Testierfreiheit nach Art. 14 GG eine bloß einseitige Kenntnis beim Bedachten nicht genügen, wolle man die verfassungsrechtlichen Grenzen nicht verletzen.[345]

Einige Anhänger folgen für ihre Ansicht ohne weitere Auseinandersetzung der ergangenen Rechtsprechung, wobei übersehen wurde, dass die Rechtsprechung hierzu gerade nicht Position bezogen hatte.[346]

Ein weiteres Argument führte das KG Berlin an. Es kam ebenfalls zu dem Ergebnis, dass § 14 HeimG nur erfüllt sei, wenn Kenntnis beim Bedachten vorliegt, der Erblasser von dieser Kenntnis weiß und aus dem Verhalten des Bedachten bzw. den gesamten Umständen den Schluss ziehen muss, dass der Bedachte mit der Zuwendung einverstanden ist.[347] Das erforderliche Einvernehmen liege nicht in der bloßen Kenntniserlangung des Bedachten, sondern setze darüber hinaus auch das ausdrückliche oder schlüssig erklärte Einverständnis des Bedachten voraus.

Geleitet wurde das Gericht dabei von der Erwägung, dass nur unter diesen Voraussetzungen die (seiner Ansicht nach mögliche) Einholung der Genehmigung nach § 14 Abs. 6 HeimG auch nach Errichtung der letztwilligen Verfügung möglich sei. D.h. mit Kenntniserlangung kann der Bedachte eine Ausnahmegenehmigung einholen und nach deren Erteilung sein Einverständnis dem Heimbewohner gegenüber erklären. Diese Reihenfolge würde zu einer Genehmigungsfähigkeit auch noch nach Abgabe der Wil-

[343] In der Rechtsprechung findet sich eine vereinzelte konkrete Stellungnahme hierzu, KG Berlin, NJW-RR 1999, 2, 3; Brox, S. 17, 22; Dittmann/Reimann/Bengel-Limmer, Systematischer Teil E/ Rn. 195; Dornheim/Rochon, PflR 1999, 243, 244; Dubischar, DNotZ 1993, 419, 426 f; Korbmacher, S. 144, 146; Petto, S. 36 ff, 39, 41; Rossak, ZEV 1996, 41, 45.

[344] Korbmacher, S. 146 unter Berufung auf KG Berlin vom 29.10.1979 - AR [B] 103/ 79 - 2 Ws [B] 121/ 79 (nicht veröffentlicht).

[345] Petto, S. 39, 41; Rossak, ZEV 1996, 41, 45.

[346] So etwa Dornheim/Rochon, PflR 1999, 243, 244; Dubischar, DNotZ 1993, 419, 426 f.

[347] KG Berlin, NJW-RR 1999, 2, 3.

lenserklärung des Zuwendenden führen. Ließe man die einseitige Kenntnis beim Bedachten ausreichen, so wäre es in der Praxis unmöglich, jemals eine Ausnahmegenehmigung nach Testamentserrichtung zu erwirken.[348]

Neben diesen praktischen Erwägungen treten wiederum Bewertungen der Schutzzwecke von § 14 HeimG. Die Testierfreiheit des Heimbewohners könne erst dann beeinträchtigt sein, wenn er sich an ein errichtetes Testament gebunden fühlt. Dies jedoch sei nur dann denkbar, wenn er wisse, dass der von ihm Bedachte von dem Bedenken Kenntnis hat und damit einverstanden ist.[349]

Dann aber würde er sich daran gehindert sehen, sein Testament zu ändern oder zu widerrufen, um nicht in Missgunst zu fallen.

Im Ergebnis wird nach dieser Ansicht der Schutzzweck der Testierfreiheit als entscheidender Maßstab innerhalb aller Schutzzwecke herangezogen; dass die Gefahr einer Ungleichbehandlung bereits zeitlich früher besteht, wird nicht berücksichtigt, soll dahinter aus den genannten Gründen zurücktreten.

(1) Bedeutung eines Einverstanden"seins"

Zu differenzieren ist innerhalb dieser Gruppe zwischen der Bedeutung eines reinen Doppelwissens und dem Einverstandensein der Beteiligten.

Das KG Berlin erhob es zur Voraussetzung, dass der Bedachte nicht nur von der Bedenkung weiß und dies wiederum dem Heimbewohner bekannt ist, sondern es müsse zusätzlich zum Ausdruck kommen, dass der Bedachte damit auch einverstanden sei.[350] D.h. ablehnendes oder neutrales Verhalten kann für § 14 HeimG nicht ausreichen, einem Schweigen seitens des Bedachten kommt keine rechtserhebliche Bedeutung zu. Das KG Berlin hält es deswegen zur Herstellung des geforderten Einvernehmens für nötig, dass der Bedachte neben der Kenntnis auch sein Einverständnis dem Heimbewohner gegenüber zumindest konkludent erklärt.[351] Gefordert wird sozusagen ein „Wissen und Wollen", wie es sich in der strafrechtlichen Terminologie findet.

Auch in der Literatur wird dieser Konkretisierung gefolgt[352], z.T. erscheint manchem Autor aber auch das bloße gegenseitige Wissen zu genügen.[353]

---

[348] KG Berlin, NJW-RR 1999, 2, 3; in diese Richtung könnten auch BayObLGZ 1991, 251, 256; 92, 344, 350 gedeutet werden, obwohl sich diese Entscheidungen nicht ausdrücklich dazu äußern, wie die Ausnahmegenehmigung nach Kenntniserlangung zu bewirken sei; Dittmann/Reimann/Bengel-Limmer, Systematischer Teil E/ Rn. 198; vgl. § 7 VIII 4 c.

[349] KG Berlin, NJW-RR, 1999, 2, 3; Rossak, ZEV 1996, 41, 45.

[350] KG Berlin, NJW-RR, 1999, 2, 3.

[351] KG Berlin, NJW-RR 1999, 2, 3.

[352] Petto, S. 33 ff.

[353] Rossak, ZEV 1996, 41, 45.

(2) Erfordernis eines Zusammenwirkens

Der Anwendungsbereich von § 14 HeimG wird teilweise noch enger gezogen.

Nach vereinzelter Ansicht soll § 14 HeimG nur Fälle erfassen, in denen ein tatsächliches Zusammenwirken zwischen Heimbewohner und Bedachtem besteht. D.h. der Heimbewohner selbst müsse den Bedachten in Kenntnis gesetzt haben.[354]

Diese Ansicht geht dabei nach ihrer Argumentationsführung in die Richtung der Ansicht, die eine Erklärung des Einverstandenseins fordert; auch jene stellt auf ein Zusammenwirken ab, um ein „Einvernehmen" subsumieren zu können. Damit geht es dieser Meinung im Ergebnis ebenfalls darum, ein gegenseitiges Wissen und Einverstandensein - von ihr als Zusammenwirken bezeichnet - zur Voraussetzung zu erheben.

Sie geht allerdings noch weiter und meint, dass dies nur der Fall sein könne, wenn der Erblasser selber den Bedachten in Kenntnis gesetzt hat. Damit soll wohl eine anderweitige Kenntniserlangung nicht ausreichen, auch wenn danach alles den Verlauf nimmt, wie wenn der Erblasser selbst die Kenntnis vermittelt hätte. Hierzu wird aber nicht weiter Stellung genommen, so bleibt offen, ob nach dieser Ansicht eine anderweitige Kenntniserlangung tatsächlich nicht von § 14 HeimG erfasst sein soll.[355]

c. Stellungnahme

aa. Auslegung

Die Beantwortung der Frage, ob eine einseitige Kenntnis für die Verwirklichung des Tatbestandes von § 14 Abs. 1, 5 HeimG ausreichen kann, ist im Wege der Gesetzesauslegung zu ermitteln. Diese hat sich am Wortlaut, der Systematik, der Entstehungsgeschichte und dem Schutzzweck der Norm zu orientieren.[356]

(1) Wortlaut

Beginnend ist dafür vom Wortlaut auszugehen, der ein „Lassen" fordert. „Lassen" erfasst jedes passive Handeln, damit auch bloßes Dulden und Geschehenlassen. Das bloße Aufnehmen des Wissens ohne weitere Reaktion nach außen ist damit vom Wortlaut von § 14 HeimG gedeckt. Insoweit würde der ersten Ansicht zuzustimmen sein, dass die bloß einseitige Kenntnis ausreichen kann.

Für diese Auslegung ist auch direkt auf § 14 HeimG abzustellen und nicht auf den Wortlaut von § 138 Abs. 2 BGB. Letztere Norm wird zwar in der Rechtsprechung zu Recht als Ausgangspunkt herangezogen.[357] Allerdings geht § 14 HeimG über den Anwendungsbereich von § 138 Abs. 2 BGB hinaus, da anders als dort nicht nur Aus-

---

354 Brox, S. 17, 22.

355 Brox erörtert dies nicht weiter, da es ihm in seinem Aufsatz um die Verfassungsmäßigkeit von § 14 HeimG ging und er deshalb nach einer kurzen Erörterung auf Art. 14 GG überschwenkt.

356 Zu den Mitteln der Gesetzesauslegung vgl. nur MüKo-Mayer-Maly/Busche, BGB, § 133/ Rn. 1 ff, 7; Staudinger-Coing/Honsell, BGB, Einl. 114 ff, 138 jeweils mit zahlreichen wN.

357 BayObLGZ 1991, 251, 256; BayObLGZ 1992, 344, 347.

tauschgeschäfte erfasst werden.[358] Daher ist auch zur Auslegung auf die Sonderregelung in § 14 HeimG selbst abzustellen.

(2) Systematik und Entstehungsgeschichte

Weder die Systematik noch die Entstehungsgeschichte bieten Anhaltspunkte dafür, wie das Tatbestandsmerkmal „lassen" im Falle der testamentarischen Zuwendung zu deuten ist.

Zum einen ergeben sich aus der Stellung der Norm im Gesamtkontext keinerlei Hinweise. Ferner äußerte sich der Gesetzgeber in den Gesetzesberatungen nicht zu der Frage, wie das „Sich-Versprechen-Lassen" oder das „Sich-Gewähren-Lassen" im Falle einer testamentarischen Bedenkung auszulegen sei.[359] Mit dem Ersten Änderungsgesetz zum Heimgesetz im Jahr 1990 stellte er nur klar, dass die Testierfreiheit zu den Schutzzwecken der Norm zählt; eine tiefergehende Diskussion fand nicht statt.[360] Daher können auch der Entstehungsgeschichte und dem Willen des Gesetzgebers keine Schlüsse hierfür gezogen werden.

(3) Schutzzwecke

Entscheidender Maßstab neben der Wortlautauslegung sind daher die Schutzzwecke von § 14 HeimG.

Es zeigt sich an den verschiedenen Argumentationsführungen der oben genannten Meinungen, dass entscheidend sein wird, ob man im Rahmen der Anwendbarkeit von § 14 HeimG auf Testamente einerseits auf den Schutz vor einer finanziell motivierten Ungleichbehandlung abzustellen hat, oder ob andererseits der Schutz der Testierfreiheit maßgebliches Kriterium sein soll.

Man wird sich zwischen einem dieser beiden Schutzbereiche entscheiden müssen.

Ferner wird das Ergebnis, welchem dieser beiden Seiten ein größeres Gewicht beizumessen ist, auch zur Beantwortung der Frage beitragen, ob zu einem eventuell erforderlichen Doppelwissen auch eine Kenntlichmachung des Einverständnisses des Bedachten gegenüber dem Zuwendenden treten muss.

Betrachtet man nun zunächst die Schutzzwecke der finanziell motivierten Ungleichbehandlung, so ergibt sich, dass eine Gefahr für diese bereits ab dem Moment besteht, in welchem der Bedachte Kenntnis von der Zuwendung erlangt. Daher genügt es grundsätzlich für die Erfüllung des Tatbestandes von § 14 HeimG, wenn diese Gefahr besteht. Zu beachten ist hierfür zusätzlich, dass ab diesem Zeitpunkt auch eine Gefahr für das Leben besteht, denn mit Kenntniserlangung würde auch ein potentielles Interesse am vorzeitigen Ableben des Heimbewohners entstehen.[361]

---

[358] Dazu auch Rossak, ZEV 1996, 41, 43.

[359] S. BT-Drs. 11/ 5120.

[360] BT-Drs. 11/ 5120, S. 17; hierzu a.A. NDV-Gutachten, NDV 1991, 434, 435 (4.2.2.); dieses beruft sich jedoch in nicht nachweisbarer Weise auf einen gesetzgeberischen Willen zur Betonung des Freiheitsaspektes.

[361] Dazu BVerwG, NJW 1990, 2268; OVG Berlin, OVGE Bln. 20, 119, 121.

Stellt man dagegen auf die Gefährdung der Testierfreiheit ab, so tritt diese bei nur einseitiger Kenntniserlangung des Bedachten noch nicht ein. Geht der Erblasser davon aus, dass der Bedachte keine Ahnung von dem Bedenken hat, wird er in seiner Freiheit, seine Meinung gegebenenfalls zu ändern, nicht beeinträchtigt.

(a) Schutz der Testierfreiheit

Es steht damit zur Diskussion, ob man im Falle einer Testamentserrichtung den testamentsspezifischen Schutzzweck stärker gewichten soll und damit die bloß einseitige Kenntniserlangung beim Empfänger nicht genügen lässt.

Dafür würde sprechen, dass das Problem der einseitigen Kenntniserlangung ein erbrechtliches Sonderproblem im Rahmen von § 14 HeimG darstellt. Lebzeitige Zuwendungen bedürfen grundsätzlich eines Vertrages zwischen Heimbewohner und Empfänger, so dass gegenseitige Kenntnis dort auch fast ausschließlich vorliegt und sich die hier dargestellte Konstellation erst gar nicht ergibt.[362]

Es ist richtig, zu beachten, dass der Gesetzgeber für erbrechtsspezifische Gefahrenlagen einen speziellen Schutzbelang aufgenommen hat und dass dieser auch zur Durchsetzung gelangen muss.[363] Zu fragen ist jedoch, ob dieser Schutzaspekt nur zusätzlich neben die anderen Schutzzwecke treten soll, oder ob ihm diesen gegenüber eine hervorgehobene Stellung eingeräumt werden soll.

Mit dem genannten Argument einer möglichst engen und daher verfassungskonformen Auslegung könnte angenommen werden, dass die Testierfreiheit höherrangig einzustufen sei.[364]

(b) Schutz vor Ungleichbehandlung - Schutz des Lebens

Der Idee, dem Schutzzweck der Testierfreiheit eine Sonderstellung neben den anderen Schutzzwecken zu gewähren, ist aber entgegenzuhalten, dass der Gesetzgeber den erbrechtsspezifischen Schutzbelang deshalb aufnahm, um eine Klarstellung zu treffen, dass auch erbrechtliche Zuwendungen generell unter § 14 HeimG fallen sollen.[365]

Dass diese jedoch gegenüber lebzeitigen Zuwendungen privilegiert werden sollten, ist damit nicht zwingend verbunden und eine derartige Absicht wurde vom Gesetzgeber auch nicht geäußert.

Genau eine solche Privilegierung würde aber eintreffen, würde man bei letztwilligen Verfügungen den Schutzbelang der Testierfreiheit stärker gewichten als den der Gleichbehandlung.

Im Ergebnis sind im Falle einer testamentarischen Bedenkung situationsbedingt immer mindestens zwei der Schutzzwecke von § 14 HeimG tangiert, sofern eine beid-

---

[362] Ausnahmen bilden hier die Zuwendungen gemäß §§ 328, 331 BGB, die wie im sog. „Bonifatiusfall" (RGZ 83, 223) auch erst nach dem Tod des Zuwendenden zustande kommen können, s. dazu BGH ZEV 1996, 147 m. Anm. Rossak, OLG Karlsruhe, ZEV 1996, 146.

[363] Diese Tatsache nahm das NDV-Gutachten, NDV 1991, 434, 435 (4.2.2.), vermutlich zum Anlass, einen entsprechenden gesetzgeberischen Willen zur Betonung der Testierfreiheit zu bejahen.

[364] So Petto, S. 39, 41; Rossak, ZEV 1996, 41, 45.

[365] BT-Drs. 11/ 5120, S. 17.

seitige Kenntnis besteht: zum einen entsteht mit Kenntniserlangung beim Bedachten die Gefahr der finanziellen Ausnutzung, der finanziell motivierten Ungleichbehandlung und sogar die Gefahr eines „vorschnellen Ablebens"; zum anderen entsteht dem zeitlich nachfolgend mit der Vermittlung der Kenntnis gegenüber dem Zuwendenden die Gefahr der Beeinträchtigung der Testierfreiheit.

Lebzeitigen Zuwendungen wird die Wirksamkeit jedoch bereits dann versagt, wenn die Gefahr der Ausnutzung oder der finanziell motivierten Privilegierung bzw. Benachteiligung besteht. Sobald bereits einer der Schutzzwecke von § 14 HeimG gefährdet ist, tritt die Verbotswirkung der Norm ein, es bedarf keiner kumulativen Gefahrensituation, in der mehrere Schutzaspekte berührt sind.

Es ist kein Grund ersichtlich, insbesondere wegen Art. 3 GG, letztwillige Zuwendungen davon auszunehmen, vielmehr müssen lebzeitige und letztwillige Zuwendungen einheitlich behandelt werden.[366] Folge ist, dass auch im Falle einer testamentarischen Zuwendung bereits die Gefährdung für einen der Schutzaspekte aus § 14 HeimG zur Erfüllung des Tatbestandes genügen muss. Es ist kein Grund dafür ersichtlich, in diesen Fällen ein kumulatives Vorliegen von Gefahren für zwei Schutzzwecke der Norm zu fordern, wenn grundsätzlich bereits jegliche Gefahr für nur einen Schutzaspekt genügt.

Insbesondere führt eine Beachtung der Grundsätze zu einer verfassungskonformen Auslegung zu keinem anderen Ergebnis. Es ist den entsprechenden Ansichten hierzu insoweit zuzustimmen, dass diese Grundsätze berücksichtigt werden müssen, um eine an sich verfassungswidrige Norm aufrechtzuerhalten.[367] Allerdings bedeutet dies für die vorliegende Frage nicht, eine diese Grundsätze überspannende Auslegung zu wählen, die auf der anderen Seite einen Verstoß gegen Art. 3 GG bedeuten würde, nämlich eine nicht berechtigte Differenzierung zwischen lebzeitigen und letztwilligen Verfügungen.

Ferner ist in diesem Zusammenhang zu beachten, dass das KG Berlin sich nach den Entscheidungsgründen wohl nur deswegen für eine Doppelkenntnis aussprach, um die Möglichkeit einer nachträglichen Genehmigungserteilung aufrecht zu erhalten. Eine solche ist jedoch abzulehnen; insbesondere ist mit der Beschränkung auf eine vorherige Genehmigungserteilung keine unzumutbare Einschränkung der Rechte der Betroffenen verbunden.[368] Mit diesem Hintergrund geht die Argumentationsführung des KG ins Leere und kann keinen zu berücksichtigenden Belang darstellen.

(c) Ergebnis

Bereits das Vorliegen der Gefahr einer finanziellen Ausnutzung, einer finanziell motivierten Ungleichbehandlung oder der Gefahr für das Leben muss damit im Einzelfall Grund sein, auch letztwilligen Verfügungen die Wirksamkeit nach § 14 HeimG zu versagen, d.h. es muss bereits die einseitige Kenntnis beim Zuwendungsempfänger genügen.

---

[366] Vgl. nur BayObLGZ 1991, 251, 255; BayObLGZ 1992, 344, 347; BVerwG NJW 1990, 2268.
[367] Dazu Petto, S. 38 mwN.
[368] S. BVerfG, NJW 1998, 2964, 2965; § 7 B VI 2.

Mit dieser Lösung wird auch die durch Art. 14 GG verfassungsrechtlich geschützte Testierfreiheit als Teil des Erbrechts nicht unverhältnismäßig beschränkt.[369] Anerkannt ist hierzu, dass lebzeitige Zuwendungen, die vom Eigentumsgrundrecht aus Art. 14 GG geschützt sind, verfassungsmäßig durch Art. 14 GG dann beschränkt werden, wenn die Gefahr der Ausnutzung oder der Ungleichbehandlung zwischen den Heimbewohnern besteht.

Erbrecht und Eigentumsrecht unterliegen den gleichen Grenzen nach Art. 14 GG, das Erbrecht ist quasi die Fortführung des Eigentumsrechts über den Tod hinaus.

Wenn nun aber für beide Rechte die gleichen Grenzen gelten und für das Eigentumsrecht anerkannt ist, dass die Gefahr der Ausnutzung und der Ungleichbehandlung im Fall von § 14 HeimG eine zulässige Inhalts- und Schrankenbestimmung darstellt, so muss die gleiche Schranke auch auf letztwillige Verfügungen im Rahmen der Erbrechtsgarantie anwendbar sein. Was der Heimbewohner sich insoweit für lebzeitige Zuwendungen entgegenhalten lassen muss, muss er auch für letztwillige Verfügungen akzeptieren.

Somit ist festzuhalten, dass die Testierfreiheit des Heimbewohners zwar ein gleichwertiger, aber kein höher qualifizierter Schutzbelang in § 14 HeimG ist. Sie muss beachtet werden, rechtfertigt aber keine Privilegierung des letztwillig Verfügenden gegenüber dem lebzeitig Zuwendenden.

Damit muss eine Verletzung von § 14 HeimG angenommen werden, wenn bereits einer der Schutzbelange der Norm betroffen ist. Andernfalls würden im Wesentlichen sachlich gleich gelagerte Fälle verschiedentlich behandelt, ohne einen Rechtfertigungsgrund dafür; dies würde schließlich gegen Art. 3 Abs. 1 GG verstoßen. Ansonsten würde die Erfüllung des Tatbestands von § 14 HeimG im Falle der testamentarischen Zuwendung im Gegensatz zu den lebzeitigen Zuwendungen erst unter erschwerten Voraussetzungen eintreten; doch gibt es hierfür keinen Grund. Insbesondere begründet eine anzunehmende verfassungskonforme enge Auslegung des Tatbestands eine Differenzierung nicht.

bb. Bedeutung eines Einverstanden"seins"

An dieses Ergebnis schließt sich nun die Frage an, welche Bedeutung dem Einverstanden"sein" für die Verwirklichung von § 14 Abs. 1, 5 HeimG zuzukommen hat.

Fraglich sind insoweit die Fallkonstellationen, in welchen der Bedachte zwar Kenntnis von der Zuwendung erlangt, diese aber nicht will und seine ablehnende Haltung für sich behält.

Sollte der Bedachte die Bedenkung nicht wollen, so könnte zwar im Wege einer Wortlautauslegung noch von einem „lassen" ausgegangen werden. Denn der Bedachte

[369] Vgl. zur Bedeutung der Testierfreiheit Maunz/Dürig-Papier, GG, Art.14/ Rn. 303; BverfGE 58, 377, 398; der Testierfreiheit wird mitunter die Hauptfunktion des Erbrechts aus Art. 14 GG zugesprochen: so Badura, in Benda/Maihofer/Vogel: HdbVerfR § 10/ 29; Maunz/Dürig-Papier, GG, Art. 14/ Rn. 302 f; v. Münch-Bryde, GG, Art. 14/ Rn. 47.

hat dann nach Kenntniserlangung dennoch die Zuwendung hingenommen und sie geduldet.[370]

Aber nach den Schutzzwecken von § 14 HeimG ergibt sich ein anderes Ergebnis.[371] Wer die Zuwendung nicht will, wird bereits seine Handlungen nicht danach ausrichten, um die Zuwendung tatsächlich zu erhalten, so dass bereits keine Gefahrensituation für den Heimbewohner oder die Mitbewohner besteht.

In diesem Fall wird der Heimbewohner auch nicht finanziell ausgenutzt, da es dem Bedachten nicht um die Erlangung eines finanziellen Vorteils geht.[372]

Aufgrund dieser Auslegung anhand der Schutzzwecke der Norm muss es zur Verwirklichung des Tatbestandes von § 14 HeimG erforderlich sein, dass zu einer Kenntniserlangung auch eine Billigung der Zuwendung durch den Bedachten hinzutritt.

Auf den ersten Blick mag dieses Ergebnis paradox erscheinen, weil dann eine Bedenkung trotz Wissen auf Seiten des Bedachten wirksam sein kann, sofern er sie nicht billigt. Doch ist hierfür zu beachten, dass § 14 HeimG nicht das Ziel verfolgt, generell Zuwendungen zu verbieten; es handelt sich ferner um kein absolutes Testierverbot. Wo die Schutzbelange nicht berührt sind, bietet sich kein Anlass, der Zuwendung die Wirksamkeit zu versagen. Daher sind auch die Fälle einer fehlenden Billigung auszunehmen.

3. Ergebnis - Anmerkung

Für eine Verletzung von § 14 HeimG ist es zur Begründung des erforderlichen Einvernehmens erforderlich aber auch ausreichend, dass der Bedachte von dem Bedenken Kenntnis hat und ihm zusätzlich innerlich zustimmt oder zumindest billigt. Ein „Sich-Versprechen-Lassen“ oder „Sich-Gewähren-Lassen“ kann auch durch diese innere Tatsache im Wege eines passiven Duldens erfüllt werden.

Praxisrelevant ist allerdings die Tatsache - wie die bisher ergangene Rechtsprechung hierzu zeigt - dass Fallgestaltungen, in denen nur eine einseitige Kenntnis des Bedachten besteht, sich nur selten ergeben werden.

Deshalb sei betont, dass die von vielen Seiten geforderte Doppelkenntnis und das damit zusammenhängende Einverständnis im Regelfall vorhanden sein wird, insbesondere da der Heimbewohner seine Zuwendung dem Bedachten wird mitteilen wollen; dies tut er häufig auch, um gerade dadurch eine Sonderbehandlung zu erhalten.

Die hier gewählte Lösung bietet hingegen den Vorteil, dass im Prozess allein die einseitige Kenntnis und Billigung des Empfängers nachgewiesen bzw. festgestellt werden muss und damit § 14 HeimG leichter handhabbar ist. Es werden Spekulationen darüber vermieden, wann die Testierfreiheit des Heimbewohners beeinträchtigt ist. An diesen Ansatz knüpft sich die Problematik, ob man dafür auf die subjektive Sichtweise des Erblassers abstellen kann, so wie es vorgenommen wird.[373] Damit geriete man aber

---

[370] Anders wäre es, wenn er sich aktiv gegen die Zuwendung aussprechen würde, dann wäre kein „lassen“ mehr gegeben.

[371] A.A. Petto, S. 41.

[372] Im Fall des aktiven Ablehnens würde sich auch der Heimbewohner nicht in seiner Testierfreiheit beeinträchtigt sehen, da er davon ausgeht, dass dem Bedachten nichts an der Zuwendung liegt.

[373] KG Berlin, NJW-RR, 1999, 2, 3; Rossak, ZEV 1996, 41, 45.

auf den Weg der Mutmaßungen und Spekulationen, denn nicht immer ist mit einem Doppelwissen auch die Einschränkung der Testierfreiheit verbunden, gerade weil es dem Erblasser offen steht, seine Meinung zu ändern und dies dem (ehemals) Bedachten zu verschweigen.

Den beweisrechtlichen Schwierigkeiten im Rahmen einer einseitigen Kenntnis, die Brox[374] anführt, muss entgegnet werden, dass diese auch bei der von ihm vorgeschlagenen Lösung der Doppelkenntnis aufgrund eines tatsächlichen Zusammenwirkens bestehen, denn im Erbscheinsverfahren wird man den Erblasser nicht mehr dazu befragen können, ob er selbst dem Bedachten die Kenntnis vermittelt hat.

4. Folgerungen

Nachdem nun das erforderliche Einverständnis dahin qualifiziert wurde, dass sich dies auch durch die bloße innere Tatsache der Kenntniserlangung und Billigung vollziehen kann, sollen im Folgenden daran anknüpfende Fragen untersucht werden.

a. Zeitpunkt der Kenntniserlangung

Es stellt sich zum einen die Frage, ab welchem Zeitpunkt die Kenntniserlangung des Bedachten schädlich ist.[375]

Der Wortlaut von § 14 HeimG gibt hierzu keine Hinweise, d.h. erneut sind die Schutzbelange (Heimfriede, Schutz der Testierfreiheit, keine finanzielle Ausnutzung, Schutz des Lebens) richtungsweisend. Eindeutig ist, dass eine Kenntniserlangung nach dem Tod des Heimbewohners unschädlich ist, da dort kein Schutzbelang mehr berührt wird. Kenntniserlangung muss deshalb vor dem Tod eintreten, wobei zu klären ist, ob die Kenntniserlangung vor oder nach der Testamentserrichtung liegen muss.

aa. Vor Testamentserrichtung

Gibt der Heimbewohner gegenüber dem Bedachten noch vor der Testamentserrichtung ein vertragliches Versprechen ab, in welchem er sich zur Errichtung einer vertraglichen Verfügung verpflichtet, so ist dieses Versprechen gemäß § 2302 BGB nichtig. § 2302 BGB besteht dabei neben § 14 HeimG als eigenständiger Nichtigkeitsgrund.[376]

Unabhängig von einem Versprechen im Sinne von § 2303 BGB besteht die Gefahr der Privilegierung aber auch bei jeder Kenntniserlangung und Billigung, so dass auch ohne Versprechen das errichtete Testament von § 14 HeimG erfasst wird.

bb. Nach Testamentserrichtung

Ebenso verhält es sich, wenn der Bedachte nach der Testamentserrichtung Kenntnis erlangt und die Zuwendung billigt. Auch dann besteht die Gefahr der finanziell motivier-

---

[374] Brox, S. 17, 22.

[375] Zu den Sonderfällen des Heimeintritts bzw. -austritts § 7 B XI 2 b.

[376] Dass auch § 14 HeimG eine zivilrechtliche Dimension enthält, wurde bereits in § 7 B V 2 begründet, zur Nichtigkeitsfolge vgl. auch § 7 B XI.

ten Ungleichbehandlung, so dass auch dann das Testament von § 14 HeimG erfasst wird.

Insgesamt ist damit jede zu Lebzeit des Heimbewohners erlangte Kenntnis und Billigung schädlich.

b. Möglichkeit zur Kenntniserlangung

Weiterhin soll konkretisiert werden, was unter „Kenntnis" verstanden werden soll, d.h. ob damit nur die tatsächliche Kenntnis oder bereits die Möglichkeit zur Kenntniserlangung gemeint sein soll.

Bedeutsam ist diese Klärung auch für die Anforderungen, die im Prozess an den Nachweis der Kenntnis zu stellen sind. Denn der Nachweis einer tatsächlich vorhandenen Kenntnis ist gegenüber dem Nachweis einer bloßen Möglichkeit dazu an höhere Anforderungen geknüpft.

Der Rechtsprechung scheint es z.T. ausdrücklich zu genügen, wenn der Bedachte die Möglichkeit der Kenntnisnahme hat.[377]

Folge einer solchen Annahme wäre eine Ausweitung des Anwendungsbereichs von § 14 HeimG in erheblichem Maße. Eine findige Argumentation könnte im Einzelfall immer die Möglichkeit zur Kenntniserlangung herleiten. Es würden im Prinzip alle denkbaren Fälle darunter zu subsumieren sein; es könnte argumentiert werden, dass der Heimleiter als Hausherr sich Zugriff auf das Zimmer des Bewohners verschaffen könnte und so im Falle von dessen Abwesenheit nach denkbaren Testamenten suchen könnte.

Gegen eine solche ausufernde Auffassung und Ausweitung des Anwendungsbereiches muss jedoch Folgendes sprechen.

Zum einen kann ein „lassen" bereits dem Wortlaut von § 14 HeimG nach nicht mehr bejaht werden. Ein „lassen" setzt auf Seiten des Bedachten ein Bewusstsein voraus, mit dem er sich frei entscheiden kann, ob er sich passiv oder aktiv verhält. Besteht im konkreten Einzelfall nur die Möglichkeit, von einem Testament Kenntnis zu erlangen, fehlt es dem Bedachten aber an diesem Bewusstsein und damit auch an einem „lassen".

Zum anderen würde diese Auslegung den gesetzgeberischen Willen übersteigen. Grund und Grenze der Auslegung sind neben dem Wortlaut die Schutzbelange von § 14 HeimG. Bei einer bloßen Möglichkeit zur Kenntnisnahme ohne deren tatsächlichen Eintritt sind diese jedoch nicht betroffen: es besteht keine Gefahr einer Ungleichbehandlung, denn ohne Bewusstsein besteht auch keine mögliche Handlungsausrichtung des Bedachten; das gleiche gilt für die Gefahr einer finanziellen Ausnutzung des Heimbewohners. Ferner ist auch die Testierfreiheit des Bewohners nicht eingeschränkt.[378]

Schließlich ist zu beachten, dass ein Abstellen auf die bloße Möglichkeit zur Kenntniserlangung den zweiten Aspekt der dazutretenden Billigung völlig außer Acht

[377] OVG Berlin, OVGE Bln. 20, 119, 121 und 122 („einsehen konnte").
[378] Vgl. zur Irrtumsproblematik § 7 B IX 3 b.

lassen würde. Wie dargelegt, muss jedoch neben die Kenntnis auch die Billigung der Zuwendung treten.

Im Ergebnis ist damit die bloße Möglichkeit zur Kenntniserlangung weder dem Wortlaut noch den Schutzzwecken nach ausreichend, um einen Verstoß gegen § 14 HeimG zu begründen.

Das Gleiche muss für Fälle gelten, in denen der Bedachte praktisch die Augen vor dem Offensichtlichen oder leicht Erkennbaren verschlossen hatte, in denen ein „Kennenmüssen“ angenommen werden kann. Nach dem oben Gesagten muss entscheidend sein, wann eine Gefahr für die Schutzbelange aus § 14 HeimG bestand und nicht, wann sie hätte bestehen müssen. Dass damit höhere Anforderungen an den Nachweis gestellt werden, ist hinzunehmen.

Es ist daher zusammenfassend festzuhalten, dass die beweisrechtlichen Schwierigkeiten im Rahmen der Kenntnis nicht dadurch gelöst werden dürfen, dass man ein „Kennenmüssen“ oder die Möglichkeit der Kenntniserlangung genügen lässt.

Praxisrelevant ist dies in den Fällen, in denen der Heimbewohner einem Verbotsadressaten einen verschlossenen Umschlang übergibt, in welchem sich ein Testament befindet, worin der Verbotsadressat bedacht wird. Nach dem oben Gesagten kann die Übergabe eines verschlossenen Umschlages nicht die Kenntnis des Bedachten begründen.[379]

c. Zeitpunkt der Genehmigung

Hinsichtlich des letztmöglichen Zeitpunkts zur Genehmigungserteilung nach § 14 Abs. 6 HeimG bleibt nach den erarbeiteten Ergebnissen zu fragen, wann die Genehmigung im Falle eines Testaments spätestens vorliegen muss.[380]

Dem Wortlaut und dem Schutzzweck von § 14 HeimG entsprechend muss sie noch vor dem „sich versprechen oder gewähren lassen“ erteilt werden. Damit ist entscheidend, wie dies im Falle eines Testaments auszulegen ist.

Geht man mit der h.M. vom Erfordernis der Doppelwissenskomponente aus[381] (d.h. es ist das Wissen des Begünstigten von der Verfügung und ein entsprechendes Wissen von diesem Wissen beim Erblasser erforderlich), so endet die Möglichkeit der Erteilung der Genehmigung konsequent mit dem Empfang des Einverständnisses des Begünstigten beim Testierenden. In diesem Zeitpunkt ist der Tatbestand von § 14 Abs. 1, 5 HeimG erfüllt und es kann keine vorherige Genehmigung mehr geben.[382]

Möglich soll es nach Ansichten in der Rechtsprechung allerdings sein, im Zwischenstadium, d.h. nach Errichtung des Testaments und nach Kenntniserlangung, aber

[379] Bei Petto, S. 28 und Gitter/Schmitt, HeimG, § 14 VIII 2 (die anscheinend aber von einem anderen Sachverhalt ausgehen) wird die Entscheidung des BayObLG, FamRZ 1992, 975 v. 12.2.1992 so gelesen, dass bereits die Entgegennahme eines verschlossenen Umschlages die Kenntnis vermitteln soll; diese Auslegung führt im Ergebnis dazu, die Kenntnis mit einer Möglichkeit zur Kenntnisnahme gleichzusetzen.

[380] Näher zur Genehmigung § 7 B VI 2.

[381] Vgl. näher § 7 B VIII 2.

[382] Hierzu und zu entsprechenden Aufklärungspflichten des beurkundenden Notars Rossak, Anm. zu BGH, ZEV 1996, 145, 146.

noch vor Erklärung des Einverständnisses, die Genehmigung einzuholen, sofern dies „unverzüglich“ geschieht.[383] Dieser Weg ist jedoch aufgrund der oben erarbeiteten Wertungskriterien abzulehnen; Schwebezustand und psychische Zwangslagen sind unter allen Umständen zu vermeiden.[384]

Restriktiver ist das Ergebnis, wenn man der hier vertretenen Ansicht folgt, dass bereits die einseitige Kenntnis und Billigung beim Zuwendungsempfänger den Tatbestand von § 14 HeimG erfüllt. Dann scheidet jegliche Genehmigung zu bereits errichteten oder versprochenen Zuwendungen aus. Es bleibt nur, eine neue Zuwendung zu errichten oder zu versprechen und für diese im Vorfeld die Genehmigung einzuholen.

d. Sonstiges

Ergänzend sollte klargestellt sein, dass es ausreichend ist, wenn der Bedachte vom „Ob“ seiner Bedenkung Kenntnis hat, tiefergehendes Wissen über das „Was“ und „Wie“ würde den Anwendungsbereich von § 14 HeimG zu Unrecht einschränken, denn nicht erst beim Wissen über das „Was“, sondern bereits beim Bewusstsein des „Ob“ besteht die entscheidende Gefahrenlage.

Auch dürfte nicht entscheidend sein, auf welchem Weg die Kenntnis erlangt wurde, insbesondere kann nicht nach einer Kenntniserlangung „im Dienst“ oder „privat“ differenziert werden.

IX. Zurechnung der Kenntnis

Erhebt man das Erfordernis einer Kenntnis zur Tatbestandsvoraussetzung des § 14 HeimG, schließt sich daran ein in der Rechtsprechung immer häufiger auftretender Problemkreis an, der sich mit der Zurechnung von Wissen beschäftigt.

Heimträger sind heute in mehrfacher Hinsicht organisiert, sie unterhalten eine Mehrzahl von Heimen und sie beschäftigen verschiedene Mitarbeiter, denen jeweils verschiedene Aufgaben im Heimbetrieb zugewiesen sind. Für den Heimträger werden dabei auch, aber nicht nur, die zu seiner gesetzlichen oder rechtsgeschäftlichen Vertretung berufenen Personen tätig.

In der Praxis haben nicht immer Heimleitung und auch nicht der Vertreter des Heimträgers direkten Kontakt zu den Heimbewohnern vor Ort, sondern die diensthabenden Pflegekräfte.

Damit ergibt sich die Situation, dass die Trägerorgane oder die Vertreter des Trägers von den Einzelfällen vor Ort keine Einzelheiten erfahren, und dennoch gerade die Heimträger häufig in den Testamenten bedacht werden. Mangels Kenntnis des Bedachten selbst würde § 14 HeimG häufig nicht zum Zuge kommen, wenn allein seine Kenntnis die entscheidende wäre.

Eine ähnliche Situation kann sich auch bei dem Bedenken des Heimleiters oder anderer Mitarbeiter ergeben, wenn diese aufgrund der Organisation des Heimbetriebs

---

[383] So KG Berlin, NJW-RR 1999, 2, 3; wohl ebenso BayObLGZ 1991, 251, 256; 92, 344, 350; OVG Berlin, OVGE Bln. 20, 119, 124.

[384] S. § 7 B VI 2 c.

nicht mit dem einzelnen Heimbewohner in Kontakt kommen. So hat der Heimleiter wie auch der einzelne Stationsleiter eine Anzahl von Mitarbeitern unter sich. Je größer das einzelne Heim ist, umso größer wird das Organisationsgeflecht.

Es stellt sich damit die Frage, ob und unter welchen Voraussetzungen eine Wissenszurechnung im Rahmen von § 14 HeimG angenommen werden kann.

Nachdem das BGB in § 166 die Konstellation der Wissenszurechnung im Rahmen von rechtsgeschäftlichen Erklärungen kennt, ist hier nun zu untersuchen, ob § 166 BGB - zumindest analog oder dem Rechtsgedanken nach - auch zur Wissenszurechnung außerhalb von rechtsgeschäftlichem Tätigwerden herangezogen werden kann.

1. Allgemeiner Meinungsstand

Es hat sich inzwischen eine weitgehend homogene Ansicht zu diesem Zurechnungsproblem innerhalb von § 14 HeimG entwickelt, welche sich an den von der Rechtsprechung zu § 166 BGB analog bisher entwickelten Zurechnungsgrundsätzen orientiert.

Von einer zunächst eng gefassten Aussage des BayObLG[385] ausgehend wurde in der Rechtsprechung das dort genannte Erfordernis einer gesetzlichen Vertretungsmacht bald aufgegeben. Das BayObLG konkretisierte in einer weiteren Entscheidung[386] seine erste Auffassung und stellte drei Grundsätze auf, nach denen eine Zurechnung in analoger Anwendung von § 166 BGB erfolgen kann. In der Folgezeit wurden diese Maßstäbe weiterhin vom BayObLG und auch von anderen Gerichten[387] herangezogen.

Der maßgeblichen Entscheidung des BayObLG lag folgender Sachverhalt zugrunde: Eine Heimbewohnerin trug ein offenes Testament zum Heimleiter, in dem sie den Träger des Heimes - einen gemeinnützigen Verein - zu ihrem Alleinerben einsetzte. Der Verein wurde durch den Vorsitzenden des Kreisvorstandes und dessen Stellvertreter vertreten. Nach der Vermittlung eines Notars wurde das Testament sodann im Beisein des Heimleiters errichtet.

Das BayObLG kam zu dem Ergebnis, dass - orientiert an den Voraussetzungen einer Analogie zu § 166 BGB und am Schutzzweck von § 14 HeimG - folgende Maßstäbe für eine Wissenszurechnung gelten müssten:

Es müsse sich um einen Mitarbeiter handeln, den der Heimträger

- als Ansprechpartner für die Heimbewohner bestimmt habe, und der
- wegen seiner Stellung im Heim wesentlichen Einfluss auf die konkrete Lebenssituation des Heimbewohners ausüben könne, auch wenn
- der Mitarbeiter zur rechtsgeschäftlichen Vertretung des Heimträgers gegenüber den Heimbewohnern nicht berechtigt sei.

---

385 BayObLGZ 1991, 251, 257; kritisch hierzu Dubischar, DNotZ 1993, 419, 428.

386 BayObLGZ 1992, 344, 348 f.

387 BayObLG, ZEV 2001, 121, 122; KG Berlin, NJW-RR 1999, 2, 3; OLG Karlsruhe, ZEV 1996, 146.

Während der Leitsatz der Entscheidung eine objektive Formulierung wählt, stellt das BayObLG im Rahmen der Urteilsbegründung diese Maßstäbe aus subjektiver Sicht dar: Ausreichend sei aus der - insoweit maßgebenden - Sicht des Heimbewohners die Kenntnis derjenigen Person, bei der er

- zum einen damit rechne, dass sie die Information an die in der Organisation des Heimträgers zuständige Stelle weiterleiten würde, und
- zum anderen davon ausginge, dass sie die Ausgestaltung seiner konkreten Lebenssituation wesentlich beeinflussen könne.[388]

Bemerkenswert ist an dieser Stelle, dass die Frage, ob nun der objektive oder subjektive Maßstab entscheidend sein soll, in der Rechtsprechung bisher nicht näher erörtert wurde.[389]

Die Literatur hat sich dem Ansatz der Rechtsprechung angeschlossen.[390] Die Kommentarliteratur beruft sich bei ihren Ausführungen weitgehend auf die Rechtsprechung des BayObLG.[391] Auffällig ist, dass eine Hinterfragung der aufgestellten Grundsätze in den meisten zu § 14 HeimG ergangenen Erörterungen nicht stattfindet.

Rossak untermauert die Rechtsprechung des BayObLG konkretisierend mit dem Hinweis, dass etwaige Verstöße gegen den Gleichbehandlungsgrundsatz vor Ort verwirklicht werden und es deshalb konsequent sei, auch auf das Wissen vor Ort abzustellen; dies sei nach den Maßstäben des BayObLG auch möglich.[392] Er weist im Rahmen seiner Erörterung ausdrücklich darauf hin, dass die Frage, ob die Kenntnis von Mitarbeitern einem bedachten Verbotsadressaten zuzurechnen ist, nur in konkreter Anknüpfung an die Zwecke von § 14 HeimG zu lösen sei.[393] Nach seiner Ansicht ist eine Zurechnung dann geboten, wenn Wissenssubjekt eine Person ist, die nach Organisation und Größe des Heimträgers diesen im konkreten Heim repräsentiert und mit entsprechenden Aufgaben und Befugnissen ausgestattet ist, um überhaupt Zugriff auf die konkrete Lebenssituation der Heimbewohner zu haben, da anderenfalls die Gefahr einer Ungleichbehandlung nicht besteht.

2. Stellungnahme

Die vorliegende Dissertation kann die mannigfaltigen dogmatischen und methodischen Fragen, die um das Institut der Wissenszurechnung an sich bereits kreisen, nicht mit der wissenschaftlich gebotenen Tiefe erörtern.

---

388 BayObLGZ 1992, 344, 349.

389 S. einzig Münzel, NJW 1997, 112, 113, näher dazu unten § 7 B IX 3b.

390 Dubischar, DNotZ 1993, 419, 428; Rossak, ZEV 1996, 41, 45.

391 Seit BayObLGZ 1992, 344; Dahlem/Giese/Igl/Klie, HeimG, § 14/ Rn. 37; Gitter/Schmitt, HeimG, § 14/ VIII 2; Kunz/Butz/Wiedemann, HeimG, § 14/ Rn. 24; LPK-Plantholz, HeimG, § 14/ Rn. 8.

392 Rossak, ZEV 1996, 41, 45.

393 Rossak, ZEV 1996, 41, 45; in diese Richtung ist auch Dubischar, DNotZ 1993, 419, 428 zu verstehen, wenn er auf die Neigung zur Umgehung abstellt; vgl. allg. Waltermann, AcP 192 (1992), S. 181, 191 ff, nach dessen Ansicht die Frage der Zurechnung anhand von Sinn und Zweck der Norm zu klären sei, die ein Wissen für erheblich erklärt.

Es sei in diesem Zusammenhang auf die Darstellung bei Baum, „Die Wissenszurechnung“, hingewiesen, welche diese Fragen eingehend untersucht und die bei § 14 HeimG vorliegende Sachverhalte unter der Fallgruppe der sogenannten „handlungsunabhängigen Zurechnung des Wissens einer Hilfsperson“ erfasst.[394]

3. Einzelfragen

Anknüpfend an den hierzu aufgestellten Maßstäben des BayObLG sollen nun dabei auffallende Einzelfragen näher untersucht werden.

a. Zurechnungsnorm

Die h.M. in Literatur und Rechtsprechung begründet die Wissenszurechnung im Rahmen von § 14 HeimG mit einer analogen Anwendung von § 166 Abs. 1 BGB.[395] Soweit eine Analogie zur Begründung angeführt wird, muss diese eine doppelte sein: der persönliche sowie der sachliche Anwendungsbereich müssen von einem rechtsgeschäftlich tätig werdenden Stellvertreter auf einen nur tatsächlich bestehenden Repräsentanten übertragen werden.[396]

Es ist anerkannt, dass in analoger Anwendung der persönliche Anwendungsbereich von § 166 Abs. 1 BGB auf jede Person übertragbar ist, die nach der Arbeitsorganisation des Geschäftsherrn dazu berufen ist, im Rechtsverkehr als dessen Repräsentant bestimmte Aufgaben in eigener Verantwortung zu erledigen und die dabei anfallenden Informationen zur Kenntnis zu nehmen und gegebenenfalls weiterzugeben.[397]

Sachlich kann der Anwendungsbereich auf alle Sachverhalte übertragen werden, in denen derjenige, der einen anderen mit der Erledigung bestimmter Angelegenheiten in

[394] Zu diesem Begriff s. Baum, S. 49, 92 ff.: hiermit werden die Fallgestaltungen erfasst, in denen das Wissen einer Hilfsperson an sich rechtserheblich ist, ohne dass gehandelt werden muss. Diese Fallgruppe ist nach der oben angenommenen Lösung für § 14 HeimG relevant, da bereits allein die bloße Kenntnisaufnahme und das korrespondierende innere Einverstandensein den Tatbestand im Rahmen von Testamenten auslösen können. Folgt man der Ansicht, die ein Doppelwissen und die entsprechende Äußerung des Einverstandenseins fordert, so wäre nach der Eingruppierung Baums für die Zurechnung ebenfalls diese Fallgruppe relevant, wenn nicht die Hilfsperson, sondern der Geschäftsherr selbst oder eine andere Hilfsperson eine Handlung vornimmt. Für eigene Handlungen der kenntniserlangenden Hilfsperson soll die Gruppe der sogenannten „handlungsabhängigen Zurechnung des Wissens einer Hilfsperson“ richtiger Anknüpfungspunkt sein, da hier das Wissen einer Hilfsperson für die Bestimmung der Rechtsfolgen einer Handlung dieser Person relevant ist, s. dazu Baum, S. 49 ff.

[395] Vgl. nur BayObLGZ 1992, 344, 348; Rossak, ZEV 1996, 41, 45.

[396] Zu dieser systematischen Aufspaltung des Tatbestandes s. etwa Staudinger-Schilke, BGB, § 166/ Rn. 3 ff, 8 ff.

[397] BGHZ 117, 104, 106 f (dort wurde beim Verkauf eines mangelhaften Grundstücks durch eine Gemeinde das Wissen eines Sachbearbeiters des mit dem Verkauf nicht befassten Bauaufsichtsamtes nicht zugerechnet); Baum, S. 49 ff; Staudinger-Schilke, BGB, § 166/ Rn. 5.

eigener Verantwortung beauftragt, sich das in diesem Rahmen erlangte Wissen des anderen zurechnen lassen muss.[398]

Eine Vertretungsmacht ist nicht erforderlich, ebenso wenig eine Bestellung zum „Wissensvertreter", so dass allein objektive Merkmale entscheidend sind, ein Wille dazu ist unbeachtlich.[399]

Um diese Grundsätze im Einzelfall gerecht anzuwenden, ist nach der Rechtsprechung des BGH unbedingt zu beachten, dass die Wissenszurechnung nicht eine Sache von „logisch-begrifflicher Stringenz", sondern eine Sache von „wertender Betrachtung" ist.[400]

Mit dieser prägnanten Äußerung trifft das Gericht den Kern aller Zurechnungsfälle. Denn wann im Einzelfall eine Zurechnung zu erfolgen hat, kann nur unter Berücksichtigung der dortigen Besonderheiten, insbesondere nach den dort zur Geltung kommenden Normzwecken, ermittelt werden.

Deswegen ist den Ansichten zuzustimmen, welche betonen, dass die Frage, ob die Kenntnis von Mitarbeitern zuzurechnen ist, nur in konkreter Anknüpfung an die Zwecke von § 14 HeimG zu lösen ist.[401]

Mit dieser Maßgabe der beachtlichen Wertungsentscheidung stellen sich nun im Hinblick auf die in §14 HeimG geltenden Schutzzwecke im Rahmen der Wissenszurechnung Einzelfragen, die im Zusammenhang mit § 14 HeimG kaum näher untersucht wurden.

b. Subjektive/objektive Betrachtungsweise - Irrtumssituationen

Die für die Wissenszurechnung maßgebende Entscheidung des BayObLG[402] enthält eine Diskrepanz: während im Leitsatz eine objektive Formulierung gewählt wurde, betont das Gericht im Rahmen der Urteilsbegründung, dass maßgebend für eine Zurechnung die Sicht des Heimbewohners sei, damit eine subjektive Betrachtungsweise die richtige sei.[403]

Auf diese Diskrepanz ging Münzel ein und sprach sich gegen einen subjektiven Ansatz aus.[404] Seiner Argumentation nach würde ansonsten der Anwendungsbereich von § 14 HeimG ins Uferlose ausgedehnt werden. Demgegenüber sei jedoch allein der zum Ausdruck kommende Wille des Gesetzgebers entscheidend, und dieser sei in § 14 HeimG ein objektivierter Wille.[405]

---

[398] BGHZ 83, 293, 296 (dort wurde das Wissen der Ehefrau, der Kontovollmacht erteilt worden war, im Falle der Rechtsgrundlosigkeit einer Überweisung dem Ehemann als Vollmachtgeber und Kontoinhaber zugerechnet); Baum, S. 49 ff.

[399] BGHZ 117, 104, 107; Richardi, AcP 169 (1969), 385, 398.

[400] BGH, DNotZ 1991, 122, 123; hierzu auch Dubischar, DNotZ 1993, 419, 428.

[401] Im Ergebnis ebenso Dubischar, DNotZ 1993, 419, 428; Rossak, ZEV 1996, 41, 45; Waltermann, AcP 192 (1992), S. 181, 191 ff.

[402] BayObLGZ 1992, 344 ff.

[403] BayObLGZ 1992, 344, 349.

[404] Münzel, NJW 1997, 112, 113; soweit ersichtlich, hat sich außer ihm noch niemand hiermit auseinandergesetzt.

[405] Münzel, NJW 1997, 112, 113 mwN auf die Rechtsprechung des BVerfG.

Nach der oben erarbeiteten Ansicht, dass das erforderliche Einverständnis zwischen Heimbewohner und Bedachtem auch mittels einseitiger innerer Kenntnisnahme und Billigung verwirklicht werden kann[406], wird sich die Frage nach einer möglichen subjektiven Betrachtungsweise nicht stellen. Denn ausreichend wird es im Prozess sein, allein diese eine Kenntnis und Billigung auf Seiten des Bedachten nachzuweisen bzw. festzustellen.

Auf die Wissens- und Kenntnislage auf Seiten des Heimbewohners kommt es dann gar nicht mehr an, so dass auch eine subjektive Betrachtung nicht relevant werden kann.

Nach der hier vertretenen Ansicht kann damit allein eine objektive Betrachtung maßgeblich sein; zu untersuchen ist damit, ob der Mitarbeiter, dessen Wissen dem Bedachten zugerechnet werden soll, tatsächlich diesen repräsentiert und ob er tatsächlich auf die konkrete Lebenssituation des Heimbewohners Einfluss nehmen kann.

Geht man nun von dem Ansatz des BayObLG aus, dass eine Doppelkenntnis und ein entsprechendes Einverständnis bestehen muss, wird es im Prozess erheblich werden, ob auf Seiten des Heimbewohners die Kenntnis um das Wissen des Bedachten bejaht werden kann. Im Rahmen der Zurechnung muss damit der Heimbewohner von der Kenntnis des Bedachten ausgehen, die von einem Mitarbeiter, der den Bedachten repräsentiert und die Möglichkeit zur Einflussnahme hat, vermittelt werden kann.

Damit wird die Wissenslage des Heimbewohners prozessual relevant.

Wenn auf die Wissenslage des Bewohners abzustellen ist, ergibt sich die Problematik, welche Lösung bei einem Sachverhaltsirrtum auf Seiten des Bewohners zu wählen ist. Was soll also gelten, wenn der Heimbewohner fälschlicherweise davon ausgeht, dass der Mitarbeiter, der von dem Bedenken Kenntnis hat, den Bedachten repräsentiert oder Einfluss auf seine konkrete Lebenslage nehmen kann?[407]

In einer solchen Situation fallen objektive Sachverhaltslage und das subjektive Vorstellungsbild auseinander.

Der subjektive Ansatz des BayObLG umfasst auch diese geschilderten Irrtumsfälle, was zu einer Anwendung von § 14 HeimG führen würde. Bei objektiver Betrachtung würden Irrtumsfälle aus dem Anwendungsbereich herausfallen.

Für eine subjektive Betrachtungsweise spricht, dass der Anwendungsbereich weitgefasst wäre und somit umfassenden Schutz gewähren würde. Fühlt der Heimbewohner sich in seiner Testierfreiheit beschränkt, so tritt trotz Irrtumslage dennoch eine faktische Beeinträchtigung auf seiner Seite ein.[408]

Fraglich ist jedoch, ob § 14 HeimG auch die Irrtumsfälle erfassen wollte. Stellt man hierzu auf die Gesetzesbegründung ab, ergeben sich keine Hinweise dazu.

Betrachtet man die betroffenen Schutzbelange im Irrtumsfall, zeigt sich, dass keine Gefahr der Ungleichbehandlung besteht und keine Gefahr einer finanziellen Ausnutzung seitens des Bedachten; bleibt allein die Testierfreiheit, die im Irrtumsfall - wohl -

---

406 S. § 7 B VIII 2c.

407 Zur Möglichkeit einer Anfechtung im Falle eines Irrtums über die Trägerschaft BayObLG, FamRZ 2003, 1882, § 7 B XIII 3.

408 In diese Richtung geht die Ansicht Steins, S. 76 ff, wonach bereits die Heimsituation an sich zu einer „faktischen Nötigung“ und zu subjektiven Zwangsgefühlen bei den Bewohnern führe.

faktisch beeinträchtigt ist. Der Bewohner befürchtet Nachteile für sich, falls er den Heimträger etc. nicht bedenkt.

Entscheidend ist daher die Wertung, wem das Risiko eines Sachverhaltsirrtums innerhalb der Zurechnungskette zuzurechnen ist. Trägt dieses Risiko der Bedachte, obwohl von seiner Seite keine Verletzung der Schutzbelange zu befürchten ist? Oder trägt dieses Risiko, von falschen Tatsachen auszugehen, der Heimbewohner?

Münzel ist zuzustimmen, wenn er für die Beantwortung dieser Frage auf den Willen des Gesetzgebers abstellt; denn entscheidend ist, welche Zwecke § 14 HeimG verfolgt. Nach der Begründung des Gesetzgebers zu § 14 HeimG sollen tatsächliche Ausnutzungen oder finanziell motivierte Ungleichbehandlungen vermieden und die Testierfreiheit bewahrt werden.[409]

Ein subjektiver Ansatz ist hierbei nicht zu erkennen.

Es muss auch beachtet werden, dass grundsätzlich das Risiko eines Sachverhaltsirrtums im Rahmen von Rechtsgeschäften der Irrende zu tragen hat. § 119 Abs. 2 BGB ist hierfür Ausdruck, wonach der Erklärende sich auch an einer unter falschen Vorstellungen abgegebenen Willenserklärung zunächst an ihr festhalten lassen muss, ihm aber die Möglichkeit zur Anfechtung eingeräumt wird, wobei hier wiederum eine Schadensersatzpflicht nach § 122 BGB eintreten kann. Im Erbrecht gewährt § 2078 BGB zwar nicht dem Erblasser, aber Dritten die Möglichkeit, auch eine letztwillige Verfügung aufgrund eines Sachverhaltsirrtums anzufechten. Dem Erblasser selbst stände jederzeit der Widerruf zur Verfügung, §§ 2253 ff BGB.

Es zeigt sich eine allgemein gültige Risikoverteilung auf, wonach es dem Gegenüber nicht zugemutet werden kann, für Vorstellungen, die der Gedankenwelt des Erklärenden entspringen, einzustehen und Nachteile daraus hinzunehmen, obwohl er auf diese Vorstellungen keinen Einfluss genommen hat.

Im Ergebnis muss sich daher auch der Heimbewohner so behandeln lassen, als hätte er den Sachverhalt richtig erkannt. Es hat daher keine Zurechnung stattzufinden, wenn der Heimbewohner sich in einem Sachverhaltsirrtum über die Qualifikation des wissenden Mitarbeiters als Zurechnungssubjekt irrt.

Zu diesem Ergebnis gelangt man mittels Anwendung der allgemein gültigen Risikoverteilung, wie sie in den Bestimmungen des BGB zu erkennen ist.

Weiter zu fragen bleibt, ob von § 14 HeimG eine andere Risikoverteilung gefordert wird.

Aufschluss können hierfür wieder die Schutzbelange von § 14 HeimG geben. Entscheidend ist es, ob allein die Heimsituation an sich es rechtfertigen kann, die Heimbewohner stärker vor ihren Irrtümern zu schützen als andere Testierende, die sich ihre Sachverhaltsirrtümer ja zurechnen lassen müssen.

Für eine solche Annahme lassen sich jedoch keine Gründe erkennen, zumal § 14 HeimG nicht Schutzgesetz für die irrigen Vorstellungen der Heimbewohner ist, sondern finanziell motivierte Ungleichbehandlungen und Ausnutzung, auch im Wege eines testamentarischen Bedenkens verhindern will.

---

[409] BT-Drs. 11/ 5120, S. 17; die gleiche Wertung stellt Rossak, ZEV 1996, 41, 45 an, auch er stellt auf den Normzweck für Fragen der Zurechnung ab.

Im Ergebnis muss damit auf diesen objektiven Schutzzweck abgestellt werden; zuzurechnen ist daher die Kenntnis derjenigen Mitarbeiter, die tatsächlich den Bedachten im Heim repräsentieren und die tatsächlich auf die konkrete Lebenssituation des Heimbewohners Einfluss nehmen können.

c. Nur dienstliche Kenntniserlangung zurechenbar?

Allgemein wird im Rahmen möglicher Zurechnung vertreten, dass nur dienstlich erlangtes Wissen zurechenbar sei.[410]

Damit würden die Fälle nicht erfasst werden, in denen etwa ein Pfleger in seiner Freizeit den Heimbewohner besucht und dort beispielsweise von der Einsetzung etwa des Heimträgers Kenntnis erhielte.

Die Berücksichtigung der Schutzbelange von § 14 HeimG, die hier maßgebend sind, rechtfertigen jedoch keine derartige Einschränkung. Entscheidend ist wiederum, in welchen Fällen eine Gefahr für die Schutzbelange der Heimbewohner bestehen kann. Dies ist aber nicht nach rechtlichen, sondern nach tatsächlichen Verhältnissen zu beurteilen, so dass auch privat erlangtes Wissen zurechenbar sein muss. Ferner sieht auch § 166 BGB selbst keine Einschränkung auf dienstlich erlangtes Wissen vor.[411]

d. Abstrakte Bestimmbarkeit der Wissensvertreter

Eine abstrakte Definition des Personenkreises, bei dem eine Zurechnung in Betracht kommen kann, gestaltet sich aufgrund der stets unterschiedlich gelagerten Einzelfälle schwierig.[412]

Stellt man für eine Wissenszurechnung im Rahmen von § 14 HeimG auf die entscheidenden Merkmale des Wissensvertreters in seiner Funktion als Ansprechpartner und der Möglichkeit zur Einflussnahme ab, so können zumindest zwei Gruppen voneinander getrennt werden.

Auf jeden Fall zugerechnet werden können der Heimleiter sowie die Personen, die im jeweiligen Pflegebereich des betroffenen Heimbewohners tätig sind. Auf jeden Fall nicht zurechenbar ist dagegen die Kenntnis von Mitarbeitern mit nur verwaltender, „untergeordneter" Tätigkeit, wie der Hausmeister, die Putzfrau oder der Pförtner.

e. Unterscheidung nach Verbotsadressat

Nachdem die ergangene Rechtsprechung zur Problematik der Zurechnung sich immer mit einer Bedenkung des Heimträgers zu beschäftigen hatte, § 14 Abs. 1 HeimG, ist zu überlegen, ob bei einer Bedenkung des Heimleiters, Mitarbeiters oder sonstigen Beschäftigten, § 14 Abs. 5 HeimG, andere Zurechnungsmaßstäbe heranzuziehen sind.

---

410 Baum, S. 78 mwN.

411 Dazu Baum, S. 81 ff.

412 In diesem Licht ist die Aussage des BGH zu sehen, wonach die Wissenszurechnung nicht Sache „logisch-begrifflicher Stringenz" sein kann, sondern vielmehr Sache „wertender Beurteilung" sei, BGH, DNotZ, 1991, 122, 123.

Teilweise wird angenommen, dass für diesen Adressatenkreis die Zurechnungsproblematik keine Rolle spielen könne.[413]

Jedoch kann sich auch der Heimleiter, der im Falle einer Trägerschaft durch eine natürliche Person mit dem Träger identisch ist[414], eines oder mehrerer Mitarbeiter bedienen. Und auch ein Mitarbeiter oder sonstiger Beschäftigter kann seinerseits Mitarbeiter haben, die für ihn als Ansprechpartner der Heimbewohner fungieren. Beispielhaft sei hier der Stationsleiter, die Schwester Oberin oder Pflegedienstleiter genannt.

Es ist jedoch kein Grund ersichtlich, warum für den Adressatenkreis des § 14 Abs. 5 HeimG andere Maßstäbe gelten sollten als die im Rahmen von § 14 Abs. 1 HeimG von der Rechtsprechung herausgearbeiteten.

Damit kann im Falle eines Bedenkens des Heimleiters etc. auf die bei § 14 Abs. 1 HeimG geltenden Maßstäbe zurückgegriffen werden.

4. Ergebnis

Aufgrund der heutigen weitgefächerten Organisationsstrukturen innerhalb der Heime kommt der Wissenszurechnung im Rahmen von § 14 HeimG eine erhebliche Bedeutung zu. Mit den von der Rechtsprechung aufgestellten Maßstäben unter analoger Anwendung von § 166 BGB können die relevanten Sachverhalte wirksam erfasst werden, allerdings ist ein objektiver Maßstab zur Ermittlung der Zurechnungskriterien anzunehmen.

Aufgrund der verschiedenen möglichen Konstellationen wird es im Ergebnis stets auf den jeweiligen Einzelfall ankommen, ob eine Wissenszurechnung angenommen werden kann. Eine Wissenszurechnung ist dabei nicht nur auf dienstlich erlangtes Wissen beschränkt. Ebenso gelten für die verschiedenen Verbotsadressaten in § 14 Abs. 1 und Abs. 5 HeimG die gleichen Maßstäbe.

X. Feststellung der Kenntnis und Billigung[415]

1. Problematik

Unabhängig davon, ob man nach der oben erarbeiteten Lösung annimmt, dass bereits einseitige Kenntnis und Billigung auf Seiten des Bedachten ausreicht, um einen Verstoß gegen § 14 HeimG bejahen zu können, oder ob man eine Doppelkenntnis und entsprechendes - zumindest aus den Umständen erkennbares - Einvernehmen zwischen Heimbewohner und Bedachtem fordert, ist beiden Ansichten gemein, dass ohne Kenntnis des Bedachten eine Verletzung von § 14 HeimG nicht in Betracht kommen kann.[416]

---

[413] Ostlinning, S. 29.

[414] S. § 7 B IV 1 b.

[415] Im Folgenden wird sich die Erörterung auf die Ermittlung der Kenntnis beschränken; für den Nachweis der mit der Kenntnis zusammengehörenden Billigung gelten die erörterten Aspekte zur Kenntnis entsprechend. Von einer gesonderten Erörterung wird abgesehen, um Wiederholungen zu vermeiden.

[416] A.A. Stein, S. 68 ff, 73; vgl. hierzu auch bereits die Ausführungen unter § 7 B VII 1c.

Im Verfahren vor Gericht wird es deswegen entscheidend darauf ankommen, ob auch prozessual vom Vorliegen der Kenntnis ausgegangen werden kann. Dabei gelten im Rahmen eines Erbscheinsverfahrens die Grundsätze zur Amtsermittlung, § 2358 BGB, § 12 FGG. Das Nachlassgericht hat alle Erkenntnisquellen auszunutzen, ohne an die Erklärungen der Beteiligten noch an die von diesen erbrachten Beweismittel gebunden zu sein.[417] Im streitigen Verfahren sind dagegen die Grundsätze des ZPO-Verfahrens zu beachten, in welchem anders als im FGG-Verfahren kein öffentliches Interesse besteht, die Wahrheit zu ermitteln. Die Parteien unterliegen dem Verhandlungsgrundsatz, nach dem sie zur Beibringung des Tatsachenstoffs verpflichtet sind, und das Gericht Tatsachen, die nicht vorgetragen sind, nicht berücksichtigen darf, außer wenn sie Folge eines Erfahrungsgrundsatzes sind.

a. Kenntnis

Nicht ganz zu klären ist bereits, was „Kenntnis" genau bedeutet. Gemeinhin wird sie nach einer allgemeinen Definition von v. Tuhr als „Vorstellung einer Tatsache als eine sicher vorhandene" verstanden.[418] Dass dieser geistige Zustand einer Person dabei vor den Augen der Umwelt verborgen bleibt, und somit ein Nachweis sich erheblichen Schwierigkeiten auf tatsächlicher Ebene ausgesetzt sieht, war dem Gesetzgeber bei der Schaffung der Zivilprozessordnung bewusst. Die Möglichkeit einer freien Beweiswürdigung sollte dem als Ausgleich dienen, wonach der Richter nach seiner freien Überzeugung ohne Bindung an feste Beweisregeln über das Ergebnis der von ihm getroffenen Feststellungen entscheidet.[419]

Im Allgemeinen wird der Nachweis der Kenntnis daher regelmäßig nur durch einen Indizienbeweis, einen indirekten Beweis möglich sein. Dieser ist auf tatbestandsfremde Tatsachen gerichtet, aus denen der Schluss auf das Vorliegen oder Nichtvorliegen eines Tatbestandsmerkmals gezogen wird. Der Indizienbeweis ist überzeugungskräftig, wenn andere Schlüsse aus den Indiztatsachen ernstlich nicht in Betracht kommen. In diesem Zusammenhang wird auf Erfahrungssätze zurückgegriffen, mithin auf Regeln, in denen die Summe der Ergebnisse gezogen wird, welche bei der Beobachtung typischer Geschehensabläufe immer wieder festgestellt wurden.[420]

Medicus ging aufgrund dieser Tatsache zu einer neuen Definition von „Kenntnis" über: Nach ihm soll Gegenstand der Feststellung, ob Wissen vorhanden sei, nicht die innere Tatsache realen Wissens sein, sondern bloß deren wahrscheinliches Vorliegen unter typischen Verhältnissen.[421]

---

[417] Näher bereits § 7 B V 3.

[418] Baum, S. 194 unter Hinweis auf v. Tuhr, Der Allg. Teil des Deutschen Bürgerlichen Rechts II 1, S. 130, (1914).

[419] Baum, S. 202 mit Nachweis auf die Protokolle VI § 222 (Protokolle der deutschen Civilprozeß-Commission, Bd. 6, 1863, Hannover); Keidel/Kuntze/Winkler-Schmidt, FGG, § 12/ Rn. 207.

[420] Baum, S. 202; Schneider, Rn. 332; Thomas/Putzo-Reichold, ZPO, Vorbem § 284/ Rn. 11, 15; näher zu Erfahrungssätzen in § 7 B V 3 c bb (2).

[421] Baum, S. 195 mwN.

Ob diese Definition von Medicus richtig ist, kann hier nicht näher untersucht werden.[422] Trotz allem wird die Notlage erkennbar, in der sich die Gerichte bzw. die beweispflichtigen Parteien befinden: Die Feststellung eines inneren Gedankenbildes ist der Außenwelt unmittelbar verschlossen, sie muss auf außenstehende Hinweise ausweichen.

Dargestellt an § 14 HeimG im Anwendungsbereich von Testamenten ergibt sich, dass es hier dem Bedachten - wie in anderen Fällen der Kenntnis dem jeweiligen Kenntnisträger - möglich sein kann, durch Stillschweigen über seine Kenntnis, die an sich bestehende Nichtigkeit nach § 14 HeimG prozessual zu Fall zu bringen.

Mit Eintritt des Erbfalls steht der Heimbewohner als Zeuge nicht mehr zur Verfügung, das Gericht bzw. die Parteien werden sich auf andere Indizien - etwa weitere Zeugen oder Briefe - stützen müssen.

b. Verzicht auf Kenntnis

Zwar könnte der Bedachte selbst zur Zeugenvernehmung herangezogen werden, womit er, falls er entsprechende Auskunft gäbe, sogar selbst den Beweis über die innere Tatsache liefern könnte.

Insgesamt ist die Beweissituation im Rahmen von § 14 HeimG jedoch nicht befriedigend.

Man könnte aufgrund dieser Schwierigkeiten zu dem Schluss gelangen, dass § 14 HeimG im Ergebnis leer laufe, insbesondere wenn der Bedachte bzw. der Bedachte und der Heimbewohner in Umgehungsabsicht sich geschickt stillschweigend verhalten, um den Nachweis der Kenntnis bewusst zu vereiteln.

Es könnte auch sein, dass der Heimbewohner durch wahrheitswidrige ausdrückliche Erklärungen dem beurkundenden Notar gegenüber angibt, er habe nicht und werde auch nicht mit dem Bedachten oder einem Wissensvertreter über das Bedenken sprechen.[423]

Deswegen wird in der Literatur vorgeschlagen, auf das Element der Kenntnis des Bedachten vollständig zu verzichten, und alle testamentarischen Zuwendungen vom Verbot nach § 14 HeimG zu erfassen.[424] Begründet wird diese Lösung damit, dass mit der Forderung nach der Kenntnis des Bedachten durch eine Stillschweigetaktik Umgehungsmöglichkeiten geschaffen werden würden, deren sich die Beteiligten in einfacher Weise bedienen könnten.[425]

---

[422] Ausführlich tut dies Baum, S. 195 ff.

[423] So zuletzt Gegenstand von BayObLG, NJW-RR 2004, 1591; im Rahmen der notariellen Testamentserrichtung werden die Heimbewohner auch auf § 14 HeimG hingewiesen und ein so oder ähnlich lautender Passus in die Urkunde aufgenommen: „Der Notar hat den Testator darauf hingewiesen, dass die Erbeinsetzung wegen Verstoßes gegen das Heimgesetz nichtig sein kann. Der Testator erklärt hierzu, dass der Eingesetzte von seiner Bedenkung keinerlei Kenntnis habe", Langenfeld, Testamentsgestaltung, § 1 II 1/ Rn. 5.

[424] Stein, S. 68 ff, 73.

[425] Stein, S. 75; ähnlich kritisiert Dubischar, DNotZ 1993, 419, 427 derartige „Schweigeprämien"; dass dies im Ergebnis zu weit führt, zeigt sich bereits an der oben § 7 B VII 1c erörterten Auslegung von § 14 HeimG, die sich an den Schutzzweckbelangen zu orientieren hat.

c. Stellungnahme

Dieser Ansicht ist zuzugeben, dass tatsächlich Schutzbehauptungen nahe liegen, wenn von der Beantwortung der Frage nach der Kenntnis der Erwerb oder Nichterwerb einer Zuwendung abhängt, insbesondere dann, wenn der Bedachte davon ausgehen kann, dass ihm bei einem Stillhalten niemand „auf die Schliche" kommen könne. Jedoch spricht gegen die Behauptung, § 14 HeimG würde leer laufen, der „Erfolg" der Rechtsprechung, mittels weiterer Beweismittel äußere Umstände würdigen zu können und so doch das Vorliegen der Kenntnis zu ermitteln.[426] Allerdings ist dem zu entgegnen, dass nicht bekannt ist, wie hoch die „Dunkelziffer" der - möglicherweise gerade aufgrund einer guten Taktik - unerkannten Verstöße gegen § 14 HeimG ist.

In der Literatur zu § 14 HeimG wird die Beweisproblematik um die Kenntnis öfter angesprochen, es wird auch gefordert, „dass keine allzu hohen Anforderungen an die Beweisführung gestellt werden dürfen", um die materielle Gerechtigkeit aufrechterhalten zu können.[427] Es stellt sich damit die Frage, ob die im Regelfall geltende Verteilung der Beweislast bzw. Feststellungslast auch im Rahmen von § 14 HeimG zu gerechten bzw. hinnehmbaren Ergebnissen führt, oder ob eine andere Handhabung nötig oder ratsam ist. Entscheidend wird sein, zu wessen Lasten sogenannte „non-liquet"-Fälle gehen sollen.

Die Nachweisproblematik hinsichtlich der Kenntnis des Bedachten ist insoweit vergleichbar zu der bereits erörterten Problematik hinsichtlich des Nachweises des Ursachenzusammenhangs.[428] Dort geht die Rechtsprechung zum Zwecke der Beweiserleichterung von einer Vermutung des Vorliegens des Ursachenzusammenhanges aus, welche prozessual nach der hier vertretenen Ansicht als Anscheinsbeweis zu werten ist.

Im Folgenden wird deshalb untersucht, ob es auch zum Nachweis der Kenntnis geboten sein kann, eine Umkehr der Feststellungslast oder einen Anscheinsbeweis anzunehmen, um somit den Forderungen der Literatur, nach einer materiellen Gerechtigkeit nachkommen zu können. Vorwegzunehmen ist bereits, dass sich die hier untersuchte Problematik der Verteilung der Feststellungslast in Fällen mit einer Relevanz einer Kenntnis immer ergibt, und es sich um kein im Rahmen von § 14 HeimG spezifisches Problem handelt.

2. Feststellungslast für Kenntnis

Im Folgenden wird zur Klärung dieser Frage zunächst die allgemein gültige Verteilung der Feststellungslast im Rahmen des Kenntnisnachweises dargestellt werden. Zudem werden auch die Anforderungen, die an die Indizien gestellt werden, anhand der zu § 14 HeimG ergangenen Rechtsprechung dargestellt.

---

[426] Vgl. etwa BayObLG, NJW-RR 2004, 1591.
[427] Brox, S. 17, 22; Dubischar, S. 419, 428; Groll-Esser, B II Rn. 42; Korbmacher, S. 146; Petto, S. 30.
[428] S. § 7 B V 3.

a. Generelle Verteilung

Zunächst ist festzuhalten, dass nach allgemeinen Regeln im Rahmen von § 14 HeimG derjenige, der die Nichtigkeit des Testaments geltend macht, die Feststellungslast für die Nichterweislichkeit der Kenntnis trägt.

b. Anforderungen der Rechtsprechung

Anhand der zu § 14 HeimG ergangenen Rechtsprechung kann grob erkannt werden, welche Tatsachen die Gerichte auf jeden Fall, welche auf keinen Fall zur Feststellung der Kenntnis ausreichen lassen. Es traten des öfteren Sachverhalte auf, in denen der Bedachte bei der notariellen Testamentserrichtung anwesend war.[429] Hierbei konnte die Kenntnis des Bedachten ohne weiteres zumindest durch die Zeugenvernehmung des beurkundenden Notars ermittelt werden, soweit sie nicht bereits eingeräumt worden war.

Des Weiteren übergaben die testierenden Heimbewohner ihre errichteten Testamente zur Verwahrung in einem unverschlossenen Umschlag an den Bedachten oder einen Wissensvertreter, welcher das Testament auch las.[430]

Aus den hierzu ergangenen Entscheidungen lässt sich herauslesen, dass allein die Tatsache der Übergabe eines unverschlossenen Umschlages noch nicht ausreicht, um einen Schluss auf das Vorliegen der Kenntnis zuzulassen. So erklärte das BVerwG ausdrücklich, dass es keinen Erfahrungssatz gibt, dass derjenige, der Schriftstücke offen verwahrt, auch den Inhalt zur Kenntnis nimmt.[431]

Insoweit ist es auch konsequent, dass sodann die Übergabe eines verschlossenen Umschlages zur Verwahrung an den Bedachten oder einen Wissensvertreter ebenfalls keinen Schluss auf die Kenntniserlangung zulässt.[432]

Im Ergebnis treten in der Praxis erkennbare Fallgruppen im Rahmen von § 14 HeimG auf, dennoch können diese nicht allumfassend verallgemeinert werden, wie sich auch an einer aktuellen Entscheidung des BayObLG zeigt. Dort war keine der gerade genannten Sachverhaltskonstellationen gegeben, die Feststellung der Kenntnis konnte allein über den Briefkontakt der Heimbewohnerin mit dem Bedachten sowie dessen Verhalten erbracht werden.[433]

Entscheidend waren dort wie so oft die konkreten Umstände des Einzelfalls, auf allgemeine Erfahrungssätze stützte das Gericht sich nicht.

---

429 OVG Berlin, OVGE Bln. 20, 119; BayObLGZ 92, 344; KG Berlin, NJW-RR 1999, 2.

430 BVerwG NJW 1990, 2268; BayObLG ZEV 2001, 121.

431 BVerwG NJW 1990, 2268; daher kann auch die bloße Möglichkeit der Kenntniserlangung nicht genügen, § 7 B VIII 4b.

432 BayObLG, FamRZ 1992, 975; ebenso Gitter/Schmitt, HeimG, § 14/ VIII 2, die jedoch die Entscheidung des BayObLG entgegengesetzt deuteten und von der Bejahung der Kenntnis durch das Gericht ausgingen.

433 BayObLG NJW-RR 2004, 1591.

3. Möglichkeiten einer Erleichterung

Mit Blick auf die Vermutungsregel hinsichtlich des Ursachenzusammenhanges ist nun auch für den Nachweis der Kenntnis zu untersuchen, ob eine Umkehr der Feststellungslast oder eine Beweiserleichterung im Wege des Anscheinsbeweises möglich ist.

a. Umkehr der Feststellungslast

Die bereits oben[434] vorgenommene allgemeine Darstellung der Voraussetzungen einer Umkehr der Feststellungslast zeigte, dass eine solche bislang von der Rechtsprechung nur in vereinzelten wenigen Fallgruppen entwickelt wurde, welche zudem sämtlich im Bereich der Schadensersatzhaftung angesiedelt waren. Ferner wurde sie abgesehen von dem Sonderfall der Beweisvereitelung nur für die Frage der Kausalität und des Verschuldens entwickelt; kein Gegenstand bisheriger Umkehr der Feststellungslast war die Feststellung innerer Tatsachen oder individueller Willensvorgänge.

Die Annahme einer Umkehr der Feststellungslast würde im Rahmen von § 14 HeimG dazu führen, dass es zu Lasten des Bedachten ginge, wenn nicht festgestellt werden könnte, ob er Kenntnis von dem Bedenken zu Lebzeiten des Erblassers erlangt hätte. Das Gericht müsste demnach von dem Fehlen der Kenntnis überzeugt sein. Ferner würde das Risiko der Nichtaufklärbarkeit auf den Bedachten verlagert werden, worin eine Abkehr von der Grundregel läge, dass die rechtsvernichtenden Tatsachen - damit auch die Kenntnis - von demjenigen nachzuweisen wären, der dem Bedachten das Erbrecht streitig machen will.[435] Da dieser Grundregel bereits Wertungen des Gesetzgebers zu Grunde liegen, bedarf es höherrangiger weiterer Wertungen zur Rechtfertigung einer Abkehr hiervon.

Derartige Wertungen können Risikozuweisungen aufgrund des betroffenen Gefahrenbereichs sein, wobei dennoch stets eine umfassende Interessenabwägung anhand der in der Rechtsordnung zum Ausdruck kommenden Wertmaßstäbe stattfinden muss, insbesondere dürfen die Grundrechte nicht vernachlässigt werden.

Es ist erneut hervorzuheben, dass der Bereich der inneren Tatsachen bereits an sich das Problem der Nachweisbarkeit in sich trägt, der Gesetzgeber aber keine Beweisregeln dafür schuf, sondern sich auf die Möglichkeit zur freien Beweiswürdigung verlassen wollte.[436]

Bei § 14 HeimG sind auf Seiten des Erblassers die Schutzzwecke des Heimfriedens, des Schutzes vor finanzieller Ausnutzung sowie der Testierfreiheit in die Interessenabwägung einzubeziehen, auf Seiten des Bedachten sein Recht auf Erhalt und Behaltendürfen der Zuwendung.

---

[434] S. § 7 B V 3 c.

[435] § 14 HeimG würde dann so zu lesen sein: „Es ist dem Träger eines Heims/ Heimleiter... untersagt, sich von oder zugunsten von Bewohnern Geld- oder geldwerte Leistungen ... versprechen oder gewähren zu lassen, *es sei denn, er hatte im Falle einer letztwilligen Zuwendung zu Lebzeiten des Heimbewohners keine Kenntnis von der Zuwendung.*"

[436] Baum, S. 202 mit Nachweis auf die Protokolle VI § 222 (Protokolle der deutschen Civilprozeß-Commission, Bd. 6, 1863, Hannover).

Nicht beachtlich sind die Interessen der nachrangigen Erben, insbesondere der gesetzlichen Erben, da § 14 HeimG kein Schutzgesetz für diese darstellt. Zu betonen ist, dass § 14 HeimG nicht den Zweck verfolgt, generell letztwillige Zuwendungen zu untersagen.

Im Rahmen der Interessenabwägung muss auch der Rang der Testierfreiheit berücksichtigt werden, welche durch § 14 HeimG nur in verhältnismäßigem Umfang eingeschränkt werden darf. Dies veranlasste die Rechtsprechung auch dazu, überhaupt erst den Kenntnisvorbehalt einzuführen.

Diese Wertung, dass Testamente nur im Falle der Kenntnis von § 14 HeimG erfasst werden, würde aber ausgehebelt, würde im Wege einer Beweislastumkehr zunächst vom Bestehen der Kenntnis ausgegangen werden. Denn dann wäre zunächst die Nichtigkeit des Testaments die Ausgangslage, was aber dem Anliegen von § 14 HeimG - Zuwendungen nur kontrollierbar zu halten und nicht generell zu verbieten - widersprechen würde. Ferner würde dadurch die von der Rechtsprechung entwickelte Möglichkeit, § 14 HeimG im Wege der verfassungskonformen Auslegung vor der Verfassungswidrigkeit zu bewahren, zunichte gemacht werden. Denn praktisch beurteilt ist der Nachweis der Nichtkenntnis ebenso schwer wie derjenige der Kenntnis zu führen, der Bedachte ist nicht „näher dran" an der Sachverhaltsaufklärung.

Man muss somit zu dem Ergebnis gelangen, dass die Feststellungslast für die Kenntnis auch im Rahmen von § 14 HeimG dem nach der Grundregel beweisbelasteten Beteiligten auferlegt werden muss. Die Heimsituation an sich rechtfertigt insbesondere wegen des Grundrechts der Testierfreiheit keine hiervon abweichende Handhabung. Eine Ausweitung der Rechtsprechung, die eine Umkehr der Feststellungslast in den Bereichen der Ursächlichkeit und des Verschuldens entwickelt hat, auf den Bereich der Kenntnis ist damit nicht angezeigt.

b. Anscheinsbeweis

Verneint man eine Möglichkeit zur Umkehr der Feststellungslast, so könnten die dargestellten Beweisnöte immer noch im Wege eines Anscheinsbeweises überwunden werden.

Die Darstellung des Anscheinsbeweises ergab, dass ihre Grundlage typische Geschehensabläufe sind, die zur Bildung eines allgemeinen Erfahrungssatzes führen und allein aufgrund dieses Erfahrungssatzes den Schluss auf das Vorliegen eines zu klärenden Sachverhaltes zulassen. Ob ein entsprechender Erfahrungssatz auch hinsichtlich der Kenntniserlangung begründet werden kann, ist fraglich. Richtungsweisend könnte dafür die Tatsache sein, dass bisher die Rechtsprechung zum Nachweis der Kenntnis den Anscheinsbeweis weder im Allgemeinen[437] noch bei § 14 HeimG zugelassen hat, sondern auf die Umstände des Einzelfalls abstellte. Ebenso verneint die Rechtsprechung die Anwendbarkeit des Anscheinsbeweises im Bereich der individuellen Willensentschlüsse.[438]

[437] Nachweise hierzu bei Baum, S. 202, 198.

[438] Rosenberg/Schwab/Gottwald, ZPO, § 112/ Rn. 31; Stein/Jonas-Leipold, ZPO, § 286/ Rn. 117; Zöller-Greger, ZPO, vor § 284/ Rn. 32.

Für § 14 HeimG müssten deshalb ebenfalls typisierbare Geschehensabläufe erkennbar sein, um die Überzeugung vom Vorhandensein der Kenntnis des Bedachten zu bilden.

In der bisherigen Rechtsprechung zu § 14 HeimG traten des öfteren Sachverhalte auf, in denen der Heimbewohner einen unverschlossenen Umschlag dem Bedachten übergab mit der Bitte um Verwahrung. In dem Umschlag befand sich ein Testament des Heimbewohners zugunsten des Bedachten.[439] Die Rechtsprechung ließ die Tatsache der Übergabe des Testaments in einem unverschlossenen Umschlag für sich allein nicht ausreichen, um auf das Vorliegen der Kenntnis zu schließen. Das BVerwG sprach sich ausdrücklich gegen einen Erfahrungssatz aus, dass jemand, der ein Schriftstück offen verwahrt, dieses auch lesen würde.[440]

Erst recht konnte es nicht ausreichen, wenn der Bedachte das Testament in einem verschlossenen Umschlag verwahrte.[441]

Der Rechtsprechung muss zugestimmt werden. Es darf nicht zu voreilig das Vorliegen eines Anscheinsbeweises angenommen werden. Dies würde unter anderem die Gefahr begründen, dass der Anscheinsbeweis auf Gegebenheiten ausgedehnt wird, die ihm seinem Wesen nach - nämlich der Typizität - unzugänglich sind, insbesondere auf einmalige, individuelle Tatsachen, Gegebenheiten und Geschehensabläufe.[442] Ebenso würde die Gefahr bestehen, dass der Richter sich von der Pflicht zur konkreten Sachverhaltsermittlung freispräche und an Stelle der konkreten Beweiswürdigung unter Beachtung aller Umstände den einfacheren Weg des Anscheinsbeweises beschreiten würde.

Gerade im Bereich der inneren Tatsachen wie der Kenntnis ist es schwer, typische Geschehensabläufe festzustellen. Ob jemand tatsächlich Kenntnis - und nicht nur die Möglichkeit der Kenntnisnahme - erlangt, kann sich auf unterschiedlichsten Wegen ergeben, Schemen für typische Geschehensabläufe lassen sich nicht erkennen.

Die Anhaltspunkte aus der bisher ergangenen Rechtsprechung zeigen auf, dass die Tatsache der Übergabe eines unverschlossenen Umschlages kein Merkmal eines Erfahrungssatzes dergestalt ist, dass der Verwahrer vom Inhalt tatsächlich Kenntnis erlangt. Andernfalls würde das Erfordernis der Kenntnis aufgeweicht werden zu einer bloßen Möglichkeit der Kenntniserlangung; letztere ist jedoch im Rahmen von § 14 HeimG abzulehnen.[443]

Im Ergebnis muss festgehalten werden, dass es der Rechtsprechung weiterhin obliegen wird, die Feststellung der Kenntnis anhand der jeweiligen besonderen Umstände des Einzelfalles zu treffen, ohne auf einen Anscheinsbeweis zurückgreifen zu können.

---

[439] BVerwG, NJW 1990, 2268; BayObLG, ZEV 2001, 121.

[440] BVerwG, NJW 1990, 2268.

[441] BayObLG, FamRZ 1992, 975.

[442] Rosenberg/Schwab/Gottwald, ZPO, § 112/ Rn. 31; Schneider, Rn. 369; Stein/Jonas-Leipold, ZPO, § 286/ Rn. 117.

[443] S. § 7 B VIII 4 b.

4. Ergebnis zur Beweisnot

Die Nachweisproblematik, die sich im Bereich der Kenntnis ergibt, kann nicht im Wege einer Umkehr der Feststellungslast oder eines Anscheinsbeweises behoben werden.

Wenn in der Literatur gefordert wird, dass an die Beweisführung keine zu hohen Anforderungen gestellt werden dürfen, so kann dies nur durch die Beweiswürdigung der im Einzelfall vorhandenen Indizien oder anderer Beweismittel erreicht werden, alles andere würde die Grundwertung des Gesetzgebers leer laufen lassen. Es ist demnach z.B. richtig, in der Übergabe eines unverschlossenen oder verschlossenen Umschlages allenfalls ein Indiz zu sehen. Dies kann aber nicht mehr als eine Vermutung stützen, die ihrerseits keinesfalls zur Grundlage einer Überzeugung des Gericht erhoben werden kann.

Dass auch eine Würdigung der im Einzelfall vorhandenen Indizien und Beweismittel zum Nachweis der Kenntnis führen kann und daher § 14 HeimG keinesfalls leer läuft, zeigt eindruckvoll die aktuelle Entscheidung des BayObLG. Die Feststellung der Kenntnis konnte dort über den Briefkontakt der Heimbewohnerin mit dem Bedachten sowie dessen Verhalten gegenüber dem Heimbewohner und Dritten erbracht werden.[444] Da somit die Gerichte auch ohne Beweiserleichterungen mit den ihnen zur Verfügung stehenden Mitteln zu sachgerechten Entscheidungen gelangen können, sollte nicht vorschnell auf scheinbar angebrachte Beweiserleichterungen ausgewichen werden.

XI. Rechtsfolgen eines Verstoßes gegen § 14 HeimG

Letztendlich entscheidend sowohl für die Verbotsadressaten als auch für die Heimbewohner ist, welche Folgen ein Verstoß gegen § 14 HeimG nach sich zieht.

1. Öffentlich-rechtliche Sanktionen

a. Geldbuße

Zum einen kann ein Verstoß als Ordnungswidrigkeit verfolgt werden. Wird vorsätzlich oder fahrlässig gegen ein Zuwendungsverbot von § 14 HeimG verstoßen, d.h. eine Zuwendung ohne die erforderliche Genehmigung vorgenommen, wird der Tatbestand einer Ordnungswidrigkeit gemäß § 20 Abs. 1 Nr. 3 bzw. Abs. 2 Nr. 3 HeimG verwirklicht. Diese kann mit einer Geldbuße im Falle des Absatzes 1 bis zu 25.000,- Euro, in den Fällen des Absatzes 2 bis zu 10.000,- Euro geahndet werden.

b. Untersagungsverfügung

Verstößt ein Träger gegen das Zuwendungsverbot aus § 14 Abs. 1 HeimG, kann ihm - grundsätzlich unabhängig von einem Verschulden - gemäß § 19 Abs. 2 Nr. 4 HeimG der Heimbetrieb untersagt werden. Die Tatsache eines schuldhaften Handelns, etwa

---

[444] BayObLG NJW-RR 2004, 1591.

einer vorsätzlichen Nichtbeantragung der Genehmigung, auf Seiten des Trägers wird Abwägungsaspekt im Rahmen der Ermessensentscheidung sein.[445]

2. Zivilrechtliche Dimension

Den zuwendenden Heimbewohner dagegen können nur zivilrechtliche Folgen eines Verstoßes gegen § 14 HeimG treffen.

a. Verbotscharakter

In der Anfangszeit des HeimG wurde noch vertreten, dass § 14 HeimG als gewerberechtliches Sondergesetz die Wirksamkeit privatrechtlicher Verfügungen nicht verhindern wolle und aufgrund von gewerberechtlichen oder ordnungspolitischen Gründen lediglich die äußeren Umstände des Geschäfts missbillige.[446]

Diese Ansicht wurde aber in der Folgezeit von der allgemeinen Meinung überlagert, dass § 14 HeimG ein Verbotsgesetz im Sinne von § 134 BGB zum Schutz der Heimbewohner sei und Rechtsgeschäfte, die gegen § 14 Abs. 1 oder Abs. 5 HeimG verstoßen, nichtig sein müssten.[447]

Dem ist grundsätzlich zuzustimmen. Jedoch soll an dieser Stelle erneut hervorgehoben werden, dass es im Grunde nicht erforderlich ist, die Nichtigkeitsfrage an § 134 BGB zu orientieren. Wie die Erörterungen zu § 14 Abs. 6 HeimG aufgezeigt haben, ergibt sich die Nichtigkeitsfolge eines Verstoßes bereits daraus, dass eine die rechtzeitige Erteilung Genehmigung nach § 14 Abs. 6 HeimG Wirksamkeitsvoraussetzung ist. Bereits mit dieser Feststellung gelangt man zu dem Ergebnis, dass eine Zuwendung im Sinne von § 14 HeimG ohne vorliegende Genehmigung nichtig sein muss. Auf § 134 BGB muss nicht mehr zurückgegriffen werden.[448]

Da jedoch in Literatur und Rechtsprechung einheitlich § 134 BGB als Nichtigkeitsgrund herangezogen wird, und die hier vertretene Auffassung zu keinem Unterschied im Ergebnis gelangt, wird die folgende Erörterung an § 134 BGB vorgenommen werden.

Keine Schwierigkeit bereitet es, § 134 BGB auch zur Bewertung letztwilliger Verfügungen heranzuziehen. Insofern ist anerkannt, dass die allgemeinen Vorschriften des BGB auch im Erbrecht Gültigkeit beanspruchen können und insofern Verbotsgesetze nach § 134 BGB die Testierfreiheit aus Art. 14 Abs. 1 GG inhaltlich bestimmen und einschränken können.[449]

---

[445] Vgl. zur Verhältnismäßigkeit Kunz/Butz/Wiedemann, HeimG, § 19/ Rn. 4; LPK-Brünner, HeimG, § 19/ 10 ff.

[446] Brandmüller, BayVBl. 1978, 364, 366; allgemein hierzu Westphal.

[447] BGHZ 110, 235, 240; BayObLGZ 1991, 251, 254; BayObLG 1992, 344, 346; KG, NJW-RR 1999, 2; Brox, S. 17, 19 f; Dubischar, 419, 424; Gitter/Schmitt, HeimG, § 14/ VIII 2; Kunz/Butz/Wiedemann, HeimG, § 14/ Rn. 24; Petersen, DNotZ 2000, 739; Rossak, ZEV 1996, 41, 42; Staudinger-Otte, BGB, vor § 2064 ff/ Rn. 144.

[448] Näher dazu in § 7 B V 2 b.

[449] BayObLGZ 1991, 251, 254; Lange/Kuchinke, § 35 II 3; MüKo-Leipold, BGB, Vorb. §§ 2064-2086/ Rn. 2; Staudinger-Otte, BGB, vor § 2064 ff/ Rn. 141.

Durch § 134 BGB kann ein Erblasser in allen in Betracht kommenden Gestaltungsvarianten einer Verfügung von Todes wegen beschränkt werden; es werden davon neben Erbverträgen (§ 2274 ff BGB) insbesondere auch Testamente (§ 2064 ff BGB) und Vermächtnisse (§ 2147 ff BGB) erfasst.[450]

Der Wortlaut von § 14 Abs. 1 und Abs. 5 HeimG untersagt eine bestimmte Handlung und erklärt die Norm dadurch zu einem Verbotsgesetz; in § 14 Abs. 6 HeimG wird ausdrücklich auch von „Verboten" gesprochen.

Für die Frage, ob verbotswidrige Rechtsgeschäfte nach § 134 BGB nichtig sind, ist jedoch nach allgemeiner Ansicht Sinn und Zweck der jeweiligen Verbotsvorschrift ausschlaggebend, wenn nicht das Gesetz selbst bereits eine Sanktion anordnet.[451] Entscheidend ist, ob das Gesetz sich seinem Zweck nach nicht nur gegen den Abschluss des Rechtsgeschäfts wendet, sondern darüber hinaus gegen seine privatrechtliche Wirksamkeit und damit gegen seinen wirtschaftlichen Erfolg.[452]

Wenn ein Gesetz - wie § 14 HeimG - durch ein Verbot gegenüber einer Seite den Schutz der anderen Seite bezweckt, so muss für diese Wertung beachtet werden, dass dieser Schutz oft nicht anders ermöglicht werden kann als durch eine zivilrechtliche Nichtigkeit.[453] Die Nichtigkeit muss sich trotz der grundsätzlichen abstrakten Rechtsnatur von Verpflichtungs- und Verfügungsgeschäft auch auf die dingliche Verfügung erstrecken, da der Verbotszweck anders nicht zu erreichen wäre.[454]

§ 14 HeimG bezweckt den Schutz der Heimbewohner vor finanzieller Ausnutzung sowie ausweislich der Gesetzesbegründung zum Ersten HeimGÄndG den Schutz der Testierfreiheit.[455] Bereits dieser erklärte Wille des Gesetzgebers belegt die Ausstrahlung von § 14 HeimG auf das Zivilrecht. Würde § 14 HeimG bloß als Ordnungswidrigkeit geahndet werden können, würde der Schutz der Heimbewohner nicht erreicht, es wäre unvereinbar mit dem Gesetzeszweck, Zuwendungen bestehen zu lassen.

Die Besonderheit ist nun, dass § 14 HeimG ein einseitiges Verbotsgesetz ist und der Verbotsadressat nicht zwingend am Zustandekommen des Rechtsgeschäftes beteiligt ist, wie etwa im Falle einer Zuwendung durch Testament. Ausschlaggebend muss jedoch stets sein, ob nach Sinn und Zweck Nichtigkeit eintreten soll. Dass im Fall einer einseitigen letztwilligen Zuwendung der Verbotsadressat nicht an deren Zustandekommen beteiligt ist, ist eine erbrechtliche Besonderheit, die aber nach Sinn und Zweck von § 14 HeimG zu keiner anderen Beurteilung führen darf als bei beidseitigen Rechtsgeschäften, welche einer Annahmeerklärung des Zuwendungsempfängers bedürfen.

Zusammenfassend besitzt § 14 HeimG auch eine zivilrechtliche Dimension. Rechtsgeschäfte, die gegen eines der Verbote verstoßen sind ohne Fehlen einer Ge-

---

[450] BayObLGZ 1991, 251, 255 mwN; Lange/Kuchnike, § 35 II 3; Soergel-Stein, BGB, § 1923/ Rn. 11.

[451] Soergel-Hefermehl, BGB, § 134/ Rn. 30; Staudinger-Otte, BGB, vor §§ 2064 ff/ Rn. 141; Staudinger-Sack, BGB, § 134/ Rn. 57 ff; an dieser Stelle sei auf die Ansicht von Koos, ZEV 1997, 435, 437 hingewiesen, wonach eine Nichtigkeit nach § 134 BGB nicht in Betracht kommt, wenn das Verbot sich auf einen Beteiligten bezieht, der gar nicht mitgewirkt hat; m.E. ist dies allerdings nicht aus BGHZ 46, 24, 26 herauszulesen.

[452] St. RSpr.; vgl. nur BGHZ 89, 369, 372; Soergel-Hefermehl, BGB, § 134/ Rn. 14.

[453] BGHZ 110, 235, 240 unter Bezugnahme auf BGHZ 85, 39, 43; 88, 263, 265.

[454] Rossak, ZEV 1996, 41, 43; Staudinger-Otte, BGB, vor § 2064 ff / Rn. 145.

[455] S. BT-Drs. 11/ 5120, S. 17.

nehmigung nach § 14 Abs. 6 HeimG bereits deshalb nichtig. Zusätzlich beruht die Nichtigkeit auf § 134 BGB.[456]

Dem Heimbewohner ist es aber möglich, ein neues Testament unter Beachtung des Genehmigungserfordernisses zu errichten oder nach § 141 Abs. 1 BGB zu bestätigen. Zu beachten ist allerdings, dass die Möglichkeit der Bestätigung nicht von der Einhaltung der gesetzlich vorgeschriebenen Form entbindet und sie nur „ex nunc" wirkt.[457]

Die zivilrechtliche Nichtigkeitsfolge eines Verstoßes gegen § 14 HeimG bedeutet keine Inkonsequenz zu den Wertungen bei § 10 BAT und den Beamtengesetzen; anders als bei diesen Normen geht es im Rahmen von § 14 HeimG nicht um innerdienstliche Belange. Die unterschiedlichen Ergebnisse erklären sich daraus, dass bei § 14 HeimG nicht etwa das Ansehen eines unbeeinflussbaren Heimbetriebs im Mittelpunkt steht, sondern die Wahrung wirtschaftlicher Belange von aus sozialen Gründen schützenswerten Dritten, den Heimbewohnern.[458]

b. Einzelaspekte

Nachdem festgestellt wurde, dass Verstöße gegen § 14 HeimG die Nichtigkeit des jeweiligen Rechtsgeschäftes herbeiführen, sollen ein paar Einzelaspekte hierzu erörtert werden.

aa. Testamentserrichtung vor Einzug

Mehrfach hatten die Gerichte sich mit der Frage zu befassen, ob ein Testament, das bereits vor Einzug in ein Heim errichtet wurde, gegen § 14 HeimG verstoßen kann.

Zum einen musste dabei geklärt werden, ob bereits im Zeitpunkt der Testamentserrichtung § 14 HeimG gelten könne, also bereits Bewerber um einen Heimplatz dieser Regelung unterfallen könnten.

Sollte dies verneint werden, musste geklärt werden, ob ein irgendwann vor Einzug errichtetes Testament mit Einzug ins Heim nichtig wird.

(1) Schutz der Heimbewerber

(a) Vor Einführung des Dritten HeimGÄndG

Hinsichtlich des ersten Punktes war es in der Zeit vor Einführung des Dritten HeimGÄndG allgemeine Ansicht, dass § 14 HeimG Heimbewerber nicht erfassen sollte.[459]

---

[456] Weitergehend MüKo-Mayer-Maly/Armbrüster, BGB, § 134/ Rn. 7, die eine Anwendung von § 134 BGB gänzlich ausschließen.

[457] Näher dazu MüKo-Mayer-Maly/Busche, BGB, § 141/ Rn. 14 f.

[458] Vgl. zu den Unterschieden BGHZ 143, 283, 289.

[459] Grds. hierzu OLG Frankfurt, NJW-RR 1994, 312; BayObLG, NJW-RR 2001, 295, 296; Kunz, ZfSH/SGB 1984, S. 251; Rossak, ZEV 1996, 41, 46; a.A. wohl BGH, NJW-RR 1995, 1272, wobei auch dieser den Zeitpunkt des Einzugs in das Heim als entscheidende Gefahrensituation betrachtet, s. dazu im Anschluss.

Eine direkte Anwendung oder ausdehnende Auslegung der Norm auf diese war ausgeschlossen, der eindeutige Wortlaut, der nur die „Heimbewohner" nannte, ließ keine andere Deutung zu. Ferner wurde auch betont, dass der Ausschluss der Bewerber eine gesetzliche Wertentscheidung sei, und somit auch nach Sinn und Zweck der Schutz auf aktuelle Bewohner beschränkt sein sollte.

§ 14 HeimG wollte verhindern, dass Personen, die sich bereits der Leitung eines Heimes anvertraut haben, in ihrer Hilfs- und Arglosigkeit ausgenutzt werden. Die in diesem Fall bestehende Möglichkeit zur Einflussnahme fehlt aber typischerweise vor Heimaufnahme.

Es wurde angenommen, dass der Gesetzgeber mit der Beschränkung des Schutzbereichs auf Bewohner dem Prinzip der Vertrags- und Testierfreiheit im Übrigen den Vorrang habe einräumen wollen. Die Bewerber um einen Heimplatz wären hierbei durch die zivilrechtlichen Schranken der §§ 134, 138 BGB ausreichend geschützt.[460]

Vor allem aber sei eine Ausweitung des Schutzes auch nicht geboten, da die in § 14 Abs. 3 HeimG statuierte Rückzahlungspflicht für Finanzierungsleistungen im Sinne von § 14 Abs. 2 Nr. 3 HeimG, welche im Hinblick auf eine Überlassung eines Heimplatzes zzgl. Zinsen gilt, soweit die Leistungen nicht mit dem Entgelt verrechnet wurden, einen ausreichenden Schutz böte.[461]

Die Rückzahlungspflicht erstreckt sich aber nur auf Leistungen zum Bau, zum Erwerb, zur Instandsetzung, zur Ausstattung oder zum Betrieb des Heimes, somit andere Leistungen wie Vormerkgebühren, Vertragsgebühren oder Aufnahmegebühren doch zulässig waren. Hiermit bestand eine Möglichkeit für Heimträger, die Heimplatzvergabe doch von der finanziellen Situation der Bewerber abhängig zu machen.

(b) Nach Einführung des Dritten HeimGÄndG

Dies bewog den Gesetzgeber im Rahmen der Dritten HeimGÄndG - allerdings erst nach der Stellungnahme des Bundesrats zum Gesetzesentwurf der Bundesregierung und entsprechender Beschlussempfehlung des Ausschusses für Familie, Senioren, Frauen und Jugend[462] - dazu, den Schutz der Bewerber auszuweiten und zumindest in § 14 Abs. 1 HeimG auch die Bewerber um einen Heimplatz mit aufzunehmen.[463] Dadurch sollte der geschilderten finanziellen Ausnutzung über Aufnahmegebühren ein Ende bereitet werden.

Hinsichtlich des Adressatenkreises von § 14 Abs. 5 HeimG dagegen blieb alles beim Alten. Bewerber wurden nicht in den Schutzkreis aufgenommen, eine Begründung hierfür lieferte der Gesetzgeber nicht.

---

[460] OLG Frankfurt, NJW-RR 1994, 312 (str., nach a.A. handelte es sich um ein gesetzgeberisches Versehen); Kunz, ZfSH/SGB 1984, S. 251; Kunz/Ruf/Wiedemann, HeimG, (8. A.), § 14/ Rn. 9.

[461] Ebenso Petto, S. 89 f.

[462] Stellungnahme des Bundesrats BT-Drs. 14/ 5399, S. 36; Beschlussempfehlung des Ausschusses für Familie, Senioren, Frauen und Jugend BT-Drs. 14/ 6366, S. 32.

[463] BGBl. I, S. 2960 mit Wirkung vom 1.1.2002; die Eigenschaft als Bewerber um einen Heimplatz kann ab Zeitpunkt der Aufnahme von Vertragsverhandlungen angenommen werden.

Man kann aber die Tatsache, dass Vertragsverhandlungen und Aufnahmegebühren generell nur mit dem Heimträger, der auch über die Platzvergabe entscheidet, geführt und vereinbart werden, als Ursache der Differenzierung sehen.[464]

Im Ergebnis ist daher festzuhalten, dass nach der aktuellen Rechtslage in Abänderung zu früher Leistungen von Bewerbern um einen Heimplatz insoweit dem Zuwendungsverbot nach § 14 HeimG unterfallen, als sie dem Heimträger nach § 14 Abs. 1 HeimG versprochen oder gewährt werden.

(2) Nichtigwerden mit Einzug

Andererseits bedeutete die Beschränkung des Anwendungsbereiches auf Heimbewerber auch nach der alten Rechtslage keine praktischen Nachteile für den Testierenden hinsichtlich § 14 Abs. 1, 5 HeimG.

Denn wurde eine letztwillige Verfügung vor Heimaufnahme errichtet und kam es dann zum Einzug in das bedachte Heim, so wurde stets eine Nichtigkeit der Verfügung mit Einzug angenommen, bzw. im Zeitpunkt der Kenntniserlangung des Bedachten, sofern diese zeitlich nachfolgte.[465]

Mit Einzug ins Heim und Kenntnis des Verbotsadressaten trat ein Verstoß gegen § 14 Abs. 1, 5 HeimG ein, da nun sowohl der Wortlaut als auch Sinn und Zweck der Regelung erfüllt waren. Die Zuwendung wird in diesem Moment nichtig.

Dieser Lösung ist auch zuzustimmen, denn ab diesem Zeitpunkt entsteht für den jetzigen Heimbewohner in gleicher Weise wie für denjenigen, der erst nach Einzug testiert, die Gefahr einer tatsächlichen Beschränkung seiner Testierfreiheit. Der Schutzzweck gebietet daher die Gleichbehandlung beider Fälle.[466] Schließlich ist eine Gleichbehandlung auch deswegen geboten, weil die Testierfreiheit auch die Freiheit erfasst, ein bereits errichtetes Testament jederzeit aufgrund eigenen Entschluss widerrufen zu können.[467] Mit der Entstehung einer bloßen Erwerbsaussicht ab Zeitpunkt der Testamentserrichtung, die sich erst mit dem Tod des Testierenden realisiert, ist der Bedachte besonders daran interessiert, den Testierenden zur Aufrechterhaltung der Zuwendung zu bewegen; daher sind auch in diesem Fall die Gefahren einer Ungleichbehandlung sowie der Beeinträchtigung der Testierfreiheit vorhanden.[468]

Schließlich ist es auch dogmatisch nicht bedenklich, dass ein Gesetzesverstoß sich erst durch die Veränderung der äußeren Umstände - dem Einzug in das Heim - reali-

[464] Näher in § 7 B II 4.

[465] KG, NJW-RR 1999, 2, 3; BayObLG, NJW-RR 2001, 295, 296; VGH Mannheim, NJW 2004, 3792, 3793; Dittmann/Reimann/Bengel-Limmer, Systematischer Teil E/ Rn. 195; Rossak, ZEV 1996, 41, 46; 147, 148; eine Ausnahme beinhaltete OLG Frankfurt, NJW-RR 1994, 312: dort kam es nicht mehr zum Einzug.

[466] In diese Richtung ist auch BGH, NJW-RR 1995, 1272 zu verstehen; KG, NJW-RR 1999, 2, 3; BayObLG, NJW-RR 2001, 295, 296; VGH Mannheim, NJW 2004, 3792, 3793.

[467] A. A. nur Petto, S. 90, die § 14 Abs. 3 HeimG für einen ausreichenden Schutz ansieht und eine gleichgelagerte Gefahr verneint.

[468] Eine andere Beurteilung ist daher in dem Fall eines bereits vor Einzug verbindlich erteilten Leistungsversprechen - etwa einem notariell beurkundeten Schenkungsversprechen - geboten, da dann der Begünstigte einen durchsetzbaren Anspruch hat, und daher keine Gefahr einer Handlungsbeeinflussung mehr gegeben ist, so auch VGH Mannheim, NJW 2004, 3792, 3793.

siert; fehlen zuvor noch einzelne Tatbestandsmerkmale, so führt deren späterer Eintritt zur Vervollständigung des Tatbestandes und damit zur Gesetzeswidrigkeit.[469]

(3) Ergebnis

Unter Beachtung der Neuregelung von § 14 Abs. 1 HeimG kann daher zusammenfassend gelten:

Heimbewerber werden von § 14 Abs. 1 HeimG erfasst, von § 14 Abs. 5 HeimG dagegen nicht. Für den Zeitraum vor der Bewerbereigenschaft gilt auch § 14 Abs. 1 HeimG nicht.

Mit Einzug ins Heim und vorliegender Kenntnis werden zuvor errichtete Testamente nichtig, soweit sich nicht von einem Bewerber zugunsten eines Trägers errichtet wurden und aufgrund der Neuregelung von § 14 Abs. 1 HeimG bereits vor Einzug nichtig waren.

Voraussetzung ist hierbei stets, dass sämtliche übrigen Voraussetzungen von § 14 HeimG, insbesondere der Ursachenzusammenhang, erfüllt sind.[470]

bb. Aufrechterhaltung nach Auszug

Bestand während des Heimaufenthaltes eine gegen § 14 Abs. 1 oder Abs. 5 HeimG verstoßende letztwillige Verfügung und scheidet der Heimbewohner unter Aufrechterhaltung der Verfügung später aus dem Heim aus, stellt sich die Frage, welcher Zeitpunkt für die Bewertung einer Gesetzeswidrigkeit maßgeblich sein soll. In Betracht käme einerseits der Zeitpunkt der Errichtung und entsprechender Kenntniserlangung, wie andererseits der Eintritt des Erbfalls. Es zeigt sich die gleiche Problematik wie im Rahmen von § 138 BGB, auch dort wird die Beachtlichkeit von Veränderungen der tatsächlichen Verhältnisse diskutiert.[471]

Es wurde vereinzelt angenommen, dass für eine Nichtigkeit wegen Gesetzesverstoßes die Rechtslage zur Zeit des Erbfalles entscheidend sei, soweit sich aus dem Zweck des Gesetzes nicht etwas anderes ergäbe.[472]

Grundlage hierfür sollte eine Analogie zu § 2171 BGB sein, wo für Vermächtnisse bestimmt ist, dass sie unwirksam sind, wenn sie gegen ein im Zeitpunkt des Erbfalls bestehendes gesetzliches Verbot verstoßen. Zu beachten ist hierbei jedoch, dass dies auch nur die Fälle meinen könnte, in denen ein Verbotsgesetz erst nach Vornahme des Rechtsgeschäftes in Kraft getreten ist. Dort würde in der Regel das neue Gesetz das Rechtsgeschäft nicht mehr berühren, eine Rückwirkung ist nur unter strengen verfas-

---

[469] So zu Recht Rossak, ZEV 1996, 41, 46; a.A. Petto, S. 89.

[470] Zur Betonung dieses Elements vgl. Leipold, JZ 2000, 705, 710.

[471] Lange/Kuchinke, § 35 IV 9; MüKo-Mayer-Maly/Armbrüster, BGB, § 138/ Rn. 133 ff; Nieder, Rz. 270; zur Entwicklung der Rechtsprechung vgl. Otte, JA 1985, 192, 201; Staudinger-Sack, BGB, § 138/ Rn. 86 ff die h.M. sieht heute wohl den Zeitpunkt des Erbfalls für maßgeblich an, Staudinger-Sack, § 138/ Rn. 87, mit zahlreichen Nachweisen; vgl. zu dieser Frage ausf. auch Bartholomeyczik, FS OLG Zweibrücken, S. 26 ff.

[472] So Otte, JA 1985, 192, 201.

sungsrechtlichen Grenzen unter Beachtung des Rechtsstaatsprinzips gemäß Art. 20 Abs. 3 GG möglich.

Hierzu bildet § 2171 BGB eine Sondernorm, nach welcher sich die Nichtigkeit eines Vermächtnisses wegen Gesetzesverstoß ausnahmsweise nach den Verhältnissen im Zeitpunkt des Erbfalles bestimmt, so dass auch ein erst nach Testamentserrichtung in Kraft getretenes Gesetz Wirkung entfaltet.[473]

Ob man dem uneingeschränkt zustimmen kann, soll hier nicht näher erörtert werden; jedenfalls im Anwendungsbereich der Schutzvorschrift von § 14 HeimG muss nämlich nach Sinn und Zweck etwas anderes gelten. Allgemein wird angenommen, dass die Nichtigkeit einer letztwilligen Zuwendung nach § 14 Abs. 1, 5 HeimG im Moment der Kenntniserlangung, spätestens mit Eintritt der „Doppelwissenskomponente", eintritt. Damit gilt das Testament als rechtlich nie existent gewesen. Diese Rechtsfolge wird allgemein anerkannt und tritt stets noch zu Lebzeiten des Erblassers ein, so dass normalerweise im Rahmen von § 14 HeimG nie auf die Verhältnisse zur Zeit des Erbfalls abgestellt wird. Dies ergibt sich aus Sinn und Zweck von § 14 HeimG, der bereits Gefahrensituationen vermeiden will, und sich nicht erst im Moment des Erbfalls gegen die wirtschaftlichen Folgen richtet.

§ 14 HeimG setzt schon zuvor an, und will den lebenden Heimbewohner sowie seine Mitbewohner schützen; den wirtschaftlichen Erhalt des Nachlasses hat diese Norm nicht im Sinn.

Ein effektiver Gefahrenschutz kann daher nur dann erfolgen, wenn die Nichtigkeit stets in dem Moment angenommen werden muss, in dem die Tatbestandsmerkmale von § 14 HeimG erfüllt sind.

Wenn der Heimbewohner sodann wieder aus dem Heim auszieht, hatte er bereits zur Zeit des Heimaufenthaltes ein rechtlich nicht existentes Testament errichtet. Eine einmal eingetretene Nichtigkeit kann durch die bloße Veränderung der Umstände aber nicht mehr beseitigt werden.[474] Der Heimbewohner kann allerdings ein inhaltlich gleiches Testament neu errichten oder das nichtige mit Wirkung ex-nunc bestätigen, § 141 Abs. 1 BGB.

cc. Sonstiges

Allgemeine Folge der Nichtigkeit einer letztwilligen Verfügung ist, dass sie als rechtlich nie existent zu betrachten ist; das hat wiederum zur Folge, dass die Rechtslage gilt, die vor Errichtung der letztwilligen Verfügung bestand. Frühere Verfügungen bleiben bestehen, das nichtige Testament hat keine Widerrufsfunktion.

Ob das Testament vollständig oder nur zum Teil nichtig ist, bestimmt sich nach § 2085 BGB, der im Gegensatz zu § 139 BGB vom Grundsatz der Aufrechterhaltung ausgeht.

Ob ein nichtiges Testament über den Weg von § 242 BGB geheilt werden kann und somit doch noch einer Wirksamkeit zugeführt werden kann, hat Gimple ausführlich

---

[473] Brox, § 17 IV 1 a/ Rn. 261; Lange/Kuchinke, § 35 II 3 e; Soergel-Stein, BGB, § 1937/ Rn. 20; Staudinger-Otte, BGB, vor §§ 2064/ Rn. 141.

[474] Ebenso Rossak, ZEV 1996, 41, 43; anders stellt sich die Situation bei Einzug ins Heim dar: in diesem Zeitpunkt werden zum ersten Mal sämtliche Tatbestandsmerkmale verwirklicht.

aus Anlass einer obergerichtlichen Entscheidung des BayObLG erörtert.[475] Dort gelangte er zu dem Ergebnis, dass sich eine unmittelbare Vermögenszuordnung im Wege von § 242 BGB im Erbrecht verbietet. Diese Aussage muss auch im Rahmen von § 14 HeimG gelten, so dass die Nichtigkeit eines Testaments, die auf einem Verstoß gegen diese Norm beruht, nie über § 242 BGB geheilt werden kann.

XII. Ausweitung des Adressatenkreises bei Trägerschaft durch eine Kapitalgesellschaft

§ 14 HeimG hat in den letzten Jahren aufgrund von Veränderungen in der Organisation von Heimträgern zu weiteren Sachfragen geführt. Im Jahr 2000 hatte sich erstmals das BayObLG mit einer gesellschaftsrechtlichen Besonderheit obergerichtlich zu befassen.[476]

Das konkrete Pflegeheim, in dem sich der spätere Erblasser befand, wurde in der Rechtsform einer GmbH betrieben. Der Erblasser setzte deren Geschäftsführer und alleinigen Gesellschafter in einem notariellen Testament zum Alleinerben ein, wobei er diesen sogar (irrtümlich) als „Leiter" des Pflegeheims bezeichnete. In Wirklichkeit hatte der Bedachte außer seiner Organstellung als Geschäftsführer und Alleingesellschafter keine Funktion als Beschäftigter im Sinne von § 14 Abs. 5 HeimG inne. Da auch nicht er, sondern die rechtlich selbständige GmbH Träger im Sinne von § 14 Abs. 1 HeimG war, unterlag er weder dem unmittelbaren Verbot aus § 14 Abs. 1 HeimG noch dem aus § 14 Abs. 5 HeimG.

Ungeachtet dieser rechtlichen Einordnung hatte der Bedachte als Geschäftsführer die GmbH gemäß § 35 Abs. 1 GmbHG vertreten und zugleich als Alleingesellschafter deren Geschicke bestimmt, § 45 f GmbHG. Damit hatte er die tatsächliche Möglichkeit, auf die konkrete Lebenssituation der Heimbewohner vor Ort Einfluss zu nehmen; er nahm eine Position zwischen dem Träger nach § 14 Abs. 1 HeimG und einem Beschäftigten nach § 14 Abs. 5 HeimG ein. Zuwendungen an ihn bedeuteten die gleiche Gefahrenlage, wie wenn er als Träger oder Beschäftigter direkt dem Zuwendungsverbot unterfallen wäre.

Diese vergleichbare Rechtslage rechtfertigte es daher, den Kreis der Verbotsadressaten im Wege einer Analogie auszuweiten, soweit Träger des Heims eine Kapitalgesellschaft ist. Betroffen von der Analogie sind die für die Kapitalgesellschaft handelnden Personen, die nicht schon zu den in § 14 Abs. 5 HeimG Genannten gehören. Damit erstreckt sich der Adressatenkreis bei Trägerschaft durch eine GmbH unmittelbar auf den Geschäftsführer sowie auf den Gesellschafter, soweit er nach den Mehrheitsverhältnissen eine tatsächliche Machtposition ausüben kann.

Entsprechendes muss auch bei einer Trägerschaft durch eine Aktiengesellschaft für den Vorstand gelten, der diese zum einen rechtlich vertritt, § 76 f AktG, zum andern deren Geschäfte führt, § 78 AktG.

Im Ergebnis werden diese Personen aufgrund eines „wertungsmäßigen Durchgriffs" mittels einer Gesamtanalogie zu § 14 HeimG selbst in den Kreis der Verbotsad-

---

[475] Vgl. Gimple, „§ 242 BGB als Zuordnungsnorm im Erbrecht?".
[476] BayObLG, NJW 2000, 1875, fortgeführt von BayObLG, NJW-RR 2001, 295.

ressaten einbezogen.[477] Deshalb handelt es sich auch nicht um ein Umgehungsgeschäft, da bei der Zuwendung an den Geschäftsführer der Tatbestand des Verbotsgesetzes tatsächlich erfüllt wird.

Die Möglichkeit der Einflussnahme auf den Heimbetrieb legitimiert den Durchgriff auf die dahinter stehenden Personen.[478]

Deren Qualifikation als Verbotsadressat ist bedeutsam für eine weitere Voraussetzung, die im Falle einer letztwilligen Zuwendung die Nichtigkeit nach § 14 HeimG auslöst. Da nun der Bedachte selbst Verbotsadressat im Sinne von § 14 HeimG ist, muss auch in seiner Person die erforderliche Kenntnis über das Bedenken vorliegen.[479] Eine Zurechnung eines Wissensvertreters ist zusätzlich möglich.

XIII. Zuwendungen mittels Umgehung von § 14 HeimG

1. Zuwendungen an Angehörige und Verwandte von Verbotsadressaten

Eine umfangreichere Rechtsprechung als zu der Frage der Ausweitung des Adressatenkreises im Falle der Trägerschaft durch eine Kapitalgesellschaft erging in den letzten Jahren zu Sachverhalten, die eine Umgehung von § 14 HeimG nahe legten.

a. Ergangene Rechtsprechung

So wurden den Obergerichten lange Zeit nach Einführung des HeimG zum 1. Januar 1975[480] vermehrt Sachverhaltskonstellationen vorgelegt, in welchen Heimbewohner eine Zuwendung nicht an einen ausdrücklich genannten Adressaten von § 14 Abs. 1, Abs. 5 HeimG vornahmen, sondern an einen Angehörigen des Verbotsadressaten.

aa. OLG Düsseldorf, 18.7.1998

Erstmals hatte das OLG Düsseldorf die Frage zu entscheiden, ob derartige Zuwendungen Gültigkeit erlangen sollten.[481] Ein Heimbewohner hatte in einem notariellen Testament seine im gleichen Heim lebende Schwester zur nichtbefreiten Vorerbin eingesetzt, die minderjährigen Kinder des Heimleiters zu Ersatz- und Nacherben; ferner hatte er den Heimleiter selbst zum Testamentsvollstrecker bestellt. Das Gericht verneinte eine Gültigkeit der Ersatz- und Nacherbenstellung der Kinder, das Verbot finde auch bei „Umgehungsversuchen durch Zuwendungen an Verwandte der in § 14 Abs. 5 HeimG genannten Personen" Anwendung.[482]

---

[477] Dies ist ein konstruktiver Unterschied zu den im Anschluss erörterten Umgehungsgeschäften im Wege einer mittelbarer Zuwendung an einen Verbotsadressaten über eine unmittelbare Zuwendung an einen seiner Angehörigen.

[478] So auch Petersen, DNotZ 2000, 739, 743.

[479] Dies ist der zweite bedeutsame Unterschied im Vergleich zu denkbaren mittelbaren Zuwendungen über Angehörige; obwohl unmittelbarer Zuwendungsempfänger ein Angehöriger ist, muss die Kenntnis von der Zuwendung beim Verbotsadressaten selbst vorliegen, s. dazu im Anschluss.

[480] S. BGBl. I 1974, S. 1873.

[481] OLG Düsseldorf, FamRZ 1998, 192.

[482] OLG Düsseldorf, FamRZ 1998, 192.

Dieses Ergebnis stützte das Gericht ohne tiefergehende Begründung auf die Kommentarliteratur.[483] Es entnahm ihr folgende Aussage: „Eine Umgehung wird stets dann angenommen werden müssen, wenn die Leistungen an die Angehörigen den Wert geringwertiger Aufmerksamkeiten übersteigen."[484]

Ferner bejahte das Gericht das Vorliegen eines entsprechenden „Umgehungsbestrebens".

Soweit dadurch erkennbar wird, dass das OLG die Grundsätze zur Nichtigkeit von Umgehungsgeschäften[485] anwandte, ließ die Entscheidung eine Reihe insbesondere aus wissenschaftlicher Sicht interessanter Fragen offen. Dazu zählen etwa die dogmatische Begründung der Nichtigkeit sogenannter „Umgehungsgeschäfte", die Voraussetzungen einer Nichtigkeit der Rechtsgeschäfte sowie die Frage nach einer erforderlichen „Umgehungsabsicht". Diese Reihe setzt sich noch fort; so ist zu fragen, welcher Personenkreis vom Verbot erfasst sein soll (Verwandte oder Angehörige oder noch weitere); offen ist ferner, auf wessen Kenntnis muss bei einem „Umgehungsgeschäft" im Rahmen von § 14 HeimG abgestellt werden muss; und schließlich ist unklar, ob die Kausalitätsvermutung auch hierfür gilt. Zuletzt stellt sich die Frage, welchen verfassungsrechtlichen Grenzen die Ausweitung eines Verbotes auf „Umgehungsgeschäfte" unterliegen muss.

bb. BayObLG, 9.2.2000

Nach der ersten Entscheidung des OLG Düsseldorf herrschte in Bezug auf die „Umgehungsproblematik" Ruhe in der obergerichtlichen Rechtsprechung, bis zum Jahr 2000. Dann jedoch häuften sich die Fälle, in denen wieder Angehörige von Verbotsadressaten letztwillig bedacht wurden.

So hatte sich das BayObLG mit der Umgehungsfrage zu beschäftigen.[486] Dem Beschluss vom 9.2.2000 lag folgender Sachverhalt zu Grunde: Ein Bewohner eines Pflegeheimes setzte zu seinem Alleinerben den Geschäftsführer und alleinigen Gesellschafter der Träger-GmbH ein, Ersatzerbin sollte dessen Ehefrau sein.

Die Erbeinsetzung des Geschäftsführers wurde für nichtig erklärt, aber nicht unter Heranziehung der Grundsätze zum Umgehungsgeschäft, sondern aufgrund eines wertungsmäßigen Durchgriffs im Bereich der Trägerschaft durch Kapitalgesellschaften, womit der Geschäftsführer selbst zum Verbotsadressaten erklärt wurde.[487]

---

[483] OLG Düsseldorf, FamRZ 1998, 192 mit Hinweis auf Kunz/Butz/Wiedemann, HeimG, § 14/ Rn. 22.

[484] Kunz/Butz/Wiedemann, HeimG, § 14/ Rn. 22: dort wird allerdings der Grund der Nichtigkeit aus „§§ 117 Abs. 2, 134 BGB" gefolgert; dem ist zu entgegnen, dass anders als bei Scheingeschäften nach § 117 BGB der vereinbarte Erfolg im Falle eines Umgehungsgeschäftes wirklich gewollt ist.

[485] Beachtenswert hierzu ist auch die Bewertung eines Testaments als sittenwidrig im Falle eines sog. Behindertentestamentes aufgrund Umgehung des sozialhilferechtlichen Nachrangprinzips; dazu Pieroth, „Grundgesetzliche Testierfreiheit, sozialhilferechtliches Nachrangprinzip und das sog. Behindertentestament", NJW 1993, 173 sowie LG Flensburg, NJW 1993, 1866, wo zusätzlich ein Verstoß gegen § 14 HeimG vorlag.

[486] BayObLG, NJW 2000, 1875 m. Anm. Hohloch, JuS 2000, 815.

[487] Vgl. hierzu bereits oben § 7 B XII.

Die Erbeinsetzung der Ehefrau wurde dagegen als eine verbotene Umgehung des auf den Geschäftsführer-Ehemann angewandeten Verbotes von § 14 Abs. 1, Abs. 5 HeimG gewertet.

Auf ein paar der oben genannten Fragen gibt das BayObLG in seiner Begründung Aufschluss:

Dogmatischer Ansatzpunkt sei eine Analogie zum Verbotsgesetz, die nach Sinn und Zweck des Gesetzes gerechtfertigt sei, wobei ein subjektives Element wie ein Umgehungsbestreben nicht erforderlich sei.

Eine verbotene Umgehung liege dann vor, wenn durch die gewählte rechtliche Gestaltung der Tatbestand des Verbotsgesetzes selbst nicht erfüllt sei, aber dennoch der von ihm verbotene Erfolg herbeigeführt werde.[488]

Das Verbot des § 14 Abs. 1 HeimG würde leer laufen, wenn der missbilligte Erfolg der Zuwendung an die genannten Verbotsadressaten dadurch erreicht werden könnte, dass sie mittelbar bzw. indirekt über ihnen nahe stehende Angehörige begünstigt werden könnten.

Indem das Gericht allerdings die Begriffe „Verwandte“, „Angehörige“ und „nahe stehende Angehörige“ verwendet, wird noch nichts zur Klärung der Frage beigetragen, welcher Personenkreis vom Umgehungsverbot erfasst sein soll. Dagegen wird im Fortgang klargestellt, dass es nicht auf die Kenntnis des bedachten Angehörigen ankommen könne, da die Nichtigkeitsfolge nach § 134 BGB an den vom Gesetz missbilligten Erfolg des Umgehungsgeschäftes anknüpfe.[489]

Obwohl somit das BayObLG die Fragen nach einer dogmatischen Einordnung, nach der - entgegen zu OLG Düsseldorf - Unbeachtlichkeit subjektiver Elemente sowie nach der Kenntnis beantwortete, warf es mit der Bemerkung, „es dürfe nicht sein, dass die Verbotsadressaten mittelbar bzw. indirekt begünstigt werden“, zugleich eine neue Frage auf: ist eine Zuwendung nur dann vom Umgehungsverbot erfasst, wenn sie sich wirtschaftlich betrachtet als mittelbare bzw. indirekte Begünstigung eines Verbotsadressaten darstellt?

Damit wird nun zu klären sein, welche Ausweitung des „persönlichen“ und auch des „sachlichen“ Anwendungsbereiches bei Zuwendungen an Angehörige im Rahmen von § 14 HeimG unter Beachtung des Umgehungsverbotes angezeigt und erlaubt sind.

cc. BayObLG, 13.9.2000

Ein halbes Jahr später folgte eine weitere Entscheidung des BayObLG zur Umgehungsproblematik; diesmal bedachte eine Heimbewohnerin eines Alten- und Pflegeheimes den ehemaligen Heimleiter, er sollte Alleinerbe sein. Das Heim wurde in der Rechtsform einer GmbH von der Familie des Bedachten betrieben; die Ehefrau war Geschäftsführerin und Gesellschafterin, die Kinder weitere Gesellschafter, eines von ihnen leitete das Heim.[490]

---

[488] BayObLG, NJW 2000, 1875, 1876.
[489] BayObLG, NJW 2000, 1875, 1877 mit Nachweis auf Staudinger-Sack, BGB, § 134/ Rn.145, 149.
[490] BayObLG, NJW-RR 2001, 295.

Die Ehefrau und Kinder des Bedachten waren selbst als Verbotsadressaten zu behandeln. Hierfür wies das Gericht auf den in seinem Beschluss vom 9.2.2000 erarbeiteten wertungsmäßigen Durchgriff bei Trägerschaft durch Kapitalgesellschaften hin. Der Schutzzweck der Verbotsregelung von § 14 Abs. 1 HeimG erfordere es, die Verbotsnorm auf die für die Kapitalgesellschaft handelnden Personen zu erstrecken, soweit sie nicht schon zu den in § 14 Abs. 5 HeimG genannten Personen gehörten.[491]

Der ehemalige Heimleiter war nun Angehöriger der Ehefrau und Angehöriger und Verwandter der Kinder. Eine Nichtigkeit der Erbeinsetzung kam grundsätzlich in Betracht, da die Einsetzung des Heimleiters sich als Umgehungsgeschäft erwies.

Dennoch musste eine Verletzung von § 14 HeimG wegen Umgehung abgelehnt werden, da es an der erforderlichen Kenntnis eines der Verbotsadressaten fehlte. Allein der Bedachte selbst hatte Kenntnis von der Zuwendung. Dies reichte jedoch nach Ansicht des Gerichts nicht aus, da der Normzweck von § 14 HeimG die Kenntnis eines Verbotsadressaten selbst erfordere.[492]

dd. OLG Frankfurt, 29.1.2001

Im weiteren Verlauf der Rechtsprechung erklärte das OLG Frankfurt unter Heranziehung der Rechtsprechung des BGH und der vom BayObLG erarbeiteten Wertungen eine Nichtigkeit aufgrund Umgehung von § 14 HeimG: Eine Heimbewohnerin hatte den Pförtner sowie dessen Ehefrau zu ihren Erben eingesetzt.[493]

Das Gericht war der Auffassung, dass die Erbeinsetzung der Ehefrau ein Umgehungsgeschäft darstellte, welches nicht gebilligt werden könne, da anderenfalls durch die gewählte Gestaltung der Zweck einer Rechtsnorm vereitelt werde. Einer Umgehungsabsicht bedürfe es nicht. Ferner betonte das Gericht, dass auch hinsichtlich der Erbeinsetzung der Ehefrau die in BGHZ 110, 235 aufgestellte Vermutungsregel gelte, wonach bis zum Beweis des Gegenteils davon auszugehen ist, dass die Zuwendung im Zusammenhang mit den nach dem Heimvertrag geschuldeten Leistungen steht.[494]

Unklar blieb in dieser Entscheidung, ob das Gericht die Nichtigkeit des Umgehungsgeschäftes auf § 134 BGB stützte oder auf eine „ausdehnende Auslegung“.

b. Fragenkatalog

Bilanziert man nun die zitierten obergerichtlichen Entscheidungen, treten einige Fragen auf, die im Folgenden erörtert werden sollen:

- Wie ist dogmatisch eine Nichtigkeit wegen „Umgehung“ zu begründen (BayObLG: Analogie, OLG Frankfurt: Auslegung)?
- Bedarf es einer wie auch immer gearteten Umgehungsabsicht (OLG Düsseldorf)?

---

[491] BayObLG, NJW-RR 2001, 295.

[492] Am Ende wurde der Bedachte als „sonstiger Mitarbeiter“ eingestuft und somit doch noch ein unmittelbarer Verstoß gegen § 14 HeimG begründet.

[493] OLG Frankfurt, ZEV 2001, 364 m. Anm. Rossak.

[494] S. § 7 B V 3.

- Welcher Grad einer familiären Verbundenheit begründet die Möglichkeit eines Umgehungsgeschäftes (Verwandte, Angehörige oder nahe stehende Angehörige)?
- Ist allein diese Verbundenheit ausreichend, oder
- Kann ein nichtiges Umgehungsgeschäft nur vorliegen, wenn sich die Zuwendung - wenn auch über den Umweg über einen Dritten - als Zuwendung an einen Verbotsadressaten darstellt (BayObLG, OLG Frankfurt)?
- Auf wessen Kenntnis kommt es an?
- Kann die Vermutungsregel in Bezug auf den Ursachenzusammenhang übertragen werden?
- Wo sind die Grenzen einer Nichtigkeit von Umgehungsgeschäften zu ziehen?

c. Dogmatische Begründung der Nichtigkeit bei Umgehungsgeschäften allgemein

In ihren dogmatischen Herleitungen differieren die zitierten Entscheidungen: während das BayObLG[495] von einer Analogie zu § 14 HeimG ausgeht, zitiert das OLG Frankfurt an einer Stelle § 134 BGB, an anderer Stelle spricht es von einer „ausdehnenden Auslegung".[496]

aa. Meinungsstand

In Rechtsprechung und Literatur werden in der Tat verschiedene Ansätze zur Herleitung der Nichtigkeit sogenannter „Umgehungsgeschäfte" vertreten.[497]

Einige ordnen dies dem unmittelbaren Anwendungsbereich von § 134 BGB zu[498], andere bejahen eine Sittenwidrigkeit nach § 138 BGB.[499] Vereinzelt wird schließlich die Existenz eines eigenständigen Rechtsinstituts gefordert.[500]

Demgegenüber geht die h.M. davon aus, dass es keines eigenständigen Rechtsinstituts bedarf, sondern sachgerechte Ergebnisse bereits durch eine extensive Auslegung oder Analogie herbeigeführt werden können.[501]

Auch der historische Gesetzgeber ging davon aus, Umgehungsgeschäfte im Bereich der Auslegung anzusiedeln. Eine besondere Bestimmung über die Nichtigkeit von Umgehungsgeschäften war seiner Meinung nach bedenklich, weil man auf diese Wei-

---

[495] BayObLG, NJW 2000, 1875.

[496] OLG Frankfurt, ZEV 2001, 364, 365.

[497] Zur Nichtigkeit des zivilrechtlichen Rechtsgeschäfts bei einem Verstoß gegen § 14 Abs. 1, 5 HeimG vgl. § 7 B V 2b, XII.

[498] BAGE 39, 67, 70; BGHZ 51, 255, 262; 56, 285, 289; Staudinger-Sack, BGB, § 134/ Rn. 149 mwN.

[499] BGH, NJW 1983, 2873, MüKo-Mayer-Maly/Armbrüster, BGB, § 138/ Rn. 53; Staudinger-Sack, BGB, § 134/ Rn. 152 mwN; vgl. zu den Behindertentestamenten, wo allerdings höchstrichterlich § 138 BGB nicht bejaht wurde: BGHZ 111, 39; Pieroth, NJW 1993, 173.

[500] MüKo-Mayer-Maly/Armbrüster, BGB, § 134/ Rn. 14: es ginge um den neben Auslegung und Analogie bestehenden zusätzlichen Rechtsgedanken, die Verbotsgesetze gegen Umgehungsversuche abzusichern.

[501] Larenz/Wolf, § 40/ Rn. 31; Medicus, Rn. 660; Soergel-Hefermehl, BGB, § 134/ Rn. 37; Teichmann, S. 78 ff, 105; Ziegert, ZErb 2003, 166, 168 f mwN.

se zu stark in die Auslegungsfreiheit des Richters eingreife und die Gefahr heraufbeschwöre, dass eine Reihe erlaubter Rechtsgeschäfte für nichtig erklärt würden.[502]

bb. Stellungnahme

(1) Allgemeines

Vergleicht man die verschiedenen Auffassungen in ihrer weiteren Begründung, so wird zunächst erkennbar, dass eine Entscheidung zwischen ihnen zunächst an Bedeutung verliert, denn sämtliche Meinungen sind sich darüber einig, dass ein Bedürfnis besteht, auch Umgehungsgeschäfte von verbotenen Rechtsgeschäften einer Nichtigkeitssanktion zu unterwerfen.

Darüber hinaus besteht Einigkeit über die Merkmale, die das Vorliegen eines Umgehungsgeschäftes begründen und die Nichtigkeitssanktion rechtfertigen. Der Umgehungsbegriff umfasse Rechtsgeschäfte, die vorgenommen werden, ohne dass durch die gewählte rechtliche Gestaltung der Tatbestand eines Verbotsgeschäfts selbst erfüllt ist, und dennoch der von ihm verbotene Erfolg herbeigeführt wird.[503] Charakteristisch ist damit, dass ein vom Gesetz missbilligter Erfolg mit an sich zulässigen Mitteln erreicht wird. Die Parteien wollen eigentlich einen gesetzlich verbotenen Tatbestand, versuchen aber, wirtschaftlich dasselbe Ergebnis durch eine vom Wortlaut des Gesetzes nicht erfasste rechtliche Gestaltung herbeizuführen.[504]

Für die Frage, wann ein Umgehungsgeschäft nichtig sein soll, kann aus dieser Definition nichts hergeleitet werden. Grundsätzlich steht es den Parteien im Rahmen der Privatautonomie nach Art. 2 Abs. 1 GG frei, von mehreren möglichen Gestaltungsformen diejenige zu wählen, die zur Rechtsgültigkeit führt, dafür steht ihnen die gesamte Rechtsordnung gerade offen. Darin zeigt sich, dass dem Begriff „Umgehung" zu Unrecht etwas Verwerfliches angehaftet wird, mag er dies auch suggerieren.

Aufgrund der Bedeutung der Privatautonomie gelangen somit auch sämtliche Meinungen dazu, dass es - sofern eine ausdrückliche Regelung[505] fehlt - für die Frage, ob ein Umgehungsgeschäft erlaubt oder nicht erlaubt ist, damit nichtig sein soll oder nicht, allein darauf ankommen kann, ob der Zweck der Verbotsnorm den Erfolg verhindern will, oder nur einen bestimmten Weg dahin. Der Zweck der Verbotsnorm dürfe nicht vereitelt werden.[506]

Diese Begründung steht im Einklang zu § 134 BGB, auch dort entscheidet der Normzweck, ob ein Rechtsgeschäft nichtig ist.

---

502 Prot. I S. 123 (Protokolle der Kommission für die zweite Lesung des Entwurfs des BGB; Bd. II 1898); es ist allerdings zweifelhaft, ob dies auch heute noch verallgemeinernd Bestand haben kann angesichts der inzw. geschaffenen speziellen Umgehungsverbote, so zu Recht, Staudinger-Sack, § 134/ Rn. 151.

503 Kroiß in Anwaltskommentar, BGB, § 1923/ Rn. 8; MüKo-Mayer-Maly/Armbrüster, BGB, § 134/ Rn.11; Soergel-Hefermehl, BGB, § 134/ Rn. 37.

504 BGH NJW 1991, 1060, 1061; Larenz/Wolf, § 40/ Rn. 31; MüKo-Mayer-Maly/ Armbrüster, BGB, § 134/ Rn.11; Staudinger-Sack, BGB, § 134/ Rn. 145; Ziegert, ZErb 2003, 166, 168 mwN.

505 Wie etwa § 71 a AktG; § 42 AO; §§ 306 a, 312 f S. 2, 475 Abs. 1, 506 Abs. 1 S. 2, 651 m BGB.

506 BGH, NJW 1991, 1060, 1061; Larenz/Wolf, § 40/ Rn. 31; MüKo-Mayer-Maly/Armbrüster, BGB, § 134/ Rn.11; Soergel-Hefermehl, BGB, § 134/ Rn. 37.

Nachdem Umgehungsgeschäfte Verbotsnormen umgehen, ist dieser parallele Wertungsansatz auch der richtige.

(2) Umgehungsabsicht entbehrlich

Aus dieser einheitlich aufgestellten Prämisse ist sodann zu folgern, dass der Wille der Parteien im Rahmen eines Umgehungsgeschäftes ebenso unbeachtlich zu bleiben hat, wie im Rahmen der Bestimmung des Nichtigkeit bei § 134 BGB.

Die Frage, ob eine Vorschrift auf einen bestimmten Sachverhalt zutrifft oder nicht, entzieht sich der Privatautonomie; ausreichend ist die Tatsache eines objektiven Verstoßes. Bereits der Zweck der Verbotsnorm gibt vor, ob auch Umgehungsgeschäfte nichtig sein sollen.[507]

Mit dieser Feststellung ist zugleich vorgegeben, dass die Ansicht, die die Umgehungsgeschäfte als eigenständiges Rechtsinstitut auffasst, keinen Bestand haben kann. Nach ihr soll neben Auslegung und Analogie der zusätzliche Rechtsgedanke Geltung erhalten, das Verbotsgesetz gegen Umgehungsversuche abzusichern. Erst die atypische Funktion der Rechtsgeschäfte als Umgehungsgeschäft löse die Nichtigkeitsfolge aus, somit bedürfe es einer entsprechenden Umgehungsabsicht. Auch wenn die frühere Rechtsprechung eine Umgehungsabsicht verlangte und sogar als entscheidenden Gesichtspunkt ansah[508], so ist sie zu Recht inzwischen aufgegeben[509] worden und nach dem oben Gesagten abzulehnen.

Insbesondere stellt sich die Frage, auf welche Rechtsgeschäfte ein derartiges eigenständiges Rechtsgeschäft anwendbar sein soll, wenn doch bereits Auslegung und Analogie sachlich und rechtlich ähnlich gelagerte Sachverhalte zu lösen vermögen. Ferner bietet § 138 BGB in den Fällen verwerflicher Gesinnung eine zusätzliche Möglichkeit, dem jeweiligen Rechtsgeschäft die Wirkung zu versagen.

(3) Zweckkontrolle

Die eben beschriebenen Merkmale und Charakteristika eines Umgehungsgeschäftes ermöglichen nun auch eine Abgrenzung innerhalb der übrigen drei Meinungsgruppen:

Soweit § 134 BGB direkt die Grundlage bilden soll, entspricht dies nicht dem einheitlich verstandenen Umgehungsbegriff; denn das Umgehungsgeschäft verwirklicht gerade nicht den Tatbestand des Verbotsgesetzes und verletzt mithin § 134 BGB nicht.[510]

Soweit in Einzelfällen eine Nichtigkeit auf § 138 BGB gestützt wurde, kann dies nur dann richtig sein, wenn neben der Umgehung eines Verbotsgesetzes weitere Tat-

---

[507] Larenz/Wolf, § 40/ Rn. 31; Soergel-Heferlmehl, BGB, § 134/ Rn. 40 mwN; Staudinger-Sack, BGB, § 134/ Rn. 145 mit zahlreichen Nachweisen; Teichmann, S. 69 f; a. A. MüKo-Mayer-Maly/ Armbrüster, BGB, § 134/ Rn. 18.

[508] Vgl. hierzu Petersen, DNotZ 2000, 739, 747/ Fn. 49.

[509] BGHZ 37, 363, 366, 51, 255, 262; daher betrachtete der BGH als Rechtsgrundlage auch nicht § 138 BGB, der ein subjektives Element enthält, sondern § 134 BGB; anders Gitter/Schmitt, HeimG, § 14/ VIII 2.

[510] So Ziegert, ZErb 2003, 166, 169.

umstände vorliegen, aufgrund derer sich der Vorwurf der Sittenwidrigkeit ergibt. Damit kann § 138 BGB nicht in den Fällen Begründung für eine Nichtigkeit von Umgehungsgeschäften sein, in denen sich das Handeln der Parteien allein auf die Tatsache beschränkt, dass sie statt der verbotenen Gestaltungsform eine andere, an sich aber rechtlich zulässige Form wählen. Denn der Abschluss eines nach dem Gesetz erlaubten Rechtsgeschäftes verletzt für sich genommen nicht das Rechts- und Anstandsgefühl aller billig und gerecht Denkenden, sondern ist Ausfluss der Privatautonomie. Ebenso ist, wie sich aus der Existenz von § 134 BGB neben § 138 BGB ergibt, nicht jede Gesetzesverletzung bereits als sittenwidrig anzusehen,.

Überzeugend ist daher die Ansicht der h.M., die die Umgehungsgeschäfte einer Zweckkontrolle unterzieht und dann im Wege der Auslegung oder - wenn diese aufgrund der Wortlautgrenze[511] scheitert - mit den Mitteln der Analogie zur Nichtigkeit auch des Umgehungsgeschäftes gelangt. Beachtet man die allgemein aufgestellte Prämisse, dass der Zweck des Verbotsgesetzes maßgeblich ist für die Anordnung der Nichtigkeit eines Umgehungsgeschäftes, ist der Gang über eine Auslegung oder Analogie der richtige, da bei beiden Rechtsinstituten ebenso der Normzweck maßgeblich ist.

Nicht richtig erscheint jedoch die Annahme, es bedürfe zunächst einer Prüfung des Zwecks der Verbotsnorm, um eine ausdehnende Auslegung oder Analogie auf das Umgehungsgeschäft begründen zu können, um dann in einem zweiten Schritt zusätzlich das Umgehungsgeschäft der Wertung von § 134 BGB zu unterziehen mit der Frage, ob sich aus dem Verbotsgesetz nicht etwas anderes als die Nichtigkeit ergeben solle.[512]

Denn um zur Auslegung bzw. Analogie überhaupt zu gelangen, wurde bereits abgewogen, ob das Verbotsgesetz sich gegen den Erfolg oder nur gegen den Weg richtet. Nur wenn der Erfolg nicht eintreten darf, rechtfertigt sich die Nichtigkeitssanktion unter Beachtung von Art. 2 Abs. 1 GG. Damit ist die Wertung, die bei einer direkten Anwendung von § 134 BGB tatsächlich noch vorzunehmen wäre, aber bereits im Vorfeld vorgenommen worden.

cc. Zwischenergebnis

Zusammenfassend können die ersten zwei Fragen des Fragenkatalogs dahingehend beantwortet werden, dass die Problematik der Nichtigkeit wegen Gesetzesumgehung zum einen mit den Mitteln der Auslegung oder Analogie angemessen gehandhabt werden kann und dass zum anderen ein subjektives Element wie eine Umgehungsabsicht nicht erforderlich ist.

dd. Übertragung auf § 14 HeimG

Überträgt man diese Ergebnisse auf § 14 HeimG, so ergibt sich, dass Zuwendungen an Angehörige bzw. Verwandte von Verbotsadressaten nach § 14 HeimG analog zu be-

---

511 Staudinger-Sack, BGB, § 134/ Rn. 146.

512 So Ziegert, ZErb 2003, 166, 169.

handeln sind. Eine ausdehnende Auslegung würde ihre Wortlautgrenze überschreiten, da die Angehörigen/ Verwandten gerade keine in den Heimbetrieb eingegliederten Personen sind.

Die für eine Analogie erforderliche ungewollte Regelungslücke[513] besteht, da der Gesetzgeber diese Konstellation nicht bedacht hat, wie sich aus den Gesetzesmaterialien ergibt. Entscheidend ist nun, ob und - wenn ja - welche Arten von Umgehungsgeschäften den Normzweck aus § 14 HeimG zu vereiteln vermögen. Wie eben festgestellt, sind Umgehungsgeschäfte dann nichtig, wenn der Zweck der betreffenden Norm nicht den Weg, sondern den Eintritt des Erfolges verbietet. Maßgeblich ist mithin, welche dieser zwei Alternativen der Normzweck von § 14 HeimG im Auge hat: soll nur der Weg oder der Erfolg verboten sein?

§ 14 HeimG selbst verfolgt drei Zwecke:[514]

- Erstens soll verhindert werden, dass die Hilf- oder Arglosigkeit alter und pflegebedürftiger Menschen in finanzieller Hinsicht ausgenützt wird. Sie sollen vor der nochmaligen oder überhöhten Abgeltung von Pflegeleistungen bewahrt werden.
- Zweitens soll der Heimfriede geschützt werden. Es sollen keine finanziellen Zusatzleistungen oder Zusatzversprechen gewährt werden können, die zu einer unterschiedlichen (privilegierenden oder benachteiligenden) Behandlung der Bewohner führen könnten.
- Drittens dient § 14 HeimG dazu, die Testierfreiheit der Heimbewohner zu sichern. Die Vorschrift soll alte Menschen davor bewahren, dass ihr Recht auf freie Verfügung von Todes wegen durch offenen oder versteckten Druck faktisch gefährdet wird.

Zusammenfassend will § 14 HeimG finanziell motivierte Ungleichbehandlungen untersagen, gleichgültig, ob ihnen lebzeitige oder letztwillige Zuwendungen zugrunde liegen.

§ 14 HeimG will Rechtsgeschäfte verbieten, denen die Gefahr innewohnt, dass bei ihrer Gültigkeit eine ebensolche finanziell motivierte Ungleichbehandlung auftreten könnte. Dem Sinn und Zweck von § 14 HeimG nach sollen daher Zuwendungen verhindert werden, die zu einer Beeinflussung der Behandlung des zuwendenden oder anderer Heimbewohner seitens eines Verbotsadressaten führen können, denn dann bestehen auch die Gefahren, vor denen § 14 HeimG schützen will.[515]

Dabei geht es § 14 HeimG nicht darum, eine bestimmte Gestaltungsform zu untersagen, sondern den Erfolg des Rechtsgeschäfts, sofern eine der eben genannten Gefahrenlagen besteht.

---

[513] Näher dazu in § 11 B III.
[514] Zusammenfassend BVerfG Beschluss v. 3.7.1998, NJW 1998, 2964; vgl. näher § 7 B I.
[515] Ebenso Ziegert, ZErb 2003, 166, 170.

Mit dieser Vorgabe müssen daher auch Umgehungsgeschäfte daraufhin untersucht werden, ob eine Zuwendung sich auf die konkrete Lebenssituation der Heimbewohner auswirken kann.

Unklar bleibt in dieser Feststellung aber immer noch, bei Zuwendungen welcher Art (sachlicher Anwendungsbereich) und an welche Personen (persönlicher Anwendungsbereich) eine gleichgelagerte Gefahr angenommen werden muss. Es ist zu klären, welches die konkret maßgeblichen Kriterien für eine Erstreckung des Anwendungsbereiches von § 14 HeimG an Angehörige bzw. Verwandte sein sollen. Hierbei werden insbesondere verfassungsrechtliche Grenzen zu beachten sein.[516]

d. Personenkreis der Verwandten und Angehörigen[517]

Aus dem Normzweck von § 14 HeimG wird ersichtlich, dass es auf den Einzelfall ankommen wird, wann ein Umgehungsgeschäft besteht und wann es zur Nichtigkeit führen muss; eine allgemeingültige Aussage kann hierfür nicht erteilt werden.

Dennoch ist in der dargelegten Rechtsprechung eine gewisse Schematisierung erkennbar, die im Regelfall zur Nichtigkeit der Umgehungsgeschäfte führte. Aufgrund ihrer Häufigkeit werden daher zunächst Zuwendungen an engere Familienmitglieder erörtert, um im Anschluss daraus erkennbare Verallgemeinerungen auf Zuwendungen an weitere heimfremde Dritte zu folgern.

aa. Begrifflichkeiten

Auffällig war in den bisherigen obergerichtlichen Entscheidungen, dass in sämtlichen Konstellationen die Zuwendung entweder an die Kinder[518], einen Elternteil[519] oder - am häufigsten - an den Ehegatten[520] floss, damit generell Personen zukam, die einem Verbotsadressaten aufgrund familiärer oder partnerschaftlicher Beziehung nahe standen.

In der begrifflichen Bestimmung der persönlichen Verbundenheit verwendeten die Gerichte eine uneinheitliche Terminologie. Es wurden sogar im Rahmen einer Ent-

---

[516] Zu beachten ist auch, dass ungeachtet des allgemeinen Normzwecks von § 14 HeimG sämtliche Umgehungsgeschäfte auch die Genehmigungspflicht aus § 14 Abs. 6 HeimG vermeiden. Der damit verbundene Zweck, Zuwendungen kontrollierbar zu halten, würde vereitelt. Grundsätzlich ist ein zwei- oder mehrseitiges genehmigungsbedürftiges Rechtsgeschäft nichtig, wenn beide Parteien von Anfang an in der Absicht handelten, eine ihnen bekannte Genehmigungspflicht zu vermeiden (hierzu Staudinger-Sack, BGB, § 134/ Rn. 175 mwN). Doch diese Fallgruppe soll im Folgenden außer Acht gelassen werden, da vorliegend Testamente als einseitige Rechtsgeschäfte Gegenstand der Erörterung sein sollen.

[517] Mit der Eingrenzung auf diesen Personenkreis wird die Parallele zur Rechtsprechung hinsichtlich der Rechtswidrigkeit von Angehörigenbürgschaften deutlich; vgl. dazu nur MüKo-Mayer-Maly/Armbrüster, § 138/ Rn. 94; die RSpr. weitete nach und nach den Kreis der in Betracht kommenden Personen u.U. bis auf die Geschwister aus.

[518] OLG Düsseldorf, FamRZ 1998, 192.

[519] BayObLG, NJW-RR 2001, 295.

[520] BayObLG, NJW 2000, 1875; NJW-RR 2001, 295; OLG Frankfurt, ZEV 2001, 364.

scheidung zugleich die Bezeichnungen „Zuwendungen an Verwandte", „die analoge Anwendung ... auf Angehörige" und „ihnen nahe stehende Angehörige" verwendet.[521]

(1) Rechtliche Terminologie

Umgangssprachlich mögen alle drei Bezeichnungen denselben Personenkreis umfassen; rechtlich müssen sie jedoch voneinander abgegrenzt werden.

Für den Geltungsbereich des BGB wird der Begriff der Verwandtschaft in seinem engen Sinn nach § 1589 BGB festgelegt und umfasst die auf der Abstammung beruhende leibliche, genetische oder Blutsverwandtschaft. Ehegatten sind danach nicht miteinander verwandt, das Verbot von § 14 HeimG soll aber nach Ansicht der Rechtsprechung gerade auch Zuwendungen an den Ehemann oder die Ehefrau erfassen.

Der Angehörigenbegriff ist im BGB nicht scharf umgrenzt,[522] für den Geltungsbereich des Strafrechts findet sich in § 11 Nr. 1 StGB eine Legaldefinition; dort wird ersichtlich, dass ein weiter Personenkreis erfasst wird. Neben Verwandten im Sinne von § 1589 BGB und Verschwägerten im Sinne von § 1590 BGB in gerader Linie gehören auch der Ehegatte, der Lebenspartner, der Verlobte, Geschwister, Ehegatten der Geschwister, Geschwister der Ehegatten unabhängig vom Fortbestehen der Ehe, und schließlich auch Pflegeeltern und Pflegekinder zum Kreis der Angehörigen.

Doch auch ohne eine allgemeine Definition für den Geltungsbereich des BGB gilt, dass der Begriff der „Angehörigen" funktionell zu definieren ist, im Gegensatz zu dem auf rein faktischen Verbindungen beruhenden Verwandtschaftsbegriff. Maßgeblich für Angehörige ist ihr tatsächliches persönliches Verhältnis zueinander.[523]

Es zeigt sich, dass der Kreis der Verwandten z.T. enger, z.T. aber auch weiter gefasst ist als der der Angehörigen. Ehegatten sind Angehörige, aber nicht Verwandte, umgekehrt sind Onkel, Tante, Neffe oder Nichte nicht Angehörige zueinander, aber in der Seitenlinie miteinander verwandt.

Enger gezogen wird der Kreis der Angehörigen, wenn von „nahe stehenden Angehörigen" gesprochen wird. In § 530 BGB findet sich die Bezeichnung des „nahen Angehörigen", die Festlegung des erforderlichen besonderen Näheverhältnisses soll sich nach dem tatsächlichen persönlichen Verhältnis bestimmen und nicht nach dem Grad der Angehörigeneigenschaft.[524]

Betrachtet man nun die jeweiligen Personenkreise, muss man feststellen, dass eine Entscheidung für eine dieser drei Begrifflichkeiten nach dem Normzweck von § 14 HeimG nicht sachgerecht wäre. Jede Zuwendung an einen Verwandten oder (nahen) Angehörigen kann geeignet sein, eine Ungleichbehandlung beim Verbotsadressaten selbst auszulösen.

Umgekehrt bedeutet die rechtliche Qualifizierung eines Verwandtschafts- oder eines Angehörigenverhältnisses nicht, dass auch eine entsprechende Nähebeziehung vorhanden ist.

---

[521] BayObLG, NJW 2000, 1875, 1876.
[522] Vgl. dazu MüKo-Seidel, BGB, § 1589/ Rn. 5.
[523] Staudinger-Rauscher, BGB, Einl. zu §§ 1589 ff/ Rn. 17.
[524] Staudinger-Rauscher, BGB, Einl. zu §§ 1589 ff/ Rn. 18.

(2) Persönliche Verbundenheit

Wie schon die Definition des „nahen Angehörigen“ bei § 530 BGB zeigt, sollte die rechtliche Terminologie daher keine Rolle spielen, sondern entscheidend sollte ein tatsächliches Näheverhältnis zwischen Zuwendungsempfänger und Verbotsadressaten sein, die sich aus einer partnerschaftlichen oder einer familiären Verbundenheit ergeben kann. Dass eine solche in der Regel im Verhältnis zwischen Verwandten oder (nahen) Angehörigen besteht, kann beweisrechtlich als Indiz gewertet werden.

Mit dieser Betrachtung können auch Zuwendungen an den Partner einer nichtehelichen Lebensgemeinschaft ohne weitere Schwierigkeiten dieser „Fallgruppe“ zugeordnet werden. Obwohl diese regelmäßig wie ein Ehegatte neben ihrem Partner stehen, und zwischen ihnen die für die Angehörigeneigenschaft charakteristische persönliche Nähebeziehung besteht, gehören sie nicht den Verwandten oder den Angehörigen[525] an; dabei ist es offensichtlich, dass auch Zuwendungen an sie ihren Partner in seinen Handlungen den Heimbewohnern gegenüber beeinflussen können.

bb. Entscheidender Maßstab

Im Ergebnis ist daher festzuhalten, dass im Falle einer Zuwendung an einen Verwandten oder (nahen) Angehörigen des Verbotsadressaten zwar regelmäßig eine persönliche Nähebeziehung zwischen diesen beiden bestehen wird; dies kann daher regelmäßig die Annahme rechtfertigen, dass der Heimbewohner bei seiner Zuwendung den Verbotsadressaten selbst im Auge hatte.

Da von der rechtlichen Qualifikation aber nicht zwingend auf eine entsprechende persönliche Verbundenheit geschlossen werden kann, kann auch die Tatsache der Verwandtschaft oder Angehörigeneigenschaft für sich allein noch nicht den Schluss auf die Nichtigkeit der Zuwendung zulassen.

Entscheidend ist daher die Feststellung, ob eine tatsächliche persönliche Verbundenheit besteht.

Entsprechend weiter fasst sich nun auch die neuere Rechtsprechung, die den Personenkreis auf nahe stehende Personen oder sonst verbundene Personen erstreckt.[526] Sogar bei nur geschäftsmäßig verbundenen Personen wurde die Möglichkeit eines nichtigen Umgehungsgeschäftes bejaht.[527]

e. Erfordernis eines wirtschaftlichen Vorteils beim Verbotsadressaten

Ein weiterer Punkt aus dem Fragenkatalog ist, ob ein wirtschaftlicher Vorteil beim Verbotsadressaten eintreten muss.

---

[525] Str., vgl. Staudinger-Rauscher, BGB, Einl. zu §§ 1589 ff/ Rn. 18 mwN; die Rspr. im Bereich der Bürgschaften hat die nichtehelichen Partner einbezogen, vgl. MüKo-Mayer-Maly/Armbrüster, BGB, § 138/ Rn. 94 mwN.

[526] BayObLG, FamRZ 2003, 1882, 1883.

[527] BayObLG, FamRZ 2003, 1882: hier hatte die Träger-GmbH das Heim von einer bedachten Stiftung angemietet.

aa. Ergangene Rechtsprechung

Neben der Tatsache der persönlichen Verbundenheit des Verbotsadressaten zu den Kindern, Eltern oder Ehegatten hielten die dargelegten Entscheidungen es stets für erforderlich, dass das Umgehungsgeschäft zumindest zu einer mittelbaren oder indirekten materiellen Begünstigung des Verbotsadressaten selbst führen muss.

Nur, wenn die Zuwendung - wenn auch über den Umweg über einen Dritten - sich als Zuwendung an den Verbostadressaten darstelle, wäre eine Analogie nach den Grundsätzen der zu missbilligenden Umgehungsgeschäfte möglich.[528] Zuwendungen an Angehörige etc. müssten mit Zuwendungen an den Verbotsadressaten gleichzusetzen sein; dies wäre etwa dann gegeben, wenn dieser über die Verwendung entscheiden könne.

Diese Forderung könnte aufgrund des Umgehungsbegriffes zu erklären sein: die Parteien wollen einen eigentlich verbotenen Tatbestand erfüllen, versuchen aber, dasselbe wirtschaftliche Ergebnis durch eine vom Wortlaut des Gesetzes nicht erfasste rechtliche Gestaltung herbeizuführen.[529]

Nach der Ansicht der Rechtsprechung müsste tatsächlich die Zuwendung des Heimbewohners auf irgendeine Art dem Verbotsadressaten zur Verfügung stehen.

Die Rechtsprechung sieht daher den von § 14 HeimG missbilligten und bei Umgehungsgeschäften verwerflichen Erfolg in dem Vermögenszuwachs bei einem Verbotsadressaten.

bb. Stellungnahme

Dieser Ansicht ist zuzugeben, dass sie sich damit eng an den Umgehungsbegriff hält, soweit für das geforderte selbe wirtschaftliche Ergebnis eine Zuwendung an den Verbotsadressaten selbst maßgeblich ist. Ferner würde genau in diesen Fällen der Zweck von § 14 Abs. 6 HeimG, Zuwendungen an die Verbotsadressaten zu kontrollieren, vereitelt werden.

Andererseits bereitet die Ermittlung eines wirtschaftlichen Vorteils beim Verbotsadressaten Schwierigkeiten.

Denn entgegen der Rechtsprechung kann nicht davon ausgegangen werden, dass jede Zuwendung an eine nahe stehende Person wie Elternteil, Kind oder Ehegatte automatisch die Verbesserung der wirtschaftlichen Lage auch des Verbotsadressaten herbeiführt und sich daher als mittelbare Begünstigung des Verbotsadressaten darstellt. Fraglich ist bereits, wann eine solche Begünstigung angenommen werden sollte.

Dies könnte nur sein, wenn zwischen Zuwendungsempfänger und Verbotsadressat eine Wirtschaftsgemeinschaft bestände.

Sachgerechter erscheint der Ansatz, den von § 14 HeimG auch bei Umgehungsgeschäften missbilligten Erfolg in einer Zuwendung zu sehen, die mit den geschuldeten Heimleistungen eines Verbotsadressaten zusammenhängt, die zu einer Vermögens-

---

[528] BayObLG, NJW 2000, 1875, 1877; NJW 2000, 1959, 1961; NJW-RR 2001, 295; OLG Frankfurt, ZEV 2001, 364, 365; FamRZ 2003, 1882, 1883.

[529] BGH NJW 1991, 1060, 1061; Larenz/Wolf, § 40/ Rn. 31; MüKo-Mayer-Maly/Armbrüster, BGB, § 134/ Rn.11; Staudinger-Sack, BGB, § 134/ Rn. 145; Ziegert, ZErb 2003, 166, 168 mwN.

minderung auf Seiten des Zuwendenden führt und die geeignet ist, das Verhalten des Verbotsadressaten gegenüber dem Zuwendenden oder den übrigen Heimbewohnern zu beeinflussen.

Dasselbe - von § 14 HeimG missbilligte - Ergebnis ist nicht der Vermögenszuwachs beim Verbotsadressaten, sondern die Eignung zur Verhaltensbeeinflussung sowie mit Blick auf den zuwendenden Heimbewohner dessen Vermögensminderung.

Diesen Erfolg - die mögliche Verhaltensbeeinflussung sowie die Vermögensminderung - dürfen Umgehungsgeschäfte nicht herbeiführen.

Die Forderung der Rechtsprechung, auf einen zumindest mittelbaren wirtschaftlichen Vorteil auf Seiten des Verbotsadressaten abzustellen, schränkt den Anwendungsbereich von Umgehungsgeschäften von § 14 HeimG zu weit ein. Nicht nur Zuwendungen, die (auch) den Verbotsadressaten wirtschaftlich begünstigen, sondern auch Zuwendungen ohne einen wirtschaftlichen Vorteil beim Verbotsadressaten können darüber hinaus den Tatbestand eines Umgehungsgeschäftes erfüllen, welches nach Sinn und Zweck des § 14 HeimG nichtig sein muss.[530]

Zusammenfassend ergibt sich, dass es nicht entscheidend sein kann, ob der Verbotsadressat selbst irgendeinen wirtschaftlichen Nutzen aus der Zuwendung des Heimbewohners erhält.

Abzustellen ist auf die Möglichkeit einer Verhaltensbeeinflussung, die ihre Ursache in der Zuwendung des Heimbewohners hat.

Diese weite Ausdehnung des Anwendungsbereiches von § 14 HeimG erfordert eine tiefgehende Würdigung aller Umstände des Einzelfalles.

f. Maßgeblichkeit des Ursachenzusammenhangs

Nachdem bisher festzustellen war, dass weder eine Eingrenzung nach einem bestimmten Personenkreis noch die Beachtung einer wirtschaftlichen Begünstigung des Verbotsadressaten ausschlaggebend sein kann, muss maßgeblicher Ansatzpunkt für die Bewertung der Nichtigkeit eines Umgehungsgeschäftes die Tatsache des Ursachenzusammenhanges im Einzelfall sein.

§ 14 HeimG untersagt Zuwendungen, die mit einer nach dem Heimvertrag ohnehin geschuldeten Leistung im Zusammenhang stehen, lediglich privat motivierte Leistungen sind dagegen nicht vom Verbot betroffen.

Die Ursache der Zuwendung in den Heimleistungen sollte auch bei Zuwendungen an Verwandte oder (nahe) Angehörige entscheidend sein. Nur wenn der Heimbewohner aufgrund der Tätigkeit des Verbotsadressaten zur Zuwendung veranlasst wurde, kann der Tatbestand von § 14 HeimG erfüllt sein.

g. Nachweis des Ursachenzusammenhangs

Soweit im Rahmen der direkten Anwendbarkeit von § 14 HeimG es inzwischen gefestigte Rechtsprechung ist, dass der erforderliche Kausalzusammenhang bis zum Beweis des Gegenteils zu vermuten ist, stellt sich die Frage, ob diese sachgerecht als An-

---

[530] Im Ergebnis ebenso Ziegert, ZErb 2003, 166, 171.

scheinsbeweis[531] zu beurteilende Beweiserleichterung auch auf den Bereich der Umgehungsgeschäfte übertragen werden soll.

Der Annahme eines prima-facie-Beweises liegt der Erfahrungssatz zugrunde, dass Zuwendungen eines Heimbewohners, die dieser während seines Heimaufenthaltes an einen Verbotsadressaten vornimmt, regelmäßig auf dem Heimaufenthalt und damit zusammenhängenden Leistungen aus dem Heimvertrag beruhen.

Bei Zuwendungen an einen Verwandten oder (nahen) Angehörigen der Verbotsadressaten muss ein entsprechender Erfahrungssatz aus der Lebenserfahrung abgeleitet werden: Die Lebenserfahrung zeigt, dass eine Zuwendung in der Regel auf einer besonderen Beziehung zum Bedachten beruhen. Fehlt es an einer derartigen besonderen Beziehung zum unmittelbar Bedachten und besteht über diesen aber eine mittelbare Verknüpfung zu einem Verbotsadressaten, so kann angenommen werden, dass die Zuwendung ihre Ursache in dem Heimaufenthalt und der damit zusammenhängenden Beziehung zum Verbotsadressaten hat.

Sachgerecht ist es daher, auch bei Zuwendungen an Verwandte oder (nahe) Angehörige einen Anscheinsbeweis zuzulassen.[532]

h. Kenntnis des Verbotsadressaten

Weiterhin muss bei letztwilligen Zuwendungen auch für eine Nichtigkeit des Umgehungsgeschäftes die Kenntniskomponente vorliegen. Im Rahmen der direkten Anwendbarkeit von § 14 HeimG ist erforderlich, dass der Verbotsadressat (bzw. ein Wissensvertreter) Kenntnis von der Zuwendung hatte und diese auch billigte, da nur dann die Gefahren bestehen, vor denen § 14 HeimG schützen will.[533]

Diese verfassungsrechtlich gebotene Einschränkung von § 14 HeimG muss auch bei Umgehungsgeschäften gelten; zu überlegen ist nur, auf wessen Kenntnis abzustellen ist: Auf die des Verbotsadressaten oder die des unmittelbar Bedachten.

Orientiert man sich hierfür am Schutzzweck von § 14 HeimG, der die verfassungskonforme Auslegung gebietet, zeichnet sich eine klare Antwort ab: nur bei Kenntnis des Verbotsadressaten bzw. eines zurechenbaren Wissensvertreters kann die Gefahrenlage entstehen, die § 14 HeimG im Auge hat. Dies muss auch im Falle einer unmittelbaren Zuwendung an eine andere Person gelten.[534]

Für die Zurechenbarkeit eines Wissensvertreters sind die oben erarbeiteten Maßstäbe heranzuziehen, d.h. der Wissensvertreter muss insbesondere selbst Einfluss auf die Lebenssituation des Heimbewohners nehmen können. Zu beachten ist hierbei, dass die in den Umgehungsfällen bedachten Eltern, Kinder oder Ehegatten als Außenstehende als Wissensvertreter grundsätzlich ausscheiden, da sie über keine derartige Einflussmöglichkeit verfügen dürften.

---

531 S. dazu oben § 7 B V 3.

532 Vgl. dazu auch Ziegert, ZErb 2003, 166, 173, unter Befürwortung einer Beweislastumkehr.

533 Vgl. näher § 7 B VIII.

534 Allg. M.; BayObLG, NJW-RR 2001, 295; NJW 2000, 1875, 1877; Rossak, Anm. zu OLG Frankfurt, ZEV 2001, 364, 366; Staudinger-Otte, BGB, vor § 2064 ff/ Rn. 145; Ziegert, ZErb 2003, 166, 173.

i. Verfassungsrechtliche Grenzen

Eine Ausweitung des Anwendungsbereiches von § 14 HeimG über die Grundsätze der Nichtigkeit von Umgehungsgeschäften zieht sofort die Frage nach sich, ob dies der über Art. 14 GG als Teil des Erbrechts verfassungsrechtlich geschützten Testierfreiheit standhalten kann.

Die Testierfreiheit erfährt über den direkten Anwendungsbereich von § 14 HeimG bereits eine erhebliche Einschränkung, die vom BVerfG im Wege einer engen verfassungskonformen Auslegung als mit dem Grundgesetz vereinbar angesehen wurde.[535]

Auch Umgehungsgeschäfte berühren den Grundsatz der Testierfreiheit. Die Rechtsprechung betonte in diesem Zusammenhang, dass einer Analogie im Bereich von Umgehungsgeschäften ebenfalls enge Grenzen gesetzt seien.[536]

Welche Grenzen dies im Einzelnen sein sollen, wurde noch nicht näher erörtert. Eine tiefere Auseinandersetzung hiermit soll hier noch unterbleiben, sie wird an anderer Stelle ausführlich vorgenommen werden.[537] Da die dort gefundenen Ergebnisse allerdings allgemein zur Frage der verfassungsrechtlichen Grenzen einer Analogie gelten, kann zumindest das Ergebnis hier bereits vorweggenommen werden: Ein Richter hat sich im Einzelfall bei der Ausübung seiner Befugnis zur Rechtsfortbildung kraft Analogie an die verfassungsrechtlich begründeten Voraussetzungen zu halten und darf dabei insbesondere einer Norm keinen Inhalt geben, mit dem der Gesetzgeber selbst seine Regelungskompetenz überschreiten würde.

Es gilt, dass eine Analogie nicht deswegen verfassungswidrig ist, weil durch sie ein über den direkten Anwendungsbereich der Norm hinausgehende Einschränkung eines Freiheitsrechts herbeigeführt wird. Der Grundsatz des Gesetzesvorbehalts wird hierdurch nicht verletzt, weil auch der Analogieschluss auf dem jeweiligen Gesetz beruht und nicht willkürlich getroffen wird. Durch die Aufstellung der Voraussetzung einer Gesetzeslücke und der Ähnlichkeit zwischen Sachverhalt und „umgangener Norm" sind genaue Maßstäbe für die Abgrenzung gefunden.[538]

j. Zusammenfassung

Im Ergebnis lässt sich für die Umgehungsproblematik im Falle einer Zuwendung an Verwandte oder (nahe) Angehörige eines Verbotsadressaten zur Beantwortung des aufgestellten Fragenkatalogs festhalten:

Methodischer Ausgangspunkt einer Nichtigkeit wegen Umgehung ist eine Auslegung oder - wo die Wortlautgrenze überschritten wird - eine Analogie zum Verbotsgesetz. Somit kommt es auf eine Umgehungsabsicht nicht an.

Der Grad der Verwandtschaft oder Angehörigeneigenschaft ist für die Bestimmung einer Nichtigkeit nur ein Indiz, aber kein maßgebliches Kriterium.

---

[535] BVerfG, NJW 1998, 2964; s. § 7 B III.
[536] BayObLG, NJW 2000, 1959, 1961.
[537] S. § 11 B III.
[538] BVerfGE 82, 6, 16; Stern, Staatsrecht, Bd. III/ 2, § 80 IV 3 bαγγ; Teichmann, S. 103 f.

Entgegen der bisherigen Rechtsprechung muss auf Seiten des Verbotsadressaten keine wirtschaftliche Begünstigung eintreten, eine solche kann aber wiederum als Indiz beweisrechtlich beachtet werden.

Maßgeblich für eine Beurteilung der Nichtigkeit des Umgehungsgeschäftes wird der Ursachenzusammenhang der Zuwendung mit den Heimleistungen des Verbotsadressaten sein. Beweisrechtlich kann für die Feststellung des Ursachenzusammenhangs ein Anscheinsbeweis herangezogen werden.

Für die im Bereich letztwilliger Zuwendungen erforderliche Kenntnis ist auf die Kenntnis des Verbotsadressaten oder eines zuzurechnenden Wissensvertreters abzustellen.

Schließlich bestehen gegen eine Ausweitung des Anwendungsbereiches von § 14 HeimG im Falle eines Umgehungsgeschäftes keine zusätzlichen verfassungsrechtlichen Bedenken.

2. Zuwendungen an sonstige heimfremde Dritte

Neben der eben dargestellten sachlich gebotenen Ausdehnung von § 14 HeimG im Bereich von Zuwendungen an Verwandte, Angehörige und Partner eines Verbotsadressaten, stellt sich die Frage, wie Zuwendungen an sonstige heimfremde Dritte zu beurteilen sind.

Der Unterschied liegt zum einen darin, dass der Verbotsadressat zu diesen Personen in keiner familiären oder partnerschaftlichen Nähebeziehung steht, aber auf andere Art mit ihnen verbunden ist, etwa als Geschäftspartner oder als Freund oder Bekannter. Zum anderen verbessern Zuwendungen an diese Personen die wirtschaftliche Lage des Verbotsadressaten generell nicht, auch nicht mittelbar.

Wie zuvor herausgearbeitet wurde, will § 14 HeimG Zuwendungen - auch wenn sie als Umgehungsgeschäft erfolgen - verbieten, die im Zusammenhang mit den geschuldeten Heimleistungen stehen und geeignet sind, einen Verbotsadressaten zu einer Ungleichbehandlung zu veranlassen.

Übertragen auf eine Zuwendung an einen heimfremden Dritten bedeutet dies, dass auch eine Zuwendung an eine Person, die dem Verbotsadressaten nicht aufgrund familiärer oder partnerschaftlicher Bande nahe steht und zu keinem wirtschaftlichen Vorteil auf seiner Seite führt, den Verbotsadressaten zu einer Ungleichbehandlung im Heim veranlassen kann.[539] Normzweck und Interessenlage von § 14 HeimG erfordern es, den Anwendungsbereich auf jede Zuwendung zu erstrecken, die geeignet ist, das Verhalten des Verbotsadressaten gegenüber dem zuwendenden oder anderen Heimbewohnern zu beeinflussen.

Welche Zuwendung an welche Person konkret diese Gefahrenlage herbeiführt, wird eine Frage des Einzelfalles sein, eine Verallgemeinerung erscheint aufgrund der vielfältigen Möglichkeiten persönlicher Nähebeziehungen nicht möglich.

Wenn der Normzweck eine so weitreichende Ausweitung des Personenkreises gebietet, wird es im konkreten Fall entscheidend sein, ob die weiteren Voraussetzungen von §14 HeimG erfüllt sind. Insbesondere muss die Zuwendung mit den Heimleistun-

[539] Ebenso Ziegert, ZErb 2003, 166, 171.

gen des Verbotsadressaten zusammenhängen, und bei einer letztwilligen Zuwendung muss dieser auch Kenntnis von dem Bedenken haben.

Die Erstreckung des Anwendungsbereiches bedeutet ferner zugleich einen weiteren beachtlichen Berührungspunkt mit der Testierfreiheit des Heimbewohners. Genau betrachtet wird aber der erforderliche Schutz des Heimbewohners im Bereich der Umgehungsgeschäfte gesichert, ohne ihm die Möglichkeit einer letztwilligen Zuwendung zu nehmen. Normzweck und Interessenlage von § 14 HeimG erfordern vielmehr die Ausweitung auch auf mögliche Umgehungsgeschäfte in diesem Rahmen.

Um aber nicht voreilig zu einem Vorliegen eines Umgehungsgeschäftes zu gelangen, sollte im gerichtlichen Verfahren wiederum von der Annahme einer Beweislastumkehr für den Ursachenzusammenhang abgesehen werden.

Insgesamt stellt sich die Nachweissituation für eine Umgehung von § 14 HeimG im Falle von Zuwendungen an sonstige heimfremde Dritte deutlich schwerer dar als bei Zuwendungen an Verwandte oder Angehörige. Wenn zu dem Bedachten keine persönlichen Beziehungen unterhalten wurden und dem Verbotsadressaten auch kein auch nur mittelbarer wirtschaftlicher Vorteil aus der Zuwendung erwächst, wird ein Ursachenzusammenhang oder eine Möglichkeit einer Beeinflussung nur schwer erkennbar sein.

Wie eine neuere Entscheidung des BayObLG aus dem Jahr 2003 zeigt, werden letztwillige Verfügungen eines Heimbewohners an einen heimfremden Dritten auch dann einer Prüfung von § 14 HeimG unterzogen, wenn der Dritte geschäftliche oder private Beziehungen zu einem Verbotsadressasten unterhielt.[540]

Im konkreten Fall hatte die Träger-GmbH das Heim von einer trägerfremden Stiftung angemietet. Eine Heimbewohnerin setzte die Stiftung, in deren siebenköpfigem Vorstand auch der Geschäftsführer der Träger-GmbH vertreten war, kurz vor Aufnahme in das Heim[541] zur Haupterbin ein. Irrtümlich nahm die Erblasserin an, Träger des Heims sei die Stiftung.

Das Gericht erörterte die Nichtigkeit der Erbeinsetzung über die Grundsätze eines Umgehungsgeschäfts von § 14 HeimG, verneinte diese im Einklang mit der bisherigen Rechtsprechung jedoch, da im konkreten Fall kein wirtschaftlicher Vorteil auf Seiten der Träger-GmbH entstanden war: Die Träger-GmbH war zwar über ihren Geschäftsführer im Vorstand der Stiftung vertreten. Da die Stiftung aber nur durch mindestens zwei Vorstandsmitglieder entscheidungsfähig war, konnte die Träger-GmbH durch ihren Geschäftsführer über die Verwendung der Zuwendung nicht maßgeblich entscheiden.[542] Eine Umgehung von § 14 HeimG wurde deswegen abgelehnt.

Diese Begründung kann nach der hier vertretenen Ansicht nicht zur Aufrechterhaltung der Zuwendung herangezogen werden, da ein wirtschaftlicher Vorteil auf der Seite des Verbotsadressaten nicht erforderlich ist.

Das Gericht hätte sich bei der Prüfung eines Umgehungsgeschäftes darauf stützen müssen, ob die erbrechtliche Zuwendung im Zusammenhang mit den Heimleistungen

---

540 BayObLG FamRZ 2003, 1882.
541 Vgl. hierzu § 7 B XII 2 b aa (2).
542 BayObLG, FamRZ 2003, 1882, 1884.

der Träger-GmbH stand und ob sie geeignet gewesen wäre, die Behandlung durch die Träger-GmbH zu beeinflussen.

Nach den gegebenen Umständen hätte in diesem Fall ein Zusammenhang mit den Heimleistungen bejaht werden müssen, da die Erblasserin annahm, Träger des Heimes sei die Stiftung.

Im Weiteren hätte dann die Möglichkeit einer Verhaltensbeeinflussung auf Seiten der wirklichen Verbotsadressatin - der Träger-GmbH - aufgrund der Zuwendung an die Stiftung erörtert werden müssen. Da diese aber in keiner besonderen Beziehung zu der Stiftung stand und auch keine anderen Anzeichen vorhanden waren, hätte nicht von einer möglichen Verhaltensbeeinflussung ausgegangen werden können.

Im Ergebnis ist daher der Entscheidung des BayObLG zuzustimmen; das Vorliegen eines wirtschaftlichen Vorteils hätte jedoch nicht Entscheidungskriterium sein dürfen.

3. Irrtümliches Bedenken eines heimfremden Dritten

In der eben zitierten Entscheidung des BayObLG tritt ein interessanter Nebenaspekt auf, der häufiger Grundlage einer Zuwendung an einen Außenstehenden sein kann. Die Erbeinsetzung der trägerfremden Stiftung beruhte auf der irrigen Vorstellung der Heimbewohnerin, die Stiftung und nicht die GmbH wäre Träger des Heimes.[543]

Ähnlich verhielt es sich bei dem Bedenken des Geschäftsführers einer Träger-GmbH, der selbst nicht zu dem Adressatenkreis des § 14 Abs. 5 HeimG gehörte.[544] Damals ging der Erblasser irrig davon aus, der Bedachte sei der Heimleiter.[545]

Das Gericht verneinte ein Umgehungsgeschäft mangels wirtschaftlichen Vorteils auf Seiten des Verbotsadressaten. Die subjektiven Vorstellungen des Erblassers über die Position des Bedachten waren darüber hinaus für eine Anwendung von § 14 HeimG unerheblich, da die Norm nur tatsächliche Gefahrenlagen verhindern will.[546]

Irrtümer über die Stellung des Bedachten im Heim können jedoch eine Anfechtung wegen beachtlichem Motivirrtum nach § 2078 Abs. 2 BGB rechtfertigen.

So gelangte auch das BayObLG zu dem Ergebnis, dass die Erbeinsetzung der Stiftung anfechtbar war, sofern die Erblasserin davon ausging, dadurch ihre Chancen auf die Aufnahme in das Heim fördern zu können.

Diese Entscheidung zeigt, dass eine Zuwendung an einen Außenstehenden ihren Grund in einer Falschbewertung der Träger- oder Personalverhältnisse im Heim erfolgen kann. Ein solcher Irrtum wird sogar nicht selten denkbar sein, gerade weil der Heimbewohner in den Organisationsaufbau keinen Einblick hat und Irrtümer daher leicht entstehen können.

Die Möglichkeit einer Anfechtung nach § 2078 Abs. 2 BGB sollte daher im Auge behalten werden.

---

[543] BayObLG, FamRZ 2003, 1882.

[544] BayObLG, NJW 2000, 1875.

[545] Im Ergebnis bejahte das Gericht eine Verletzung von § 14 HeimG, indem es in diesem Sonderfall der Trägerschaft durch eine Kapitalgesellschaft den Kreis der Verbotsadressaten im Wege der Analogie auf den Geschäftsführer erstreckte, s. dazu oben § 7 B X.

[546] S. dazu bereits § 7 B IX 3 b.

4. Zuwendung einer Auflage

Die Grundsätze zur Nichtigkeit wegen Umgehung wurden in der Rechtsprechung noch weiterreichend auch in einem Fall herangezogen, in welchem zwischen dem Bedachten und einem Verbotsadressaten keinerlei private oder geschäftliche Verbundenheit bestand.

a. Rechtsprechung: Grundsätze zum Umgehungsgeschäft

Ein Bewohner eines Seniorenheimes errichtete ein notarielles Testament, in welchem er die Stadt, in der das Heim gelegen war, zur Alleinerbin einsetzte. Im Testament war eine Auflage enthalten, dass die Stadt das im Nachlass befindliche Vermögen nach freiem Ermessen für soziale und karitative Maßnahmen in der Stadt verwenden sollte. Als Beispiel war unter anderem die Verwendung für Einrichtung und Ausstattung der Altenheime in der Stadt genannt.[547]

Im Einklang mit der bisherigen Rechtsprechung verneinte das Gericht eine Nichtigkeit wegen Umgehung von § 14 HeimG, da dem Heim selbst keinerlei wirtschaftlicher Vorteil erwuchs. Die Stadt war in ihrer Entscheidung über die Verwendung des geerbten Vermögens im Rahmen des nur allgemein vorgegebenen Zwecks frei und somit bedeutete die Auflage auch keine bestimmte Zuwendung an das Heim.

b. Stellungnahme

Zu demselben Ergebnis gelangt auch die Ansicht, nach welcher es eines wirtschaftlichen Vorteils auf Seiten des Verbotsadressaten nicht bedarf.

Diskussionswürdig an dieser Entscheidung ist jedoch, ob hier wirklich die Grundsätze zum Umgehungsgeschäft der richtige Ansatzpunkt für die Lösung sind.

Mittelpunkt der Entscheidung war im Kern die Tatsache, dass eine Auflage der in Aussicht gestellte Zuwendungsgegenstand für das Heim war. Für eine Auflage gemäß § 2192 BGB ist charakteristisch, dass der Begünstigte selbst keinen Anspruch auf Erfüllung hat, § 2194 BGB.

Es stellt sich damit die Frage, ob eine Auflage überhaupt eine „geldwerte Leistung" im Sinne von § 14 HeimG darstellt, wenn sie doch nur die Aussicht auf einen Erwerb verkörpert. Andererseits ist eine „geldwerte Leistung" jede Aufwendung, deren Wert in Geld ausgedrückt werden kann.[548] Und auch Erbeinsetzungen oder Vermächtnisse bedeuten vor dem Erbfall „nur" eine Erwerbsaussicht, was einer Anwendung von § 14 HeimG jedoch nicht entgegensteht. Unter dieses Begriffsverständnis müssen also auch Aufwendungen des Erblassers fallen, die beim Empfänger nur eine Hoffnung begründen, denn auch diese haben bereits vor Vollzug einen - wenn auch um das Risiko der Nichterfüllung geminderten - Vermögenswert.

---

547 BayObLG, NJW 2000, 1959.

548 Vgl. Dahlem/Giese/Igl/Klie, HeimG, § 14/ Rn. 9; Kunz/Butz/Wiedemann, HeimG, § 14/ Rn. 7; LPK-Plantholz, HeimG, § 14/ Rn. 6.

Neben dem Wortlaut fordern auch Sinn und Zweck von § 14 HeimG, eine Auflage als „geldwerte Leistung“ zu beurteilen, da auch dann eine Ungleichbehandlung sowie die Einschränkung der Testierfreiheit denkbar sind.

Einschränkend kann dies aber nur gelten, wenn die Auflage eine konkrete Zuwendung an den Verbotsadressaten vorgibt. Gewährt die Auflage dem Belasteten einen Ermessensspielraum wird keine Gefahrenlage erzeugt, vor der § 14 HeimG schützen will.

Im Ergebnis ist der Entscheidung des BayObLG darin zuzustimmen, dass im konkreten Fall die Zuwendung wirksam sei. Als Ansatzpunkt der Beurteilung hätte sich allerdings angeboten, die Eigenschaft einer Auflage als „geldwerte Leistung“ genauer zu untersuchen; dies hätte bereits unabhängig von der Frage einer Umgehung zu einem sachgerechten Ergebnis geführt.

§ 8 Zwischenbilanz der bisherigen Ergebnisse - Fortgang der Untersuchung

A. Zwischenbilanz der bisherigen Ergebnisse

Eine Zusammenschau der bisher erörterten Regelungsbereiche zeigt auf, dass die deutsche Rechtsordnung eine zweigleisige Fürsorge kennt.

Das Betreuungsrecht der §§ 1896 ff BGB soll auf der zivilrechtlichen Seite die rechtliche[549] Unterstützung hilfsbedürftiger Gruppen unserer Gesellschaft sichern; mit dem HeimG auf der öffentlich-rechtlichen Seite wird neben anderen sozial-rechtlichen Instrumentarien ein Mittel für die faktische Hilfe bereitgestellt.

Die Auswertung der Rechtstatsachen ergab, dass besonders die ältere Bevölkerung in der Gruppe der Betreuten und auch der Heimbewohner vertreten ist.

Werden den Bedürftigen nun Betreuer und Heimpersonal als Hilfe zur Seite gestellt, so kann die damit entstehende Nähe in nicht zu duldender Weise ausgenutzt werden. Betreuer und Heimpersonal werden ein Vertrauensverhältnis mit ihren Schützlingen aufbauen, was für sich genommen wünschenswert ist, auch die „rechtliche Betreuung" soll - wie in § 1897 Abs. 1 BGB hervorgehoben - die persönliche Betreuung nicht außer Acht lassen.

Wo Vertrauen entsteht, besteht andererseits stets eine besondere Gefahr des Missbrauchs und der Ausnutzung. Im Heimbereich veranlasste dies den Gesetzgeber zur Einführung von § 14 Abs. 1, 5 HeimG, um die Bewohner bzw. Bewerber vor finanzieller Ausnutzung und finanziell motivierter Ungleichbehandlung zu bewahren. Wie sich zeigt, existiert in der Praxis eine Vielzahl von Einzelproblemen, die eine effektive Handhabung von § 14 Abs. 1, 5 HeimG zum Schutz der Heimbewohner erschweren. Insbesondere handelt es sich hierbei um

- Den Nachweis des Ursachenzusammenhangs;
- Die Voraussetzungen zur Einholung der Genehmigung nach § 14 Abs. 6 HeimG;
- Das Erfordernis eines „Einvernehmens";
- Die Zurechenbarkeit von Kenntnis;
- Den Nachweis der Kenntnis;
- Die strukturellen Veränderungen aufgrund groß angelegter Organisationsstrukturen der Heimträger;
- Die Umgehungsproblematik.

Betreute können durch § 14 Abs. 1, 5 HeimG nur Schutz erfahren, soweit sie in einem Heim im Sinne des HeimG untergebracht sind. Zu beachten ist dabei, dass ein Schutz vor finanzieller Ausnutzung allein gegenüber den Verbotsadressaten von § 14 HeimG besteht.

---

[549] Hervorzuheben ist der seit dem BtÄndG von 1999 neue § 1901 Abs. 1 BGB; die Vorschrift begrenzt die Aufgabe des Betreuers auf eine rechtliche, dadurch sollte in erster Linie eine Abgrenzung zur faktischen Fürsorge erzielt werden, BT-Drs. 13/ 7158, S. 33, BT-Drs. 15/ 2494, S. 14.

Für die Beziehung zwischen Betreuer und Betreuten enthalten dagegen allein § 10 BAT bzw. § 3 Abs. 2 TVöD und die beamtenrechtlichen Vorschriften der Länder eine zu § 14 Abs. 1, 5 HeimG ähnliche Regelung. Allerdings wird durch diese Vorschriften zum einen nur ein kleiner Teil von Betreuern erfasst, zum andern führen sie nicht wie § 14 Abs. 1, 5 HeimG zur Nichtigkeit von Zuwendungen.

Somit kann festgehalten werden, dass im Verhältnis zwischen Betreuer und Betreutem bis heute - trotz verschiedener Aufforderungen dazu[550] - keine zu § 14 Abs. 1, 5 HeimG vergleichbare Beschränkung besteht, insbesondere die Vorschriften des Betreuungsrechts zu §§ 1896 BGB keine gesonderte Regelung vorsehen.

B. Fortgang der Untersuchung

Es stellt sich daher die Frage, ob nicht auch in das Betreuungsrecht eine dem § 14 Abs. 1, 5 HeimG entsprechende Regelung aufgenommen werden sollte.

Auf diese Problematik wird sich die folgende Erörterung beziehen und zum Abschluss einen Lösungsansatz entwickeln, der die Möglichkeit einer Fortentwicklung des Rechts „de lege ferenda" einbeziehen soll. Gegenstand werden dabei letztwillige Verfügungen in der Form der am häufigsten in der Praxis auftretenden Testamente sein.

Bevor jedoch das spezielle Verhältnis zwischen Betreuer und Betreutem untersucht werden wird, soll das heute bestehende System, das jedem Betreuten die Vermutung der Testierfähigkeit aus § 2229 Abs. 4 BGB zuspricht, ohne sie einer besonderen Form der Testamentserrichtung zu unterwerfen, näher erörtert werden. Das Augenmerk wird sich dabei insbesondere auf Änderungsvorschläge der Literatur für den letztgenannten Aspekt richten.

---

[550] Vgl. hierzu näher § 5 D II 4, E I 2.

Teil III

§ 9 Betreuung und Testierfähigkeit

Der Gesetzgeber des Betreuungsgesetzes hatte sich entschieden, nach dem Wesensgehalt der in Art. 14 GG garantierten Testierfreiheit ihr auch im Betreuungsrecht durch den Grundsatz uneingeschränkter Testierfähigkeit zu entsprechen.

Es gilt mithin für einen Betreuten die Vermutung zugunsten bestehender Testierfähigkeit. Diese setzt sich daher auch prozessual dergestalt durch, dass die Testierfreiheit im Regelfall als gegeben anzunehmen ist. Die Beweislast für das Vorliegen von Testierunfähigkeit trägt derjenige, der die Testierunfähigkeit behauptet.[1]

Ein solcher Grundsatz ist nicht positiv in den Vorschriften des gesamten Erbrechts zu finden. Allerdings kann dies daraus gefolgert werden, dass der Gesetzgeber sich allein darauf beschränkte, eine negative Abgrenzung vorzunehmen, indem er die Testierunfähigkeit für Volljährige als Ausnahmesituation in § 2229 Abs. 4 BGB statuierte.

A. „Testierfähigkeit"

I. Begriff

Testierfähigkeit ist die Fähigkeit, ein Testament rechtswirksam zu errichten, zu ändern oder aufzuheben.[2] Sie erfordert die Vorstellung des Erblassers, dass er ein Testament errichtet und welchen Inhalt die darin enthaltenen letztwilligen Verfügungen aufweisen. Er muss imstande sein, sich ein klares Urteil über die Tragweite seiner Anordnungen zu bilden, insbesondere über die Auswirkungen auf die persönlichen und wirtschaftlichen Verhältnisse der Betroffenen. Ein Erblasser muss nach diesem Urteil frei von den Einflüssen etwaiger Dritter handeln können.[3]

Ihm muss bewusst sein, dass ihm die Testierfreiheit willkürliche und ungerechte Verfügungen ermöglicht. Ist dieses Bewusstsein vorhanden, kann der Inhalt der Verfügung grundsätzlich nicht dazu führen, dass dem Testament die Wirksamkeit versagt wird, weil dem Erblasser die erforderliche Einsichts- und Handlungsfähigkeit gefehlt hätte. Zu beachten ist, dass dies auch gilt, wenn der Inhalt objektiv unvernünftig und von Dritten nicht nachvollziehbar ist.[4]

Ein Betreuter kann wie jeder andere „natürlich testierunfähig" nach § 2229 Abs. 4 BGB sein, wenn er

---

[1] Vgl. nur MüKo-Hagena, BGB, § 2229/ Rn. 11, 57; Soergel-Mayer, BGB, § 2229/ Rn. 22; Staudinger-Baumann, BGB, § 2229/ Rn. 52, 56; Stein/Jonas-Leipold, ZPO, § 286/ Rn. 73 jeweils mwN.

[2] MüKo-Hagena, BGB, § 2229/ Rn. 2; Soergel-Mayer, BGB, § 2229/ Rn. 2 mwN; Staudinger-Baumann, BGB, § 2229/ Rn. 10 jeweils mwN.

[3] Etwa BayObLG, ZEV 2005, 345 ff; MüKo-Hagena, BGB, § 2229/ Rn. 2, 5; Soergel-Mayer, BGB, § 2229/ Rn. 2, 11; Staudinger-Baumann, BGB, § 2229/ Rn. 11 jeweils mwN.

[4] BayObLGZ 1991, 59, 64; 2001, 289, 295; MüKo-Hagena, BGB, § 2229/ Rn. 22; Soergel-Mayer, BGB, § 2229/ Rn. 11; Staudinger-Baumann, BGB, § 2229/ Rn. 11 jeweils mwN; als Grenze ist jedoch stets § 138 BGB zu beachten.

„...wegen krankhafter Störung der Geistestätigkeit, wegen Geistesschwäche oder wegen Bewusstseinsstörung nicht in der Lage ist, die Bedeutung einer von ihm abgegebenen Willenserklärung einzusehen und nach dieser Einsicht zu handeln."

Als Folge dieses Zustands kann er kein wirksames Testament errichten. Aus dem zweigliedrigen Aufbau des Tatbestandes ergibt sich, dass eine geistige Beeinträchtigung für sich allein noch nicht die Annahme der Testierunfähigkeit begründen kann. Es kommt stets darauf an, ob bedingt durch die geistige Störung die freie Willensbildung des Erblassers im Zeitpunkt der Errichtung ausgeschlossen war. Bedeutend ist insoweit, dass aufgrund der erforderlichen Kausalität eine geistige Erkrankung unerheblich ist, wenn sie mit der letztwilligen Verfügung nicht in Verbindung steht und sie daher auch nicht beeinflusst.[5]

Die Situationsgebundenheit des Tatbestandes hat zur Folge, dass auch ein grundsätzlich Geisteskranker etc. ein Testament wirksam errichten kann, wenn er im Zeitpunkt der Errichtung die erforderliche Einsichts- und Handlungsfähigkeit besitzt, sog. „lichte Augenblicke" können also berücksichtigt werden.

Andererseits ist nicht zu vernachlässigen, dass es prozessual zu einer Beweiserleichterung in Form des Anscheinsbeweises führt, wenn Testierunfähigkeit vor und nach der Testamentserrichtung festgestellt werden kann. Es wird dann von bestehender Testierunfähigkeit auch im Zeitpunkt der Testamentserrichtung ausgegangen. Allerdings kann dies bereits durch eine Erschütterung dahingehend, dass ein lichter Augenblick im Zeitpunkt der Errichtung ernsthaft in Betracht kommt, beseitigt werden.[6]

Die einfachgesetzlich ausgestaltete Testierfreiheit nach § 2229 BGB darf nicht ohne ihren Bezug zur verfassungsrechtlichen Gewährleistung durch Art. 14 GG betrachtet werden. Durch Art. 14 Absatz 1 GG werden das Eigentum und das Erbrecht gewährleistet.

II. Verfassungsrechtlicher Bezug

Testierfreiheit im Rahmen von Art. 14 GG als Bestandteil der Erbrechtsgarantie umfasst die Befugnis des Erblassers, zu Lebzeiten einen von der gesetzlichen Erbfolge abweichenden Übergang seines Vermögens nach seinem Tode an einen oder mehrere Rechtsnachfolger anzuordnen, insbesondere einen gesetzlichen Erben von der Nachlassbeteiligung auszuschließen und wertmäßig auf den gesetzlichen Pflichtteil zu beschränken.

---

[5] BayObLG, ZEV 2005, 345 ff, ZErb 2005, 90, 91; BayObLG, FamRZ 2002, 1066, 1067; MüKo-Hagena, BGB, § 2229/ Rn. 21; Soergel-Mayer, BGB, § 2229/ Rn. 10; Staudinger-Baumann, BGB, § 2229/ Rn. 21 jeweils mwN.

[6] BayObLGZ 1979, 256, 266; FamRZ 1990, 801, 803; FamRZ 1999, 819, 820; MüKo-Hagena, BGB, § 2229/ Rn. 62; Soergel-Mayer, BGB, § 2229/ Rn. 35; Stein/Jonas-Leipold, ZPO, § 286/ Rn. 73 a; Staudinger-Baumann, BGB, § 2229/ Rn. 54 jeweils mwN.

Hierin kommt der Charakter der Testierfreiheit als individuelles Selbstbestimmungsrecht im wirtschaftlichen Bereich zum Ausdruck.[7] Ihr verfassungsrechtlicher Gehalt ist somit daraus zu bestimmen. Art. 14 GG schützt nur selbst bestimmte und selbst verantwortete letztwillige Erklärungen. Folge daraus ist wiederum, dass nur dann eine selbstbestimmte Erklärung möglich ist, wenn der Erklärende auch in der Lage ist, selbstbestimmt zu handeln und die wirtschaftlichen Folgen aus seiner Erklärung erkennen kann; er muss demnach „selbstbestimmungsfähig" sein und Einsichts- und Handlungsfähigkeit besitzen.

Gemäß Art. 14 Abs. 1 Satz 2 GG ist es in erster Linie dem Gesetzgeber überlassen, Inhalt und Schranken des Erbrechts zu bestimmen.[8]

Durch die einfachgesetzliche Ausgestaltung wird das Erbrecht des Einzelnen klar umrissen und zu einem praktisch durchsetzbarem Recht. Die einfachgesetzliche Ausgestaltung verschafft den notwendig abstrakten Grundprinzipien des Erbrechts konkrete Gestalt. Der Gesetzgeber muss festlegen, welche Anforderungen im Einzelnen an die für eine eigenverantwortliche Testamentserrichtung erforderliche Einsichtsfähigkeit zu stellen sind, und welches Maß an Handlungsfähigkeit für die Testamentserrichtung nötig ist.[9]

Zur Konkretisierung des Prinzips der Testierfreiheit hat der Gesetzgeber Vorschriften über die zulässigen Testamentsformen und über die Anforderungen an die Testierfähigkeit zu erlassen. Dabei kommt ihm ein Beurteilungsspielraum hinsichtlich der Frage zu, welche Personengruppen die erforderliche Selbstbestimmungsfähigkeit besitzen.

Er kann Personen, denen die erbrechtliche Selbstbestimmungsfähigkeit typischerweise fehlt, von der Testamentserrichtung ausschließen.

Bei der Konkretisierung der verfassungsrechtlich gewährleisteten Testierfreiheit kann der Gesetzgeber auch die Einhaltung bestimmter Formen letztwilliger Verfügungen zwingend vorschreiben. Dabei kann er für unterschiedliche Situationen und Personengruppen jeweils eigene Testamentsformen schaffen.

Es bleibt auch seiner Wahl überlassen, ob er die Fälle mangelnder Selbstbestimmungsfähigkeit unmittelbar durch Vorschriften über die Testierfähigkeit oder mittelbar durch die Einführung zwingender Formvorschriften regelt.[10]

Die Grenze für den Gesetzgeber ist der grundlegende Gehalt der verfassungsrechtlichen Gewährleistung der Testierfreiheit; er hat zudem das Verfassungsrecht in seiner Gesamtheit zu beachten.

Er muss bei der Gestaltung der Formvorschriften für Gleichbehandlung sorgen und darf insbesondere Behinderte nicht benachteiligen.[11]

---

[7] BVerfGE 58, 377, 398; Soergel-Mayer, BGB, vor § 2229/ Rn. 1, Staudinger-Baumann, BGB, vor §§ 2229-2264/ Rn. 1.

[8] BVerfGE 91, 346, 360; Leibholz/Rinck/Hesselberger, GG, Art. 14/ 1037, v. Münch/Kunig-Bryde, GG, Art. 14/ Rn. 68; Soergel-Mayer, BGB, § 2229/ Rn. 2.

[9] BVerfGE 91, 346, 360; Leibholz/Rinck/Hesselberger, GG, Art. 14/ 1037.

[10] Dem BVerfG kommt sodann nur die Aufgabe zu, die jeweilige Norm für verfassungskonform oder verfassungswidrig zu erklären, BVerfGE 99, 341, 358.

[11] In diesem Zusammenhang steht BVerfGE 99, 349; das BVerfG hatte die Rechtslage, wonach schreibunfähige Stumme „faktisch" nicht testierfähig waren, für verfassungswidrig erklärt; sie würden in ihren Grundrechten aus Art. 14 und Art. 3 GG unverhältnismäßig verletzt; es bestände kein

Ferner darf er von Elementen des Erbrechts, die Bestandteile der verfassungsrechtlichen Gewährleistung sind, nur in Verfolgung eines verfassungsrechtlich legitimen Zwecks und nur unter Wahrung des Grundsatzes der Verhältnismäßigkeit abweichen.[12] Der Gesetzgeber darf das in der Testierfreiheit enthaltene Selbstbestimmungsprinzip zwar konkretisieren, nicht aber unverhältnismäßig beschränken.

III. Umsetzung in § 2229 Abs. 4 BGB

Unter Beachtung dieser Vorgaben hat der Gesetzgeber mit § 2229 Abs. 4 BGB für Volljährige eine Norm gesetzt, die ihnen trotz ihrer generellen Reife wegen Alters ausnahmsweise eine Schranke ihrer Willensfreiheit auferlegt. Indem der Gesetzgeber eine Testierunfähigkeit als Ausnahmefall betrachtete, zeigt sich seine bejahende Einstellung zugunsten der Erblasser, denen er auf der anderen Seite aufgrund der grundrechtlichen Gewährleistung verpflichtet ist.

§ 2229 Abs. 4 BGB betrifft Personen, die aufgrund geistiger oder psychischer Schwächen die Bedeutung und Tragweite ihrer Willenserklärungen nicht erkennen können. Körperlich behinderte Personen sind ausweislich des Wortlautes nicht davon erfasst; sie unterliegen mitunter einer Verweisung auf besondere Formen der Testamentserrichtung, vgl. §§ 2233, 2247 Abs. 4 BGB.

IV. Betreuungsrecht „testierfähigkeitsneutral“

Obwohl der Personenkreis der Betreuten auch häufig Personen einschließen wird, die natürlich testierunfähig gemäß § 2229 Abs. 4 BGB sein können, hat der Gesetzgeber davon abgesehen, mit Einführung des Betreuungsrechts spezielle Vorschriften aufzunehmen, die einem Betreuten die Testierfähigkeit konstitutiv versagen würden; das Betreuungsrecht verhält sich somit „testierfähigkeitsneutral“.[13]

§ 2229 Abs. 4 BGB blieb mit Einführung des Betreuungsrechts unverändert[14], es wurde auch keine konstitutive Feststellung der Testierunfähigkeit aufgenommen.[15]

Der Gesetzgeber hat den oben genannten Beurteilungsspielraum daher zugunsten der Betreuten ausgeübt. Der Grund hierfür liegt der Begründung nach insbesondere im ausdrücklich genannten Erforderlichkeitsgrundsatz von § 1896 BGB, der es verbietet,

---

zwingendes Erfordernis, körperlich Behinderte durch bestimmte Formerfordernisse an der Testamentserrichtung zu hindern: wer geistig in der Lage ist, seinen letzten Willen zu formulieren, darf nicht faktisch dadurch gehindert werden, dass er wegen körperlicher Mängel sich nicht verständigen kann. Ein Schluss von der körperlichen Behinderung auf eine Testierunfähigkeit ist nicht pauschal zulässig; hierzu auch Staudinger-Baumann, § 2233/ RN. 26 ff.

12 BVerfGE 91, 346, 360; Leibholz/Rinck/Hesselberger, GG, Art. 14/ Rn. 1037.

13 BayObLG FamRZ 1996, 635; Soergel-Mayer, BGB, § 2229/ Rn. 19; Staudinger-Baumman, BGB, § 2229/ Rn. 31 f jeweils mwN.

14 §2229 Abs. 3 BGB wurde abgeschafft, welcher nach altem Recht für den Fall der Entmündigung eine konstitutive Wirkung der Testierunfähigkeit aussprach. Dass sich dadurch der Personenkreis derer erweitert hatte, bei welchen der Notar eingehende Prüfungen der Testierfähigkeit vorzunehmen hat, betont MüKo-Hagena, BGB, § 2229/ Rn. 12.

15 Hierzu BT-Drs. 11/ 4528, S. 65 f.

automatische Auswirkungen der Bestellung eines Betreuers auf die Testierfähigkeit anzuordnen.[16]

V. Zusammenfassung

Zusammenfassend gilt damit für betreute und volljährige Personen, § 1896 Abs. 1 BGB, dass sie im Rahmen der auch für nicht betreute Personen geltenden Vorschriften ein Testament errichten und Verfügungen von Todes wegen treffen können, solange sie nicht aus Gründen, die unabhängig von der Betreuung bestehen können, testierunfähig im Sinne von § 2229 Abs. 4 BGB sind.

B. Kritik am bestehenden System

Schon während des Gesetzgebungsverfahrens zur Einführung des Betreuungsgesetzes von 1992 erhob sich gegen die geplante und am Ende durchgesetzte Regelung zugunsten der Testierfähigkeit der Betreuten Kritik.

Ausgangspunkt war die Tatsache, dass zu Lebzeiten keine konstitutiven Aussagen über eine natürliche Testierunfähigkeit des Betreuten getroffen werden. Dadurch verschiebt sich die Diskussion auf den Zeitpunkt nach dem Erbfall, wenn die Erbanwärter im Prozess streiten.

Es wurde befürchtet, dies würde zu einer erhöhten Anzahl von Nachlassverfahren führen, da in der Praxis häufig die Anordnung einer Betreuung und Testierunfähigkeit zusammenfallen würden. Aufgrund der Tatsache, dass einer Betreuung und einer Testierunfähigkeit dieselben geistigen Mängel zugrunde liegen können, ist es nachvollziehbar, dass eine Betreuerbestellung nach dem Erbfall leicht zum Anlass genommen wird, die Testierfähigkeit des Betreuten anzuzweifeln.[17]

Ferner wurde vorgebracht, der Gesetzgeber hätte sich auf ein „Nichtigkeitsroulette" beim Streit der Erbanwärter eingelassen, indem er die konstitutive Wirkung der Testierunfähigkeit nach § 2229 Abs. 3 BGB a.F. für Entmündigte aufgeben wolle.[18]

Den Betreuten würde eine Sicherheit vorgespiegelt, die es in Wirklichkeit nicht gäbe, nämlich die Sicherheit, Verfügungen von Todes wegen verlässlich treffen zu können; sie würden somit fälschlicherweise auf eine erhoffte Testierfähigkeit setzen.[19]

Der Gesetzgeber war sich der prozessualen Veränderungen bewusst, die mit der Aufhebung der Entmündigung einhergingen. Andererseits musste auch beachtet werden, dass zum Großteil gar keine Entmündigungen mehr ausgesprochen wurden, die

---

16 BT-Drs. 11/ 4528, S. 65; hiermit steht der Gesetzgeber ferner im Einklang mit den Empfehlungen des Europarates: Die Empfehlung Nr. R (99) 4 vom 23. 2. 1999 des Ministerkomitees an die Mitgliedstaaten legt Leitsätze und Verfahrensgarantien für den Umgang mit stellvertretenden Entscheidungen fest. Für die Frage der Testierfähigkeit bedeutsam sind die Grundsätze 2 (Flexibilität der rechtlichen Reaktion) und 3 (Höchstmögliche Bewahrung der Entscheidungsfähigkeit); die Empfehlung findet sich unter „http://www.vgt-ev.de/Themen/Europa/Empfehlung99.htm". Einer in Grundsatz 2.8 angedeuteten Möglichkeit, für Routineangelegenheiten eine gesetzliche Vertretung festzulegen, ist der Gesetzgeber in der neuesten Reform dagegen nicht gefolgt.

17 Cypionka, DNotZ 1991, 571, 584; Hahn FamRZ 1991, 27; Soergel-Mayer, BGB, § 2229/ Rn. 10.

18 Dieckmann, JZ 1988, 789, 795.

19 Dieckmann, JZ 1988, 789, 796.

Gebrechlichkeitspflegschaft dagegen - die keine Auswirkungen auf die Testierfähigkeit hatte - im Vordergrund stand. Von den mit dem Betreuungsgesetz eingefügten Verfahrensgarantien versprach der Gesetzgeber sich Auskünfte, die später in einem Gerichtsverfahren verwertet werden könnten. Insbesondere die persönliche Anhörung (§ 68 Abs. 1 FGG) sowie das Sachverständigengutachten (§ 68 b FGG) sollten zur Tatsachengewinnung beitragen.[20]

C. Möglichkeit von Rückschlüssen

Die Tatsache, dass dasselbe geistige Defizit zur Anordnung einer Betreuung führen kann als auch Testierunfähigkeit begründen kann, eröffnet die Frage, ob es möglich ist, pauschal von der Anordnung einer Betreuung auf eine bestehende Testierunfähigkeit zu schließen. Auch wenn der Gesetzgeber beide Bereiche getrennt hat, könnte sich in der Praxis ein Gleichlauf ergeben.

I. Von Betreuung auf Testierunfähigkeit

Eine Betreuung kann für einen Volljährigen eingerichtet werden, der infolge einer psychischen Krankheit oder einer körperlichen, geistigen oder seelischen Behinderung seine Angelegenheiten ganz oder teilweise nicht besorgen kann, § 1896 Abs. 1 BGB.

Testierunfähig ist dagegen ein Volljähriger dann, wenn er wegen krankhafter Störung der Geistestätigkeit, wegen Geistesschwäche oder wegen Bewusstseinsstörung nicht in der Lage ist, die Bedeutung einer von ihm abgegebenen Willenserklärung einzusehen und nach dieser Einsicht zu handeln, § 2229 Abs. 4 BGB.

Die Definitionen lassen Gemeinsamkeiten wie Unterschiede erkennen. Gemeinsam ist beiden Tatbeständen die Voraussetzung einer bestimmten geistigen Störung. Unterschiedlich ist jedoch, dass eine körperliche Behinderung für sich allein nicht zur Testierunfähigkeit führt, andererseits sie allein Grund sein kann für die Einrichtung einer Betreuung. Ferner unterscheiden sie sich in ihren Auswirkungen: während eine Betreuung die Unfähigkeit zur Besorgung verschiedener Angelegenheiten erfasst, muss bei Testierunfähigkeit eine Unfähigkeit zur Einsicht in die Bedeutung und Tragweite einer Willenserklärung bestehen.

II. Von Betreuung auf Geschäftsunfähigkeit

In diesem Zusammenhang soll wegen der generellen Zusammengehörigkeit von Testier- und Geschäftsunfähigkeit Folgendes erwähnt werden: in der Literatur wurde während der Einführung des Betreuungsrechts diskutiert, inwieweit zwischen der Unfähigkeit zur Besorgung seiner Angelegenheiten im Sinne von § 1896 BGB und der natürlichen Geschäftsunfähigkeit von § 104 Nr. 2 BGB ein Zusammenhang besteht oder gar bestehen muss.[21]

---

[20] BT-Drs. 11/ 4528, S. 65; Hahn, FamRZ 1991, 27; Staudinger-Baumann, BGB, § 2229/ Rn. 31; s. näher § 5 D II 2.

[21] Müller hat sich mit dieser Frage ausführlich im Rahmen ihrer Dissertation „Betreuung und Geschäftsfähigkeit“ befasst.

Dabei ist zu beachten, dass Betreuungen aufgrund des Erforderlichkeitsgrundsatzes auch nur für partielle Lebensbereiche eingerichtet werden können und dabei auch nur für besonders schwierige Angelegenheiten. Darin kommen aber relative Gesichtspunkte zum Vorschein, die das Recht der Geschäftsfähigkeit nicht kennt.[22]

Hierdurch wird deutlich, dass die Eingangsschwelle für eine Betreuung niedriger liegt als für die Annahme einer Geschäftsunfähigkeit und daher auch Geschäftsfähige einen Betreuer erhalten können.

Aufgrund dieser Tatsache verbietet es sich deshalb, von einer bestehenden Betreuung auf eine Geschäftsunfähigkeit zu schließen.[23]

In diesem Zusammenhang wurde auch erwogen, eine Zweiteilung der Betreuungsarten in eine Betreuung mit Einwilligung des Betroffenen und in eine ohne Einwilligung vorzunehmen.[24] Andernfalls bestünde die Gefahr, dass mit der Anordnung einer Betreuung trotz bestehender Geschäftsfähigkeit zu stark in die Rechte des Betroffenen eingegriffen werden würde; es dürfe jedoch keine derartige „Zwangsfürsorge" geben.[25]

Fraglich ist in diesem Rahmen, nach welchen Maßstäben die Einwilligung zu beurteilen wäre.

Das BayObLG äußerte sich zu dieser Frage in der Hinsicht, dass eine Zwangsbetreuung nur dann in Betracht komme, wenn ein Unvermögen zur freien Willensbestimmung festgestellt werden kann.[26]

Die Urteilsgründe werden vielfach dahin gedeutet, dass das BayObLG das Unvermögen am Maßstab einer vorliegenden (zumindest partiellen) Geschäftsunfähigkeit messen wolle, zumindest soweit es Betreuungsanordnungen im rechtsgeschäftlichen Bereich betrifft.[27] Dies kann aber nicht ohne weiteres gefolgert werden, insbesondere da das Gericht sich in späteren Jahren wieder für eine Trennung von Geschäftsunfähigkeit und Betreuungsbedürftigkeit aussprach.[28]

Auch unabhängig von der Rechtsprechung des BayObLG können überzeugende Argumente vorgebracht werden, welche gegen eine derartige Beachtung einer möglichen Geschäftsunfähigkeit sprechen:[29] Zum einen hat sich der Gesetzgeber mit der Einführung des Antragsrechts auch für Geschäftsunfähige ausdrücklich gegen eine Differenzierung von konsentierter und aufgezwungener Betreuung nach Maßstab einer bestehenden Geschäftsfähigkeit ausgesprochen. Ferner wäre die Einwilligung eines Geschäftsfähigen sinnlos, da dann in der Regel auch keine Betreuungsbedürftigkeit bestände. Wer in seine Betreuung wirksam einwilligen kann, wird grundsätzlich auch

---

22 So die h.M., vgl. nur MüKo-Schmitt, BGB, § 104/ Rn. 18; Soergel-Hefermehl, BGB, § 104/ Rn. 7 (jeweils als Fall der partiellen Geschäftsfähigkeit behandelt); Staudinger-Knothe, BGB, § 104/ Rn. 15 jeweils mwN.

23 Hierzu Müller, S. 124 ff, 128.

24 Holzhauer, ZRP 1989, 451, 457; ausführlich hierzu sind die Habilitationen von Lipp, „Der Mensch als Rechtsperson" sowie von v. Sachsen Gessaphe, "Der Betreuer als gesetzlicher Vertreter für eingeschränkt Selbstbestimmungsfähige".

25 Bürgle, NJW 1988, 1881, 1883.

26 BayObLG, FamRZ 1994, 720, 721; MüKo-Schwab, BGB, § 1896/ Rn. 30 mwN; ausführlich Müller, S. 169 ff; v. Sachsen Gessaphe, S. 359 ff; kritisch Holzhauer, FamRZ 1995, 1463, 1468.

27 Hierzu bei MüKo-Schwab, BGB, § 1896/ Rn. 30, Fn. 66.

28 BayObLG, FamRZ 2001, 35.

29 MüKo-Schwab, BGB, § 1896/ Rn. 31 mwN; Müller, S. 170; v. Sachsen Gessaphe, S. 360.

in der Lage sein, seine Angelegenheiten selbst zu regeln. Es bliebe dann nur die Gruppe der Geschäftsunfähigen, für die eine Betreuung angeordnet werden würde. Dies war aber ersichtlich nicht der Wille des Gesetzgebers.

Festzuhalten bleibt, dass es nicht möglich ist, pauschal von der Tatsache der Betreuungsanordnung auf eine bestehende Geschäftsunfähigkeit zu schließen.

III. Ergebnis

Eine zu dem Zusammenhang von Betreuung und Geschäftsunfähigkeit vergleichbare Diskussion wird um die Zusammengehörigkeit von bestehender Betreuung und daraus zu folgender Testierunfähigkeit nicht geführt.

Wollte man einen derartigen Gedankengang zulassen, müsste zunächst festgehalten werden, dass aufgrund der Vermögensbezogenheit der Testierfähigkeit ein Zusammenhang nur denkbar wäre, wenn der Aufgabenkreis des Betreuers auch die Vermögenssorge umfasste.

Hierin wird aber der Unterschied zwischen Geschäfts- und Testierunfähigkeit deutlich. Letztere bezieht sich nur auf die fehlende Vorstellung des Erblassers, ein Testament zu errichten und welche wirtschaftlichen Folgen dadurch für die Betroffenen ausgelöst werden. Die Testierunfähigkeit ist gegenständlich beschränkter, da sie eben nur letztwillige Verfügungen betrifft. Anders als im Bereich der Geschäftsfähigkeit gibt es auch keinen Bereich „partieller Testierfähigkeit“.[30]

Dies und die Tatsache, dass die Errichtung einer Verfügung von Todes wegen nie zum Aufgabenkreis des Betreuers gehören kann, und auch nie einem Einwilligungsvorbehalt unterworfen werden kann, spricht gegen jeglichen pauschalen Zusammenhang von der Anordnung einer Betreuung und einer bestehender Testierunfähigkeit.

Auch nach dem Willen des Gesetzgebers soll vielmehr darauf abgestellt werden, ob im entscheidenden Zeitpunkt der Testamentserrichtung eine wirkliche Einsichts- und Handlungsfähigkeit gegeben ist oder nicht.[31]

D. Änderungsvorschläge

Da somit pauschale Rückschlüsse von einer Betreuung auf eine Testierunfähigkeit nicht zulässig sind, wird es interessant, Vorschlägen aus der Literatur nachzugehen, die eine Änderung des bisherigen Systems bezwecken.

In Folge der bereits angesprochenen Kritik am bestehenden System wurden von einigen Seiten, insbesondere während der Reform zum ersten BtÄndG, Lösungsansätze vorgebracht. Diese beziehen sich darauf, aus Gründen der Rechtssicherheit und zum Schutz auch des Verfügenden besondere Beschränkungen im Bereich der Errichtung einer letztwilligen Verfügung neu aufzunehmen.

---

[30] H.M., dazu MüKo-Hagena, BGB, § 2229/ Rn. 16; Soergel-Mayer, BGB, § 2229/ Rn. 12; Staudinger-Baumann, BGB, § 2229/ Rn. 12 f, 20 jeweils mwN; Weser, MittBayNot 1992, 161, 169; ebenso wird eine „relative Testierfähigkeit“ von der h.M. abgelehnt: MüKo-Hagena, BGB, § 2229/ Rn. 15 mwN; Soergel-Mayer, BGB, § 2229/ Rn. 9; Staudinger-Baumann, BGB, § 2229/ Rn. 13.

[31] BT-Drs. 11/ 4528, S. 65 f.

Von Müller wird angeführt, es erscheine bedenklich, einem Volljährigen, der bestimmte Defizite im Bereich des selbstverantwortlichen Handelns aufweist, die volle Testierfähigkeit[32] zuzuerkennen.[33] Diesem Ansatz ist jedoch zu entgegnen, dass es Wesensmerkmal der Testierfähigkeit ist, dass sie gerade auch bei Einsichts- und Handlungsfähigkeitseinschränkungen in anderen Bereichen besteht, solange diese nicht mit der letztwilligen Verfügung in Verbindung stehen und sie daher auch nicht beeinflussen.[34] Ferner gibt es keine der „vollen“ Testierfähigkeit untergeordnete „beschränkte Testierfähigkeit.[35]

Müller ist aber darin zuzustimmen, dass Änderungen dazu beitragen können, die bestehenden Schwachpunkte zu beseitigen. Oft werden Betreute in ihrer Einsichtsfähigkeit eingeschränkt sein, ohne den Grad der Testierunfähigkeit erreicht zu haben. Sie werden sich aufgrund ihrer geistigen Schwäche in der Abfassung eines deutlichen Testaments schwer tun und deshalb unter Umständen ganz davon ablassen.[36] Schließlich sollten sie vor Ausnutzung ihrer möglicherweise vorhandenen leichten Beeinflussbarkeit geschützt werden.[37]

Diese Schwachpunkte erfassen die Problematik in allen wesentlichen Punkten; hinzugefügt sei noch die zuvor genannte Gefahr des „Nichtigkeitsroulettes“.

Regelungen für Betreute, welche die Errichtung von Testamenten steuern würden, könnten daher Vorteile bringen.

I. Eingriff in Testierbereich von Zielvorgaben gedeckt?

Hierbei muss aber vorab die Frage geklärt werden, ob es überhaupt Absicht des Betreuungsrechts ist, Hilfe und Fürsorge im Bereich rechtsgeschäftlicher Verfügungen zu gewährleisten, deren Folgen den Betreuten zu Lebzeiten nicht mehr betreffen werden.

Ziel des Betreuungsrechts ist es, Unterstützung dort zu geben, wo und soweit der Betreute nicht in der Lage ist, seine Angelegenheiten selbst zu ordnen. Primär betrifft

---

32 Soweit in den Fundstellen stets die „volle“ Testierfähigkeit genannt wird, wird meines Erachtens der Bereich der Testierfreiheit, nicht der der Testierfähigkeit berührt. Formbeschränkungen sind Beschränkungen der Testierfreiheit, nicht der Testierfähigkeit.

33 Müller, S. 98; a.A. hierzu ist Holzhauer, er zeigt sich zufrieden mit der gefundenen Lösung, § 2229 Abs. 4 BGB würde seiner Ansicht nach bei korrekter Gesetzesanwendung alle Fälle erfassen, Gutachten, B 76, 114.

34 BayObLG, ZEV 2005, 345 ff; ZErb 2005, 90, 91; BayObLG, FamRZ 2002, 1066, 1067; MüKo-Hagena, BGB, § 2229/ Rn. 21; Soergel-Mayer, BGB, § 2229/ Rn. 10; Staudinger-Baumann, BGB, § 2229/ Rn. 21 jeweils mwN.

35 Anders als Soergel-Mayer, BGB, § 2229/ Rn. 3 ist nach m.E. die Testierfähigkeit Minderjähriger nicht als eine „beschränkte“ zu bezeichnen, da diese Terminologie auf ein Zustimmungserfordernis hinweist, welches gerade nicht existiert, s. § 2229 Abs. 2 BGB; es gilt nur ein besonderes Formerfordernis gemäß § 2233 Abs. 1 BGB.

36 Vgl. Abschlussbericht-Praxisprojekt, S. 117; danach ist die Artikulationsfähigkeit von Betreuten insgesamt schlechter bewertet als ihre Seh- und Hörfähigkeit. 18 % können sich gut, 20% eher gut artikulieren. Bei 46 % wird diese Fähigkeit als eher schlecht oder schlecht bewertet; 16% der Betreuten schließlich können sich gar nicht artikulieren.

37 Müller, S. 98.

es deswegen rechtliche Lebenshilfe, die Betreuung endet daher auch mit dem Tod des Betreuten.[38]

Da die Errichtung einer Verfügung von Todes wegen nicht in den Aufgabenkreis des Betreuers fallen kann, könnte daraus zu folgern sein, dass der Gesetzgeber sich bewusst darauf beschränkte, nur für Rechtsgeschäfte Unterstützung zu gewähren, deren Folgen den Betreuten noch selbst treffen können.[39]

Im Bereich des Einwilligungsvorbehaltes wird deshalb auch argumentiert, dass ein solcher sich bezüglich letztwilliger Verfügungen deswegen verbiete, weil es nicht Aufgabe sei, dass Vermögen des Betreuten nach seinem Tode zu schützen und zu erhalten.[40]

Es ist richtig, dass Beschränkungen für Betreute primär einen wirtschaftlichen Vorteil für die gesetzlichen Erben bedeuten würden. Denn jede Hürde, die einem Testierwilligen aufgestellt wird, bedeutet zugleich eine Erschwerung, von der gesetzlichen Erbfolge abzuweichen. Da der Schutz der gesetzlichen Erben aber gerade nicht zu den Zielen des Betreuungsrechts gehört, könnte diese Tatsache gegen die Einführung von Testierbeschränkungen sprechen.

Auf der anderen Seite ist es Programm des Betreuungsrechts, vorhandene Fähigkeiten der Betreuten zu fördern und ihrem tatsächlichen Willen zum Erfolg zu verhelfen.

Die lebzeitigen Fähigkeiten und Wünsche der Betreuten sind Richtschnur und schließen es entgegen der eben genannten Argumente nicht aus, auch in den Rechtsgeschäften Hilfe zu leisten, deren Folgen den Betreuten selbst nicht mehr betreffen werden.

Im Gegenteil ist es möglich, den Betreuten in der Errichtung einer Verfügung von Todes wegen zu unterstützen, um so seinen zu Lebzeiten vorhandenen Vorstellungen zur Durchsetzung zu verhelfen. Wann die Folgen eines Rechtsgeschäftes eintreten, muss für diese Bewertung unbeachtlich bleiben, entscheidend sind allein die Wünsche und Vorstellungen, die der Betreute zu Lebzeiten hat und äußern möchte.

Sinn und Zweck des Betreuungsrechts stehen einer Regelung zur Beschränkung der Testierfreiheit des Erblassers somit grundsätzlich nicht entgegen.

II. Fortgang der Untersuchung - Ansätze

Nach der obigen Erörterung scheidet eine Beschränkung der Testierfähigkeit selbst aus.

Im Folgenden werden nun jedoch alternative Ansätze untersucht werden. So wird zu erörtern sein, ob es angebracht erscheint, eine notarielle Form zur Errichtung letzt-

---

[38] BT-Drs. 11/ 4528, S. 155, es wurde ausdrücklich auf eine Regelung dieses Beendigungstatbestandes verzichtet, da sich dies bereits aus dem Wesen der Betreuung ergebe.

[39] Hierzu auch Canaris noch zur Entmündigung, JZ 1987, 993, 999: *Der Schutzzweck der Entmündigung liegt hier ja in erster Linie in der Bewahrung des Entmündigten vor nachteiligen Geschäften unter Lebenden und nicht in dem Schutz seiner gesetzlichen Erben vor unsinnigen oder unverantwortlichen letztwilligen Verfügungen.*" Allerdings spricht er sich an anderer Stelle gegen eine unbeschränkte Testierfreiheit der nicht wegen Geisteskrankheit Entmündigten aus, a.a.O. S. 1000: *„Dazu sind die Auswirkungen für die gesetzlichen Erben zu gravierend.*"

[40] Müller, S. 100/ Fn. 206.

williger Verfügungen einzuführen, um so die jeder Betreuung innewohnenden Schwächen, wie die Artikulationsschwierigkeiten, beseitigen zu können

Ferner wird dem Ansatz nachzugehen sein, ob zur Vermeidung spezieller Ausnutzungssituationen eine Sondernorm, die der von § 14 HeimG nahe kommen könnte, eingeführt werden sollte.

§ 10 Einführung eines notariellen Formerfordernisses

Vermehrt wurde der Vorschlag geäußert, die Errichtung einer letztwilligen Verfügung an eine notarielle Form zu binden.

A. Vorteile

Der Vorteil wird in der Literatur darin gesehen, einige der oben genannten Schwachpunkte zu beseitigen: dem Betreuten würde zum einen eine Rechtsberatung gesichert, für die aufgrund der vorhandenen geistigen Schwächen ein besonderes Bedürfnis bestehen kann. Zum anderen würden dadurch spätere Streitigkeiten über die Testierfähigkeit des Betreuten vermieden, zumindest aber verringert. Denn gemäß §§ 11, 28 BeurkG hat der Notar bei er Beurkundung des Testaments die Testierfähigkeit des Erblassers zu prüfen und seine Wahrnehmungen darüber in der Niederschrift zu vermerken. Erforderlichenfalls würde ein Notar auch weitere Nachweise über die Testierfähigkeit veranlassen. Einem später befassten Gericht stünde somit eine umfassende und aussagekräftige Dokumentation eines unparteiischen Dritten zur Verfügung.[41]

Schließlich würde so der Gefahr begegnet werden können, dass Dritte unlauteren Einfluss auf die Abfassung des Testaments nehmen.[42]

B. Umsetzung

Sämtliche Vertreter dieses Vorschlages stimmen in den Argumenten, die für die Einführung der notariellen Form sprechen, überein.

Unterschiedliche Auffassungen bestehen allerdings, soweit es um die Umsetzung geht.

I. Meinungsstand

1. Formerfordernis kraft Gesetz

Eine kleinere Gruppe schlägt vor, eine zu § 2233[43] Abs. 1 BGB analoge Vorschrift für Betreute zu schaffen.[44] Hierdurch würde allen Betreuten automatisch die Pflicht auferlegt werden, ihr Testament vor dem Notar oder durch offene Schrift zu errichten.

---

41 Canaris, JZ 1987, 993, 999; Cypionka, DNotZ 1991, 571, 584 f; ebenso Hahn, FamRZ 1991, 27, 28; Mitko, S. 112, Müller, S. 101.

42 Dieckmann, JZ 1988, 789, 795; hierzu auch Müller, S. 102/ Fn. 219; beachtenswert erscheint in diesem Zusammenhang die Tatsache, dass Willensschwäche und leichte Beeinflussbarkeit die Möglichkeit der freien Willensbildung noch nicht ausschließen und etwa zur Testierunfähigkeit führen, selbst wenn Dritte eingewirkt haben, solange die Einwirkung nur als Motiv angesehen werden kann. Die Grenzziehung zu übermäßiger Beherrschung durch Dritte ist offensichtlich schwer zu ziehen, MüKo-Hagena, BGB, § 2229/ Rn. 25; Soergel-Mayer, BGB, § 2229/ Rn. 13 f; Staudinger-Baumann, BGB, § 2229/ Rn. 29; zu dieser Problematik ebenfalls Wetterling/Neubauer/Neubauer, ZEV 1995, 46, 49.

43 Gemäß § 2233 Abs. 1 BGB können Minderjährige, die das 16. Lebensjahr vollendet haben und somit testierfähig nach § 2229 Abs. 1 BGB sind, ein Testament nur durch Erklärung gegenüber

Nach Ansicht dieser Gruppe führe dies zu einer sachgerechten Lösung, da weder eine volle Aberkennung der Testierfähigkeit noch die unbeschränkte Anerkennung der Testierfähigkeit der richtige Weg sei.[45]

Zu möglichen Vorteilen, die diese Lösung gegenüber einer auch vom Gesetzgeber erwogenen Einzelfallanordnung[46] hätte, nehmen die Stellvertreter dieser Ansicht keine Stellung. Zum Teil könnte man deren Ausführungen aber in die Richtung interpretieren, dass die Lösung der Anordnung im Einzelfall zu praktischen Schwierigkeiten führe, welche bei einer Anordnung kraft Gesetzes nicht beständen.[47]

2. Formerfordernis kraft Einzelfallanordnung

Überwiegend wird dagegen die beste Lösung in einer neu zu schaffenden Norm gesehen, die es dem Richter im Einzelfall ermöglicht, den Betreuten einem notariellen Formerfordernis zu unterwerfen.[48]

Der Vorteil gegenüber der Anordnung kraft Gesetzes liege darin, dass so dem Grundsatz der Erforderlichkeit im Betreuungsrecht nachgekommen werde.[49] Ziel des Betreuungsrechts sei es, nur soweit erforderlich in die Selbstbestimmungsrechte der Betreuten einzugreifen. Die Lösung einer Einzelfallanordnung wäre somit geeignet, flexibel auf die jeweiligen Bedürfnisse des Einzelfalls zu reagieren. Ferner sei der Gesetzesbegründung zuzustimmen, die sich ausdrücklich gegen eine Koppelung von Betreuung und Fragen der Testierfähigkeit, damit auch der Testierfreiheit aussprach.[50]

Insgesamt sei hiermit ein goldener Mittelweg gefunden, der sachgerechte Lösungen für den Bereich der Testierfähigkeit biete, wie sie ansonsten der Einwilligungsvorbehalt im Bereich der sonstigen Rechtsgeschäfte darstellt, dessen Anwendung für letztwillige Verfügungen jedoch nicht möglich sei.[51]

Die Bedenken, die der Gesetzgeber gegen die Einführung einer Einzelfallanordnung hatte[52], werden von dieser Ansicht nicht geteilt. Der Gesetzgeber hielt eine derartige Norm für nicht sinnvoll, da die Formvorschrift nur bei grundsätzlich testierfähigen

---

dem Notar oder durch Übergabe einer offenen Schrift errichten. Die Übergabe einer verschlossenen Schrift, wodurch der Notar keinerlei Kenntnis vom Inhalt erfahren würde, ist dagegen nicht möglich. Nicht erforderlich ist dagegen die Zustimmung des gesetzlichen Vertreters, § 2229 Abs. 2 BGB.

44 Hahn, FamRZ 1991, 27, 28; in dieser Richtung auch bereits Canaris noch zur Entmündigung in anderen Fällen als dem der Geisteskrankheit, JZ 1987, 993, 1000; dem folgend Lange/Kuchinke, § 18 II 3b; unklar ist diesbezüglich die Position von Mitko, S. 112.

45 Canaris, JZ 1987, 993, 1000.

46 Hierzu § 5 D II 3 b, c.

47 In diese Richtung Hahn, FamRZ 1991, 27, 28.

48 Cypionka, DNotZ 1991, 571, 585; teilweise Dieckmann, JZ 1988, 789, 796; Müller, S. 103; Cypionka wird teilweise vorgehalten, er würde bereits nach der jetzigen Rechtslage eine derartige Anordnung für zulässig erachten, so Mitko, S. 112; Bühler, BWNotZ 1991, 155; Müller, S. 106 mwN; im Folgenden wird jedoch davon ausgegangen, dass alle Vertreter dieser Ansicht zugleich die Forderung nach einem entsprechenden Gesetz erheben.

49 Müller, S. 104.

50 Hierzu § 5 D II 3b; Diskussions-Teilentwurf, S. 58.

51 Müller, S. 104.

52 Vgl. hierzu § 5 D II 3 c.

Betreuten Wirkung hätte, andere wären bereits natürlich testierunfähig. Testierfähige einer Form zu unterwerfen, wäre jedoch nicht zu rechtfertigen.[53]

Dem wird entgegnet, dass es in der Praxis meist Grenzfälle seien, in welchen keine klare Aussage zugunsten oder entgegen der Testierfähigkeit getroffen werden könne. Gerade dann mache aber die gerichtliche Anordnung einen Sinn, mit deren Hilfe eine zeitnahe Dokumentation der Testierfähigkeit gewährleistet sei.[54]

Ferner sah der Gesetzgeber praktische Schwierigkeiten in der Durchführung, da eine Anordnung im Voraus nicht statthaft wäre, sondern erst, wenn konkrete Anhaltspunkte für eine Testierabsicht des Betreuten vorlägen. Dies sei aber in der Regel erst dann der Fall, wenn bereits testiert worden sei; Folge wäre eine Verstetigung früherer Testamente.[55]

Dagegen wird eingewandt, dass diese Folge nicht zwingend sei, da es jedem Betreuten freistehe, vor dem Notar frühere Testamente zu widerrufen. Ausreichend sei es auch, für die Anordnung auf den Zeitpunkt abzustellen, zu dem in absehbarer Zeit ein Testierbedarf bestehe.[56]

3. Weitere Vorschläge

Die bisher dargestellten Vorschläge werden noch von zwei Seiten ergänzt.

a. Vorschlag von Canaris

In seiner Erörterung zum damaligen Entmündigungsrecht wollte Canaris eine Art doppelte Absicherung einführen.[57]

Als Alternative zur oder parallel neben einer Mitwirkung eines Notars schlug er vor, Testamente einer Zustimmung des gesetzlichen Vertreters zu unterwerfen. Diese sollte sich aus §§ 2275 Abs. 2 BGB, 3 Abs. 1 EheG analog ergeben können.[58]

Im Falle grundloser Verweigerung sollte die Zustimmung durch das Vormundschaftsgericht ersetzbar sein analog § 3 Abs. 3 EheG, §§ 1746 Abs. 3, 113 Abs. 3 S. 2 BGB.

Eine Verletzung des Höchstpersönlichkeitsgrundsatzes sah Canaris darin nicht begründet, da das Gesetz selbst diesen Grundsatz nicht strikt einhalte und Ausnahmen zuließe. § 2275 Abs. 2 und 3 BGB gestatten es dem beschränkt Geschäftsfähigen, als Erblasser einen Erbvertrag mit Zustimmung des gesetzlichen Vertreters abzuschließen, falls Vertragspartner sein Ehegatte oder Verlobte ist.

---

[53] Diskussions-Teilentwurf, S. 58; Bt-Drs. 11/ 4528, S. 66.
[54] Müller, S. 105.
[55] Diskussions-Teilentwurf, S. 58; Bt-Drs. 11/ 4528, S. 66.
[56] Müller, S. 105.
[57] Canaris, JZ 1987, 993, 999 f; seine Ausführungen bezogen sich nur auf die Gruppe derer, die nicht wegen Geisteskrankheit entmündigt und daher beschränkt geschäftsfähig waren.
[58] Nachdem der Abschluss eines Erbvertrags nach den Regeln der Geschäftsfähigkeit zu bestimmen ist, handelt es sich dabei um eine beschränkte Geschäftsfähigkeit, nicht um eine „beschränkte Testierfähigkeit", welche es im Erbrecht nicht gibt, s.o. § 9.

Canaris wollte, dass die Mitwirkung einer Kontrollperson sichergestellt ist, wobei er es als Alternative offen ließ, ob allein der gesetzliche Vertreter oder ein Notar oder beide zusammen diese Kontrollfunktion ausüben sollten.

b. Vorschlag von Dieckmann

Diesen Gedankengang setzte Dieckmann fort und erweiterte ihn zu einem Stufenmodell.[59]

Die gerechteste Lösung lag seiner Ansicht nach im folgenden System, welches die Einordnung der Betreuten auf eine bestimmte Stufe von Testierfähigkeit vorsah. Dem Richter sollte es möglich sein, als stärksten Eingriff die Testierunfähigkeit konstitutiv festzustellen, gelockert von der Rechtsmacht des Betreuers, Schenkungen unter Lebenden auf den Todesfall mit Zustimmung des Vormundschaftsgerichts zu tätigen. Darauf könnte die Erleichterung folgen, dass der Betreute im Wege einer bestimmten Form testieren könnte, ergänzt um einen Einwilligungsvorbehalt des Betreuers. Gelockert werden könnte diese wiederum, wenn man den Einwilligungsvorbehalt entfallen ließe. Schließlich stände am Ende die Freigabe jeglicher Testierform.

Dieckmann steht diesem Modell zwar selbst kritisch gegenüber; er sieht aber trotz möglicher praktischer Schwierigkeiten in seiner Lösung zumindest einen besseren Weg als eine Lösung, welche die Frage der Testierfähigkeit von Betreuten völlig außer Acht lassen würde. Denn so würde man die Betroffenen in eine nicht vorhandene Sicherheit zu wiegen.[60]

II. Stellungnahme

1. Allgemeines

Zu Beginn soll festgehalten werden, dass die Einführung einer notariellen Form unbestritten geeignet wäre, die genannten Schwachstellen zu beseitigen. Aus diesem Blickwinkel wäre eine Errichtung in notarieller Form auf jeden Fall zu begrüßen.

Ein Formerfordernis im Wege einer kraft Gesetzes geltenden Anordnung auf jede Betreuung zu erstrecken, erscheint jedoch nach den geltenden Grundsätzen als nicht verhältnismäßig und nicht vereinbar mit dem Erforderlichkeitsgrundsatz. Diese Lösung ist deswegen im Einklang mit der zweitgenannten Ansicht abzulehnen.

Der bessere Vorschlag wäre die Einführung einer Einzelfallanordnung, da sie die erforderliche Flexibilität aufweisen würde.

Der in der Gesetzesbegründung vorgebrachte Einwand, es sei nicht sinnvoll, eine Einzelfallanordnung zuzulassen, wird mit den Argumenten Müllers nicht geteilt. Es würde sich gerade in den praktisch häufigen Grenzfällen als Erleichterung erweisen, auf die Feststellung eines Notars im Beurkundungsverfahren zurückgreifen zu können.

Die Begründung des Gesetzgebers pauschaliert die tatsächlichen Verhältnisse und berücksichtigt andere Lösungsmöglichkeiten nicht.

---

[59] Dieckmann, JZ 1988, 789, 796.

[60] Dieckmann, JZ 1988, 789, 796.

Die Frage der Testierfähigkeit ist strikt davon zu trennen, ob aus anderen Gründen, die in den Schutzzwecken der Formvorschriften zu suchen sind, ein Formzwang besteht.[61]

Die Gruppe der Betroffenen teilt sich nicht nur in eine klar zu beurteilende Extremposition derjenigen, die offensichtlich über keine ausreichende Einsichtsfähigkeit in die vermögensrechtlichen Auswirkungen einer Verfügung von Todes wegen verfügen und deswegen testierunfähig sind und der anderen, die eindeutig die Auswirkungen auf ihr Vermögen mit Wirkung einer Verfügung von Todes wegen vollständig beurteilen können und damit ohne weiteres testierfähig sind.

Die Beurteilung der Testierfähigkeit ist in den meisten Fällen im Gegenteil keineswegs leicht, oft kann der letzte Wille trotz Testierfähigkeit aufgrund von Artikulationsschwierigkeiten oder mangelndem Wissen nicht ohne Hilfe umgesetzt werden. Für diese Hauptgruppe der Betreuten wäre eine fachkundige Beratung und Formulierungshilfe wünschenswert, und würde die erwähnten Vorteile mit sich bringen.

2. Schwierigkeiten der Umsetzung

Was jedoch erheblich gegen die Einführung einer Einzelfallermächtigung spricht, sind die auch vom Gesetzgeber angesprochenen praktischen Schwierigkeiten der Umsetzung.

Keiner der Vertreter, die eine Einzelfallanordnung favorisieren, erläutern näher, wie die Rechtsgrundlage der Anordnung beschaffen sein müsste. Diese Erklärung bleiben sie schuldig.

a. Definition einer Eingriffsschwelle

Zunächst muss die Norm eine verhältnismäßige Eingriffsschwelle bereithalten.

aa. Übertragung der Vermögenssorge

Dabei würde es sich aufgrund der Vermögensbezogenheit des Testaments anbieten, die Ermächtigung zur Einzelfallanordnung an die Übertragung des Aufgabenkreises der Vermögenssorge zu koppeln.

Hierdurch würde eine Abgrenzung zu den übrigen Aufgabenkreisen ermöglicht werden, bei denen sich eine Anordnung auf jeden Fall als unverhältnismäßiger Eingriff darstellen würde und deswegen auch nicht gesetzlich ermöglicht werden sollte. Ferner

---

[61] BGHZ 80, 242, 246: Zweck der Formvorschriften ist es, den wirklichen Willen des Erblassers zur Geltung kommen zu lassen, der durch die Einhaltung der Form angehalten wird, sich selbst klar darüber zu werden, welchen Inhalt seine Verfügung von Todes wegen haben soll und dann seinen Willen möglichst deutlich zum Ausdruck zu bringen. Außerdem dient die Form dazu, Entwürfe und Vorüberlegungen von der maßgebenden Verfügung abzugrenzen. Schließlich soll sie die Echtheit der Erklärung sicherstellen und nach Möglichkeit auch die Selbständigkeit des Erblasserwillens verbürgen. In ihrer Gesamtheit sollen die Formvorschriften Streitigkeiten über den Inhalt vermeiden helfen und das selbständige Testieren fördern; Soergel-Mayer, BGB, vor § 2229/ Rn. 2; Staudinger-Baumann, BGB, vor § 2229/ Rn. 1.

könnte ohne eine entsprechende tatbestandsmäßige Einschränkung eine Verletzung des Bestimmtheitsgebots bestehen.

Bei der Ausgestaltung der Norm müsste beachtet werden, dass der Aufgabenkreis der Vermögenssorge stets am Einzelfall auszurichten ist, die jeweilige Vermögenssituation zu beachten hat und deshalb vielfältige Differenzierungsmöglichkeiten bietet. Die zu formulierende Eingriffsschwelle müsste dies berücksichtigen und dem zuständigen Richter einen entsprechenden Ermessensspielraum gewähren, ohne auf der anderen Seite in den Bereich der Willkür zu geraten.

Die Eingriffsschwelle bei der Übertragung der Vermögenssorge anzusetzen erscheint jedoch insgesamt nicht sinnvoll. Die Anordnung einer Betreuung mit dem Aufgabenkreis der Vermögenssorge belässt dem Betreuten seine volle Geschäfts- und Testierfähigkeit. Die Übertragung der Vermögenssorge ist in keiner Hinsicht automatisch gekoppelt an die Errichtung von letztwilligen Verfügungen. Hiermit wäre es nicht vereinbar, den Betreuten in seinem sonst vollständig unangetasteten Selbstbestimmungsrecht die Verpflichtung aufzuerlegen, vor einem Notar zu testieren.

bb. Anordnung eines Einwilligungsvorbehaltes wegen Vermögensgefahr

Weiter zu überlegen wäre, ob die Übertragung der Vermögenssorge gekoppelt mit einem Einwilligungsvorbehalt hierin wegen Vermögensgefahr ein geeigneter Ansatzpunkt wäre.

Ein Einwilligungsvorbehalt versetzt die Betreuten teilweise in die Position eines beschränkt Geschäftsfähigen, § 1903 Abs. 1 S. 2 BGB.

Grund für die Anordnung eines Einwilligungsvorbehaltes bei Vermögenssorge ist eine erhebliche Gefahr für das Vermögen des Betreuten, deren Abwendung erforderlich ist.

Damit wird das Ziel verfolgt, uneinsichtige Selbstschädigungen des Betreuten zu verhindern, etwa wenn er den Abschluss ungünstiger oder nutzloser Rechtsgeschäfte beabsichtigt. Mit dem Einwilligungsvorbehalt wollte der Gesetzgeber eine besondere Unterstützung denjenigen Betreuten zukommen lassen, welche ihre Vermögensangelegenheiten in einem derart hohen Grade nicht mehr selbst besorgen können, dass eine erhebliche Selbstschädigung droht.

Vorteil dieses Ansatzes wäre, dass den Betreuten dort weiterreichend Hilfe gewährt werden könnte, wo die Rechtsmacht des Betreuers aufgrund der Beachtung des Höchstpersönlichkeitsgrundsatzes endet, aber dennoch ein Bedürfnis für Hilfe besteht.

Wenn mit § 1903 BGB für bestimmte begrenzte Aufgabenkreise eine Einschränkung der Geschäftsfähigkeit ermöglicht wird, mit dem Zweck, den Betreuten zu schützen und vor unbedachten Handlungen auch im Vermögensbereich zu Lebzeiten zu bewahren, wäre es dementsprechend zu begrüßen, ihn vor Vermögensverfügungen von Todes wegen zu schützen, wenn erkennbar ist, dass er in Vermögensangelegenheiten hilfsbedürftig ist.

Hierdurch würde auch die Zwecksetzung aus Art. 14 GG weiter umgesetzt werden, wonach das Erbrecht die Fortführung des Grundrechts auf Eigentum bedeutet und daher zusammen mit diesem in einer Norm geregelt wurde.[62]

Da sich eine Vertretung oder ein Einwilligungsvorbehalt auf eine Errichtung einer letztwilligen Verfügung wegen des Grundsatzes der Höchstpersönlichkeit nicht erstrecken kann[63], wäre mit der Einführung einer Formvorschrift ein interessengerechter Mittelweg gefunden.

Denn der Betreute wird einerseits in seiner Testierfähigkeit nicht eingeschränkt, er wird aber andererseits vor unbedachten Verfügungen geschützt.

Schließlich wären durch eine formgemäß errichtete Verfügung die immer wieder bemängelten Unsicherheiten im Prozess so gut wie vollständig ausgeräumt, die gerade dann auftreten werden, wenn schon die Übertragung der Vermögenssorge bei den Erbprätendenten den Verdacht erregt, der Betreute könnte nicht mehr testierfähig gewesen sein.

Diesen Vorteilen stehen aber erneut erhebliche Nachteile gegenüber.

Es würden nicht alle Fälle erfasst werden, in welchen ein Hilfsbedürfnis besteht. Bereits der Gesetzgeber des Betreuungsgesetzes führte aus, dass gerade für ältere Betreute - die aber den Großteil aller Betreuten ausmachen - ein Einwilligungsvorbehalt erst gar nicht angeordnet wird. Hier werden häufig weder der Wunsch noch die Antriebskraft für entsprechende Teilnahme am Rechtsverkehr vorhanden sein und die einfachen Geschäfte so eingeübt sein, dass sie ohne Gefährdung erledigt werden können.[64]

Diese Tatsache steht daher nicht im Einklang mit dem festzustellenden tatsächlichen Bedürfnis gerade der älteren Betreuten nach fachkundiger Beratung und Schutz.

Die Ermächtigung zur Einzelfallanordnung würde daher faktisch an ihnen vorbeigehen, da es am Erfordernis des Bestehens eines Einwilligungsvorbehaltes als Eingriffsschwelle fehlen würde.

b. Zwischenergebnis

Insgesamt ist erkennbar, dass eine die praktischen Bedürfnisse zufriedenstellende Festlegung der Eingriffschwelle nicht zu finden ist.

---

[62] Während die private Verfügbarkeit über die bereits zu Lebzeiten erworbenen vermögenswerten Rechte auch allein vom Eigentumsrecht geschützt würde, kommt der selbständigen Nennung des Erbrechts in Art. 14 GG die Anerkennung einer darüber hinaus gehenden privaten Verfügbarkeit über den Tod hinaus zu. Es wird damit die Möglichkeit eröffnet, geschaffene Vermögensrechte in der Hand einer Familie über Generationen hinaus aufrechtzuerhalten und aufzubauen. Erst in dieser Kontinuität wird dem zuvor genannten Eigentumsschutz die volle Absicherung gewährt. Andernfalls würde das zu Lebzeiten bestehende Eigentumsrecht im Zeitpunkt des Todes in sich zusammenfallen, könnte der Staat unbehindert auf die vorhandenen Vermögenswerte zugreifen. Hierzu etwa BVerfGE 67, 329, 340; zuletzt BVerfG, ZEV 2004, 241, 242: „Hohenzollern-Beschluss"; Badura in Benda/Maihofer/Vogel, HdbVerfR § 10/ 29; BK-Kimminich, GG Art. 14/ Rn. 125 ff; v. Münch/Kunig-Bryde, GG Art. 14/ Rn. 48.

[63] A.A. Canaris, s.o. § 10 B I 3 a.

[64] Diskussions-Teilentwurf, S. 58; BT-Drs. 11/ 4528, S. 137.

3. Verfahrensaspekte

Ungeachtet der Frage nach einer geeigneten Eingriffschwelle stellt sich das Problem, zu welchem Zeitpunkt der zuständige Richter die Anordnung treffen sollte.

Auf den frühest möglichen Zeitpunkt der Anordnung der Betreuung bzw. des Einwilligungsvorbehalts abzustellen, erscheint nicht mit der Situationsgebundenheit der Testamtenserrichtung in Einklang zu bringen zu sein. Die Frage, ob der Betreute den Formerfordernissen unterworfen werden sollte, sollte erst dann berücksichtigt werden, wenn Anzeichen für eine konkrete Testierabsicht vorliegen.[65]

Hieran wird sogleich die nächste Unsicherheit erkennbar: Wie soll der zuständige Richter von einer derartigen Absicht erfahren können, sieht er den Betreuten doch nach erfolgter Betreuungsanordnung zunächst nicht mehr. Es ergibt sich das Problem, wie und von wem die Information der Testierabsicht zum Richter gelangen soll.

Die Betreuten selber, insbesondere die älteren, werden nicht unbedingt verstehen, wieso sie es dem Gericht mitteilen sollten, wenn sie ein Testament errichten wollen. Es kann daher nicht davon ausgegangen werden, dass ein Betreuter selbst, der ja schließlich unter Betreuung steht, weil er seine Angelegenheiten nicht eigenständig besorgen kann, dem Gericht seine Testierabsicht mitteilen wird.

Angesichts der Tatsache, dass der Betreuer oft dem Betreuten am nächsten steht - insbesondere wenn diese Aufgabe Familienmitglieder wahrnehmen - und eine Vertrauensbeziehung zwischen ihnen bestehen wird, wird es häufig der Betreuer sein, der von einer Testierabsicht erfährt und daraufhin die gerichtliche Anordnung in die Wege leiten kann.

Andererseits werden ehrenamtliche Betreuer, Verwandte und Freunde des Betreuten nicht sicher die Rechtskenntnis besitzen, dass eine Einzelfallanordnung erforderlich ist und werden Hinweise auf eine Testierabsicht nicht weiter verfolgen.

Im Ergebnis würde die Einzelfallregelung insoweit nicht zur Rechtssicherheit beitragen können, da es vom Zufall abhängen wird, ob das Gericht Kenntnis von einer Testierabsicht des Betreuten und damit von einem Anordnungsbedürfnis erlangt.

4. Weitere Aspekte

In der praktischen Durchführung wäre es denkbar, dass Betreute auch nicht den Hintergrund der Anordnung verstehen werden, und sich innerlich einem Rechtfertigungszwang ausgesetzt sähen. Objektiv muss ein Betreuter wie jeder andere seine Verfügung von Todes wegen zwar nicht durch von Dritten nachvollziehbaren Gründen rechtfertigen. Dies ist Ausfluss der grundgesetzlich gewährleisteten Testierfreiheit.[66]

Aber es könnte bei ihm der Eindruck einer solchen Pflicht entstehen, wenn man ihn per Gerichtsbeschluss zum Notar „zwingt". Dies könnte derart kontraproduktiv wir-

---

[65] Müller, S. 105 möchte auf einen objektiven „Testierbedarf" abstellen. Der Vorteil läge darin, dass bei Älteren regelmäßig ein solcher Bedarf begründet werden könnte. Dagegen spricht jedoch, dass nicht objektive Maßstäbe bei einem derart persönlichen Bereich der Selbstbestimmung angesetzt werden sollten. Es bestände zudem die Gefahr, dass Gerichte diesen Bedarf in unverhältnismäßigem Ausmaße bejahen könnten.

[66] BayObLG FamRZ 1996, 635, 636; BayObLG, NJW 1992, 248, 249.

ken, dass der Betreute vollständig von seiner Errichtungsabsicht ablässt. Ein weiteres Gerichtsverfahren wäre daher mehr schädlich als vorteilhaft.

Zuletzt stellt sich die Frage, wer die Kosten der Beurkundung tragen soll. Einem Betreuten diese aufzuerlegen erscheint unverhältnismäßig angesichts der Tatsache, dass er sich nicht freiwillig für den Notar entschieden hat. In Erwartung der Kostentragung werden gerade sozial schlechter gestellte Betreute ganz von einer Testamentserrichtung absehen. Angesichts der leeren Kassen im Staatshaushalt wird sich jedoch auch der Staat gegen die Auferlegung der Kosten wenden. Insgesamt erscheint dieser Aspekt jedoch nicht besonders relevant, da die Verfügungen nicht kostenintensiv seien werden.

5. Ergebnis

Zusammenfassend ist festzustellen, dass es nicht möglich sein wird, in der Praxis alle oder gar die Mehrzahl der Fälle, in denen ein faktisches Anordnungsbedürfnis besteht, vor das zuständige Gericht zu bringen.

Es ist zu wiederholen, dass es wünschenswert und begrüßenswert ist, testierwilligen Betreuten in bestimmten Situationen eine fachkundige Beratung zuteil werden zu lassen.

Mit dem Bestand des Notariatswesens ist aber diese Beratung bereits für jeden geöffnet, der sich dieser Hilfe bedienen will. In der Praxis wird von der gesamten Bevölkerung zu wenig Gebrauch gemacht von dieser Möglichkeit, in der Regel deshalb, weil die Kosten gescheut werden. Deshalb wäre es ein Anliegen, das Bewusstsein in der gesamten Bevölkerung für die Vorteile eines notariellen Testaments zu stärken.

Für die Gruppe der Betreuten in diesem Bereich aber eine gesetzliche Zwangsfürsorge zu ermöglichen, könnte sich auf den Testierwillen eines Betreuten kontraproduktiv auswirken.

Besser wäre es, wenn der Betreuer darauf achtet, sein Amt als Berater umfassend und gewissenhaft auszuüben und den Betreuten bei entsprechenden Anzeichen einer Testierabsicht von sich aus über die Möglichkeit und Vorteile der notariellen Errichtung informiert. Dadurch würde dem Betreuten ein Anstoß gegeben werden, der es ihm aber noch ermöglicht, frei zu bestimmen, ob er diese Hilfe annehmen möchte. Diese Freiwilligkeit, die in der eigenen Entscheidung läge, ist jeder gesetzlichen Zwangsfürsorge, vor allem wenn sie nicht ausgereift formuliert werden kann, vorzuziehen.

Es sollte daher nicht Aufgabe des Gerichts sondern des Betreuers sein, die erforderlichen Schritte einzuleiten.[67]

Von der Einführung einer Einzelfallanordnung sollte somit aufgrund der überwiegenden praktischen Schwierigkeiten und Unsicherheiten abgesehen werden. Zu beachten ist in diesen Zusammenhang auch, dass eine derartige Regelung, die einem Richter gestattet, jemandem eine besondere Form für sein geplantes Rechtsgeschäft aufzuerlegen, ein absolutes Novum im Recht des BGB wäre.

---

[67] Für eine besondere Verantwortung des Betreuers, seinen Betreuten auch zur Durchsetzung seines letzten Willens zu verhelfen, Renner, BtPrax 1999, S. 167 ff.

§ 11 Erforderlichkeit einer Sondernorm zur Regelung des Verhältnisses zwischen Betreuer und Betreutem

Weitergehend als die zuvor erörterte allgemeine Möglichkeit, für Betreute in bestimmten Situationen ein Formerfordernis anzuordnen, soll nun eine spezielle Beziehung erbrechtlich näher untersucht werden. Es handelt sich um das Verhältnis des Betreuten zu seinem Betreuer, wenn der Betreute diesem etwas letztwillig[68] - insbesondere testamentarisch - zuwendet. Nach der jetzigen Rechtslage bestehen in dieser Beziehung keinerlei besondere Hindernisse oder Beschränkungen.[69] Jeder testierfähige Betreute kann eine Person seiner Wahl, daher auch seinen Betreuer, als Erben einsetzen.

Wie erläutert wurde, besteht innerhalb von besonderen Vertrauensbeziehungen die Gefahr von Missbrauch und Ausnutzung des Vertrauens oder der gerichtlich begründeten Machtposition. Unlautere Beeinflussung oder finanzielle Ausnutzung können nicht ausgeschlossen werden und liegen im Gegenteil in diesen Verhältnissen näher als in anderen „geschäftlichen" Beziehungen.

Diese Gefahr war auch Grundlage für die Einführung von § 14 Abs. 1, 5 HeimG, welcher nun bereits seit über 30 Jahren Bestand hat.

A. Bisherige Vorschläge

Angesichts dieser Erwägungen wurden in den vergangenen Jahren teilweise Vorschläge laut, auch Zuwendungen des Betreuten an seinen Betreuer einer gesetzlichen Kontrolle zu unterwerfen. Zunächst sprach sich Holzhauer hierfür aus und unterbreitete dem Gesetzgeber in seinem Gutachten drei Lösungsmöglichkeiten zu dieser Problematik.[70] Für den besten Lösungsweg hielt er - in Abgrenzung zu einer Erwerbsunfähigkeit oder einer Anzeigepflicht - eine Genehmigungspflicht durch das Vormundschaftsgericht, wie es damals Art. 86 EGBGB vorsah. Sein Vorschlag fand auch in der Literatur Zustimmung.[71]

Ebenfalls zur Einführung des Betreuungsgesetzes hatte im Rahmen des 57. Deutschen Juristentages im Jahre 1988 der Amtsrichter Jürgen Rink unter Betonung der Häufigkeit dieser Problematik in seinem Dezernat für die Schaffung einer an § 14 HeimG orientierten gesetzlichen Erwerbsbeschränkung plädiert.[72]

Diesen Vorschlägen folgte der Gesetzgeber nicht.

Innerhalb der Reform zum Betreuungsrechtsänderungsgesetz von 1999 wurde seitens des Bundesrates die Möglichkeit aufgegriffen, diese Frage prüfen zu lassen. Die gestellte Prüfungsfrage wurde im Ergebnis vom Bundestag nicht befürwortet.[73]

---

68 Auf lebzeitige Zuwendungen wird nicht gesondert eingegangen, es würden dort jedoch die gleichen Erwägungen anzustellen sein.

69 Zu der Diskrepanz, die im Vergleich zu Verfügungen unter Lebenden entstehen kann, wenn ein Einwilligungsvorbehalt angeordnet wurde vgl. Müller, ZEV 1999, 218, 221.

70 Die Diskussion seiner Vorschläge findet unter § 11 C I statt.

71 S. Dieckmann, JZ 1988, 789, 796.

72 S. § 5 D II 4 b und § 11 C II.

73 BT-Drs. 13/ 7158, S. 43; s. § 5 E I 2.

Zum einen seien die Betreuten bereits häufig natürlich testierunfähig; ferner wäre das Abhängigkeitsverhältnis nicht gleich stark ausgebildet wie im Verhältnis zwischen Heimbewohner und Heim; in der Regel fehle es an der Einbindung in einen vom Betreuer beherrschten Lebensraum. Der Zweck von § 14 HeimG, Ungleichbehandlungen zu vermeiden, würde im Betreuungsverhältnis kaum zum Tragen kommen. Schließlich könnte bei einer ehrenamtlichen Betreuung die persönliche Abhängigkeit stärker ausgeprägt sein, dann sind aber Verwandte oder andere persönlich nahe stehende Personen Betreuer; eine erbrechtliche Beschränkung verbiete sich, da verfassungsrechtliche Bedenken bestünden, und ansonsten die Bereitschaft zur Übernahme von Betreuungen im Familien- oder Freundeskreis nachhaltig beeinträchtigt würde.[74]

Außerhalb parlamentarischer Diskussionen wurde auch seitens einer Betreuungsbehörde beim DIV (Deutschen Institut für Vormundschaftswesen) 1998 ein Gutachten in Auftrag gegeben, welches die Zulässigkeit von Schenkungen oder Erbschaften innerhalb des Betreuungsverhältnisses außerhalb der bekannten Norm des § 10 BAT sowie die Möglichkeiten einer Analogie von § 14 HeimG im Betreuungsverhältnis untersuchen sollte.[75]

Zusammenfassend wird erkennbar, dass von Seiten des Gesetzgebers, der Lehre und schließlich auch der Praxis die Unsicherheiten und Gefahren erkannt wurden und ein Handlungsbedürfnis angenommen wurde.

Angesichts dieser geäußerten Stimmen soll im Folgenden untersucht werden, ob das gegenwärtige gesetzliche Instrumentarium dem Bedürfnis genügt, den Betreuten sachgerecht vor möglicher finanzieller Ausnutzung seitens des Betreuers zu schützen.

Blickpunkt soll dabei nicht nur ein Schutz vor den finanziellen Folgen sein, die den Betreuten als Erblasser selbst gar nicht mehr betreffen. Es sollte bereits die Ausübung von Beeinflussung oder Ausnutzung unterbunden werden.

Alternativ dazu soll im Anschluss daran eine Diskussion erfolgen, ob und in welcher Ausgestaltung eine an § 14 Abs. 1, 5 HeimG orientierte Norm auch für das Verhältnis zwischen Betreuer und Betreutem denkbar und zu befürworten ist.

B. Derzeitiges Instrumentarium

Bereits das gegenwärtige Recht lässt den finanziell ausgenutzten Erblasser nicht schutzlos. Im BGB und anderen Gesetzen finden sich Vorschriften, um einer Gefahr zu begegnen.

I. Sonderregelungen außerhalb des BGB: § 10 BAT/§ 3 Abs. 2 TVöD - Beamtengesetze

Die bereits erörterten Normen von § 10 BAT bzw. § 3 Abs. 2 TVöD sowie den entsprechenden Landesbestimmungen finden zwar unter Umständen Anwendung auf Vereins- oder Behördenbetreuer. Eine zivilrechtliche Nichtigkeitssanktion lässt sich

---

[74] Vgl. § 5 E I 2 b.

[75] S. DIV-Gutachten, ZfJ 1999, S. 23 ff.

aus ihnen, wie festgestellt, aber nicht entnehmen. Ein Verstoß gegen diese Annahmeverbote verhindert den Eintritt des wirtschaftlichen Erfolgs daher nicht.

Aufgrund dieser Tatsache und da diese Normen nur eine kleine Gruppe der Betreuer erfasst, erscheint mit diesen Regelungen noch kein effektiver Schutz gewährleistet zu sein.

II. Regelungen des BGB

1. Innerhalb des Betreuungsrechts

Das Betreuungsgesetz hat aus dem früheren Vormundschaftsrecht für Volljährige die Kompetenzabgrenzung zwischen Vormundschaftsgericht und Betreuer im Sinne des sog. „Selbständigkeitsgrundsatzes" übernommen. Der Betreuer ist danach in der Ausübung der Personen- oder Vermögenssorge sowie der gesetzlichen Vertretung grundsätzlich selbständig, das Vormundschaftsgericht übt primär eine Mitwirkungsfunktion und Aufsichtsbefugnisse aus. Die Handlungen des Vormundschaftsgerichts beginnen mit der Auswahl eines geeigneten Betreuers (§ 1897 BGB) und setzen sich in einer umfassenden Aufsicht während der Betreuung über die Amtsführung fort (§§ 1908 i Abs. 1 S. 1 iVm 1837 Abs. 1 bis 3)[76], wobei einige Maßnahmen des Betreuers der Genehmigung bedürfen (vgl. §§ 1904 ff BGB). Ferner kann das Vormundschaftsgericht die Reichweite des Betreuungsverhältnisses einschränken oder ausweiten (§ 1908 d BGB).

Die weitreichendste Befugnis liegt zuletzt in der Möglichkeit, einen Betreuer etwa wegen Ungeeignetheit zu entlassen (§ 1908 b BGB).

Von diesen Befugnissen des Vormundschaftsgerichts können eventuell zwei dazu beitragen, der oben geschilderten Ausnutzungsgefahr zu begegnen.

a. Betreuerbestellung reglementieren, § 1897 BGB

Der Aspekt einer möglichen finanziellen Ausnutzung könnte bereits im gerichtlichen Anordnungsverfahren zu berücksichtigen sein. Gemäß § 1897 Abs. 1 BGB dürfen nur „geeignete" Personen zu Betreuern bestellt werden.[77]

Der Gesetzgeber des Betreuungsgesetztes erkannte dabei, dass Interessenkonflikte auch finanzieller Art sich wohl nie werden ausschließen lassen, insbesondere im Verhältnis zu erbberechtigten Verwandten.[78] Er wandte sich aber ausdrücklich dagegen, die Eignung einer Person als Betreuer aufgrund einer potentiellen Erbberechtigung zu

---

[76] Bedeutsam ist insoweit auch die Rechnungslegungspflicht, §§ 1908 i Abs. 1 S. 1 iVm 1840 Abs. 2 bis 4, 1841, 1834 BGB, von der jedoch bestimmte Familienmitglieder oder Angehörige grundsätzlich befreit sind, §§ 1908 i Abs. 2 S. 2 iVm 1857 a, 1854 BGB; eine Darstellung der vorhandenen Aufsichtmittel und Betreuerpflichten findet sich im Abschlussbericht der Bund-Länder-Arbeitsgruppe, dort S. 152 ff; die für die vorliegende Arbeit entscheidende Problematik der letztwilligen Zuwendungen innerhalb des Betreuungsverhältnisses wurde dort allerdings nicht untersucht.

[77] Zum Begriff der Eignung vgl. § 4 A I 1 a.

[78] BT-Drs. 11/4528, S. 128.

verneinen. Anderenfalls hätte dies auch zu einem unerwünschten Wegfall der größten Gruppe der Betreuer, nämlich der Verwandten, geführt.

Erst konkrete Hinweise auf einen Interessenkonflikt können als Abwägungskriterium in die Auswahlentscheidung des Gerichts einfließen und zur Verneinung der Eignung des Betreuers führen.[79]

Generell werden Anhaltspunkte eines konkreten Interessenkonflikts im Moment der Bestellung eines Berufsbetreuers, der nicht mit dem zu Betreuenden verwandt oder sonst nahestehend ist, nicht vorliegen.

Um über die Person eines Berufsbetreuers eine objektive Auskunft über dessen Zuverlässigkeit als Kriterium der Eignung zu erhalten, wurde mit dem 2. BtÄndG die Regelung in § 1897 Abs. 7 BGB um einen Satz 2 erweitert. Danach soll die zuständige Betreuungsbehörde vor der erstmaligen Bestellung zum Betreuer den Berufsbetreuer auffordern, ein Führungszeugnis sowie eine Auskunft aus dem Schuldnerverzeichnis vorzulegen.[80]

Im Ergebnis ist festzuhalten, dass das Vormundschaftsgericht zwar im Rahmen des Anordnungsverfahrens in Einzelfällen bestehenden konkreten Interessenkonflikten begegnen kann. Eine potentielle Erbberechtigung berührt die Eignung einer Person allerdings nicht und wird die Bestellung zum Betreuer nicht verhindern.

Daher werden auch abstrakte Gefahren einer finanziellen Ausnutzung keinen Ablehnungsgrund bilden können.

Die Neuregelung in § 1897 Abs. 7 S. 2 BGB ist zu begrüßen, kann aber keinen ausreichenden Schutz vor Ausnutzung gewährleisten.

b. Betreuerentlassung, § 1908 b BGB

Nach erfolgter Betreuerbestellung ist es dem Gericht möglich, auf nachträgliche Änderungen der Eignung oder erst später erkannte Eignungsmängel zu reagieren.

§ 1908 b Abs. 1 S. 1 BGB spricht eine Verpflichtung aus, im Rahmen des Aufsichtsrechts eine Entlassung des Betreuers herbeizuführen, wenn seine Eignung im Sinne von § 1897 BGB nicht mehr gewährleistet ist oder ein anderer wichtiger Grund für die Entlassung vorliegt.

Im Gegensatz zum früheren Recht der Vormundschaft und Gebrechlichkeitspflegschaft wählte der Gesetzgeber bewusst einen weiten Rahmen, es genügt jeder Grund, der eine Ungeeignetheit des Betreuers begründet.[81] Das Gericht hat alle Tatsachen zu würdigen und eine Gesamtbetrachtung vorzunehmen, wobei es auch den Grundsatz der Verhältnismäßigkeit zu beachten hat.[82]

Mangelnde Eignung wurde u.a. bejaht im Falle nicht nachvollziehbarer Vermögensverwaltung und unvollständiger Vermögensaufstellung. Ferner bei strafrechtlicher

---

79 Allg. M.; Damrau/Zimmermann-Damrau, Betreuungsrecht, § 1897/ Rn. 45; MüKo-Schwab, BGB, § 1897/ Rn. 29 mwN; Staudinger-Bienwald, BGB, § 1897/ Rn. 31.

80 BT-Drs. 15/2494, S. 6; 15/ 4874, S. 13; wird dieser Aufforderung nicht nachgekommen, werden die Behörden allerdings diese Auskünfte auch direkt erhalten, BT-Drs. 15/ 2494, S. 29.

81 BT-Drs. 11/ 4528, S. 152; ein Antragsrecht auf Entlassung des Betreuers steht auch dem Betreuten selbst, sowie seinen Angehörigen zu, §§ 69 g, 19, 20 FGG.

82 Dodegge/Roth, Betreuungsrecht, § 1908b/ Rn. 85 mwN; MüKo-Schwab, BGB, § 1908 b/ Rn. 4.

Verurteilung eines Vermögensbetreuers, Einleitung eines Insolvenzverfahrens bzw. Vermögensverfall und daraus folgende Gefahren für das Vermögen des Betreuten.[83]

Neben der mangelnden Eignung kann auch ein „anderer wichtiger Grund" zur zwingenden Entlassung führen. Auch hierfür muss eine umfassende Gesamtbetrachtung vorgenommen werden, bei welcher das Gericht eine genaue, durch Tatsachen belegte, umfassende Abwägung aller Interessen vorzunehmen hat.[84]

Die Entlassung des Betreuers muss im Interesse des Betreuten liegen; dies ist der Fall, wenn es seinem Wohl nicht unerheblich schaden würde, bleibe der bisherige Betreuer im Amt.[85]

Insbesondere Pflichtverletzungen des Betreuers können zur Entlassung führen, wozu u.a. auch das Leitenlassen von unsachlichen Erwägungen zu Lasten des Betreuten zählt.[86] Als andere, nicht auf Pflichtverletzungen beruhende, wichtige Gründe wurden erhebliche Interessenskonflikte im Vermögensbereich bei konkreter Gefährdung angenommen.[87]

Aus diesen Anhaltspunkten zur Entlassung von Betreuern lässt sich entnehmen, dass grundsätzlich Handlungen des Betreuers, mit denen er seinen Betreuten in finanzieller Weise ausnutzen würde, eine Entlassung rechtfertigen könnten.

Auf der anderen Seite folgt daraus zugleich, dass eine erfolgte Erbeinsetzung an sich nicht Grund einer Entlassung ist, da diese nicht zwingend zum Verlust der Eignung führt oder einen anderen wichtigen Grund darstellt. Es bedarf konkreter Anhaltspunkte, eine bloß abstrakte Gefahr, wie die Erbberechtigung, genügt nicht.[88]

Insgesamt lässt sich über die Möglichkeit der Entlassung nach § 1908 b BGB als Mittel zur Abwendung einer finanziellen Ausnutzung feststellen: Werden dem Gericht Tatsachen bekannt, dass der Betreuer aus dem Vermögen des Betreuten Vorteile für sich zu ziehen versucht, insbesondere wenn er dazu seine „Machtposition" oder ein besonderes Vertrauensverhältnis ausnutzt, wird es die Entlassung in die Wege leiten.

Daher stellt die Entlassung nach § 1908 b Abs. 1 S. 1 BGB ein mögliches Mittel dar, um den Betreuten vor finanzieller Ausnutzung durch seinen Betreuer zu schützen.

Problematisch ist andererseits, dass die Entlassung diesbezüglich jedoch nur im Vorfeld effektiv wirkt, d.h. bevor eine Zuwendung oder eine Vermögensverschiebung stattfindet.

---

[83] Relevant ist für die hier behandelte Problematik auch die Entscheidung des LG Koblenz, NJW-FER 1998, 82, wo nachträglich bekannt wurde, dass sich die ausgewählte Betreuerin in drei Fällen wegen Vergehens gegen fremdes Vermögen strafbar gemacht hatte; Dodegge/Roth, Betreuungsrecht, § 1908b/ Rn. 87; MüKo-Schwab, BGB, § 1908b/ Rn. 5; Staudinger-Bienwald, BGB, § 1908 b/ Rn. 13 jeweils mwN.

[84] Dodegge/Roth, Betreuungsrecht, § 1908b/ Rn. 89; MüKo-Schwab, BGB, § 1908b/ Rn. 8; Staudinger-Bienwald, BGB, § 1908 b/ Rn. 18 jeweils mwN.

[85] MüKo-Schwab, BGB, § 1908b/ Rn. 8; Staudinger-Bienwald, BGB, § 1908 b/ Rn. 18.

[86] Dodegge/Roth, Betreuungsrecht, § 1908b/ Rn. 90.

[87] BayObLG, FamRZ 2000, 514: im konkreten Fall hatte der Betreuer den Grundbesitz, den er erben sollte, deutlich besser saniert als den übrigen Grundbesitz des Betreuten; Dodegge/Roth, Betreuungsrecht, § 1908 b/ Rn. 93; Staudinger-Bienwald, BGB, § 1908 b/ Rn. 19 ff.

[88] Damrau/Zimmerman-Zimmermann, Betreuungsrecht, § 1908b / Rn. 14 mwN; Soergel-Zimmermann, BGB, § 1908 b/ Rn. 14; Staudinger-Bienwald, BGB, § 1908 b/ Rn. 23 jeweils mwN.

Bereits eingetretene Vermögenszuwendungen werden mit der Entlassung nicht wieder rückgängig gemacht, sie bleiben grundsätzlich bestehen. Mit der Entlassung werden damit Gefahren, nicht aber Schäden beseitigt.

Ein weiteres Problem stellt sich in der Kenntniserlangung des Gerichts. Da der Betreuer nicht verpflichtet ist, über Zuwendungen ein Verzeichnis zu führen oder diese dem Gericht anzuzeigen, werden diese zumeist im Dunkeln bleiben.[89]

Die Möglichkeit zur Entlassung kann daher nicht als ausreichender Schutz des Betreuten vor finanzieller Ausnutzung seitens seines Betreuers angesehen werden.

c. Ergebnis zu den Regelungen des Betreuungsrechts

Nach der vorangegangenen Betrachtung wird ersichtlich, dass das derzeitige Instrumentarium des Betreuungsrechts keinen ausreichenden Schutz vor finanzieller Ausnutzug gewährleisten kann. Insbesondere wird der Betreute nicht vor dem Moment einer Ausnutzungshandlung bewahrt.

2. Innerhalb des Erbrechts

Im Anschluss daran ist zu überlegen, mit welchen Mitteln aus dem Erbrecht des BGB der Betreute vor finanzieller Ausnutzung oder unlauterer Beeinflussung seitens seines Betreuers geschützt ist.

a. Natürliche Testierunfähigkeit, § 2229 Abs. 4 BGB

In Einzelfällen werden Verfügungen eines betreuten Erblassers aufgrund bestehender natürlicher Testierunfähigkeit nichtig sein, § 2229 Abs. 4 BGB.

In diesem Zusammenhang ist auf die Äußerung der Bundesregierung im Gesetzgebungsverfahren zum BtÄndG 1998 einzugehen. Dort wandte sie sich gegen die Anregung seitens des Bundesrates, die Möglichkeit einer § 14 HeimG entsprechenden Norm zu überprüfen. Sie war der Ansicht, die Betreuten wären vielfach geschäftsunfähig und daher zu Verfügungen zugunsten ihres Betreuers gar nicht in der Lage.[90] Diese Argumentation lässt sich auch auf die Möglichkeit zu letztwilligen Zuwendungen transferieren.

Es ist zwar richtig, dass Geschäfts- bzw. Testierunfähigkeit zusammenfallen können und dies auch häufig in der Praxis der Fall sein kann.

Andererseits sollte diese Tatsache nicht als Grundlage dafür dienen, bestehende praktische Schutzbedürfnisse der Betreuten abzuwerten.

Der Gesetzgeber des BtG von 1992 hatte es sich ausdrücklich zum Ziel gesetzt, die Rechtsstellung der Betroffenen zu verbessern und ihnen einen Bereich möglichst weit-

---

[89] An diesem Punkt setzt der Vorschlag Holzhauers ein, wenn er fordert, dass Betreuer Zuwendungen dem Gericht zumindest anzuzeigen haben, s. Holzhauer, Gutachten B 79; dies würde eine effektivere Anwendung von § 1908 b BGB ermöglichen; allerdings ist eine Meldepflicht nicht effektiv genug, s.u. § 11 C I 3; so auch BVerfG, NJW 1998, 2964.

[90] BT-Drs. 13/ 7158, S. 54.

reichender Selbstbestimmung zu belassen, insbesondere sollte kein Schluss von einer angeordneten Betreuung auf die Geschäfts- oder Testierfähigkeit zugelassen werden.[91]

Aufgrund dieser tatbestandlichen Trennung ist es nicht zu rechtfertigen, die nicht zu leugnende tatsächliche Gefahr einer Beeinflussung seitens des Betreuers damit herunterzuspielen, dass sie sich in der Praxis häufig nicht verwirklichen würde.

Der Gesetzgeber darf sich hierdurch nicht seiner Verantwortung für die Betreuten entziehen.

Es kann nicht ausreichend sein, dass man im Falle der tatsächlich existierenden Gefahr auf die „Hoffnung“ bestehender Testierunfähigkeit baut, denn dies kann nicht vor der Situation der Beeinflussung, der sich der Betreute dann ausgeliefert sieht, bewahren.

Es sollte aber Ziel sein, den Betreuten nicht nur vor späteren Schäden, sondern auch bereits zuvor vor der psychischen oder körperlichen Beeinflussungssituation zu schützen.

Unter einem anderen Blickwinkel ist sodann die Frage zu betrachten, ob und nach welchen Kriterien sich eine grundsätzliche Testierfähigkeit eines Testierwilligen in eine natürliche Testierunfähigkeit verwandelt, wenn er bei der Testamentserrichtung von außen beeinflusst wird.

Testierfähigkeit bedeutet die Fähigkeit, selbstbestimmt ein Testament zu errichten, zu ändern oder aufzuheben. Eine Beratung von dritter Seite ist insoweit nicht zu beanstanden, sofern sich der Erblasser trotzdem von dem Einfluss aus dieser Beratung in der Weise zu lösen vermag, dass er noch entsprechend einem selbstbestimmten Willen handeln kann.

Entscheidend ist daher, dass der Erblasser noch zu eigenständigen Entschlüssen fähig ist und das Testament Ausdruck eines solchen eigenständigen Willens ist.[92] Testierfähigkeit besteht selbst dann noch, wenn der Erblasser vollständig den Vorschlägen eines anderen folgt, ohne diese nachzuprüfen, vorausgesetzt, er entscheidet sich bewusst und eigenständig für die Vorschläge als eigene Verfügung von Todes wegen.[93]

Andererseits fehlt es an der Testierfähigkeit, wenn der Erblasser sich dem Einfluss eines Dritten nicht mehr entziehen kann, etwa weil er andernfalls seelische oder körperliche Nachteile befürchtet; dies kann unabhängig davon sein, ob die Einflussnahme den Grad der Drohung oder Gewalt erreicht.[94]

Daraus ergibt sich, dass im Einzelfall der Betreute testierunfähig sein kann, falls der Betreuer einen derart starken Einfluss auf die inhaltliche Testamentsgestaltung nimmt, dass im Ergebnis das Testament nicht mehr Ausdruck eines autonom gebildeten und wiedergegebenen Willens des Betreuten ist.

---

91 Vgl. § 5 C.

92 BayObLG, ZEV 2005, 345, 346; MüKo-Hagena, BGB, § 2229/ Rn. 2, 5; Soergel-Mayer, BGB, § 2229/ Rn. 13; Staudinger-Baumann, BGB, § 2229/ Rn. 29.

93 BayObLG, NJW-RR 1990, 202, 203 mwN; MüKo-Hagena, BGB, § 2229/ Rn. 24; Soergel-Mayer, BGB, § 2229/ Rn. 14; Staudinger-Baumann, BGB, § 2229/ Rn. 29.

94 MüKo-Hagena, BGB, § 2229/ Rn. 28; Soergel-Mayer, BGB, § 2229/ Rn. 14; Staudinger-Baumann, BGB, § 2229/ Rn. 30.

Es ist allerdings nicht zu verkennen, dass die Grenzziehung zwischen Beratung oder Anregung und unzulässiger Einflussnahme schwer fällt und insbesondere beweisrechtliche Hürden von erheblichem Ausmaß mit sich bringt.

Aus dem bloßen Inhalt der Verfügung werden sich Rückschlüsse hierauf verbieten, nachdem kein Erblasser sich für seine Entscheidung rechtfertigen muss.

Die natürliche Testierunfähigkeit stellt sich daher im Ergebnis nicht als ausreichendes Mittel dar, um einer Ausnutzungs- oder Beeinflussungsgefahr entgegen zu wirken.

b. Widerruf, §§ 2253 ff BGB

Wurde ein wirksames Testament errichtet, steht es jedem Erblasser frei, dieses im Wege der §§ 2253 ff BGB ohne Angabe von Gründen jederzeit zu widerrufen, vorausgesetzt, er ist im Moment des Widerrufs testierfähig.

Vorteil dieser Möglichkeit ist, dass der Widerruf ebenso wie die Errichtung geheim erfolgen kann, und daher sogar zunächst begünstigte Personen von einem Sinneswandel des Erblassers nicht zwingend etwas erfahren müssen.

Hiernach könnte sich ein verfügender Betreuter, der zunächst einer Einflussnahme seitens seines Betreuers erlag, heimlich von einer daraufhin errichteten Verfügung wieder lossagen, ohne dabei Nachteile befürchten zu müssen.

Die Möglichkeit der freien Widerruflichkeit wurde allerdings bereits auch in der Diskussion um § 14 HeimG nicht als wirksamer Schutz vor Beeinflussung angesehen. Das BVerfG erklärte hierzu in seiner Entscheidung zur Verfassungsmäßigkeit von § 14 HeimG, dass die Möglichkeit des Widerrufs zu spät ansetze, denn einen Schutz vor Beeinflussung kann das nachträgliche Widerrufsrecht nicht ermöglichen.[95]

Dieses Argument ist auf die Betreuungssituation zu übertragen; auch im Betreuungsverhältnis sollte Ziel sein, nicht nur die Folgen einer finanziellen Ausnutzung zu verhindern. Vielmehr sollte das Recht der Betreuten auf ein selbstbestimmtes und unbeeinflusstes Leben im Mittelpunkt stehen; dazu gehört auch die Vermeidung bereits der Vornahme unlauterer Handlungen.

Ferner birgt das Widerrufsrecht zahlreiche Nachteile praktischer Art in sich.

So sollte nicht vergessen werden, dass Personen, die einen Betreuer zur Seite haben, bereits notwendigerweise bestimmte „Defizite“ im Bereich des selbständigen Handelns aufweisen. Es kann daher nicht angenommen werden, dass ein Betreuter, der aufgrund einer Beeinflussung ein Testament errichtet hat, später trotz Testierfähigkeit in der Lage sein wird, von seinem Widerrufsrecht überhaupt Gebrauch zu machen. Dabei muss auch beachtet werden, dass es häufig bereits an der erforderlichen Rechtskenntnis auf Seiten des Betreuten mangeln wird und daher ein Widerruf überhaupt nicht in Betracht gezogen werden wird.

Weiterhin sollte beachtet werden, dass gerade ältere Betreute ein Mitteilungsbedürfnis haben, und ihren Betreuer, zu welchem sie nach dem Zweck des Betreuungsgesetzes auch eine persönliche Bindung haben sollen, über ihre Handlungen informieren werden.

---

[95] BVerfG, NJW 1998, 2964 f; a.A. Brox, S. 17, 30.

Schließlich kann nicht außer Acht gelassen werden, dass Betreute sich von einer Beeinflussung, der sie bereits unterlegen sind, nicht ohne weiteres wieder lossagen werden. Sie werden trotz tatsächlicher Rechtslage und möglicher Kenntnis hiervon an einmal errichteten Verfügungen festhalten, insbesondere weil sie innerlich Nachteile fürchten und Angst vor „Entdeckung" haben.

Insgesamt ist daher zum Mittel des Widerrufs festzustellen, dass der wesentliche Nachteil darin liegt, dass der mögliche Schutz des Betreuten daraus zu spät ansetzt. Zum andern wird dieses Mittel darüber hinaus in der Praxis aufgrund der Besonderheiten in der Person des Betreuten ungeeignet sein, um ausreichenden Schutz zu gewähren. Es ist anzunehmen, dass von ihm aufgrund der naturgemäßen Handlungsunfähigkeiten des Betreuten nicht Gebrauch gemacht werden wird.

c. Rücktritt, §§ 2293 ff BGB

In diesem Zusammenhang soll kurz der Erbvertrag erwähnt werden. Im Falle eines Erbvertrages besteht zwar nicht die Freiheit des Widerrufs nach §§ 2253 ff BGB. Allerdings kann ein Erblasser sich hier über einen formgebundenen Rücktritt vom Vertrag lösen, §§ 2293 ff, 2296 Abs. 2 BGB. Anders als der Widerruf kann ein Rücktritt nur aus einem der in §§ 2293 ff BGB abschließend aufgezählten Gründe erfolgen.

Anders als der Widerruf muss der Rücktritt ferner dem Vertragspartner gegenüber erklärt werden, § 2296 Abs. 2 S. 1 BGB, und kann nicht geheim erfolgen.

Die Vorteile, die der Widerruf der Regelung in §§ 2253 ff BGB verkörperte, bestehen innerhalb des Rücktrittsrechts nicht. Gemäß dem Zweck des Erbvertrages, die Vertragsschließenden zu Lebzeiten bereits zu binden, wird die Lossagung deutlich erschwert.

Diese Tatsache wird in der Praxis dazu führen, dass Betreute von einem Recht zum Rücktritt noch weniger Gebrauch machen werden, als sie es bereits vom Widerrufsrecht tun.

Ferner gilt auch für das Rücktrittsrecht nach §§ 2293 ff BGB, dass dieses als nachträglich wirkendes Mittel zu spät einsetzt.

Daher kann auch der Rücktritt keinen umfassenden Schutz vor Beeinflussung bieten.

d. Anfechtung, § 2078 Abs. 2 BGB

Ein weiteres Mittel, sich gegen unlautere Beeinflussung zu schützen, ist die Möglichkeit zur Anfechtung nach § 2078 BGB.

Im Falle eines Testaments kann der Erblasser nicht selbst anfechten, da ihm zu Lebzeiten das weiterreichende Widerrufsrecht eingeräumt wird. Die Anfechtung wird dem Nächstberufenen eingeräumt, § 2080 BGB, allerdings nur unter Beschränkung auf die abschließend aufgezählten Anfechtungsgründe aus §§ 2078, 2079 BGB.[96]

---

[96] Im Falle eines Erbvertrags kann auch der Erblasser selbst anfechten, § 2281 Abs. 1 BGB, ebenfalls nur unter Heranziehung der Gründe aus §§ 2078, 2079 BGB.

Soweit man den Schutz vor unlauterer Beeinflussung und finanzieller Ausnutzung im Auge hat, hält § 2078 Abs. 2 BGB zutreffende Anfechtungsgründe bereit. Sollte der Betreute den Betreuer in Erwartung einer vorgetäuschten besonderen Behandlung eingesetzt haben, würde dies einen beachtlichen Motivirrtum rechtfertigen. Eine widerrechtliche Drohung, die noch nicht zur Testierunfähigkeit führen muss, berechtigt ebenso zur Anfechtung.

Doch auch das Anfechtungsrecht zeigt wie die Ausübung des Widerrufsrechts in der Umsetzung Nachteile auf. Zum einen bringt es ebenfalls erst einen nachträglichen Schutz, der zusätzlich fristgebunden ist, §§ 2082, 2283, 2285 BGB.[97] Der Betreute wird auch durch das Anfechtungsrecht nicht vor der Situation einer Beeinflussung bewahrt, was jedoch Ziel sein sollte.

Die Anfechtung wird regelmäßig zu einer gerichtlichen Streitigkeit führen, in welchem insbesondere der Nachweis der Kausalität erhebliche Schwierigkeiten bereiten wird. Denn ein Irrtum des Erblassers ist nur dann beachtlich, wenn er für die Verfügung ursächlich war. Da aber die Anfechtungsberechtigten regelmäßig keinen tieferen Einblick in das Betreuungsverhältnis erhalten werden, wird sich der Nachweis der Motive des Erblassers oder möglicher Beeinflussungen seitens des Betreuers als erhebliche Hürde erweisen.[98]

Damit stellt auch die Anfechtung kein umfassend effektives Mittel zum Schutz des Betreuten vor Beeinflussung dar.

e. Erbunwürdigkeit, §§ 2339 ff BGB

Der Vollständigkeit wegen soll abschließend die Erbunwürdigkeit erwähnt sein.

Parallel zum Recht der Anfechtung wegen arglistiger Täuschung oder widerrechtlicher Drohung bestehen die Erbunwürdigkeitsgründe des § 2339 Abs. 1 Nr. 2, 3 BGB. Ohne auf deren Voraussetzung näher einzugehen, kann festgestellt werden, dass auch die Vorschriften zur Erbunwürdigkeit die gleichen Nachteile aufweisen, wie die Anfechtung.

Zum einen ermöglichen sie erst einen nachträglichen Schutz, von welchem der Betreute selbst nichts mehr erfährt, ferner ist er nur finanzieller Natur. Zusätzlich kann die Erbunwürdigkeit nur per Anfechtungsklage geltend gemacht werden, § 2341, 2342 BGB.[99]

In praktischer Hinsicht wird der Nachweis der Erbunwürdigkeitsgründe erschwert sein, da die Anfechtungsberechtigten zumeist keinen Einblick in das Betreuungsverhältnis hatten.

---

[97] Im Rahmen der Entscheidung des BayObLG zur Erbeinsetzung des Betreuers - s. unten § 11 B III - musste die Anfechtung wegen Fristversäumung abgelehnt werden, BayObLG, NJW 1998, 2369, 2371.

[98] Vgl. zur fehlenden praktischen Relevanz für vergleichbare Fälle aus dem ambulanten Pflegebereich OLG Düsseldorf, NJW 2001, 2338 = PflR 2001, 325 m. Anm. Molkentin; LG Bonn, NJW 1999, 2977 = PflR 2001, 207 m. Anm. Rossbruch; zu einem nur ausnahmsweise möglichen Anscheinsbeweis vgl. Hardt, S. 210 ff.

[99] Von diesem Erfordernis ist die Geltendmachung der Vermächtnisunwürdigkeit befreit, vgl. § 2345 BGB.

f. Ergebnis

Zusammenfassend muss festgestellt werden, dass das Erbrecht dem Betreuten rechtlich zwar einige Mittel zur Verfügung stellt, um die finanziellen Folgen einer Beeinflussung oder Ausnutzung seitens des Betreuten zu verhindern.

Nachteilig wirkt jedoch, dass außer der im Einzelfall gegebenen Testierunfähigkeit oder des Widerrufs sämtliche Mittel erst nachträglich zum Einsatz gelangen und bereits entstandene Schäden nicht wieder rückgängig machen können. Vom Widerrufsrecht werden Betreute in der Praxis allerdings kaum Gebrauch machen. Die übrigen Mittel werden sich in der Umsetzung zudem erheblichen Beweisschwierigkeiten ausgesetzt sehen.

Insgesamt kann das Erbrecht daher keinen, auf die Besonderheiten des Betreuungsrechts zugeschnittenen Schutz gewähren.

Insbesondere kann das Erbrecht vor der Ausübung von Beeinflussungshandlungen nicht schützen.

3. Innerhalb des Allgemeinen Teils - § 138 BGB

Soweit weder das Betreuungs- noch das Erbrecht des BGB bisher zufriedenstellende Ergebnisse für den Schutz der Betreuten zur Verfügung stellen, könnte dies möglicherweise § 138 BGB erreichen. Diese Generalklausel soll quasi als „Notbremse" gegen Rechtsgeschäfte eingesetzt werden, die „gegen das Anstandsgefühl aller billig und gerecht Denkenden" verstoßen.[100]

a. Geltung im Erbrecht

Es entspricht inzwischen allgemeiner Meinung, dass § 138 BGB ebenfalls wie § 134 BGB[101] für Rechtsgeschäfte aller Art gilt und daher auch für letztwillige Verfügungen Geltung entfaltet.[102]

Im Gegensatz dazu wurde in früherer Zeit vereinzelt vertreten, dass § 138 BGB grundsätzlich keine Schranke der Testierfreiheit sein könne, denn diese Norm werde dem rechtsstaatlichen Bestimmtheitserfordernis nicht gerecht.[103] Diese Ansicht gelangte dennoch im Ergebnis nicht zur gänzlichen Nichtgeltung von § 138 BGB. Verlangt wurde allerdings eine nur eingeschränkt erlaubte Anwendung insoweit, als ausschließlich ein Verstoß gegen die im Grundgesetz enthaltenen Wertungen zur Nichtigkeit führen könne.[104]

---

[100] Diese sog. „Anstandsformel" wurde basierend auf Mot. II, S. 727 zunächst für § 826 BGB entwickelt und sodann für § 138 BGB übernommen, vgl. dazu MüKo-Mayer-Maly/Armbrüster, BGB, § 138/ Rn. 14; Soergel-Hefermehl, BGB, § 138/ Rn. 4; Staudinger-Sack, BGB, § 138/ Rn. 13 ff.

[101] Hierzu § 7 B XI 2 a.

[102] Vgl. nur Brox, Erbrecht, § 17 IV 2a/ Rn. 263; MüKo-Leipold, BGB, vor § 2064/ Rn. 4; Staudinger-Otte, BGB, vor §§ 2064 ff/ Rn. 148.

[103] Hierzu Pieroth, NJW 1993, 173, 177 unter Bezugnahme auf Ramm, § 44 III, S. G 452; Thielmann, S. 78 ff mwN.

[104] Vgl. Pieroth, NJW 1993, 173, 177.

Auch das BVerfG hatte klargestellt, dass Generalklauseln regelmäßig dem Bestimmtheitserfordernis standhalten, der Gesetzgeber sogar nicht ohne sie auskommen kann.[105]

Auf der Grundlage allgemeiner Akzeptanz wurde jedoch der Gedankengang der früheren Ansicht in abgeänderter Form derart aufrechterhalten, dass § 138 BGB nur äußerst restriktiv als Beschränkung im Erbrecht herangezogen werden solle.

Unter Beachtung der Tatsache, dass § 138 BGB die Testierfreiheit einschränkt, diese jedoch das bestimmende Element der Erbrechtsgarantie ist und damit verfassungsrechtlichen Schutz genießt, muss bei einer zum Teil sogenannten „Inhaltskontrolle" letztwilliger Verfügungen von der Wertung zugunsten der Testierfreiheit ausgegangen werden.[106]

Tragendes Element der Testierfreiheit ist die Freiheit, Vermögenszuordnungen unabhängig von Rechtfertigungen oder von für Dritte nachvollziehbaren Gründen vorzunehmen. Testierfreiheit dient in besonderem Maße der Verwirklichung freier, auch von höchst subjektiven Überlegungen geprägter Entscheidungen des Einzelnen. Ein Erblasser soll durch die Testierfreiheit davor geschützt werden, seine Vermögensnachfolge nach allgemeinen gesellschaftlichen Anschauungen nach der Überzeugung der Mehrheit ausrichten zu müssen.[107]

Zu dieser Freiheit konträr mittels § 138 BGB eine moralische Schranke aufzuerlegen, ist mit diesem Charakter nicht ohne weiteres vereinbar. Nach allgemeiner Auffassung ist daher die Anwendung von § 138 BGB im Erbrecht auf besonders gelagerte Ausnahmefälle zu reduzieren.[108]

Dabei ist nicht zu verkennen, dass die gesetzliche Ausgestaltung von § 138 BGB nicht unbeachtliche Gefahren eines Beurteilungsfehlgebrauchs in sich trägt.[109] Deshalb ist darauf zu achten, dass der Richter nicht die Auswirkungen einer letztwilligen Verfügung an seinen eigenen Gerechtigkeitsvorstellungen misst und den Erblasserwillen danach korrigiert; der autonome Wille des Erblassers ist grundsätzlich übergeordnet.[110]

Im Ergebnis wird daher nach allgemeiner Meinung der Testierfreiheit eine überragende Bedeutung beigemessen und Einschränkungen über § 138 BGB im Wege restriktiver und verfassungskonformer Anwendung auf Ausnahmefälle reduziert.

Gegen diese Pauschalierung wenden sich Lange/Kuchinke für den Bereich, in welchem § 138 BGB zum Schutz des Erblassers herangezogen wird.[111] Denn § 138 BGB diene nicht als Einschränkung, sondern als Schutz der Testierfreiheit, deswegen sei der Grundsatz einschränkender Anwendbarkeit der Rechtsprechung hierfür nicht richtig.

---

105 BVerfGE 8, 274, 326.

106 Vgl. zum herausgehobenen Schutz der Testierfreiheit nur BVerfGE 58, 377, 398; 91, 346, 358; BGHZ 53, 369, 374; BayObLGZ 96, 204, 225; DNotZ 2003, 439; dass die Sittenwidrigkeitskontrolle nach § 138 BGB gerade keine Inhaltskontrolle im eigentlichen Sinn ist, zeigt Fastrich auf, S. 17 ff; in diesem Sinne auch Lorenz, S. 246 ff.

107 BayObLGZ 96, 204, 226.

108 BGHZ 53, 369, 374; Gernhuber, FamRZ 1960, 326, 328; Staudinger-Sack, BGB, § 138/ Rn. 437; eine generelle Abkehr der Rechtsprechung weg von § 138 BGB zugunsten der Testierfreiheit stellt Muscheler, JA 2004, 494, 496 fest.

109 Hierzu Gernhuber, FamRZ 1960, 326, 333; Smid, NJW 1990, 409, 413.

110 BGHZ 53, 369, 374; BayObLG, FamRZ 1985, 1082, 1083; 1986, 1248, 1249 m. Anm. Bosch.

111 Lange/Kuchinke, § 35 II 3 d, Fn. 55 für den Fall von § 14 HeimG.

Allerdings muss beachtet werden, dass auch am Wohl des Erblassers orientierte Schutzvorschriften objektiv betrachtet zu einer Hürde für den Erblasser in oben genannter Weise führen, der jedoch dem Zweck von Art. 14 GG nach weitgehend von übergeordneten Wertungen und Anschauungen befreit sein soll; eine „Zwangsfürsorge" soll vermieden werden. Daher müssen auch Schutzvorschriften die allgemeinen Erfordernisse für Grundrechtseinschränkungen einhalten.

b. Maßstäbe der Anwendung

Trotz der Grundhaltung zugunsten der Testierfreiheit bestehen hinsichtlich der Anwendung von § 138 BGB im Erbrecht noch vielfältige Unklarheiten, die sicherlich im Wesentlichen auf die generelle Problematik der Handhabbarkeit von Generalklauseln zurückzuführen sind.[112]

Eine dieser Unsicherheiten lässt sich am folgenden Streit anschaulich erörtern, der für die hier untersuchten Situationen unlauterer Beeinflussung von Relevanz ist.

aa. Beeinflussung des Bedachten

Uneinheitlich sind nämlich die Ansichten zu der Frage, ob § 138 Abs. 1 BGB grundsätzlich auf Testamente anwendbar sein kann, wenn nicht der Erblasser selbst in vorwerfbarer Weise handelt, sondern ein anderer, regelmäßig der Bedachte, sittenwidrig auf ihn einwirkte und dadurch erst seine Bedenkung herbeigeführt hat. Anerkannt ist die Geltung von § 138 BGB im Falle einer erbvertraglichen Zuwendung.

So hatte der BGH seinerzeit entschieden, dass ein Erbvertrag zwischen einem 23-jährigen geistig behinderten Erblasser und seiner älteren Schwester sittenwidrig sei, weil diese die Pflege für den Erblasser übernommen hatte und ihn unter Ausnutzung ihrer Stellung im Bewusstsein, dass er die Tragweite des Vertrags nicht überblickte, und in dem planmäßigen Bestreben, erhebliche Teile seines Vermögens an sich zu bringen, veranlasst hatte, sie in dem Erbvertrag als Erbin einzusetzen.[113]

In Anlehnung an diese Situation der Beeinflussung im Rahmen eines Erbvertrags wird in Rechtsprechung und Literatur größtenteils § 138 Abs. 1 BGB auch im Falle testamentarischer Bedenkung ohne weitere Diskussion zur Wirksamkeitskontrolle zugelassen.[114]

(1) Meinungsstand

Teilweise wird jedoch vorgebracht, § 138 Abs. 1 BGB könne nur dann zur Kontrolle von Testamenten herangezogen werden, wenn in der letztwilligen Verfügung eine un-

---

[112] Gernhuber, FamRZ 1960, 326, 328; Smid, NJW 1990, 409.

[113] BGH, LM Nr. 1 zu § 138 [Bc] BGB; zu weiteren Fällen sittenwidriger Erbverträge aufgrund verwerflicher Beeinflussung vgl. die Darstellung bei Johannsen, WM 1971, 918, 928.

[114] Vgl. nur OLG Braunschweig, FamRZ 2000, 1189; BayObLG, NJW 1998, 2369; Lange/Kuchinke, § 35 II 3 d; Rossak, MittBayNot 1998, 407, 410.

redliche und deshalb verwerfliche Gesinnung des Erblassers selbst zum Ausdruck kommt und verwirklicht werden soll.[115]

Dies ergäbe sich entweder daraus, dass das Testament als einseitiges Rechtsgeschäft unabhängig von einer Mitwirkung eines Dritten vorgenommen werde.[116] Oder es ergäbe sich zumindest aus der vorrangigen Widerrufsmöglichkeit nach §§ 2253 ff BGB. Neben dieser sei für § 138 Abs. 1 BGB kein Anwendungsbereich eröffnet.[117]

Soweit ersichtlich hat sich allein Johannsen eingehender mit einer Begründung für eine entgegengesetzte Lösung befasst.

Er widersprach einem nicht veröffentlichten Urteil des IV. Zivilsenats des BGH vom 25. Mai 1955, in welchem der BGH im Wege der zuvor genannten Ansicht argumentiert hatte und die Sittenwidrigkeit eines Vermächtnisses verneint hatte.[118] Obwohl die bedachte Haushälterin in verwerflicher Weise auf den Erblasser eingewirkt hatte und so ihr Bedenken herbeigeführt hatte, hafte nach Ansicht des BGH diese Beeinflussung dem Vermächtnis nicht an, da die Haushälterin nicht an der Errichtung des Testaments beteiligt gewesen sei.[119]

Johannsen sieht dagegen die Tatsache, dass ein sittenwidrig Handelnder im Falle des Erbvertrags möglicherweise an der Errichtung beteiligt ist, im Falle des Testaments jedoch nicht, für keinen derart gewichtigen Unterschied an, dass dieser eine Ungleichbehandlung dieser beiden Errichtungsformen rechtfertigen könnte.[120]

Insbesondere wendet er sich gegen die Argumentation, dass beim Erbvertrag der sittlich verwerflich Handelnde als Vertragspartner bedacht wird; denn dies ist nicht zwangsläufig der Fall, bedenkt man, dass auch ein Dritter die Beeinflussung ausüben kann, ohne selbst Vertragspartner zu werden und damit am eigentlichen Zustandekommen beteiligt zu sein. Dass der Erblasser sein Testament jederzeit frei widerrufen kann, verspricht nach Ansicht Johannsens keinen ausreichenden Schutz. Denn die Art und Weise der Beeinflussung kann so ausgestaltet sein, dass sie über den Moment der Testamentserrichtung hinauswirkt und den Erblasser gerade auch noch davon abhält, von seiner Widerrufsmöglichkeit Gebrauch zu machen.

Die entscheidende Situation, in der sich der Erblasser befindet, ist im Falle der vertraglichen wie der testamentarischen Bedenkung die gleiche, daher kann es nach Johannsen keinen Unterschied machen, ob ein Erblasser sich vertraglich bindet oder an seiner Verfügung festhält.[121]

---

[115] BayObLG, FamRZ 1985, 1082, 1083, unter Bezug auf eine allgemeine Meinung; die zitierte Fundstelle aus BGHZ 53, 369, 375 stützt die vertretene Auffassung allerdings nicht; ihm folgt Müller, ZEV 1998, 219, 223 f; wohl auch Staudinger-Otte, BGB, vor §§ 2064 ff/ Rn. 148.

[116] So BayObLG, FamRZ 1985, 1082, 1083.

[117] So Müller, ZEV 1998, 219, 223.

[118] IV. ZR 282/54, zit. bei Johannsen, WM 1971, 918, 928; ebenfalls der IV. Zivilsenat hatte zuvor die Sittenwidrigkeit im eingangs erwähnten Fall eines Erbvertrages zwischen dem geistig behinderten Bruder und der pflegenden Schwester bejaht.

[119] Vgl. die Wiedergabe der Urteilsgründe bei Johannsen, WM 1971, 918, 929.

[120] Johannsen, WM 1971, 918, 928.

[121] Johannsen, WM 1971, 918, 928.

(2) Stellungnahme

Hinsichtlich des Meinungsstreits ist der erstgenannten Ansicht zuzugeben, dass einem Testierenden ein weiter Freiraum zur Verfügung steht, um sich von einem errichteten Testament wieder loszusagen. So kann er es jederzeit in einfacher Weise ohne Angabe von Gründen und sogar heimlich widerrufen.

Bei einem Erbvertrag dagegen sind die Möglichkeiten des Rücktritts oder der Anfechtbarkeit viel engmaschiger gestrickt. Ebenso ist am Akt der Testamentserrichtung als einseitiges Rechtsgeschäft allein der Erblasser beteiligt, der Erbvertrag wird dagegen stets zwischen zwei oder mehr Vertragspartnern geschlossen.

Andererseits sollte aus der Tatsache, dass das Erbrecht des BGB zwei Formen letztwilliger Verfügungen unter freier Auswahl bereithält, nicht gefolgert werden, dass ihnen derart verschieden gewichtete Wertungen zugrunde liegen, dass sie etwa den Erblasser auf unterschiedliche Schutzebenen einordnen wollten.

Hinsichtlich der Widerrufsmöglichkeit ist im Einklang mit Johannsen darauf hinzuweisen, dass von dieser nicht ohne weiteres Gebrauch gemacht werden wird. Wurde auf den Erblasser in der Weise auf die Errichtung der letztwilligen Verfügung eingewirkt, dass er dieser Beeinflussung nicht standhielt und im Sinne des Handelnden testierte, kann nicht angenommen werden, dass nach der Errichtung die Situation sich derart ändern würde, dass der Erblasser völlig frei vom vorangegangenen Geschehen die Willensstärke aufbringen kann, um das Testament einfach zu widerrufen. Daneben sollte auch beachtet werden, dass einem erbvertraglich gebundenen Erblasser im Falle einer unredlichen Beeinflussung auch der Rücktrittsgrund aus § 2294 BGB, zumindest regelmäßig eine Anfechtung nach § 2078 Abs. 2 BGB zur Verfügung stehen wird, die Rechtsprechung ihn aber trotzdem nicht auf diese Möglichkeiten beschränken will, sondern § 138 BGB zulässt.

Im Übrigen sollte nicht vergessen werden, dass es häufig an der erforderlichen Rechtskenntnis hinsichtlich der Widerrufsmöglichkeit fehlen dürfte. Einem sittenwidrig Handelnden würden daher die Vorteile aus einer Rechtsunkenntnis des Erblassers zugute kommen, was aber eigentlich nicht sein darf.

Auch die konstruktiven Unterschiede zwischen Testament und Erbvertrag rechtfertigen es nicht, im ersten Fall § 138 Abs. 1 BGB pauschal nicht zur Überprüfung im Bereich unredlicher Beeinflussung zuzulassen, im zweiten dagegen ohne weiteres schon.

Dass es möglich ist, ohne Mitwirkung des Bedachten die Vermögenszuordnung vorzunehmen, ist eine Besonderheit des Erbrechts des BGB, die im sogenannten „Von-Selbst-Erwerb“ verankert ist. Sie hat ihren Zweck darin, einen lückenlosen Vermögensübergang zu ermöglichen und dadurch rechtsfreie Zeiträume zu vermeiden. Konsequenterweise kann die „Mitwirkung“ des Bedachten nachträglich im Wege der Ausschlagung bzw. deren Unterlassung quasi nachgeholt werden.

Diese Besonderheit des Erbrechts zielt jedoch nicht darauf ab, einen testierenden Erblasser gegenüber einem erbvertraglich verfügenden Erblasser grundlegend über die Sondervorschriften des Erbrechts hinaus zu benachteiligen. Beide Formen sollen ihm frei zur Verfügung stehen, mit den allein im Erbrecht festgelegten unterschiedlichen Folgen.

Es kann daher keinen Unterschied für die grundsätzliche Geltung von § 138 Abs. 1 BGB bedeuten, ob im Falle einer gleichen Beeinflussungshandlung seitens des Bedachten dieser am Akt der Errichtung der letztwilligen Verfügung formal beteiligt wird oder nicht. Die Situation, in der sich der Erblasser im Moment der Errichtung befindet, ist dieselbe. Eine unterschiedliche rechtliche Bewertung dieses Moments ist daher nicht gerechtfertigt.

Zuletzt soll vergleichend auf die Bewertung testamentarischer Zuwendungen im Bereich von § 14 HeimG hingewiesen werden.

Dort ist inzwischen anerkannt, dass nicht die Form der Zuwendung entscheidend ist, daher auch nicht, ob der Bedachte am rechtlichen Zustandekommen beteiligt ist. Allein maßgeblich ist dort, ob der Bedachte Kenntnis von der Verfügung hat und daher in tatsächlicher Art und Weise, nicht rechtlich, am Zustandekommen oder Aufrechterhalten der Verfügung beteiligt ist.[122]

Der gleiche Ausgangspunkt sollte auch für § 138 Abs. 1 BGB gelten, welcher dem Gedanken § 14 HeimG nach zugrunde liegt. Ferner stehen sich §§ 134, 138 BGB ihrem Wesen nach nahe: § 138 BGB erfasst der Grundaussage nach Fälle, in denen ein rechtlicher Verbotssatz gleichsam nur „zufällig" nicht im Gesetz steht, im Falle einer Kodifizierung jedoch ein Verbotsgesetz nach § 134 BGB sein würde.[123] Wenn nun im Rahmen von § 14 HeimG als Verbotsgesetz eine allgemeine Anwendung von § 134 BGB auf Testamente anerkannt ist, sollte dies auch für § 138 BGB gelten.

Im Ergebnis sollte § 138 Abs. 1 BGB daher grundsätzlich zur Kontrolle von Testamenten, die unter Beeinflussung des Bedachten oder eines anderen veranlasst wurden, anwendbar sein.

bb. Maßstäbe zur Sittenwidrigkeitskontrolle

Die Beurteilung einer letztwilligen Verfügung am Maßstab von § 138 BGB kann sich aus vielseitigen Betrachtungen ergeben. Je nachdem, auf wen das Augenmerk gerichtet wird, kann die Sittenwidrigkeit sich aus einem Verhalten des Erblassers, eines Bedachten oder auch eines Außenstehenden ergeben. § 138 BGB gibt hierfür keinerlei Richtung vor. Der verfassungsrechtliche Schutz der Testierfreiheit muss dabei stets im Auge behalten werden.

Zur näheren Konkretisierung des Begriffs der „Sittenwidrigkeit" wurden von der Rechtsprechung Formeln zur Bewertung des jeweiligen Rechtsgeschäfts entwickelt. Ergänzend dazu wird auch seitens der Literatur hervorgehoben, dass die Sittenwidrigkeit eines Rechtsgeschäfts grundsätzlich nur das Ergebnis einer „Summenwirkung" aus einem Zusammenwirken mehrerer negativer, dabei aber auch dynamischer Faktoren sein kann.[124]

---

[122] Vgl. § 7 B VI.

[123] So Smid, NJW 1990, 409, 413.

[124] MüKo-Mayer-Maly/Armbrüster, BGB, § 138/ Rn. 27; Soergel-Hefermehl, BGB, § 138/ Rn. 19; Staudinger-Sack, BGB, § 138/ Rn. 59 jeweils mwN.

Die Rechtsprechung hatte die gebräuchliche Formel entwickelt, dass ein Rechtsgeschäft dann nach § 138 BGB nichtig ist, wenn es nach seinem aus Inhalt, Beweggrund und Zweck zu entnehmenden Gesamtcharakter gegen die guten Sitten verstößt.[125]

Eine derartige Umstandssittenwidrigkeit ergibt sich daher nicht nur aus dem objektiven Gehalt des jeweiligen Rechtsgeschäftes, sondern insbesondere aus den Umständen, die zu seiner Vornahme geführt haben sowie den Absichten und Motiven der Beteiligten. Während früher die Motivationslage des Erblassers als prägendes Kriterium der Sittenwidrigkeit berücksichtigt wurde, sogar bis hin zur Annahme einer Beweislastumkehr, wurde im Laufe der Zeit davon Abstand genommen.[126]

Maßgeblich für § 138 BGB sollte nicht die Beurteilung eines Verhaltens einer Person und eine Sanktion daraus sein, sondern es sollte allein um den sittenwidrigen Gehalt des Rechtsgeschäftes gehen, zu dessen Bestimmung das Verhalten der Beteiligten von Bedeutung, aber nicht allein entscheidend sein kann.[127] In Zusammenhang hiermit wurde die bedeutende Aussage getroffen, dass erbrechtlich betrachtet außerhalb des Pflichtteilsrechts - welches bereits eine gesetzliche Berücksichtigung sittlicher Verpflichtungen darstellt - an den Erblasser grundsätzlich keine weitere Forderung nach einer sittlich gebotenen Nachlassbeteiligung gestellt wird.[128]

Aufgrund regelmäßig wiederkehrender Umstände war es der Rechtsprechung möglich, den Tatbestand von § 138 BGB in Fallgruppen einzuteilen, die eine Bewertung des jeweiligen Rechtsgeschäftes anhand der oben genanten Formel zur „Umstandssittenwidrigkeit" erleichtern. Dennoch wurde nicht vergessen, dass die gefundenen Typen keinesfalls abschließend sein können sondern nur eine beispielhafte Aufzählung, da trotz der Eingrenzung in bekannte Typen auch § 138 BGB wie jeder Generalklausel Unschärfen anhaften, die nicht beseitigt werden können.[129]

Die Vielzahl möglicher Kombinationen der einzelnen zu berücksichtigen Elemente erfordert es, jeden Einzelfall frei von schematischer Prüfung unter Beachtung der jeweiligen Umstände zu beurteilen.

In der jüngeren Zeit wurde von der Rechtsprechung des Öfteren eine von der oben genannten abweichende Formel zur Beurteilung der Sittenwidrigkeit einer letztwilligen Verfügung angewandt.

Danach sei es dem Gesetzgeber nicht verwehrt, Inhalt und Schranken des Art. 14 GG auch mittels Generalklauseln zu bestimmen. Diese müssten aber unter Beachtung des Bestimmtheitsgrundsatzes im Hinblick auf das Grundrecht, welches sie einschränken, so genau gefasst sein, wie es nach der Eigenart der zu ordnenden Lebenssachver-

[125] BGHZ 53, 369, 375; 86, 82, 88; OLG Braunschweig, FamRZ 2000, 1189, 1190; MüKo-Mayer-Maly/Armbrüster, BGB, § 138/ Rn. 30; Soergel-Hefermehl, BGB, § 138/ Rn. 19; Staudinger-Sack, BGB, § 138/ Rn. 3 jeweils mwN.

[126] Den Wendepunkt dieser Rechtsprechung markiert BGHZ 53, 369; zu der Entwicklung vgl. Otte, JA 1985, 192, 196; Smid, NJW 1990, 409, 410 f.

[127] BGHZ 53, 369, 374.

[128] Otte, JA 1985, 192, 197; Soergel-Loritz, BGB, Einl. vor § 2064/ Rn. 4; Staudinger-Sack, BGB, § 138/ 437 mwN; Otte a.a.O. begutachtet einzelne seltene Ausnahmefälle, in welchen die Bedürftigkeit naher Angehöriger durch die Nichtbedenkung herbeigeführt wird.

[129] BGHZ 53, 369, 379; Rossak, MittBayNot 1998, 407, 410.

halte und mit Rücksicht auf den Normzweck möglich ist. Ferner müsse der Verhältnismäßigkeitsgrundsatz gewahrt sein.[130]

Daraus ergäbe sich, dass eine Einschränkung der Testierfreiheit durch Anwendung der Generalklausel des § 138 BGB nur in Betracht zu ziehen sei, wenn sich das Verdikt der Sittenwidrigkeit auf eine klare, deutlich umrissene Wertung des Gesetzgebers oder eine allgemeine Rechtsauffassung stützen könne.[131]

Ob diese Formel vorzugswürdig ist oder einen Rückschritt gegenüber den bisherigen Fallgruppen darstellen würde und zudem nur aus den Besonderheiten der ihr zugrunde liegenden Entscheidung des BGH zum Behindertentestament geboren wurde, soll an dieser Stelle nicht näher erörtert werden.[132]

Denn entscheidend wird es trotz der Möglichkeit, auf anerkannte Fallgruppen zurückzugreifen, auf die jeweiligen Umstände des Einzelfalls ankommen, in die auch die Wertungen des Gesetzgebers einzubeziehen sind.

Im Folgenden werden nun einzelne relevante Aspekte zur Sittenwidrigkeit bei dem Bedenken des Betreuers erörtert.

c. Besonderheiten im Betreuungsverhältnis

aa. Zurücksetzung von Angehörigen

Setzt der Erblasser, aus welchen Gründen auch immer, seinen Betreuer zu seinem Erben ein, führt dies als Reflex zur sogenannten „Zurücksetzung von Angehörigen“, die aufgrund besonderer Rücksichtslosigkeit des Erblassers das Urteil der Sittenwidrigkeit verdienen könnte; dies gilt natürlich nur, für den Fall, dass der Betreute noch Angehörige hat.

Dass sich allerdings allein aus der Tatsache eines Nichtbedenkens nicht die Sittenwidrigkeit ergeben darf, wird allseits hervorgehoben. Andernfalls fände eine bedenkliche richterliche Korrektur des Pflichtteilsrechts statt.[133] Es gibt grundsätzlich keinen über den Pflichtteil hinausgehenden Gedanken sittlicher Nachlassbeteiligung.[134]

bb. Eigenschaft als Betreuer

Ebenso kann auch die Rechtsstellung des Betreuers als gerichtlich eingesetzte Fürsorgeperson für sich allein nicht eine Sittenwidrigkeit der Erbeinsetzung begründen. Der Betreute ist in seiner Wahl der Bedachten frei, er ist selbst gegenüber Personen, die ihn

---

130 BGHZ 123, 368, 377 f; zu den Merkmalen „Gegenstand, Inhalt, Zweck und Ausmaß“ des Bestimmtheitsgrundsatzes vgl. BVerfGE 8, 274, 326 f.

131 BGHZ 123, 368, 378; dem folgend BayObLGZ 96, 204, 225; NJW 1998, 2369; zuletzt ZEV 2005, 345, 348; in diese Richtung auch Smid, NJW 1990, 409, 413: Eine Auslegung des Begriffs der guten Sitten könne nur vom Recht selbst her erfolgen; Staudinger-Sack, BGB, § 138/ 437.

132 Dazu Rossak, MittBayNot 1998, 407, 410.

133 BGHZ 52, 17, 19; BayObLG, FamRZ 1984, 1153, 1154; FamRZ 1985, 1082, 1083; FamRZ 1986, 1248 ff mit kritischer Anm. Bosch; Gernhuber, FamRZ 1960, 326, 333; Otte, JA 1985, 192, 196; Smid, NJW 1990, 409, 412.

134 Dies ergibt sich bereits aus Mot. V, S. 383; dazu Otte, JA 1985, 192, 197; BayObLG, NJW 1998, 2369, 2371.

lange Jahre - auch unentgeltlich - gepflegt haben, nicht verpflichtet.[135] Eine bloße Hoffnung dieser Personen auf ein letztwilliges Bedenken hat keine rechtliche Grundlage, es steht ihnen frei, sich eine finanzielle Berücksichtigung bereits zu Lebzeiten zu sichern, etwa durch einen Pflegevertrag oder Erbvertrag.

Teilweise wird auch betont, dass der Betreuer nicht dem öffentlichen Dienstrecht, wie § 10 BAT, § 3 Abs. 2 TVöD oder den beamtenrechtlichen Bestimmungen unterliege und daraus sich die grundsätzliche Zulässigkeit der Erbeinsetzung ergäbe.[136] Dies erscheint jedoch kein geeignetes Wertungskriterium sein zu können, da selbst für die Beschäftigten im öffentlichen Dienst und Beamten die genannten Vorschriften kein erbrechtliches Hindernis bewirken.[137]

Ebenso wurde angeführt, dass die Tatsache der Erbberechtigung kein genereller Ausschlussgrund für die Betreuerbestellung sei, und dass sich bereits daraus die generelle Möglichkeit der Erbeinsetzung eines Betreuers eröffne.[138]

Auch dies erscheint allerdings von der falschen Seite betrachtet; richtigerweise hätte Ansatzpunkt sein müssen, ob mit der Tatsache der Betreuerbestellung ein Hindernis für die Erbberechtigung geschaffen wird.[139]

Im Ergebnis ist es jedoch richtig, die Stellung als Betreuer nicht als Ausschlussgrund für eine Erbberechtigung zuzulassen.[140]

cc. Sittenwidriges Einwirken auf den Erblasser

Im Gegensatz zu den beiden zuvor geschilderten Aspekten hat sich bislang in der Rechtsprechung noch keine größere Judikatur angesammelt, auf die für folgende Konstellation zurückgegriffen werden könnte.

Es wurde oben herausgearbeitet, dass ein sittlich vorwerfbares Handeln des Bedachten, um den Erblasser zu einer Erbeinsetzung zu bewegen, sowohl im Falle testamentarischer als auch erbvertraglicher Errichtung die Verfügung nach § 138 BGB nichtig werden lassen kann.

Unter welchen konkreten Voraussetzungen Sittenwidrigkeit vorliegen soll, ist noch nicht näher geklärt worden.

(1) Verhältnis zur Anfechtung

Zunächst stellt sich hierfür ein Abgrenzungsproblem zu den Vorschriften über die Anfechtung nach § 2078 Abs. 2 BGB. Die Erben - bzw. der Erblasser selbst im Falle eines Erbvertrags - können letztwillige Verfügungen anfechten und zu Fall bringen, die aufgrund von Täuschung oder widerrechtlicher Drohung errichtet wurden.

Aufgrund der Existenz der Anfechtung folgt allgemein, dass nicht jedes - wenn auch sittlich vorwerfbares - Verhalten beim Zustandekommen des Rechtsgeschäfts be-

---

[135] OLG Düsseldorf, NJW 2001, 2338, 2339; BayObLG, FamRZ 1985, 1082, 1083.
[136] BayObLG, NJW 1998, 2369, 2371; s. § 11 B II 1 a.
[137] S. dazu § 6 B II 5, III 5.
[138] BayObLG, NJW 1998, 2369, 2371; s. § 11 B II 1 a.
[139] So Rossak, MittBayNot 1998, 407, 410.
[140] So im Ergebnis auch BayObLG, NJW 1998, 2369, 2371 m. Anm. Hohloch, Jus 1998, 953.

reits eine Nichtigkeit nach § 138 BGB begründen kann, anderenfalls verbliebe für die Anfechtung kein eigenständiger Anwendungsbereich mehr.

Verstößt allein die Art und Weise des Zustandekommens des Rechtsgeschäfts gegen die guten Sitten, ist § 138 BGB nicht richtiger Ansatzpunkt, da eine solche „Abschlusskontrolle" nicht vom Regelungsbereich von § 138 BGB erfasst ist. Das Verhalten der Beteiligten wird nur als Kriterium in die Beurteilung einbezogen, welche auch die Sittenwidrigkeit des Inhalts der Verfügung zur Folge haben muss.[141]

Daher muss festgestellt werden, dass ein Testament oder Erbvertrag lediglich anfechtbar ist, wenn sich die Sittenwidrigkeit allein aus den Umständen des Zustandekommens ermittelt.

Dagegen kann Nichtigkeit nach § 138 BGB nur dann bestehen, wenn das Rechtsgeschäft zumindest auch wegen seines sittenwidrigen Inhalts missbilligt wird. D.h. es müssen im Falle unlauteren Zustandekommens noch besondere Umstände hinzutreten, die ihrem Gesamtcharakter nach dem Rechtsgeschäft ein sittenwidriges Gepräge geben.[142]

Diese Abgrenzung zwischen Anfechtung und Sittenwidrigkeit sollte allerdings nicht im Sinne einer Spezialität verstanden werden; liegen die Voraussetzungen beider Tatbestände vor, bestehen Anfechtungsrecht und Nichtigkeit aufgrund von § 138 BGB nebeneinander, andernfalls würde eine nicht gewollte Verkürzung der Rechte des Betroffenen eintreten, der an die Frist zur Anfechtung gebunden wäre.[143]

(2) Bejahung der Sittenwidrigkeit

Anerkannt ist es insgesamt, zur Konkretisierung dafür, wann sich aus dem Gesamtcharakter des Rechtsgeschäfts dessen Sittenwidrigkeit ergeben könnte, im Falle unlauterer Einwirkung auch auf den Wuchertatbestand nach § 138 Abs. 2 BGB zurückzugreifen.

§ 138 Abs. 2 BGB ist ein Sonderfall zu Abs. 1, wonach es gestattet ist, zur Auslegung von Abs. 1 die Merkmale des Wuchers heranzuziehen.[144] Nach § 138 Abs. 2 BGB begründet den Vorwurf der Sittenwidrigkeit im Rahmen von Austauschverträgen die Ausnutzung einer Zwangslage, der Unerfahrenheit, des Mangels an Urteilsvermögen oder der erheblichen Willensschwäche.

In einer vergleichbaren „labilen" mentalen Situation wird sich eine Person, für die eine Betreuung angeordnet wurde, regelmäßig befinden, solange sie nicht ausschließlich an einer körperlichen Behinderung leidet.

---

141 BGHZ 53, 369, 375; hierzu auch Lorenz, S. 245, 251 ff mwN; Staudinger-Sack, BGB, § 138/ Rn. 3 ff.

142 MüKo-Kramer, BGB, § 123 / Rn. 33; MüKo-Mayer-Maly/Armbrüster, BGB, § 138/ Rn. 5 jeweils mwN; Staudinger-Sack, BGB, § 138/ Rn. 6, 150; z.T. wird insoweit missverständlich von einer „speziellen Regelung" gegenüber § 138 gesprochen: Soergel-Hefermehl, BGB, § 138/ Rn. 64.

143 MüKo-Kramer, BGB, § 123/ Rn. 33; Staudinger-Sack, BGB, § 138/ Rn. 152.

144 Staudinger-Sack, § BGB, 138/ Rn. 172; MüKo-Mayer-Maly/Armbrüster, BGB, § 138/ Rn. 142; Soergel-Hefermehl, BGB, § 138/ Rn. 73; zum Verhältnis von § 138 Abs. 2 zu Abs. 1 BGB vgl. Fastrich, S. 19.

Zusätzlich wird sich zwischen Betreuer und Betreutem ein Vertrauensverhältnis aufgebaut haben, dessen Ausnutzung bereits als Fallgruppe von § 138 BGB bewertet wurde.[145]

Ebenfalls gilt die Ausnutzung einer übergeordneten Position als Typus einer potentiellen Nichtigkeit nach § 138 BGB.

(a) OLG Braunschweig[146]

Einen Paradefall dieser Fallgruppen hatte das OLG Braunschweig zu entscheiden, wobei es im Ergebnis ein sittenwidriges Verhalten des Betreuers bejahte.

Trotz der Situationsbedingtheit und der zu beachtenden Umstände eines jeden Einzelfalls erscheint die Entscheidung auf zahlreiche Betreuungsverhältnisse übertragbar zu sein.

Der Erblasserin war ein ihr bis dahin nicht bekannter Betreuer mit dem Aufgabenkreis der Vermögenssorge sowie der Aufenthaltsbestimmung bestellt worden. Drei Wochen bestand das Betreuungsverhältnis. Die Betreute befand sich im Krankenhaus, als der Betreuer sie dort abholte, um mit ihr unter einem Vorwand zu einem Notar zu fahren und sodann mit beiden zur Bank. Dort protokollierte der Notar (unnötigerweise) eine Schließfachöffnung. Im Anschluss daran fuhren alle drei erneut in das Büro des Notars, wo die Betreute, ohne es zuvor geplant gehabt zu haben, ein Testament zugunsten des Betreuers sowie dessen Ehefrau und Kind errichtete.

Anhand dieses Sachverhaltes gelangte das Gericht unter Beachtung aller Gesamtumstände, von denen zwei besonders zum Tragen kamen, zum Urteil der Sittenwidrigkeit.[147]

Als erster tragender Umstand war in der Bewertung zunächst der Charakter einer Betreuerbestellung zu berücksichtigen. Die Betreuung dient dem Zweck, eine vorhandene Handlungsunfähigkeit des Betreuten auszugleichen. Infolge dieser Unfähigkeit und der weitreichenden Vertretungsmacht des Betreuers befindet sich der Betreute in einem Abhängigkeitsverhältnis und ist in besonderem Maße darauf angewiesen, dass sein Betreuer die ihm eingeräumte Befugnis ausschließlich zum Wohl des Betreuten ausübt und nicht für eigene Zwecke nutzt.

Zweiter tragender Umstand war, dass der Betreuer ein von staatlicher Seite bestellter Beistand ist. Dementsprechend kann und wird ein Betreuter eine integre „Amtsführung“ erwarten, die unabhängig von der Erwartung besonderer Zuwendungen sachgerecht ausgeübt wird.

Diese Grundmerkmale des Betreuungsrechts geben Grund, es im Einzelfall als sittenwidrig zu missbilligen, wenn der Betreuer ihnen entgegengesetzt die ihm gerichtlich verliehene Vertrauensstellung und seinen persönlichen Einfluss auf den Betreuten

[145] BGH, LM Nr. 1 zu § 138 [Bc] BGB m. Anm. Ascher; MüKo-Mayer-Maly/Armbrüster, BGB, § 138/ Rn. 95; Staudinger-Sack, BGB, § 138/ Rn. 258.

[146] OLG Braunschweig, FamRZ 2000, 1189; dazu Dittmann/Reimann/Bengel-Limmer, Systematischer Teil E/ Rn. 199.

[147] zusätzlich wurde auch Testierunfähigkeit der Betreuten festgestellt, so dass das Testament bereits aus diesem Grunde nichtig war, dennoch legte das Gericht aufgrund der besonderen Umstände Wert auf die Prüfung von § 138 BGB.

dazu ausnutzt, gezielt darauf hinzuwirken, dass der Betreute ohne reifliche Überlegung ein Testament vor einem Notar errichtet, der zusätzlich vom Betreuer hinzugezogen wurde. Der erforderliche subjektive Vorwurf der Sittenwidrigkeit liegt dann vor, wenn der Betreuer sich der Umstände bewusst ist, die die Sittenwidrigkeit begründen.[148]

Der Fall des OLG Braunschweig zeigt deutlich auf, welche Kriterien maßgeblich sind, um im Falle der Ausnutzung eines Betreuungsverhältnissen den Schluss auf die Sittenwidrigkeit zulassen zu können.

Zum einen ist auf die Person des Betreuten abzustellen. Dieser befindet sich regelmäßig im Zustand geistiger „Labilität" und damit leichter Beeinflussbarkeit. Aufgrund des eingeschränkten eigenen Urteilsvermögens wird ein Betreuter den Vorschlägen und Maßnahmen des Betreuers regelmäßig zustimmen.

Auf der anderen Seite sind die Person des Betreuers und die ihm eingeräumte Stellung zu beachten. Der Betreuer wird zum Ausgleich der Handlungsunfähigkeit des Betreuten gerichtlich bestellt.

Diesem nicht staatlichen Funktionsträger wird seitens des Betreuten ein besonderes Vertrauen entgegengebracht; der Betreuer wird schließlich vom Gericht für ihn ausgewählt. Daraus muss und darf ein Betreuter den Schluss ziehen, dass der Staat ihm eine integre und geeignete Fürsorgeperson bestellt hat.

Der Betreute hat zusätzlich auch keine andere Wahl, als dem Betreuer Vertrauen entgegenzubringen, ist dieser doch mit umfassenden Befugnissen ausgestattet. Es besteht aus der Sicht des Betreuten eine Art „Überordnungsverhältnis".

Nutzt ein Betreuer nun die geistige Beeinflussbarkeit sowie das mit seiner Bestellung verknüpfte Vertrauen und „Überordnungsverhältnis" bewusst zu eigenen Vorteilen aus, begründet dieses Verhalten in seiner Gesamtheit den Vorwurf der Sittenwidrigkeit.

Mag das Vorliegen bloß des ersten dieser beiden Umstände eventuell nur ein Anfechtungsrecht begründen, so ergibt sich das Urteil der Sittenwidrigkeit aus einer Gesamtbetrachtung beider Umstände.[149]

Die Vorgehensweise von fast krimineller Energie, mit der der Betreuer das Vertrauen und die eigene Handlungsunfähigkeit der Betreuten ausnutzte, war ein Aspekt, der im dargestellten Einzelfall des OLG Braunschweig das Urteil der Sittenwidrigkeit noch unterstrich. Der Betreuer hatte die Erblasserin quasi überrumpelt, als er mit ihr unter einem Vorwand den Notar aufsuchte, wo sie mit der nicht geplanten Testamentserrichtung konfrontiert wurde. Dieser Aspekt scheint zwar eine Besonderheit des Einzelfalls, aber kein Erforderlichkeitskriterium für die Bejahung von § 138 BGB zu sein.

Im Übrigen zeigt dieser Fall auf, dass auch eine notarielle Errichtung nicht immer einen ausreichenden Schutz für die Betreuten gewährleisten kann.

---

[148] OLG Braunschweig, FamRZ 2000, 1189, 1190.

[149] Großzügig sind Lange/Kuchinke, § 35 II 3 d, die stets jeden zusätzlichen Druck auf den eingeschränkt willensfähigen Betreuten genügen lassen; hierdurch erscheint jedoch die Grenze zur Anfechtbarkeit zu verschwimmen.

(b) Weitere Entscheidungen

Soweit ersichtlich thematisierte als erstes Obergericht das BayObLG im Jahr 1997 noch vor der Entscheidung des OLG Braunschweig die Frage der Sittenwidrigkeit einer Erbeinsetzung des Betreuers bzw. dessen Tochter und deren Ehemann.[150]

Anders als im Fall des OLG Braunschweig war der später zum Betreuer Bestellte der langjährige Lebensgefährte der Betreuten, zu dessen Gunsten auch Jahre vor der Betreuerbestellung bereits per Erbvertrag ein Vermächtnis ausgesetzt worden war. Zwei Monate nach Anordnung der Betreuung errichtete die Betreute ein Testament, in welchem sie die Tochter des Betreuers/Lebensgefährten sowie deren Ehemann zu Alleinerben einsetzte unter Enterbung ihres eigenen Sohnes. Es konnte festgestellt werden, dass die Betreute aufgrund einer Beeinflussung ihres Betreuers/Lebensgefährten zu der Testamentserrichtung veranlasst worden war. Daneben hatte sie jedoch auch Angst, von ihm - mit dem sie eine enge Vertrautheit verband - verlassen und in einem Heim untergebracht zu werden.

Das Gericht überprüfte diesen Sachverhalt dahingehend, ob er im konkreten Einzelfall den Vorwurf der Sittenwidrigkeit begründe, nachdem eine Testierunfähigkeit nicht erwiesen war.

Im Rahmen der Sittenwidrigkeitskontrolle betonte es zunächst den Vorrang der Testierfreiheit, der nur im Ausnahmefall eine Einschränkung über § 138 BGB erlaube.

Anschließend stellte es im Einklang mit der allgemeinen Ansicht fest, dass allein die Eigenschaft als Betreuer kein Hindernis im Sinne einer Sittenwidrigkeit darstellen könne. Unter welchen Voraussetzungen es zur Bejahung der Sittenwidrigkeit gelangen würde, ließ das Gericht mangels Entscheidungserheblichkeit offen, wenn es auch grundsätzlich anerkannte, dass der Missbrauch der Betreuerstellung, um den Betreuten in seiner Entscheidungsfreiheit zu beeinflussen, Sittenwidrigkeit begründen kann.[151]

Der Sachverhalt deutete eine Missbrauchshandlung an, da die Betreute sich nachweislich unter Druck gesetzt fühlte und da sie zu ihrem Betreuer/Lebensgefährten in einem erheblichen Abhängigkeitsverhältnis stand.

Problematisch war für das Gericht allerdings, dass Ursache der Abhängigkeit und einer damit verbundenen möglichen Missbrauchshandlung nicht die Betreuerstellung und ein daraus abzuleitendes „Überordnungsverhältnis" war, sondern vielmehr die Beziehung aufgrund der langjährig gewachsenen Lebensgemeinschaft zwischen der Betreuten und ihrem Betreuer/Lebensgefährten.

Zwar lag bei der Betreuten auch eine geistige „Labilität" vor, die zur Betreuerbestellung geführt hatte. Deren Ausnutzung begründe jedoch nicht ohne weiteres den Vorwurf der Sittenwidrigkeit, vielmehr wäre hier die Anfechtung in Betracht zu ziehen gewesen.[152]

---

[150] BayObLG, NJW 1998, 2369.

[151] In diesem Zusammenhang auch LG Hamburg, DNotI-Report 2000, 86: „Ohne Hinzutreten besonderer Umstände seien solche Verfügungen (Anm.: des Betreuten an seinen Betreuer) auch nicht sittenwidrig."

[152] Im konkreten Fall konnte die Anfechtungserklärung als neue Tatsache im Rechtsbeschwerdeverfahren nicht mehr berücksichtigt werden.

Das Vertrauen, das die Betreute ihrem Betreuer/Lebensgefährten entgegenbrachte, gründete sich darüber hinaus nicht darauf, dass das Gericht ihr einen nicht staatlichen Funktionsträger zur Seite gestellt hatte, welchem man bereits deswegen Vertrauen schenkt. Die Betreute kannte ihren späteren Betreuer bereits lange Zeit davor, es war ihr Lebenspartner, den sie wegen dieser persönlichen Verbundenheit selbst zum Betreuer ausgewählt und dem sie aufgrund eigener Erfahrungen besonders vertraut hatte.

Da die Gefahr unredlicher Beeinflussung in diesem Fall daher einer persönlichen Nähebeziehung entsprang, die aber jeder vergleichbaren Verbindung anhaftet, kamen im Fall des BayObLG die besonderen Gesichtspunkte des Betreuungsverhältnisses, die später das OLG Braunschweig zur Bejahung von § 138 BGB veranlassten, nicht zum tragen.

Zu beachten ist, dass auch die Ausnutzung eines Näheverhältnisses, das seinen Ursprung in einer persönlichen Nähe zum Handelnden hat, unter Umständen zur Nichtigkeit von Rechtsgeschäften gemäß § 138 BGB führen kann. Auf diese Situationen wird hier allerdings nicht näher eingegangen.[153]

In zwei Fällen der Erbeinsetzung ambulanter Pflegekräfte verneinten die Gerichte eine Sittenwidrigkeit nach § 138 BGB, da keine ausreichenden Anhaltspunkte für eine Willensbeeinflussung vorgetragen werden konnten.[154]

d. Zusammenfassung

Insgesamt kann zur Frage der Sittenwidrigkeit einer letztwilligen Verfügung, die ihren Ursprung im Betreuungsverhältnis hat, festgestellt werden, dass mit § 138 BGB ein Mittel zum Schutz vor Übervorteilung zur Verfügung steht. Dieses Mittel sollte trotz anderslautender Ansicht auf alle Rechtsgeschäfte, d.h. auch auf testamentarische Verfügungen anwendbar sein.

In der praktischen Anwendung weist § 138 BGB allerdings Nachteile auf. So ist bereits die Abgrenzung zu den Regeln der Anfechtbarkeit unscharf und birgt die Gefahr von Zufallsergebnissen in sich.

Zum anderen konnte die Rechtsprechung bisher keine klaren Linien entwickeln, unter deren Geltung die Sittenwidrigkeit einer letztwilligen Zuwendung im Betreuungsverhältnis einheitlich beurteilt werden kann. Zwar ist mit der Entscheidung des OLG Braunschweig ein erster bedeutsamer Schritt in diese Richtung vorgenommen worden, doch kann aufgrund der allseitigen Betonung der Einzelfallabhängigkeit nicht sicher angenommen werden, dass auch andere Gerichte diesem Urteil folgen werden.

Aber auch wenn die Grundsätze des OLG Braunschweig allgemein anerkannt werden würden, wird der Nachweis des Missbrauchs der Betreuerstellung in einigen Fällen an Nachweismängeln scheitern. Die Beziehungen zwischen Betreuer und Betreutem werden in ihren Einzelheiten regelmäßig nicht nach außen erkennbar sein, daher wird nicht nachzuvollziehen sein, ob der Betreute aus verständlicher und nicht zu be-

153 S. dazu die Rechtsprechungsbeispiele bei Johannsen, WM 1971, 918, 928.

154 LG Bonn, NJW 1999, 2977 = PflR 2001, 207 m. Anm. Roßbruch; OLG Düsseldorf, NJW 2001, 2338 = PflR 2001, 325 m. Anm. Molkentin.

anstandender frei gewünschter Dankbarkeit seinem Betreuer etwas zuwenden möchte, oder ob es eine unfreie Entscheidung aufgrund einer Willensbeeinflussung war.

Aufgrund des Vorrangs der Testierfreiheit ist anzunehmen, dass die Gerichte daher nur in offensichtlichen Fällen zur Bejahung einer sittenwidrigen Missbrauchshandlung aufgrund der Betreuerstellung gelangen werden.

§ 138 BGB ist daher theoretisch ein geeignetes Mittel zum Schutz vor Ausnutzung, die praktische Durchsetzung dürfte dagegen meist an Beweiserfordernissen scheitern.[155]

e. Vorschlag von Rossak

Um diese Beweisnot zu lindern, regt Rossak an, die Möglichkeit eines prima-facie-Beweises in Betracht zu ziehen.[156]

Ähnlich zu der im Rahmen von § 14 HeimG richterlich entwickelten Vermutungsregel könnte angenommen werden, dass eine Zuwendung an einen Betreuer ihre Ursache in einer missbräuchlichen Willensbeeinflussung durch den Betreuer hat.[157] Es sollte regelmäßig der Schluss zugelassen werden, dass im Fall einer Betreuung das Bedenken des Betreuers etc. nicht freiwillig, sondern unter Ausnutzung der Rechtsstellung als Betreuer und eines damit verbundenen besonderen Vertrauens zustande kam.

Dem Vorschlag ist hinsichtlich der großen Beweisnot im Grunde zuzustimmen. Doch kann ein prima-facie-Beweis, wie Rossak auch selbst anführt, nur dann eingeführt werden, wenn den Sachverhalten ein entsprechender Erfahrungssatz zugrunde liegt. Dieser müsste im vorliegenden Verhältnis die Feststellung enthalten, dass es dem typischen Geschehensablauf entspricht, dass ein Betreuer seine Vertrauensstellung ausgenutzt hat, wenn er vom Betreuten bedacht wurde.

Eine derartige Typisierung der Zuwendungsfälle erscheint jedoch nicht möglich, insbesondere dürfte in der Mehrzahl der Betreuungsfälle, in denen Verwandte zum Betreuer bestellt wurden, ein derartiger Erfahrungssatz nicht feststellbar sein. Das gleiche müsste für Fälle gelten, in denen die Betreuer langjährige Bekannte oder Freunde der Betreuten sind.[158]

Im Ergebnis müsste der Geltungsbereich eines prima-facie-Beweises stark eingeschränkt werden. Rossak ist jedenfalls in seinen Bedenken zuzustimmen, dass aufgrund der Beweisnot, die den geschilderten Fällen zueigen ist, eine wirkliche Gerechtigkeit mittels § 138 BGB nur schwer erreichbar sein wird.

---

[155] Positiver sieht dies Neuner, NJW 2000, 1822, 1827, der § 138 BGB für ein hinreichendes Schutzinstrument hält, um Ausnutzungen einer Zwangslage zu begegnen.

[156] Rossak, MittBayNot 1998, 407, 410.

[157] Das Gleiche würde für Zuwendungen an ihm verbundene Personen gelten, vgl. die Umgehungsproblematik zu § 14 HeimG, § 7 B X.

[158] S. unten, § 12 D I 2.

III. Analogie zu § 14 HeimG

In der Rechtsprechung wurde auch diskutiert, ob eine gerechte Lösung der Zuwendungsfälle über eine analoge Anwendung von § 14 HeimG ermöglicht werden kann.

Das BayObLG hatte sich in dem bereits erwähnten Fall zur Geltung von § 138 BGB umfassend mit diesem Lösungsweg befasst, ihn im Ergebnis jedoch abgelehnt.[159]

1. Grundsätze zur Analogie

Die analoge Ausweitung einer Einzelfallregelung „praeter legem" [160], sogenannte „Gesetzes- oder Einzelanalogie"[161], ist ein anerkanntes Mittel erlaubter richterlicher Rechtsfortbildung, mit welchem der Richter über die bloße Gesetzessubsumtion hinaus rechtsschöpferisch tätig wird, das positive Recht damit fortbildet und weiterentwickelt.[162]

Unter einer Analogie versteht man die Übertragung der für einen Tatbestand (A) oder für mehrere, untereinander ähnliche Tatbestände im Gesetz gegebenen Regel auf einen vom Gesetz nicht geregelten ihm „ähnlichen" Tatbestand (B).[163]

Dass hierbei nicht Willkür Platz greifen darf, ergibt sich aus der grundgesetzlichen Bindung des Richters an Gesetz und Recht, Art. 20 Abs. 3 GG als Bestandteil des Gewaltenteilungsgrundsatzes und der Rechtsstaatlichkeit. Weitere Einschränkungen oder Vorgaben, wo die Grenzen richterlicher Rechtsfortbildung zu ziehen sind, enthält das Grundgesetz allerdings nicht.

Die gewählte Formulierung lässt erkennen, dass „Gesetz und Recht" sich nicht notwendigerweise immer decken werden. Das BVerfG hat es ausdrücklich daher als Aufgabe der Rechtsprechung deklariert, das Recht, welches dem positiven Recht gegenüber als Korrektiv zu wirken vermag, zu finden und in den Entscheidungen zu verwirklichen. Das geschriebene Gesetz enthält keinen Anspruch der Vollständigkeit, soziale und gesellschaftspolitische Veränderungen müssen durch wertende Entscheidungen realisiert werden können, um den Konflikt zwischen Gesetz und materiellen Gerechtigkeitsvorstellungen zu lösen.[164]

Das BVerfG hat eine richterliche Rechtsfortbildung somit ausdrücklich gefordert, da die Gesetzgebung immer wieder hinter der Flut der sozialen Entwicklung zurück-

---

[159] BayObLG, NJW 1998, 2369 m. Anm. Hohloch, JuS 1998, 953; fortgesetzt von LG Hamburg, DNotI-Report 2000, 86; Dittmann/Reimann/Bengel-Limmer, Systematischer Teil E/ Rn. 199; vgl. § 11 B II 3 c cc (2) (b).

[160] In der zivilrechtlichen Literatur findet sich eine Dreiteilung des Richterrechts in die Rechtsfortbildung „secundum oder intra legem" (Gesetzesauslegung), „praeter legem" (Ausfüllung von Gesetzeslücken) und „contra legem" (Rechtsdurchbrechung), dazu Canaris, S. 17 f; dagegen findet sich in der verfassungsrechtlichen Literatur eine Vierteilung in „gesetzeskonkretisierendes", „gesetzeskonkurrierendes", „gesetzesvertretendes" und in „gesetzeskorrigierendes" Richterrecht, dazu Stern, Staatsrecht, Bd. III/ 2, § 95 II 3.

[161] Zu diesen Begriffen vgl. Larenz, S. 383.

[162] Canaris, S. 25 mwN; allg. Soergel-Hefermehl, BGB, Anh. § 133/ Rn. 13; Staudinger-Coing/Honsell, BGB, Einl. zum BGB/ Rn. 126, 157 ff.

[163] Larenz, S. 381.

[164] BVerfGE 34, 269, 287 f.

bleibe. Der Inhalt einer Norm könne und müsse sich mit der zeitlichen Fortdauer verändern.[165]

Auf der anderen Seite stellte das Gericht klar, dass die Grenzen der Rechtsfortbildung nicht in einer Formel für alle denkbaren Fälle fassbar sind.[166] Insoweit betonte es die Bindung der Rechtsprechung an das Gesetz als Ausdruck der Gewaltenteilung.

Zustimmend zu diesen Aussagen des BVerfG wird auch in der verfassungsrechtlichen Literatur die Zulässigkeit von lückenausfüllendem Richterrecht im Prinzip nicht bestritten.[167]

Als „ewiges Problem" wird jedoch allseits die Frage aufgeworfen, wo im konkreten Fall die Grenzen dieses Richterrechts verlaufen sollen.[168] Allgemeingültige Aussagen scheinen bisher dazu nicht gefunden worden zu sein.

2. Rechtsfortbildung mittels Analogie

a. Feststellen einer „Lücke"

Rechtsfortbildung „praeter legem" wird gemeinhin als Tätigkeit der Ausfüllung von Gesetzeslücken verstanden; daraus ist zu folgern, dass Grundlage jeder Analogie die Feststellung einer solchen „Lücke" ist.

Eine „Lücke" wiederum wird nicht bereits dann angenommen, wenn das Gesetz für eine bestimmte Fallgestaltung keine Regel enthält - wenn es „schweigt" - da im Fall des sogenannten „beredten" Schweigens das Fehlen einer Regelung auf einer Absicht des Gesetzgebers beruht.[169]

„Lücke" bedeutet vielmehr nach allgemeiner Ansicht das Vorliegen einer „planwidrigen Unvollständigkeit" des Gesetzes.[170] Zu fragen ist daher, ob der Gesetzgeber einen bestimmten Bereich bewusst nicht regelte, was wiederum aus einer historischen und teleologischen Auslegung der von ihm verfolgten Ziele, der „ratio legis", zu ermitteln ist.[171]

In Übertragung dieser Grundsätze gelangte das BayObLG in der Entscheidung über eine Erbeinsetzung des Betreuers bereits zur Verneinung einer Lücke. Das Gericht erläuterte, dass der Gesetzgeber bewusst die Tatsache der Erbberechtigung nicht als Ausschlussgrund für eine Betreuerbestellung statuieren wollte, im Gegensatz zu § 1897 Abs. 3 BGB, wonach die Zugehörigkeit zu einer dort aufgezählten Einrichtung Ausschlussgrund einer Betreuerbestellung sei.[172]

---

[165] BVerfGE 34, 269, 288.

[166] BVerfGE 34, 269, 288.

[167] Stern, Staatsrecht, Bd. III/ 2, § 80 IV 3 bαγγ; kritischer ist die Zulässigkeit der Rechtsfortbildung „contra legem": dazu Stern, Staatsrecht, Bd. III/ 2, § 91 V 3 bβγγ mwN.

[168] BVerfGE 82, 6, 13; Isensee/Kirchhof-Ossenbühl, HStR III, § 61/ Rn. 39 ff.

[169] Canaris, S. 30, 39; Larenz, S. 373.

[170] Canaris, S. 39 f; Larenz, S. 373.

[171] Larenz, S. 373.

[172] BayObLG, NJW 1998, 2369, 2370.

Dieser Ansatzpunkt wurde in der Literatur dahingehend kritisiert, dass das Gericht auf eine falsche Betrachtungsweise abstelle, wenn es die grundsätzliche Erbberechtigung des Betreuers für ausschlaggebend ansähe.[173]

Richtigerweise hätte untersucht werden müssen, ob der Gesetzgeber auch die Problematik gesehen hatte, dass sich nach erfolgter Betreuerbestellung in der Durchführung Gründe für eine Einschränkung der Erbberechtigung ergeben könnten. Dieser Kritik ist zuzustimmen; denn erst dies wäre richtiger Ansatzpunkt gewesen, da auch im Heimverhältnis erst mit dessen Entstehung § 14 HeimG zur Anwendung gelangt und eine Einschränkung der Erbberechtigung herbeiführt.

Unabhängig von dieser Diskussion hat der Gesetzgeber allerdings inzwischen im Zuge des BtÄndG zum 1.1.1999 ausdrücklich erläutert, dass er in Kenntnis von § 14 HeimG keine entsprechende Regelung im Betreuungsrecht schaffen wolle.[174]

Dem Gesetzgeber wäre es grundsätzlich frei gestanden, sich für eine vergleichbare Vorschrift zu entscheiden, aufgrund verfassungsrechtlicher Bedenken und einer rechtspolitischen Entscheidung sah er jedoch davon ab.

Hiermit wird ersichtlich, dass die Feststellung der „Planwidrigkeit" einer fehlenden Regelung auch das Abgrenzungskriterium für das Vorliegen einer „Lücke" oder eines „rechtspolitischen Fehlers" ist. Muss die Planwidrigkeit verneint werden, kann nur noch diskutiert werden, ob die Wahl des Gesetzgebers einer rechtspolitischen Kritik standhält.[175]

Aus der Äußerung der Bundesregierung zu § 14 HeimG muss daher heute unabhängig von der Begründung des BayObLG eine Planwidrigkeit der Unvollständigkeit eindeutig verneint werden, so dass es bereits an der Grundlage für eine Analogie, an einer „Lücke", fehlt.

b. „Ähnlichkeit" der Tatbestände

Wie bereits eingangs erwähnt, ist es Sinn jeder Analogie, „ähnliche" Tatbestände gleich zu behandeln, da sie in ihren maßgeblichen Merkmalen gleich zu bewerten sind; dies ist ein Postulat des vom Richter durchzusetzenden Gleichbehandlungsgrundsatzes.

Welche Merkmale eines Tatbestandes nun maßgeblich für die Bewertung der „Ähnlichkeit" sein sollen, ist im Einzelfall anhand der „ratio legis" der jeweiligen Norm zu ermitteln. Die im Anschluss festgestellten verbleibenden Unterschiede dürfen dabei im Vergleich zu der positiv ermittelten Ähnlichkeit der Gesamtbewertung als „vergleichbar" nicht entgegenstehen.[176]

Übertragen auf § 14 HeimG gilt es daher, vom Sinn und Zweck der Regelung ausgehend die Gemeinsamkeiten und Unterschiede der wesentlichen Merkmale im Heim- und Betreuungsverhältnis gegenüberzustellen. „Ratio legis" von § 14 HeimG ist, eine sachlich nicht gerechtfertigte Ungleichbehandlung der Bewohner zu verhindern, die

---

[173] Müller, ZEV 1998, 219, 222; Rossak, MittBayNot 1998, 407, 408.

[174] BT-Drs. 13/ 7158, S. 55 (Gegenäußerung der Bundesregierung zur Stellungnahme des Bundesrates); s. § 5 E I 2.

[175] Canaris, S. 34; Larenz, S. 374.

[176] Larenz, S. 382.

Bewohner vor finanzieller Ausnutzung zu schützen sowie die Testierfreiheit der Bewohner zu schützen. Insgesamt bezweckt das HeimG einen Schutz alter und pflegebedürftiger Menschen in Heimen. [177]

Dieses Schutzbedürfnis ergibt sich nach der ratio damit aus der besonderen Heimsituation, in welcher sich die Bewohner befinden. Das Lebensumfeld der Bewohner eines Heimes ist somit maßgebliches Kriterium für die Bewertung der Ähnlichkeit anderer Tatbestände. Die Lebenssituation der Betreuten ist dem gegenüberzustellen.

Heimsituation und Betreuungssituation weisen Gemeinsamkeiten in diesem Bereich auf. Das Lebensumfeld sowohl des Heimbewohners als auch des Betreuten wird von Fürsorgepersonen gestaltet. Beide Personengruppen sind auf deren Unterstützung angewiesen, da sie selbst in bestimmten Bereichen nicht mehr handlungsfähig sind, sei es in rechtlicher oder in tatsächlicher Art und Weise.

Dies führt bei beiden Gruppen zu einer gewissen Abhängigkeit und notwendig entgegengebrachtem Vertrauen gegenüber ihren Fürsorgepersonen.

Diese rasterförmige Gemeinsamkeit in Hinsicht auf ein Abhängigkeitsverhältnis wird andererseits von mehreren Unterschieden erst näher ausgestaltet.

Die Heimsituation ist geprägt von einer umfassenden Eingliederung in einen von der Fürsorgeperson beherrschten Lebensraum. Der Heimbewohner verlässt sein altes, ihm vertrautes Lebensumfeld und muss sich vollständig neu orientieren.

Anders verhält es sich im Betreuungsverhältnis. Dieses ist nur auf eine partielle Fürsorge ausgerichtet, die sich am Erforderlichkeitsgrundsatz orientiert, d.h. dem Betreuten wird sein bisheriges Leben soweit wie möglich unverändert belassen.

Insbesondere verbleibt dem Betreuten sein gewohntes Lebensumfeld im Wesentlichen; er muss aufgrund der Betreuung keinen Wohnungswechsel vornehmen. Aufgrund der „Teilzeit-Sorge" ist der Kontakt zu seinem Betreuer in der Intensität deutlich geringer ausgestaltet als es im Heimverhältnis zum Heimpersonal der Fall ist.[178]

Aufgrund der verhältnismäßig unbeeinflussten Lebenssituation des Betreuten fehlt es damit an der für das Heimverhältnis stets prägenden Eingliederung in einen fremdbestimmten Lebensraum.

Zwar kann der Einfluss eines Betreuers sich im Einzelfall auch auf die existenziellen Lebensbereiche des Betreuten erstrecken, etwa wenn er als Vermittler einer notwendigen Pflege auftritt und der Betreute daher existentiell auf die Tätigkeit des Betreuers angewiesen ist.

Im Ergebnis jedoch bestehen dem Grad nach in der Abhängigkeit zwischen Heim- und Betreuungssituation erhebliche Unterschiede, die es nicht rechtfertigen, von einer „Ähnlichkeit" der beiden Tatbestände zu sprechen. Gerade das Verbleiben im gewohnten Lebensumfeld führt bei der Betreuung zu einer wesentlich größeren Selbstständigkeit verglichen zu der Lebenssituation eines Heimbewohners, welcher sich in einem völlig fremden Umfeld wiederfindet und anders als ein Betreuter eine auch psychisch größere Neuorientierung bewältigen muss.

Das maßgebliche Kriterium, das nicht durch andere Gemeinsamkeiten aufgewogen werden kann, ist daher die vollständige räumliche Integration der Heimbewohner und

---

[177] BT-Drs. 7/ 180, S. 12; 11/ 5120, S. 17; s. § 7 B I.
[178] S. § 5 D III 2.

die damit verbundene Fremdbestimmung ihres Lebensumfeldes, an der es im Betreuungsverhältnis fehlt.[179]

Dieser Unterschied im Faktischen verhindert daher eine Gleichbehandlung im Rechtlichen kraft Analogie.[180]

Zusätzlich besteht im Betreuungsverhältnis kein Bedürfnis, für die Betreuten untereinander wahrnehmbare sachwidrige Ungleichbehandlungen zu verhindern und einen „Frieden" zwischen den Betreuten zu bewahren.[181]

3. Analogiefähigkeit von § 14 HeimG

a. Rechtsprechung: Analogieverbot

Unabhängig von der Frage einer „Lücke" und der „Ähnlichkeit" veranlasste die anfangs herausgestellte Pflicht der Rechtsprechung, den Grundsatz der Gewaltenteilung zu beachten, das BayObLG, § 14 HeimG als nicht analogiefähig zu deklarieren.[182]

Die Vorschrift des § 14 HeimG greife trotz ihrer Schutzfunktion zugleich in die unter dem Schutz der Erbrechtsgarantie des Art. 14 Abs. 1 S. 1 GG stehende Testierfreiheit des Erblassers ein. Aus dem auch für die Erbrechtsgarantie statuierten Gesetzesvorbehalt nach Art. 14 Abs. 1 S. 2 GG sei zu folgern, dass allein der Gesetzgeber selbst Inhalt und Schranken bestimmen dürfe.[183]

Die Entscheidung darüber, ob Abhängigkeiten, die sich aus einem Betreuungsverhältnis ergeben, Einschränkungen der Testierfreiheit veranlasst erscheinen lassen, müsse daher dem Gesetzgeber vorbehalten bleiben.[184]

Aufgrund des „besonderen" Verfassungsbezuges von § 14 HeimG zog das Gericht damit eine auf den Gewaltenteilungsgrundsatz zu stützende Grenze richterlicher Rechtsfortbildung, falls Art. 14 GG eingeschränkt würde.

Diese Ansicht fand in der Rechtsprechung Zustimmung. Auch das LG Bonn verneinte die Möglichkeit einer Analogie; denn eine Einschränkung der Testierfreiheit müsse sich für den Testierenden zweifelsfrei aus dem Gesetz ergeben, damit er sich darauf einstellen könne und damit er seinem Willen zur Durchsetzung verhelfen kön-

---

[179] BT-Drs. 13/ 7158, S. 55.

[180] Dazu auch Rossak, MittBayNot 1998, 407, 409; ferner Neuner, NJW 2000, 1822, 1827, der zumindest für Körperbehinderte eine zu den Heimbewohnern vergleichbare Abhängigkeitssituation ablehnt; das gleiche Kriterium der räumlichen Einbindung war auch maßgeblich für die Verneinung einer Analogie im ambulanten Pflegebereich: OLG Düsseldorf, NJW 2001, 2338; Dornheim/Rochon, PflR 1999, 243, 246; Heumann, PflR 2000, 376, 377 (er äußert Kritik dahin, dass das Merkmal der Heimunterbringung nicht mehr zeitgemäß sei und fordert als Maßstab den Grad der Pflegebedürftigkeit); Heinemann, MittBayNot 2002, 69, 77 unter Bejahung einer möglichen Analogie im Bereich des Betreuten Wohnens; der Gesetzgeber hat sich zu der Problematik im Bereich der ambulanten Pflege bekannt und befürwortet im Grundsatz eine Normierung in diesem Feld, BT-Drs. 13/ 5399, S. 37, 39.

[181] BT-Drs. 13/ 7158, S. 55; OLG Düsseldorf, NJW 2001, 2338; Müller, ZEV 1998, 219, 222.

[182] Dasselbe soll nach Ansicht einer h.L. auch im Bereich der Gefährdungstatbestände gelten, Staudinger-Coing/Honsell, BGB, Einl. zum BGB/ Rn. 157 a.E.

[183] BayObLG, NJW 1998, 2369, 2370; bestätigt von BayObLG, DNotZ 2003, 439; s. a. LG Hamburg DNotI-Report 2000, 86.

[184] BayObLG, NJW 1998, 2369, 2370.

ne.[185] In dieser Argumentation gelangt der Grundgedanke von Art. 103 Abs. 2 GG zum Vorschein, der im Strafrecht ein Analogieverbot statuiert.

Darüber hinaus wurde die Begründung des BayObLG auch im Schrifttum übernommen.[186]

b. Stellungnahme

Dieser Ansicht ist zuzugeben, dass die Erbrechtsgarantie aus Art. 14 Abs. 1 S. 1 GG als Institutsgarantie ein besonders hochrangiges Grundrecht der Verfassung ist. Jede richterlich vorgenommene Einschränkung, die für den Betroffenen mangels Kodifizierung nicht vorhersehbar wäre, würde bewirken, dass die erfolgte letztwillige Vermögenszuordnung endgültig vereitelt würde.

Die Entscheidung des Richters würde erst nach Eintritt des Erbfalls getroffen werden, dem Testierenden wäre es nicht mehr möglich, sich der richterlichen Wertung anzupassen und möglicherweise das Rechtsgeschäft neu vorzunehmen. Dies stellt zusätzlich einen erheblich größeren Eingriff in die Privatautonomie dar, als wenn die Entscheidung eine lebzeitige Verfügung treffen würde, bei welcher ebenfalls eine beachtliche, aber meist korrigierbare Freiheitsbeschränkung eintritt.

Wenn die Zulässigkeit einer Analogie zu einer erheblichen Rechtsunsicherheit führen würde, kann dies auch nach Ansicht der Methodenlehre ein Analogieverbot begründen.[187]

Es erscheint allerdings fraglich, ob der verfassungsrechtliche Bezug von § 14 HeimG für sich bereits eine strikte Unmöglichkeit einer Analogie bewirken soll. Die Entscheidung des BayObLG hat daher auch Kritik erfahren.

Zum einen stützten die vom BayObLG zur Untermauerung zitierten Fundstellen seine Auffassung nachweislich nicht.[188]

Ferner wird in der Literatur vorgebracht, dass der Gesetzesvorbehalt im Privatrecht nicht zu formal gehandhabt werden dürfe. Es gehöre auch das zum Inhalt eines Gesetzes, was daraus im Wege der analogen Anwendung von Bestimmung zu entnehmen sei.[189]

Von anderer Seite wird dargestellt, dass allenfalls „systemfremde" Vorschriften einem Analogieverbot unterliegen könnten.[190] „Systemfremd" seien Vorschriften, die zwar nicht in Widerspruch zu Grundprinzipien der Rechtsordnung stehen, sich aber auch nicht auf einen allgemeinen Rechtsgedanken zurückführen lassen und deshalb in-

[185] LG Bonn, NJW 1999, 2977 = PflR 2001, 207 m. Anm. Roßbruch.

[186] Dornheim/Rochon, PlfR 1999, 243, 247; Müller, ZEV 1998, 219, 222; offen insoweit Hohloch, JuS 1998, 935.

[187] Canaris, S. 184.

[188] BVerfGE 58, 300, 338 etwa zeigt nur die verfassungsrechtlichen Schranken des Grundgesetzes im Rahmen von Art. 14 Abs. 1 S. 2 GG auf, äußert sich jedoch nicht zu einem Analogieverbot; Kompetenzgrenzen hatte BVerfGE 56, 249 zum Gegenstand, die Entscheidung befasste sich jedoch nicht mit Fragen der Analogie; gleiches gilt für die zitierte Fundstellen bei v. Münch/Kunig-Bryde, GG (4. A.), Art. 14/ Rn. 68 und Maunz/Dürig-Papier, GG, Art. 14/ Rn. 299.

[189] Leipold, JZ 2000, 705, 710.

[190] Petersen, DNotZ 2000, 739, 743.

nerhalb des Ganzen der Rechtsordnung wertungsmäßig isoliert bleiben.[191] Diese Definition träfe auf § 14 HeimG nicht zu, da diese Regelung dem Schutz der Privatautonomie diene und daher als Grundanliegen des Privatrechts fern davon sei, „systemfremd" zu sein.[192] Unabhängig von diesem Ergebnis bereite es bereits Schwierigkeiten festzustellen, wann eine Vorschrift „systemfremd" oder eine „Ausnahmevorschrift" sei. Jedenfalls sei es nicht richtig, wenn teilweise angenommen würde, „Ausnahmevorschriften" seien bereits ihrem Wesen nach nie analogiefähig.[193]

Auch Rossak spricht sich gegen die Argumentation des BayObLG aus, ohne die Möglichkeit eines Analogieverbots im Ergebnis vollständig ausschließen zu wollen.[194] Es erscheint allerdings zu weitgehend, mit ihm aus den Entscheidungsgründen herauszulesen, dass das Gericht eventuell von einem Parlamentsvorbehalt ausging. Nur im Sinne eines Gesetzesvorbehaltes spricht sich das BayObLG aus, eine Parlamentszuständigkeit erwähnt es dagegen nicht.[195] Gesetz im Rahmen von Art. 14 Abs. 1 S. 2GG ist nach allgemeiner Ansicht nicht nur das förmliche Gesetz, sondern jedes Gesetz im materiellen Sinne, d.h. jeder gültige Rechtssatz, sei es Verordnung oder Satzung.[196] Eine Ausnahme hiervon soll nur für normative Steuereingriffe erforderlich sein.[197]

Im Einklang mit diesen Stimmen ist der Annahme eines Analogieverbotes entgegenzutreten.

Es ist richtig, dass die rechtsprechende Gewalt den Gesetzesvorbehalt und den Gewaltenteilungsgrundsatz streng zu beachten hat. Aus Art. 14 Abs. 1 S. 2 GG kann jedoch kein „besonderer" verfassungsrechtlicher Bezug von § 14 HeimG herausgelesen werden, der eine Unfähigkeit zur Analogie begründen könnte. Art. 14 Abs. 1 S. 2 GG spricht nur einen einfachen Gesetzesvorbehalt aus und geht damit nicht per se über den allgemein zu beachtenden Gesetzesvorbehalt aus Art. 20 Abs. 3 GG hinaus.

Die vom BayObLG betonte Beachtung des Gesetzesvorbehaltes wird durch jede rechtmäßig angewandte Analogie eingehalten, die in ihren Voraussetzungen der „Lückenfeststellung" und der „Ähnlichkeit der Tatbestände" selbst verfassungsrechtlichen Geboten unterworfen ist.

Jede rechtmäßig eingesetzte Analogie bietet Gewähr dafür, dass sie keine Äußerung unzulässiger richterlicher Eigenmacht ist, vielmehr wird aus den Wertungen des

---

191 Petersen, DNotZ 2000, 739, 745 unter Zitierung von Canaris, „Systemdenken und Systembegriff in der Jurisprudenz".

192 Petersen, DNotZ 2000, 739, 745.

193 Canaris, S. 181; so ist auch Staudinger-Coing/Honsell, BGB, Einl. zum BGB/ Rn. 157 a.E. zu verstehen; in diese Richtung geht aber Damrau/Zimmermann-Damrau, Betreuungsrecht, § 1908 i/ Rn. 18.

194 Rossak, MittBayNot 1998, 407, 409.

195 Unklar ist insoweit, welches Begriffsverständnis das Gericht der Formulierung „Gesetzgeber" zu Grunde legte; Rossak ist jedoch darin zuzustimmen, dass im Falle eines nach den Maßstäben der Wesentlichkeitstheorie ermittelten Parlamentsvorbehaltes, der aufgrund der besonderen Grundrechtsrelevanz nicht auszuschließen ist, die richterliche Rechtsfortbildung praeter legem an ihre Grenze stoßen würde, vgl. Rossak MittBayNot 1998, 407, 409 mwN; vgl. zum Analogieverbot beim Vorbehalt förmlicher Gesetzgebung Stern, Staatsrecht III/2, S. 448 mwN.

196 BVerfGE 8, 71, 79; Maunz/Dürig-Papier, GG, Art. 14/ Rn. 339 f; Sachs-Wendt, GG, Art. 14/ Rn. 85.

197 Maunz/Dürig-Papier, GG, Art. 14/ Rn. 340.

Gesetzes entnommen, ob eine Lücke besteht und in welcher Weise sie geschlossen werden soll.[198]

Dem BayObLG muss an dieser Stelle vorgehalten werden, dass es inkonsequent handelt, wenn es in den zuvor besprochenen Umgehungsfällen zu § 14 HeimG ohne weiteres die Analogiefähigkeit dieser Regelung bejaht, dort feststellt, dass in den Grenzen des Gesetzeszwecks eine Analogie statthaft sei,[199] im Betreuungsverhältnis dagegen fortgesetzt eine Analogie strikt untersagen möchte.[200]

Ein beachtliches Argument ist allerdings das vom LG Bonn betonte Bedürfnis nach Rechtssicherheit für die Betroffenen.

Dieser Aspekt soll ein Korrektiv zu dem Gleichbehandlungsgebot sein, welches Basis einer jeden Analogie ist. Obwohl der Sache nach eine ähnliche Situation zu beurteilen ist, soll das Bedürfnis nach Rechtssicherheit im Ausnahmefall eine Analogie verhindern dürfen. Dies könne allerdings nur dort gelten, wo ein erhebliches Bedürfnis bestehe; im Zweifelsfall müsse die Entscheidung zugunsten der Analogie ausfallen.[201]

Die Frage eines Analogieverbotes in diesem Sinne stellt sich daher im Zusammenhang mit dem Gewaltenteilungsgrundsatz dann, wenn eine an sich erforderliche, aber nicht normierte Gleichbehandlung eine unerträgliche Rechtsunsicherheit schaffen würde. Daher kann das Argument der Rechtssicherheit nur ein letzter Notbehelf sein, nachdem zuvor ein grundsätzliches Bedürfnis für eine Analogie bejaht wurde. Muss das Bedürfnis einer Analogie dagegen bereits zuvor verneint werden, etwa mangels einer „Lücke“ oder der fehlenden „Ähnlichkeit“, dann kann der Aspekt der Rechtssicherheit keine eigenständige Bedeutung erlangen, da er allein für die Grenzfälle Geltung beansprucht. Insoweit war es vom LG Bonn nicht richtig, sofort auf das Bedürfnis der Rechtssicherheit abzustellen, ohne zuvor die generelle Möglichkeit zur Analogie zu erörtern.

Im Übrigen erscheint es zutreffend, den Aspekt der Rechtssicherheit nur dort als Grund eines Analogieverbots einzusetzen, wo es um eine Art staatlichen Eingriff oder Strafmaßnahme geht. Soll demgegenüber eine Vorschrift über den Weg der Analogie dem Schutz eines Betroffenen dienen, ist es vorzugswürdig, diese grundsätzlich zuzulassen und den Aspekt der Rechtssicherheit zurücktreten zu lassen.[202]

c. Ergebnis

Richtiger Ansatzpunkt zur Frage der Analogiefähigkeit von § 14 HeimG erscheint es methodisch zu sein, eine Analogie nicht aufgrund des verfassungsrechtlichen Bezugs zu Art. 14 Abs. 1 S. 2 GG generell zu versagen. In der Anwendung sollte eine Analo-

---

[198] BVerfGE 82, 6, 13; Staudinger-Coing/Honsell, BGB, Einl. zum BGB/ Rn. 157 a.E; Stern, Staatsrecht, Bd. III/ 2, § 80 IV 3 bαγγ; Teichmann, S. 103 f; vgl. zur verfassungsrechtlichen Grenze auch § 7 B XIII 1 i.

[199] Vgl. nur BayObLG, NJW 2000, 1875, 1876.

[200] BayObLG, DNotZ 2003, 439.

[201] Canaris, S. 183 f.

[202] Canaris, S. 186.

gie allerdings unter dem Gesichtspunkt des Eingriffs in die Testierfreiheit besonders sensibel gehandhabt und sorgfältig begründet werden.[203]

Daraus folgt, dass der Richter im Einzelfall sich bei der Ausübung seiner Befugnis der Rechtsfortbildung „praeter legem“ an die verfassungsrechtlich begründete Voraussetzung zu halten hat und dabei insbesondere einer Norm keinen Inhalt geben darf, mit dem der Gesetzgeber selbst seine Regelungskompetenz überschreiten würde.[204] Daher kann eine Analogie bereits an einer fehlenden Lücke oder mangels Tatbestandsähnlichkeit scheitern.

Die Frage eines Analogieverbots aufgrund eines Bedürfnisses nach Rechtssicherheit darf methodisch erst als letztes Korrektiv behandelt werden, wenn die Voraussetzungen der Analogie bejaht wurden.

All dies führt im Ergebnis richtigerweise dazu, eine Analogie von § 14 HeimG im Betreuungsverhältnis auszuschließen.

IV. Analoge Anwendung von §§ 1795, 181 BGB im Rahmen von §§ 1908 i Abs. 2 iVm 1804 BGB

In der Literatur wird auch vorgeschlagen, die Schenkungsproblematik aus §§ 1908 i Abs. 2 iVm 1804 BGB durch eine entsprechende Anwendung der §§ 1795, 181 BGB im Verhältnis zwischen Betreuer und Betreutem, zu lösen und somit jeglichen Abfluss von Vermögen an den Betreuer zu verhindern.[205] Gemäß §§ 1908 i Abs. 2 BGB kann ein Betreuer nicht nur im Falle der Erfüllung einer sittlichen Pflicht oder einer Anstandsschenkung Schenkungen in Vertretung des Betreuten vornehmen; es ist ihm darüber hinaus gestattet, Schenkungen vorzunehmen, wenn dies dem Wunsch des Betreuten entspricht und nach seinen Lebensverhältnissen üblich ist.

Die analoge Anwendung der §§ 1795, 181 BGB mit dem Ziel eines Vertretungsverbots solle jedoch nur dann gelten, wenn der Aufgabenkreis der Vermögenssorge übertragen wurde, da in diesen Fällen nicht ohne weiteres angenommen werden könne, der Betreute sei noch geschäftsfähig.

Gleiches solle dann gelten, wenn die Betreuung gegen den Willen des Betreuten angeordnet wurde, da in diesem Fall ebenfalls von einer zumindest partiellen Geschäftsunfähigkeit auszugehen sei.

Denn obwohl der Betreute nach rechtlicher Einordnung geschäftsfähig ist und daher selbst Rechtsgeschäfte, damit auch Schenkungen zugunsten seines Betreuers vornehmen kann, so bestünden in diesen zwei Fallgruppen Zweifel an der Geschäftsfähigkeit und es solle nicht der Betreuer als tatsächlicher Initiator den Betreuten sozusagen nur formal vorschieben können, um die §§ 1908 i, 1795, 181 BGB umgehen zu können.[206]

---

203 OLG Düsseldorf, NJW 2001, 2338; Petersen, DNotZ 2000, 739, 745.

204 BVerfGE 82, 6, 16; Stern, Staatsrecht, Bd. III/ 2, § 80 IV 3 bαγγ.

205 Ermann-Holzhauer, BGB, § 1908 i/ Rn. 38.

206 Hierzu MüKo-Schwab, BGB, § 1902/ Rn. 47: es wäre eigentlich ein Ergänzungspfleger zu bestellen, doch nennt § 1908 i BGB den Fall der Betreuung nicht, auch verweist das Betreuungsrecht nicht auf § 1794 BGB. Daraus ist zu folgern, dass in den Fällen, in denen ein Betreuer wegen

Nachdem sich dieser Vorschlag jedoch nur auf Schenkungen zu Lebzeiten bezieht, soll ihm im Rahmen dieser Arbeit nicht weiter nachgegangen werden.

Er wäre im Bereich einseitiger letztwilliger Verfügungen überdies nicht sinnvoll, da es zu deren Wirksamkeit gerade nicht der Mitwirkung des Bedachten bedarf. Ferner kann es aufgrund des Höchstpersönlichkeitsgrundsatzes keine Stellvertretung bei der Errichtung einer letztwilligen Verfügung geben.

Der Nachteil dieser Lösung läge ferner darin, dass auch der zu bestellende Ergänzungs"betreuer", welcher den Betreuer vertreten würde, eine Inhaltskontrolle oder Umstandskontrolle der Verfügung nicht vornehmen würde.

C. Zusammenfassung - Erforderlichkeit einer neuen Norm

Die Erörterung der bislang vorhandenen Mittel ergab, dass Betreute gegenüber ihren Betreuern zwar nicht völlig schutzlos gestellt sind, soweit es um die Problematik einer finanziellen Ausnutzung geht. Jedoch ist die Wirksamkeit dieser Mittel nicht gegeben.

Zum einen existieren in den Tarifverträgen sowie in den beamtenrechtlichen Bestimmungen der Landesgesetze Sondernormen, die den Angestellten oder Beamten bestimmten Verhaltenpflichten unterwerfen. Diese entfalten allerdings keine Außenwirkung und lassen die zivilrechtliche Wirksamkeit unberührt.

Zum andern enthält auch das BGB in vielfältigen Bereichen theoretische Möglichkeiten, sich vor einer Ausnutzung durch einen Betreuer zu schützen.

Allerdings war festzustellen, dass die vorhandenen Mittel des BGB zahlreiche Schwachstellen aufweisen und daher in der Praxis keinen ausreichenden Schutz für die Betreuten im Falle einer finanziellen Ausnutzung bieten. So kann etwa eine Betreuerentlassung nur im Vorfeld ihren Schutz entfalten, die Wirksamkeit einer bereits vorgenommenen Zuwendung wird dadurch nicht beeinträchtigt.

Die erbrechtlichen Regelungen zum Widerruf und zur Anfechtung wären zwar geeignet, bereits vorgenommene Zuwendungen auch rückwirkend wieder entfallen zu lassen. Neben anderen Schwächen haben jedoch auch diese beiden Mittel den Nachteil, den Betreuten bzw. dessen Erben auf nachträgliche Handlungen zu verweisen. Der Schutz durch diese Mittel setzt daher zu spät an.

Den wirksamsten Schutz vor finanzieller Ausnutzung bietet § 138 BGB, da diese Norm bereits im Moment der Vornahme der Zuwendung Schutz gebietet, und die Betreuten nicht auf nachträgliche Handlungen angewiesen wären. Im Rahmen von § 138 BGB sind allerdings einige Einzelprobleme festzustellen. So bestehen u.a. Meinungsverschiedenheiten bereits hinsichtlich der Anwendbarkeit dieser Norm auf testamentarische Zuwendungen. Insgesamt zeigte die Erörterung von § 138 BGB auf, dass diese Norm theoretisch ein geeignetes Mittel zum Schutz der Betreuten wäre, allerdings die zu erwartenden Beweisschwierigkeiten eine praxisgerechte Umsetzung nicht erwarten lassen.

Schließlich war festzustellen, dass eine analoge Heranziehung von § 14 HeimG auf Zuwendungen eines Betreuten an seinen Betreuer nicht möglich ist.

---

§ 1795 BGB von einem bestimmten Rechtsgeschäft ausgeschlossen ist, ein weiterer Betreuer (Ergänzungsbetreuer) für die Angelegenheit bestellt werden muss.

Aufgrund dieser nicht zufriedenstellenden Situation, bleibt ein Bedürfnis, Möglichkeiten zur Einführung einer neuen Vorschrift zu untersuchen.

§ 12 Regelung „de lege ferenda"

Eine Gesamtbetrachtung der bisherigen Ergebnisse lässt hinsichtlich der Absicherung vor einer Missbrauchsgefahr deutlich den Unterschied zwischen persönlicher und rechtlicher Fürsorge erkennen.

Während der Gesetzgeber die besondere Lebenssituation der Heimbewohner und ihrer daraus resultierenden persönlichen Abhängigkeit zum Anlass nahm, ihrem gesteigerten Bedürfnis nach staatlicher Fürsorge durch die Schaffung von § 14 HeimG auch einen korrespondierenden besonderen Schutz zur Verfügung zu stellen, sah er im Bereich der rechtlichen Betreuung keine Notwendigkeit hierfür.[207]

A. Gründe für eine Regelung

I. Besondere Lebenssituation der Betreuten

Dies erscheint allerdings bei genauerer Betrachtung nicht ohne weiteres verständlich, da auch die Gruppe der Betreuten, die sich größtenteils mit der Gruppe der Heimbewohner deckt,[208]

- sich in einer besonderen Lebenssituation befindet,[209]
- deswegen persönlich abhängig ist von einer Fürsorgeperson, welche die Lücke der eigenen Handlungsunfähigkeit überbrücken soll, und schließlich
- besonders bedürftig ist, von staatlicher Seite Fürsorge zu erhalten.

Personen, für die eine Betreuung eingerichtet wird, weisen stets einen nicht unbeachtlichen Grad eigener Handlungsunfähigkeit auf.

Die Rechtstatsachenforschung des Projekts „Die Lebenslage älterer Menschen mit rechtlicher Betreuung" gibt hierüber zumindest für den Teil der älteren Betreuten Aufschlüsse. So konnte ermittelt werden, dass Anlass einer Betreuerbestellung für ältere Personen am häufigsten Probleme bei der eigenen Haushaltsführung - z.B. Bereitung von Mahlzeiten, Hygiene, Selbstgefährdung oder medizinische Versorgung - oder Schwierigkeiten im rechtsgeschäftlichen Tätigwerden - z.B. Einkommensverwaltung, Vertragsabschlüsse, Stellung von Anträgen - waren.[210]

Die Betreuungsbedürftigen sind danach bereits in Alltagssituationen derart überfordert, dass ihnen eine uneingeschränkte Lebensführung nicht mehr möglich ist. Dies hebt ihre Lebenssituation deutlich vom Durchschnitt der Bevölkerung ab.

---

[207] Die zum Teil geltenden Regelungen aus § 10 BAT, § 3 Abs. 2 TVöD, und den beamtenrechtlichen Vorschriften erfassen nur eine kleine Gruppe der Betreuer und haben darüber hinaus auch keine Auswirkungen auf die zivilrechtliche Wirksamkeit der Rechtsgeschäfte.

[208] Vgl. § 7 A I.

[209] Betreute sind in ihren kognitiven und kommunikativen Fähigkeiten und/oder ihrem emotionalem Ausdrucksverhalten beschränkt, vgl. Abschlussbericht-Praxisprojekt, S. 116 ff.

[210] Abschlussbericht-Praxisprojekt, S. 124 ff, 146 ff.

Ferner sind Betreute in hohem Grad in ihrer körperlichen Beweglichkeit und Mobilität eingeschränkt, eine Tatsache, die zur Isolation von der Außenwelt führt.[211]

Die Schwierigkeiten der Alltagsbewältigung machen die Betreuten abhängig von dem Betreuer, der für sie erforderliche Anträge stellt, Konten verwaltet, Pflege vermittelt usw. Betreuer werden daher nicht selten zum entscheidenden Bindeglied zur Außenwelt.[212] Erst durch den Betreuer kann oftmals auch der bürokratische Aufwand bewältigt werden, wenn es etwa um die Organisation tatsächlicher Hilfe geht. Aus eigenem Antrieb wären Betreuungsbedürftige dazu nicht in der Lage.

Daher sind sie besonders auf eine entsprechende Leistungsverwaltung des Staates angewiesen, der ihnen insbesondere dann, wenn keine Familie vorhanden ist, sozialen Halt geben muss.

Die Betreuten bringen den staatlich eingesetzten Betreuern ein entsprechendes Vertrauen entgegen.

Es zeigt sich damit, dass die Lebenssituation Betreuungsbedürftiger ebenfalls markante Besonderheiten in einem Grade aufweist, die den Gesetzgeber unter dem zusätzlichen Aspekt der Heimunterbringung dazu veranlassten, § 14 HeimG einzuführen.

Es mag richtig sein, dass Betreute sich grundsätzlich nicht vollständig einem fremd beherrschten Lebensraum anvertrauen müssen wie ein Heimbewohner, sich ferner in keiner wahrnehmbaren Konkurrenzsituation zu anderen Betreuten befinden, und deswegen auch eine Analogie zu § 14 HeimG ausscheiden muss. Dennoch fragt es sich, ob nicht die soeben dargestellte besondere Lebenssituation der Betreuten trotz ihrer Abweichungen im Vergleich zu den Umständen eines Heimbewohners es erfordert, oder zumindest erwünscht, auch den Betreuten eine ihrer Lebenslage angepasste besondere Schutzvorschrift als Akt staatlicher Fürsorge zur Seite zu stellen.[213]

Bevor mögliche Ausgestaltungen einer derartigen Schutzvorschrift diskutiert werden können, soll zuerst untersucht werden, welche weiteren Gründe für eine Norm sprechen können, um anhand dieser Grundlage auch die Zielsetzung herausarbeiten zu können, die eine neue Regelung verfolgen soll.

II. Opfereigenschaft

Sind die Situationen im Heim- und Betreuungsverhältnis auch nicht grundlegend vergleichbar, so bestehen wie aufgezeigt doch in beiden besondere Grade einer situationsbedingten Abhängigkeit von Fürsorgepersonen. Aufgrund der persönlichen Beziehung zum Betreuer, die im Betreuungsrecht trotz dessen rechtlichen Qualität ausdrück-

---

[211] Abschlussbericht-Praxisprojekt, S. 125; 38 % können danach nur mit Hilfe anderer Personen nach draußen kommen, 26 % gelangen gar nicht nach draußen; 55 % können weder Bus noch Bahn benutzen, ein Drittel nur mit Hilfe anderer.

[212] Die Projektergebnisse zeigen dabei auch ein gutes Verhältnis der Betreuten zu ihren Betreuern auf: s. § 5 D III.

[213] Lange/Kuchinke, § 35 II 3 d, argumentieren im Sinne eines „Erst-Recht-Schlusses", dass es nicht einsichtig sei, „bloß" körperlich Behinderte besonders durch § 14 HeimG zu schützen, psychisch Kranke oder seelisch oder geistig Behinderte dagegen nicht, die schon aufgrund dieses Zustandes in ihrer Entschließungsfreiheit leicht beeinflussbar seien.

lich erwünscht und anzustreben ist[214], und des daran anknüpfenden Vertrauensverhältnisses, sind Betreute einer Willenbeeinflussung leicht zugänglich.

Dies spricht wie bereits erwähnt zumindest theoretisch dafür, auch die Betreuten vor finanzieller Ausnutzung zu bewahren.

Nun könnte man erwägen, ob sich dieser theoretisch sinnvolle Schutz auch in der Praxis bewähren könnte, was wiederum möglicherweise auszuschließen wäre, wenn Betreute generell über kein nennenswertes Vermögen verfügen, daher keine „geeigneten Opfer" sind.

Die Rechtstatsachenforschung des maßgeblichen Projekts „Die Lebenslage älterer Menschen mit rechtlicher Betreuung" liefert auch für diese Frage einige Antworten. Für ältere Betreute stellt die Rente die Haupteinkommensquelle dar, 55 % erhalten eine eigene Rente, 25 % eine Hinterbliebenenrente, nur 3 % erhalten keinerlei Rente. Die Rentenhöhe beträgt im Durchschnitt 800,- bis 1000,- Euro. 6,6 % aller betreuten Rentenbezieher beziehen eine Rente von 1.600 € und mehr, wobei in Westdeutschland bereits jeder zehnte Betreute über diesen Betrag monatlich verfügt, im Osten dagegen weniger als 1 %. Über sonstiges Vermögen verfügt nur etwa die Hälfte der älteren Betreuten, 20 % haben außer der Rente kein Einkommen. Bei 47 % aller Betreuten liegt das Vermögen unter 3.000,- Euro, damit gelten sie nach Auswertung des Projekts als „vermögenslos". Die anderen 53 % besitzen zumeist Geldvermögen und Immobilien. Insgesamt gelangte das Projekt zu dem Ergebnis, dass die Verteilung von Einkommen und Vermögen von Betreuten die in der Gesellschaft typischen Ungleichheiten aufweist und Betreuungen für Menschen mit unterschiedlichsten finanziellen Ressourcen eingerichtet werden. [215]Das erwähnte Argument der mangelnden „Opfereigenschaft" von Betreuten kann daher nicht gegen eine Einführung einer besonderen Regelung angeführt werden. Vielmehr verfügen Betreute im Durchschnitt über Vermögenswerte, die sich anzueignen es sich auch tatsächlich „lohnen" würde. Darüber hinaus sollten aber nicht die möglichen finanziellen Folgen für die Betreuten im Blickpunkt einer Diskussion pro oder contra um eine neue Regelung stehen, denn sie werden nach ihrem Tod nicht mehr davon betroffen werden. Es sollte vielmehr wie auch bei § 14 HeimG darauf ankommen, die Willensfreiheit zu schützen und daher bereits vor dem Moment eines Ausnutzungsversuches zu bewahren. Dies ist auch der Grund, warum das derzeitig vorhandene Instrumentarium, insbesondere auch § 138 BGB keine ausreichenden Mittel zur Verfügung stellt.[216] Hinsichtlich dieser Zweckrichtung muss es unerheblich sein, darf die finanzielle Situation des Betroffenen sogar nicht ausschlaggebend sein.

[214] S. hierzu § 4 A I 1 b bb.
[215] S. insgesamt hierzu bei § 3 C II 5.
[216] Vgl. hierzu auch BVerfG, NJW 98, 2964.

III. Staatliche Verantwortung

Ein weiteres Argument für die Einführung einer neuen Norm liegt in der Einordnung des Betreuungsrechts in den Bereich der staatlichen Fürsorgetätigkeit. Der Staat stellt Hilfsbedürftigen mit dem Betreuungsrecht rechtliche Hilfe zur Verfügung, die insgesamt auf eine 2000-jährige Geschichte der Vormundschaft und Pflegschaft zurückgeht und früher auch im öffentlichen Recht der Leistungsverwaltung verankert war.[217]

Betreuer handeln dabei als nicht staatliche Funktionsträger, trotz ihres Status der Unabhängigkeit. Der Staat behält sich auch während der Amtsführung Aufsichtsmittel vor, um soweit erforderlich korrigierend zum Schutze der Betreuten eingreifen zu können.[218]

Es würde eine Vervollständigung der Aufsichtsmittel darstellen, wenn Betreuer Vermögensübertragungen auf sich entweder anzeigen oder gar vorher genehmigen lassen müssten.

Wenn ein Rechtssystem sich durch den Verfassungsgrundsatz des Sozialstaatsprinzips zur Verantwortung gegenüber den „Schwachen" der Gesellschaft grundsätzlich bekennt, sollte auch die Umsetzung so effektiv wie möglich vorgenommen werden.[219]

Dazu gehört neben der Auswahl geeigneter Fürsorgepersonen auch eine möglichst umfassende Kontrolle über deren Integrität, ohne zu weit in den Selbständigkeitsgrundsatz einzugreifen.

Zusätzlich zu diesem Aspekt wäre es auch wünschenswert, das Vertrauen in die Tätigkeit von Betreuern zu stärken, wie es etwa die Vorschriften zum öffentlichen Dienst und die Beamtengesetze der Länder zum Ziele haben.[220]

Anders als im alltäglichen Behördenbetrieb ist dabei zu beachten, dass im Betreuungsverhältnis eine persönliche Beziehung zwischen den Beteiligten aufgebaut wird und sich der Kontakt nicht nur auf wenige Treffen oder gar nur eine schriftliche Bearbeitung reduziert. Daher besteht auch ein besonderes Bedürfnis, dass entgegengebrachtes Vertrauen in eine korrekte Tätigkeitsausführung nicht enttäuscht wird.

IV. Rechtssicherheit für Betreuer

Positiver Nebeneffekt einer besonderen Zuwendungsregelung wäre, dass auch die Rechtssicherheit für die bedachten Betreuer gesteigert werden würde. Könnten sie gesetzlich verpflichtet werden, Zuwendungen offen zu legen oder genehmigen zu lassen,

---

[217] Dazu Dieckmann, ZRP 2002, 425, 427 ff.

[218] S. § 11 C II 1.

[219] Zur Verpflichtung zur Fürsorge für Hilfsbedürftige als Teil der staatlichen Wohlfahrtspflege vgl. BVerfGE 40, 121, 133; 54, 251, 268 f jeweils mwN.

[220] Ein Erfordernis hierfür ließe sich aus einer stichprobenhaft und anonym vorgenommenen Befragung von Betreuern ergeben. Es ist zu beobachten, dass Betreuer sich zu dem Komplex der Zuwendungen durch Betreute sehr verschlossen verhalten und nicht bereit sind, hierüber offen Auskunft zu geben. Es wird teilweise von einem „Ehrenkodex" gesprochen, der es einem Betreuer u.a. verbiete, eine Erbschaft anzunehmen. Die Befragung wurde in einem Internetforum für Betreuer vorgenommen, das unter „www.ruhr-uni-bochum.de" zur Verfügung gestellt wird. Dem gegenüber wird von Seiten der Rechtspflege die Relevanz von Missbrauchsfällen betont, vgl. etwa den Vortrag von Rink am 57. DJT, K 147; DIV-Gutachten, ZfJ 1999, 23, 25.

würden sich die Fälle ungerechtfertigt angestrengter Prozesse, initiiert durch übergangene Verwandte, verringern lassen.[221]

B. Zielsetzung einer neuen Norm - Ergebnis

Zusammenfassend sprechen daher die besondere Lebenssituation der Betreuten, die Verantwortung des Sozialstaates für eine umfassende Fürsorge gegenüber den Hilfsbedürftigen der Gesellschaft sowie das Bedürfnis für eine auch nach außen erkennbare integre Durchführung der Betreuung für die Einführung einer besonderen Schutzvorschrift auch im Betreuungsrecht.

Anhand dieser Argumente können im nächsten Schritt die Ziele einer neuen Regelung herausgearbeitet werden: Eine neue Vorschrift sollte insgesamt

- verhindern, dass die Hilfs- und Arglosigkeit der Betreuten durch finanziell motivierte Handlungen ihrer Betreuer ausgenützt wird sowie zeitlich früher ansetzend
- bereits die Vornahme einer derartigen Beeinflussungshandlung mittels offenem oder verstecktem Druck verhindern, dazugehörend
- die Testierfreiheit sichern, ferner
- verhindern, dass eine ordnungsgemäße Führung der Betreuung von Zuwendungen abhängig gemacht wird, und dadurch Ungleichbehandlungen der Betreuten entstehen, und schließlich
- eine integre Durchführung der Betreuung auch nach außen erkennbar machen.

Besonderes Anliegen muss sein, die Betreuten nicht nur vor einem wirtschaftlich messbaren Verlust zu bewahren, sondern vielmehr eine von Druck und Einflussnahme befreite Lebensführung zu gewährleisten. Die Verhinderung des Moments einer Beeinflussung sollte Mittelpunkt des Schutzanliegens sein, was das derzeitige Instrumentarium nicht bewirken kann. Ob die Betroffenen über kein Vermögen, wenig oder nennenswertes Vermögen verfügen, darf deswegen in der Diskussion um die Einführung einer Norm keine Rolle spielen.

Dagegen soll es nicht untersagt sein, wenn Betreuer aus anderen Motiven wie besonderer Dankbarkeit sich dazu entschließen, ihrem Betreuer etwas zuzuwenden. Ein völliges Zuwendungsverbot soll nicht Zweck einer neuen Regelung sein, da ein solches grundlos auch Zuwendungen verbieten würde, welche nicht auf einer der o.g. Gefahrenlagen beruhen. Ziel ist damit, Vermögensverfügungen kontrollieren zu können und nicht generell zu verbieten; nur dort, wo die Kontrolle dazu gelangt, dass eine Zuwendung nicht aus freiem Willen erfolgt, ist ein Verbot erforderlich und erwünscht.

---

[221] In diesem Sinne Renner, BtPrax 1999, 167, 168, der diesen Vorteil als Argument für die freiwillige Nutzung der notariellen Testamentserrichtung heranzieht.

C. Bisherige Vorschläge einer Formulierung

Wie erwähnt, liegen bereits einzelne, grob umrissene Vorschläge zur näheren Ausgestaltung einer Schutzvorschrift vor.

I. Abgestufte Möglichkeiten nach Holzhauer

Holzhauer hatte in seinem Gutachten drei Möglichkeiten angesprochen, die nach dem Grad der Einschränkung geordnet werden können.[222]

1. Völlige Erwerbsunfähigkeit

Den stärksten Eingriff würde eine Statuierung völliger Erwerbsunfähigkeit der Betreuer ähnlich zu §§ 7, 27 BeurkG begründen, wonach ein bei der Beurkundung mitwirkender Notar sowie dessen Angehörige vom Erwerb ausgeschlossen sind.

Seinen Grund hat diese Erwerbsunfähigkeit in der Mitwirkungshandlung, da dadurch der Notar vom Inhalt der Beurkundung Kenntnis erhält und somit Einflussmöglichkeiten geschaffen werden, die es zu vermeiden gilt. Dem Zuwendenden steht es allerdings frei, bei einem anderen Notar die Beurkundung vornehmen zu lassen und somit doch seinen Zuwendungswillen durchzusetzen.

Auf das Betreuungsverhältnis kann diese Vorschrift allerdings nicht übertragen werden, auch Holzhauer zog diese Lösung nicht ernsthaft in Betracht und betrachtete sie als zu weitgehend.

Dem ist zuzustimmen, denn die Einrichtung einer völligen Erwerbsunfähigkeit würde eine unnötig weite Beschränkung bedeuten. Es sollen nicht diejenigen Zuwendungen verhindert werden, welche allein aufgrund von Dankbarkeit oder Zuneigung vorgenommen werden sollen.

Das Verbot könnte zwar insoweit außer Kraft gesetzt werden, dass der Betreute sich einen anderen Betreuer bestellen ließe; doch ist dies ein unverhältnismäßiger Aufwand und insbesondere nicht gewollt, wenn aus dem bisherigen Betreuungsverhältnis eine enge Verbundenheit entsteht, und aus diesem Grund Zuwendungen vorgenommen werden.

Schließlich wäre auch der Zweck von den Vorbildnormen der §§ 7, 27 BeurkG für das Betreuungsverhältnis nicht relevant, denn der bedachte Betreuer muss etwa bei der testamentarischen Zuwendung gar nicht mitwirken und erhält daher nicht zwingend Kenntnis.

2. Genehmigungserfordernis

Anknüpfend an Art. 86 EGBGB hielt Holzhauer es dagegen für denkbar und insgesamt auch für die beste Lösung, Zuwendungen an Betreuer einer vormundschaftsge-

[222] Holzhauer, Gutachten, B 78 f; s. dazu auch § 5 D II 4 a.

richtlichen Genehmigung zu unterwerfen.[223] Insgesamt kam Holzhauer mit diesem Gedanken § 14 HeimG nahe, sprach diese Norm allerdings nicht an. Die Genehmigung sollte Wirksamkeitsvoraussetzung der Zuwendung sein; konkretere Ausführungen machte Holzhauer dazu nicht.

3. Anzeigepflicht

Den geringsten Eingriff würde es bedeuten, wenn die Betreuer lediglich eine Anzeigepflicht gegenüber dem Vormundschaftsgericht treffen würde. Eine solche erachtete Holzhauer für unerlässlich, favorisierte diesen Ansatz allerdings nicht.[224]

Holzhauers Vorschlag geht diesbezüglich dahin, dass ein Betreuer jede Zuwendung an sich oder an einen seiner Angehörigen unverzüglich nach Kenntniserlangung dem Vormundschaftsgericht anzuzeigen habe.[225] Eine Anzeigepflicht solle danach keinerlei Inhalts- oder Umstandskontrolle auslösen, allein die Tatsache der Anzeige würde die Wirksamkeit der Zuwendung bewirken.

Ein Verstoß gegen die Meldepflicht solle dagegen die automatische Unwirksamkeit der Zuwendung zur Folge haben.

Vorteilhaft an diesem Vorschlag wäre, dass eine derartige Mitteilungspflicht sicherstellen könnte, dass das Vormundschaftsgericht von Sachverhalten Kenntnis erhält, welche unter Umständen ein aufsichtsrechtliches Tätigwerden erfordern. Das oben zu § 1908 b BGB geschilderte Problem der Kenntniserlangung wäre damit behoben.[226]

Ferner würde diese Lösung die Freiheitsrechte der Beteiligten am wenigsten einschränken.

Andererseits erscheint die Einführung eines derartigen „mitwirkungsbedürftigen Rechtsgeschäfts" im Bereich des Zivilrechts fremd. Zwar beinhalten auch einige Vorschriften des BGB das Tatbestandsmerkmal der „Anzeige"[227]; allerdings handelt es sich bei diesen entweder um keine Anzeigepflichten, welche als Wirksamkeitsvoraussetzungen ausgestaltet sind, oder sie sind zumindest keiner Behörde gegenüber zu erklären.[228]

---

[223] Gemäß Art. 86 EGBGB kann die Bundesregierung mittels Rechtsverordnung den Erwerb von Rechten durch Ausländer oder ausländische juristische Personen, die nicht einem der Mitgliedstaaten der Europäischen Union angehören, beschränken und von einer Genehmigung abhängig machen, wenn im betreffenden Land das Gleiche für Deutsche und inländische juristische Personen gilt.

[224] Holzhauer, Gutachten, B 79.

[225] Insoweit besteht Übereinstimmung mit § 10 Abs. 2 BAT bzw. § 3 Abs. 2 TVöD, vgl. § 6 B II.

[226] Vgl. dazu § 11 C II 1 a bb.

[227] Z.B. §§ 374, 382, 409, 665, 694, 966, 1280, 1289 BGB.

[228] § 1280 BGB ist eine Ausnahme: danach ist eine Forderungsverpfändung nur wirksam, wenn sie der Gläubiger dem Schuldner gegenüber anzeigt; dies hat aber ihren Grund in der Tatsache, dass es bei der Forderungsverpfändung mittels Abtretungsvertrag an einer körperlichen Übergabe des verpfändeten Gegenstandes fehlt und die Anzeige erst auch nach außen hin die Verpfändung erkennbar machen kann.

Das System der Anzeigen gegenüber Behörden ist vielmehr im Öffentlichen Recht angesiedelt.[229]

Zweck ist es dort, die Kenntniserlangung bei der Aufsichtsbehörde sicherzustellen. Erfasst sind Handlungsbereiche, in denen die Einführung einer Genehmigung einen unverhältnismäßigen Eingriff in die Grundrechte bedeuten würde.[230] Die Vorschriften, die eine Anzeigepflicht beinhalten, stellen dabei als öffentlich-rechtliche Regelungen der Kontrolle von Tätigkeiten sämtlich keine zivilrechtlichen Wirksamkeitsvoraussetzungen dar. Ein Verstoß gegen die Anzeigepflicht kann auch öffentlich-rechtlich nur ein nachträgliches Einschreiten der Aufsichtsbehörde ermöglichen.

Grundlage der öffentlich-rechtlichen Anzeigepflicht ist, dass sie dann verhältnismäßiges Aufsichtsmittel ist, wenn die öffentliche Sicherheit und Ordnung eine vorherige Rechtmäßigkeitskontrolle im Wege einer Genehmigungsvariante nicht erfordert. Eine Tätigkeit darf im Falle eines Anzeigevorbehaltes ohne Erlaubnis oder Zulassung begonnen werden. Die Anzeigepflicht bezweckt eine Information der Verwaltung, die tätig werden kann, falls bzw. sobald Gefahren drohen.[231]

Der Lösungsweg über eine Anzeigepflicht würde auch nicht die oben herausgearbeitete Zielsetzung erreichen können, nämlich bereits die Ausübung einer Beeinflussungshandlung zu verhindern.

Mögliche Aufsichtsmittel, von denen im Falle eines Vertrauensmissbrauchs allein die Entlassung in Betracht käme, können immer nur nach der „Tat“ und nur für die Zukunft ausgesprochen werden. Eingetretene Schäden vermögen sie nicht rückgängig zu machen, einzige Grenze wäre § 138 BGB.

Wenn ein Betreuer sich an die Meldepflicht hält, könnte er sich - ohne dass eine Rechtmäßigkeitsprüfung stattfände - den Erwerb der Zuwendung sichern. Erst wenn eine auffällige Häufung von Zuwendungen zu erkennen wäre, würde das Vormundschaftsgericht einschreiten. So käme es, dass mindestens zwei bis drei Zuwendungsvorgänge, die ordnungsgemäß angezeigt werden, geduldet werden müssten, ehe die Aufsichtsbehörde überhaupt von einem möglichen Missbrauchsfall ausgehen und einschreiten könnte.

Das lange untätige „Zuschauen“ würde auch nach außen den Eindruck vermitteln, dass einzelne Missbrauchsfälle nicht missbilligt würden, vielmehr quasi als Lebensrisiko hinzunehmen seien, und seitens der Aufsichtsbehörde erst bei „fortgesetzter Begehung“ ein Handlungsbedarf zur Verhinderung noch weiterer Schäden angenommen werden würde. Den bis zu diesem Zeitpunkt bereits ausgenutzten Betreuten würde diese Handhabung gar nichts nützen; sie würde ihre bisherige Situation nicht verbessern, sondern wäre kontraproduktiv für das Image der Vormundschaftsgerichte als Aufsichtsbehörde

Die großen Schwachstellen einer bloßen Anzeigepflicht lägen damit in der Unfähigkeit, vor dem Moment der Ausnutzung und dem Schadenseintritt zu bewahren sowie in der mangelnden Inhalts- oder Umstandskontrolle.

---

[229] So ist etwa eine Versammlung gemäß § 14 VersammlG, oder das Betreiben eines Gewerbes, z.B. eines zulassungsfreien Handwerkbetriebes gemäß § 18 HandwO der Aufsichtsbehörde anzuzeigen.

[230] In den genannten Beispielen Art. 8 sowie 12 GG.

[231] Vgl. hierzu allein § 14 Abs. 1 Satz 3 GewO.

Ferner würden zwei „Unbekannte" in den Tatbestand einfließen - die Voraussetzung einer „unverzüglichen" Anzeige nach „Kenntniserlangung" - welche offensichtlich erhebliche Beweisschwierigkeiten mit sich bringen würden. Dass der Nachweis der Kenntnis als innere Tatsache per se Beweisprobleme auslöst, hat die Praxis zu § 14 HeimG aufgezeigt. Diese Schwierigkeit aber noch mit dem Merkmal der „Unverzüglichkeit" zu intensivieren, erscheint einer praxistauglichen Handhabung hinderlich.[232]

Schließlich lassen selbst § 10 BAT, § 3 Abs. 2 TVöD eine bloße Mitteilung nicht ausreichen, sondern statuieren zusätzlich eine Zustimmungspflicht seitens des Arbeitgebers; ebenso wie die beamtenrechtlichen Landesbestimmungen eine Genehmigung erfordern. Damit wird auch die Inhalts- oder Umstandskontrolle durch den Aufsichtspflichtigen sichergestellt. Entscheidend ist, dass diese Regelungen, obwohl sie nicht zivilrechtlichen Wirksamkeitscharakter haben, eine bloße Mitteilung für nicht ausreichend erachten.

Zusammenfassend ist daher die Einführung einer Anzeigepflicht grundsätzlich denkbar, würde jedoch ohne eine Ergänzung um eine Genehmigung keine hinreichende Verbesserung im Vergleich zur bestehenden Situation bedeuten.[233]

4. Ergebnis zu den Vorschlägen von Holzhauer

Im Einklang mit Holzhauer sollte unter den drei dargestellten Lösungsansätzen der Genehmigungsvariante der Vorzug eingeräumt werden.

II. Weitere Vorschläge

In die Richtung der Genehmigungsvariante nach Holzhauer ging auch die erwähnte Anregung seitens des Bundesrats während des Gesetzgebungsverfahrens zum BtÄndG von 1999. Es sollte das Bedürfnis nach einer „an § 14 Abs. 5 HeimG angelehnten Bestimmung" überprüft werden.[234]

Konkreter hatte zuvor Rink im Gesetzgebungsverfahren zur Einführung des Betreuungsgesetzes von 1992 im Rahmen des 57. Deutschen Juristentages 1988 bereits eine Formulierung für eine derartige Vorschrift angeboten:

> *„Dem Betreuer ist es untersagt, sich von dem Betreuten Vermögensvorteile versprechen oder gewähren zu lassen, soweit es sich nicht um geringwertige Aufmerksamkeiten handelt. Die Annahme einer Erbschaft oder eines Vermächtnisses bedarf der Genehmigung des Vormundschaftsgerichts."*[235]

---

[232] Auch wenn § 10 Abs. 2 BAT und § 3 Abs. 2 TVöD ebenfalls die unverzügliche Mitteilung vorsehen, ist ihrer Einhaltung mangels Auswirkungen auf die zivilrechtliche Wirksamkeit weniger Gewicht beizumessen.

[233] Auch das BVerfG hielt in seinem Nichtannahmebeschluss eine Meldepflicht für nicht geeignet, BVerfG, NJW 1998, 2964, 2965.

[234] BT-Drs. 13/ 7158, S. 43; § 5 E I 2.

[235] Rink, 57. DJT, Sitzungsbericht K 240.

Diese Formulierung deckt sich mit der Zielsetzung, den Schutz für die Betreuten bereits im Moment der Missbrauchshandlung ansetzen zu lassen. Verbesserungsbedürftig erscheint er hinsichtlich seines Satzes 2, da die Annahme einer Erbschaft oder eines Vermächtnisses keine Wirksamkeitsvoraussetzung für diese ist und daher auch eine Genehmigung oder deren Verweigerung keinen Einfluss mehr auf den Eintritt nehmen kann.

Auch im Hintergrund der zwischenzeitlich zu § 14 HeimG gesammelten Erfahrungen und dort aufgetretener Problemfelder werden weitere Konkretisierungen in der Formulierung erforderlich sein.

D. Eigener Vorschlag „de lege ferenda"

Die zuvor erläuterten Vorschläge decken soweit ersichtlich das mögliche Gestaltungsspektrum für eine neue Regelung ab. Wie sich zeigte, wäre der Genehmigungsvariante gegenüber einer bloßen Anzeigepflicht oder einer völligen Erwerbsunfähigkeit der Vorzug zu geben.

Es wäre allerdings auch anzudenken, die Lösung in der Einführung eines notariellen Formzwangs zu suchen. Vorteilhaft daran wäre, dass Zuwendungen von Betreuten an ihren Betreuer vom Notar als eine Art Kontrollinstanz abgesichert werden könnten. Allerdings ist zu bedenken, dass der Notar nur eine Beratungs- und Aufklärungsbefugnis besitzt, er aber die Vornahme einer Verfügung letztlich nicht verhindern kann. Ferner zeigt sich am Fall des OLG Braunschweigs[236] sowie an der Rechtsprechung zu § 14 HeimG, dass eine notarielle Testamentserrichtung nicht immer Gewähr vor Beeinflussung bieten kann. Wirksamer wäre es deswegen, die Kontrolle der Zuwendung in Form einer Wirksamkeitskontrolle in die Hände einer außenstehenden Behörde oder eines Gerichts zu legen.

Sofern die Entscheidung zugunsten einer Genehmigungsvariante getroffen wird, wäre es naheliegend, deren Voraussetzungen aufgrund der vergleichbaren Schutzanliegen an der Ausgestaltung in § 14 Abs. 1, 5 HeimG zu orientieren. Zu beachten ist jedoch, dass die Norm von § 14 Abs. 1, 5 HeimG seit ihrer Einführung fortlaufend nicht unbeachtliche Schwachstellen aufgezeigt hat. Deshalb sollte es eines der wichtigsten Anliegen einer neuen Regelung sein, durch einen möglichst präzisen Wortlaut eine Fortschreibung dieser Unsicherheiten im Betreuungsrecht zu verhindern.

I. Vermeidung bekannter Schwachstellen aus § 14 HeimG

Insbesondere sollte die Formulierung einer neuen Vorschrift die im Rahmen von § 14 HeimG in folgenden Punkten aufgetretenen Unklarheiten vermeiden:

- Auslegungsprobleme hinsichtlich des „Sich versprechen oder gewähren lassen" im Rahmen einseitiger Rechtsgeschäfte, namentlich bei Testamenten
- Erfordernis und gegebenenfalls Qualität der Kenntnis von der Zuwendung
- Zurechnung von Kenntnis

[236] OLG Braunschweig, FamRZ 2000, 1189; s.o. § 11 B II 3 c cc (2) (a).

- Ursachenzusammenhang und die entsprechende Verteilung der Feststellungslast
- Mögliche Ausnahmen eines Zuwendungsverbotes, insbesondere Anforderungen an eine einzuholende Genehmigung
- Kreis der Zuwendenden und der Zuwendungsempfänger - Umgehungsgefahren
- Rechtsfolgen eines Verstoßes

Diese Punkte werden im Folgenden hinsichtlich ihrer Umsetzbarkeit in einer Norm im Betreuungsrecht diskutiert.

1. „Sich versprechen oder gewähren lassen"

Besondere Schwierigkeiten bereitete die Auslegung des Tatbestands von § 14 HeimG bei Testamenten, da die Formulierung „sich versprechen oder gewähren lassen" auf eine Mitwirkung des Begünstigten hindeutet, der es im Falle einer testamentarischen Zuwendung auf Grund des Von-Selbst-Erwerbs nicht bedarf.

Dies führte zu der auch heute noch geltenden verfassungskonformen Auslegung, dass Testamente nur dann vom Verbot nach § 14 HeimG betroffen sind, wenn der Bedachte oder ein Wissensvertreter zu Lebzeiten des Zuwendenden Kenntnis[237] davon erlangt, weil nur dann auch eine von § 14 HeimG zu verhindernde Gefahrenlage besteht.

Zweck einer Zuwendungsnorm im Betreuungsrecht wäre es ebenso wie bei § 14 HeimG, den Zuwendenden von äußerer Beeinflussung freizuhalten, insbesondere die Testierfreiheit zu schützen. Daher sollte auch im Wortlaut einer entsprechenden Norm dieser Schutzzweck soweit wie möglich umgesetzt werden. Es ist darum zu untersuchen, welches der beste Weg dazu ist. Dabei ist zu beachten, dass Testamente nur einen Teil der möglichen Zuwendungsarten darstellen und Gesetze nicht jeden Einzelfall im Wortlaut berücksichtigen können und sollen.

a. Aktive Wortwahl

Denkbar wäre es, die Auslegungsschwierigkeiten, die um die Formulierung des „Lassens" kreisen, mittels einer aktiven statt passiven Formulierung zu beheben. Statt ein „Lassen" zu untersagen, könnte bei dem aktiv Gewährenden angesetzt werden und das „Versprechen oder Gewähren" untersagt werden:

> *„Ein Betreuter darf seinem Betreuer Vermögensvorteile nicht versprechen oder gewähren."*

aa. Vorteile

Vorteil dieses Blickwinkels wäre, dass auf den problematischen Begriff des „Lassens" verzichtet werden könnte. Damit würden die bekannten Auslegungsschwierigkeiten und eine Eingrenzung auf eine Kenntniserlangung entfallen. Es wäre bereits aus dem Wortlaut ersichtlich, dass es keiner Mitwirkungshandlung des Bedachten bedarf. Fer-

---

[237] Zur Frage einer erforderlichen Doppelkenntnis s.u.

ner könnten problematische Einzelfragen rund um die Kenntniserlangung vermieden werden, wie nach dem Erfordernis einer „Doppelkenntnis“, nach dem relevanten Zeitpunkt der Kenntniserlangung, nach der Wissenszurechnung sowie die Frage nach der richtigen Beweisführung.

bb. Nachteile

Nachteilig an einer aktiven Wortwahl wäre jedoch, dass nun der Betreute die Stellung des Verbotsadressatem einnehmen würde, was wiederum dem Zweck der Norm nach im Widerspruch zu seiner „Opfereigenschaft“ steht. Eine klarere Handhabung gegenüber den Kenntnisproblemen im Rahmen von § 14 HeimG könnte diesen Widerspruch jedoch rechtfertigen.

Eine Abkehr von der immerhin seit 30 Jahren unveränderten passiven Formulierung hin zu einer aktiven Wortwahl würde im Betreuungsrecht aber zusätzlich eine ungewollte Verschärfung des Verbots im Vergleich zu § 14 HeimG bedeuten. Konsequenz der aktiven Formulierung wäre, dass sämtliche Testamente vom Verbot erfasst wären und nicht nur solche, von denen der Bedachte zu Lebzeiten Kenntnis erlangt. Denn eine aktive Wortwahl ließe keine Auslegung zu, die zu einem ungeschriebenen Tatbestandsmerkmal der Kenntniserlangung führen würde, eine Kenntniskomponente wäre nach der Formulierung insbesondere gar nicht bezweckt.

Eine derartige Verschärfung und der Verzicht auf eine Kenntniskomponente würde im Ergebnis daher eine wesentliche Benachteiligung und wesentliche Ungleichbehandlung von bedachten Betreuern im Vergleich zu den Adressaten von § 14 HeimG bedeuten. Zu dieser Frage wurde jedoch im Rahmen der Diskussion von § 14 HeimG herausgearbeitet, dass eine vollumfängliche Geltung des Zuwendungsverbots für alle Testamente nicht dem Schutzzweck der Norm entsprechen würde und verfassungsrechtliche Bedenken beinhaltet.[238] Bei § 14 HeimG wird nicht der Zweck verfolgt, Zuwendungen zu untersagen, sondern den Bewohner vor besonderen Gefahrenlagen zu schützen. Der gleiche Gedanke muss auch im Betreuungsrecht zum Tragen kommen. Wie oben dargestellt, ist es auch im Betreuungsrecht nicht beabsichtigt, Zuwendungen des Betreuten an seinen Betreuer völlig zu untersagen, sie sollen nur kontrollierbar sein. Dieser Schutzzweck spricht zunächst eindeutig gegen eine aktive Wortwahl.

Zu überlegen wäre, ob aufgrund von betreuungsspezifischen Schutzzwecken eine Verschärfung des Zuwendungsverbots auf sämtliche Testamente im Betreuungsrecht zu rechtfertigen wäre. In Betracht zu ziehen wäre hierfür der Zweck, die Integrität einer Betreuungsführung auch nach außen hin in der Bevölkerung darzustellen und zu verdeutlichen, dass der Staat unlautere Handlungen aufs Schärfste missbilligt. Allerdings erscheint es nicht als die richtige Methode, das Ansehen der Betreuer und die Akzeptanz des Betreueramtes in der Bevölkerung mit dem „Preis“ eines absoluten Zuwendungsverbots absichern zu wollen. Ferner würde ein solches ebenso wie im

[238] S. § 7 B VII 1 b bb.

Rahmen von § 14 Abs. 1, 5 HeimG erhebliche verfassungsrechtliche Bedenken nach sich ziehen.[239]

cc. Alternativen

Wenn man sich an dem Schutzzweck orientiert, nicht alle Zuwendungen des Betreuten an seinen Betreuer zu untersagen, insbesondere nicht alle testamentarischen Zuwendungen, so würden sich zwei Möglichkeiten einer Formulierung anbieten:

Auszuschließen wäre allerdings vorab die Lösung, mit uneingeschränkter Umsetzung der aktiven Wortwahl die oben genannten Nachteile und Verschärfungen im Betreuungsrecht gegenüber § 14 HeimG hinzunehmen. Dies ist angesichts der Schutzzwecke und angesichts von Art. 14 GG abzulehnen.

Denkbar wäre dagegen, sich der passiven Wortwahl von § 14 HeimG anzuschließen und die dort ergangene Rechtsprechung auch im Betreuungsrecht zur verfassungskonformen Auslegung heranzuziehen. Nachteilig hieran wäre, dass im Wortlaut die gleichen Unsicherheiten und Rechtsunklarheiten fortgeführt würden wie im Rahmen von § 14 HeimG. Die aktive Formulierung wäre dagegen klar und auch für rechtliche Laien besser verständlich. Sie würde von vornherein eine eindeutige Richtung vorgeben ohne auf eine verfassungskonforme Auslegung - die nicht auf der Hand liegt - angewiesen zu sein.

Möglich wäre auch, von einer aktiven Formulierung auszugehen und die damit verbundenen Nachteile im Wortlaut zu vermeiden. Es könnte dazu das erforderliche Tatbestandsmerkmal der Kenntnis zusätzlich aufgenommen werden. Dadurch würde der Vorteil einer klaren Formulierung genutzt und auch die Schutzzwecke der Norm und verfassungsrechtlichen Grenzen berücksichtigt werden. Ferner wäre es zugleich möglich, bereits im Wortlaut die strittige Frage nach Qualität und Intensität der Kenntnis zu beantworten.

Bevor eine Entscheidung zwischen den genannten zwei Alternativen getroffen wird, soll der letztgenannte Vorschlag näher untersucht werden.

b. Kenntnis und Billigung als Tatbestandsmerkmal

Bislang wurde in § 14 Abs. 1, 5 HeimG von einer Aufnahme des erforderlichen „Einvernehmens", „Einverständnisses" oder der „Kenntnis" abgesehen, obwohl dieses als wesentliches Tatbestandsmerkmal seit 1991 von der Rechtsprechung gefordert wird.

Eine Normierung dieses Tatbestandsmerkmals wurde bis heute auch - soweit ersichtlich - seitens des Gesetzgebers nicht diskutiert. Über die Gründe einer fehlenden Normierung kann daher nur spekuliert werden. Ein Grund könnte sein, dass man sich möglichst am Wortlaut von § 138 Abs. 2 BGB orientieren wollte. Allerdings ist § 138 Abs. 2 BGB als Norm des Allgemeinen Teils des BGB auch von seiner Zweckrichtung her absichtlich sehr allgemein gehalten. Eine Norm in einem Spezialbereich wie dem Betreuungsrecht könnte dagegen ohne weiteres auf diesen Bereich zugeschnitten sein. Eine speziellere Wortwahl, welche insbesondere die Hauptanwendungsfälle ein-

[239] S. § 7 B VII 2.

schließt, wäre sogar wünschenswert. Daher wäre es vorteilhaft, insbesondere für die Fälle der testamentarischen Zuwendungen die Komponente des „Einvernehmens", „Einverständnisses" oder „Kenntnis" mit in die Formulierung aufzunehmen. Angesichts des regelmäßig hohen Alters der Betreuten, werden letztwillige Zuwendungen in Form von Testamenten in einem Umfang vorgenommen, der eine Berücksichtung dieser Rechtsgeschäfte auch im Wortlaut rechtfertigt.

Hinsichtlich der Qualität und Intensität der zu fordernden Kenntnis ist es im Einklang an die oben erarbeitete Lösung ausreichend, wenn allein auf Seiten des Bedachten eine Kenntnis von der Zuwendung und deren Billigung bis zu Lebzeiten des Zuwendenden eintritt. Ein wie auch immer geartetes beidseitiges Einvernehmen ginge angesichts der Schutzbelange zu weit.[240]

c. Zwischenergebnis

Festzuhalten ist daher zunächst, dass die Aufnahme der Kenntniskomponente in den Wortlaut einer Zuwendungsnorm im Betreuungsrecht möglich und wünschenswert wäre. In Anbetracht des grundsätzlichen Vorteils der Rechtsklarheit wäre daher eine aktive Wortwahl unter Berücksichtigung des Tatbestandmerkmals der Kenntnis und Billigung der Zuwendung zu befürworten.

d. Berücksichtigung der Feststellungslast

Die Formulierung des Tatbestandsmerkmals der Kenntnis und Billigung müsste zusätzlich die bezweckte Verteilung der Feststellungslast berücksichtigen. Denn es ist eine Frage der Zweckmäßigkeit, Billigkeit und der effektiven Anwendbarkeit von Rechtssätzen, ob man das Vorhandensein eines bestimmten Tatumstands als rechtshindernd oder seine Abwesenheit als (negatives) Tatbestandsmerkmal statuiert.[241] Je nachdem, wie die Wortwahl getroffen wird ergäben sich folgende Verteilungen:

Es könnte entweder formuliert werden: „Dies/das Verbot gilt nicht, sofern...keine Kenntnis und Billigung zu Lebzeiten eintrat". Dann läge die Feststellungslast beim Betreuer als Empfänger. Er müsste die Nichtkenntnis nachweisen, was praktisch unmöglich wäre; das Zuwendungsverbot würde einer faktischen Erwerbsunfähigkeit gleichkommen. Dies ist aber gerade nicht gewollt und würde verfassungsrechtliche Bedenken nach sich ziehen.[242]

Die andere Alternative wäre folgende Formulierung: „Dies/das Verbot gilt nur, sofern...Kenntnis und Billigung zu Lebzeiten eintrat"; dann läge die Feststellungslast bei demjenigen, der die Nichtigkeit der Zuwendung geltend macht. Das Element der Kenntnis und Billigung hätte die Funktion eines positiven anspruchbegründenden Tatbestandsmerkmals. Diese Lösung wäre interessengerecht, da so kein faktisches Erbverbot begründet würde und der Zweck der Norm, Zuwendungen nicht völlig zu untersagen, umgesetzt werden würde.

---

[240] Vgl. § 7 B VIII 2 c.
[241] Stein/Jonas-Leipold, ZPO, § 286/ Rn. 60.
[242] Vgl. § 7 B X 3 a.

Eine Umkehr der Feststellungslast oder ein Anscheinsbeweis für das Vorliegen der Kenntnis und Billigung sind dagegen abzulehnen.

e. Zurechnung der Kenntnis von Wissensvertretern

Die Erörterung von § 14 Abs. 1, 5 HeimG hatte eine ausführliche Darstellung der Zurechnung von Wissen erfordert. Aufgrund der Organisationsstrukturen von Heimen ist es nicht ungewöhnlich, dass den direkten Kontakt zu den Heimbewohnern vor Ort nicht etwa der Heimträger hat, sondern Personen, die im Ergebnis nicht die Zuwendungsempfänger sind. Für den Heimträger werden häufig Personen tätig, die nicht mit gesetzlicher oder rechtsgeschäftlicher Vertretungsmacht ausgestattet sind. Gerade diese Personen stehen den Heimbewohnern besonders nahe und erlangen anders als der Bedachte selbst Kenntnis von geplanten oder bereits vorgenommenen Zuwendungen. Die Rechtsprechung löste die in diesem Zusammenhang auftretenden Fragen der Wissenszurechnung mit einer doppelten Analogie zu § 166 BGB. Von Einzelfragen abgesehen, bereitet diese Lösung keine besonders schwerwiegenden Probleme, denn mit § 166 BGB bietet das BGB eine taugliche Zurechnungsnorm, für welche bewährte Grundsätze einer Analogie entwickelt worden sind.

Zunächst stellt sich die Frage, ob auch im Betreuungsrecht eine vergleichbare Problematik der Wissenszurechnung zu erwarten wäre.

Dies könnte zunächst zu verneinen sein, denn charakteristisch ist eine Führung der Betreuung durch eine Einzelperson, die im Heimrecht typischen Organisationsstrukturen bestehen daher nicht im Betreuungsbereich. Auf der anderen Seite ist eine vergleichbare Konstellation auch nicht völlig auszuschließen. Auch Einzelbetreuer greifen zur Führung der Betreuung möglicherweise zum Teil auf Hilfspersonen, z.B. auf Ehegatten, die mit den Betreuten kleinere Erledigungen vornehmen, zurück. Auch im Betreuungsrecht existieren ferner im Bereich der Vereins- und Behördenbetreuung und der Führung der Betreuung durch einen Vereins- oder Behördenbetreuer Organisationsstrukturen, in denen mehrere Personen zumindest teilweise bei der Durchführung der Betreuung mitwirken.

Völlig auszuschließen sind somit Probleme der Wissenszurechnung auch im Betreuungsrecht nicht, mögen sie auch nicht typischer Weise zu erwarten sein.

Daher ist als Weiteres zu untersuchen, ob eine Festlegung der Kriterien zur Wissenszurechnung im Wortlaut einer Zuwendungsnorm zu wünschen oder gar erforderlich wäre.

Bislang wurde davon im Rahmen von § 14 HeimG abgesehen; dies könnte an der klaren Rechtsprechung und der grundsätzlichen Regelung in § 166 BGB liegen. Für das Betreuungsrecht gilt, dass die Situationen einer Wissenszurechnung auf Einzelfälle beschränkt sein würden, die im Rahmen dieser Arbeit nicht weiter vertieft werden sollen. Es erscheint daher nicht erforderlich, angesichts der Existenz von § 166 BGB in der Spezialnorm Voraussetzungen zur Wissenszurechnung festzuschreiben. Anders als bei der Frage der Kenntnis überhaupt, handelt es sich bei der Wissenszurechnung um kein Problem, das noch keine Niederlegung gefunden hätte oder welches besondere Schwierigkeiten aufwirft. Möglich wäre es allerdings, ohne nähere Ausgestaltung den

„Wissensvertreter“ in den Tatbestand einfließen zu lassen. So könnte z.B. formuliert werden:

> *„Dies/das Verbot gilt nur, wenn der Betreuer oder ein Wissensvertreter zu Lebzeiten des Betreuten Kenntnis von der Zuwendung erlangte und sie billigte.“*

Um keine ausufernde Formulierung im Tatbestand zu erzeugen, erscheint es jedoch angebrachter, von einer Aufnahme des „Wissensvertreters“ abzusehen.

f. Ergebnis

Zusammenfassend kann nun unter Beachtung der genannten Aspekte ein erster Vorschlag zur Formulierung unterbreitet werden.

Diskutiert werden kann dabei, ob der Tatbestand allgemein formuliert werden sollte, oder ob die Problematik der Kenntnis und Billigung ausdrücklich für testamentarische Zuwendungen geregelt werden sollte. Ähnlich differenzierte der Vorschlag von Rink[243], der die „Annahme“ einer Erbschaft oder eines Vermächtnisses einem Genehmigungsvorbehalt des Vormundschaftsgerichts unterwerfen wollte. Allerdings ist angesichts der Konstellationen wie im sog. „Bonifatius-Fall“ die Frage nach einer lebzeitigen Kenntniserlangung gerade nicht auf testamentarische Zuwendungen begrenzt. Daher ist eine allgemeine Formulierung vorzuziehen, um Lücken im Wortlaut möglichst zu vermeiden.

Es würde sich daher zunächst folgende Formulierung anbieten:

> *„Ein Betreuter darf seinem Betreuer Vermögensvorteile nicht versprechen oder gewähren. Dies gilt nur, sofern der Betreuer zu Lebzeiten des Betreuten Kenntnis von der Zuwendung erlangt und sie billigt.“*

Die Kombination einer aktiven Verbotsformulierung einerseits und einer ausdrücklichen Forderung der Kenntniserlangung und Billigung zu Lebzeiten des Betreuten andererseits hätte einen ästhetischen Vorteil gegenüber der bisherigen Fassung von § 14 Abs. 1, 5 HeimG. Es würde dadurch das für die Situation einer testamentarischen Zuwendung nicht passende Tatbestandsmerkmal „Lassen“ vermieden werden, wodurch wiederum ein Heranziehen von Auslegungsmethoden und verfassungsrechtlichen Wertungen nicht erforderlich wäre. Ferner würde eindeutig festgelegt, dass bereits eine einseitige Kenntniserlangung und Billigung die Zuwendung zunichte machen würde.

[243] S. § 12 C II.

2. Ursachenzusammenhang

a. Allgemeine Bemerkungen

§ 14 HeimG unterstellt dem Zuwendungsverbot nur die Zuwendungen, welche im Zusammenhang mit den Heimleistungen erbracht werden. In Abgrenzung dazu sind lediglich privat motivierte Leistungen nicht vom Verbot betroffen. Die Rechtsprechung hat aufgrund regelmäßig bestehender Beweisnot für den Ursachenzusammenhang eine Vermutungsregel aufgestellt. In der Literatur ist diesbezüglich umstritten, ob diese eine Beweislastumkehr sein kann oder nur - wie vorliegend vertreten - eine Beweiserleichterung mittels Anscheinsbeweis.[244]

Auch im Betreuungsrecht sollten freigebige Zuwendungen aus Dankbarkeit oder privatem Anlass nicht verhindert werden. Nur Vermögensübertragungen, die ihren Ursprung in der besonderen Beziehung zwischen Betreuer und Betreutem haben, sollen kontrolliert werden und gegebenenfalls untersagt sein.

Nachdem im Betreuungsrecht ein persönliches Näheverhältnis zur besseren Führung der Betreuung durchaus erwünscht ist, sind auch für Zuwendungen innerhalb des Betreuungsverhältnisses zu den Situationen von § 14 HeimG vergleichbare Abgrenzungsschwierigkeiten und daher Nachweisprobleme zu erwarten.

b. Möglichkeiten zur Regelung der Feststellungslast

Aufgrund der ebenfalls zu erwarteten Nachweisprobleme stellt sich allerdings die Frage, ob eine gesetzliche Regelung der Feststellungslast ein angebrachtes Mittel wäre.

Eine strenge Umkehr der Feststellungslast wäre angesichts der im Rahmen von § 14 HeimG ermittelten Ergebnisse auch im Betreuungsrecht zu weitgehend. Bereits im Geltungsbereich von § 14 HeimG konnte festgestellt werden, dass nur ein Anscheinsbeweis verfassungsrechtlich vertretbar ist. Gründe, die im Betreuungsrecht eine davon abgehende Wertung und eine Verschärfung rechtfertigen würden, sind nicht ersichtlich. Es sollte daher keine Vermutung des Ursachenzusammenhangs in den Wortlaut einfließen

Ob in Parallele zu § 14 HeimG auch im Betreuungsrecht ein Anscheinsbeweis möglich wäre, erscheint fraglich. Zumindest in den Fällen einer Betreuung durch Familienangehörige wird die Ursache der Zuwendung nicht in der Betreuung, sondern in der familiären Nähebeziehung liegen. Daher kann zumindest für den Bereich der Betreuung durch Familienangehörige oder diesen ähnlich nahe stehende Personen im Betreuungsrecht kein Erfahrungssatz aufgestellt werden, der einen Anscheinsbeweis rechtfertigen würde.

[244] S. § 7 B V 3.

c. Ergebnis

Im Ergebnis ist daher auch im Betreuungsrecht von einer gesetzlichen Festlegung der Feststellungslast abzusehen. Der erforderliche Ursachenzusammenhang zwischen Zuwendung und Betreuungstätigkeit könnte wie folgt berücksichtigt werden:

> *„Ein Betreuter darf seinem Betreuer Vermögensvorteile nicht versprechen oder gewähren, welche ihren Grund in der Betreuungstätigkeit haben und über die dem Betreuer zu gewährende Vergütung hinausgehen."*

Sollte ein Erfahrungssatz für die Beweiswürdigung im Prozess anerkannt werden, so könnte er folgendermaßen lauten:

> *„Nimmt ein Betreuter während der Betreuung eine Zuwendung zugunsten seines Betreuers vor, so spricht der erste Anschein dafür, dass die Zuwendung auf die Betreuung und die Ausnutzung einer dadurch entstandenen Vertrauensbeziehung zum Betreuten zurückzuführen ist."*

3. Ausnahmen

Wie bereits herausgearbeitet, sollte und dürfte es angesichts der verfassungsrechtlichen Relevanz auch im Betreuungsrecht nicht Sinn und Zweck sein, ein striktes Zuwendungsverbot einzuführen. Nur dort, wo eine der zu verhindernden Gefahren bestehen würde, sollte das Verbot gelten.

a. Geringwertige Aufmerksamkeiten

Neben der Feststellung, dass nur bei Kenntnis des Bedachten oder eines Wissensvertreters der Schutzzweck ein Verbot der Zuwendung erfordert, können daher auch geringwertige Aufmerksamkeiten vom Verbot ausgenommen werden.

Übereinstimmend wird in allen existierenden Sondernormen das Versprechen oder Gewähren von geringwertigen Aufmerksamkeiten nicht verboten. In § 10 BAT bzw. § 3 Abs. 2 TVöD und den beamtenrechtlichen Normen wird von einer stillschweigenden Genehmigung ausgegangen[245], bei § 14 HeimG werden die geringwertigen Aufmerksamkeiten ausdrücklich durch § 14 Abs. 2 Nr. 2 HeimG vom Anwendungsbereich der Norm ausgenommen.

Der Grund dafür liegt darin, dass im Fall von nur geringwertigen Aufmerksamkeiten wie im Falle einer fehlenden Kenntnis keine dem Zuwendungsverbot zugrunde liegende Gefahrensituation vorliegt.

Dieser Gedanke kann auch für eine Sondernorm im Betreuungsrecht übernommen werden, denn auch dort begründet die Zuwendung einer geringwertigen Aufmerksamkeit keine der genannten Gefahren, vor denen die Norm schützen will.

[245] Runderlass des BMI, GMBl. 1962, 120, 121.

Zu überlegen bleibt, ob und wie man diesen Gedanken auch im Wortlaut einer Norm berücksichtigen sollte. Eine Möglichkeit wäre, dem Vorbild von § 14 Abs. 2 Nr. 2 HeimG zu folgen und die Unschädlichkeit von geringwertigen Aufmerksamkeiten ausdrücklich zu nennen. Demgegenüber könnte auch wie in § 10 BAT/§ 3 Abs. 2 TVöD und im Beamtenrecht ohne Aufnahme in den Wortlaut nur von einer stillschweigenden Genehmigung ausgegangen werden. Nachdem jedoch die Zuwendung geringwertiger Aufmerksamkeiten im Betreuungsverhältnis nicht ungewöhnlich ist - z.B. kleinere Verpflegungen des Betreuers bei Besuchen - würde eine ausdrückliche Nennung im Tatbestand vor Missverständnissen bewahren und den Zweck der Norm, nicht alle Zuwendungen strikt zu untersagen, auch nach außen hin betonen. Aus Gründen der Rechtsklarheit ist eine Aufnahme in den Tatbestand wie bei § 14 Abs. 2 Nr. 2 HeimG zu befürworten.

Im Weiteren ist zu überlegen, wie eine Formulierung lauten sollte. Hierfür böten sich verschiedene Alternativen an: einerseits wäre es möglich, wie im Rahmen von § 14 Abs. 2 Nr. 2 HeimG sich auf die Nennung der „geringwertigen Aufmerksamkeiten" zu beschränken. Einzelheiten wären dann dem Kommentar zu entnehmen, da eine Legaldefinition dieses Begriffspaars in anderen Normen nicht existiert. Alternativ dazu könnten die „geringwertigen Aufmerksamkeiten" definiert werden oder Regelfälle aufgezählt werden. Eine feste Obergrenze würde mittels eines Höchstbetrags bestimmt werden können.

Von diesen Alternativen erscheint die erste als die angemessenste Lösung, da sie einerseits dem Schutzzweck der Norm entsprechen würde und andererseits zu keiner unnötigen Ausweitung des Wortlauts der Norm führt.

Die Aufnahme einer Definition von „geringwertigen Aufmerksamkeiten" erscheint unnötig, da die Begriffe „geringwertig" und „Aufmerksamkeit" aus sich heraus bereits verständlich sind. Eine Festschreibung einer betragsmäßigen Obergrenze würde einerseits zwar hervorheben, dass auch mehrere „geringwertigen Aufmerksamkeiten" irgendwann einmal in ihrer Summe nicht mehr „geringwertig" sind und dann vom Verbot erfasst sein müssten. Andererseits knüpfen an eine Festlegung eines Höchstbetrags unmittelbar Einzelfragen an, wie z.B. die Frage nach dem Betrachtungszeitraum, in welchem mehrere einzelne Zuwendungen zusammenzufassen sind, oder die Frage nach der Höhe des zulässigen Höchstbetrags selbst. Ein fixer Geldbetrag wäre auch unpraktisch, da er aufgrund von Inflation ständig angepasst werden müsste. Aus diesem Grund wird generell im BGB keine Geldbetrag festgelegt, insbesondere nicht im Unterhaltsrecht; man greift in der Praxis auf außergesetzliche allgemein anerkannte Tabellen zurück.

Wollte man eine über die bloße Nennung der „geringwertigen Aufmerksamkeiten" hinausgehende detailliertere Regelung treffen, würde sich allenfalls eine beispielhafte Aufzählung von Regelfällen anbieten. Dazu würden etwa Blumen oder Genussmittel zählen. Die Nennung von Regelfällen erscheint allerdings überflüssig, da die Begriffe „geringwertig" und „Aufmerksamkeit" grundsätzlich aus sich heraus verständlich sind. Im Ergebnis sprechen allerdings keine besonderen Gründe für oder gegen die Aufzählung von Regelfällen, so dass es sich im Grund hierbei um eine bloße Geschmacksfrage handelt.

b. Genehmigungserfordernis

Wichtiger als die Regelung der geringwertigen Aufmerksamkeiten wäre es allerdings, einen konkreten Genehmigungstatbestand für die übrigen Fälle festzuschreiben. Die Einführung eines Genehmigungstatbestandes wäre erforderlich, um dem Schutzzweck der Norm gerecht zu werden. Denn Zuwendungen sollen nicht umfassend untersagt werden, sondern nur kontrollierbar gemacht werden.

Dem System des Betreuungsrechts sind Genehmigungspflichten als Teil der Aufsichtsfunktion des Vormundschaftsgerichts ferner nicht fremd. Die Normierung einer Genehmigungsmöglichkeit ist zudem Ausfluss der zu beachtenden Wertungen von Art. 14 GG. Ein Verbot jeglicher Zuwendungen ohne Ausnahmetatbestand würde einen unverhältnismäßigen Eingriff in die Rechte der Betroffenen bedeuten.

§ 14 Abs. 6 HeimG stellt für die Genehmigung eine konkrete Formulierung zur Verfügung, die dennoch, gerade hinsichtlich der Frage nach einem Genehmigungsanspruch und nach dem relevanten Zeitpunkt der Erteilung, Schwierigkeiten aufwirft.

aa. Rechtscharakter der Genehmigung

Besonders wichtig ist es, den Rechtscharakter der Genehmigung zu bestimmen und damit auch die Zielrichtung der Norm insgesamt festzulegen. Dies belegen die festgestellten Unterschiede zwischen § 10 BAT/§ 3 Abs. 2 TVöD und den beamtenrechtlichen Regeln einerseits und § 14 Abs. 1, 5 HeimG andererseits. Im Rahmen der Darstellung dieser Sondernormen zeigte sich, dass bereits der Rechtscharakter der Genehmigung darüber entschied, ob Zuwendungen an den Verbotsadressaten ohne die Einholung der Genehmigung wirksam oder nichtig sind.

Angesichts der gleichen Schutzrichtung von § 14 HeimG und einer entsprechenden Norm im Betreuungsrecht muss der Genehmigungstatbestand im Betreuungsrecht ebenfalls die Funktion einer Wirksamkeitsvoraussetzung einnehmen. Denn nachträgliche Sanktionen, wie sie andernfalls nur möglich wären, können wie aufgezeigt keinen ausreichenden Schutz der Betreuten gewährleisten.

bb. Genehmigungsbedürftigkeit

Ferner muss festgelegt werden, für welche Art von Zuwendungen eine Genehmigungsbedürftigkeit eintritt. Im Einklang mit den zu § 14 HeimG erarbeiteten Ergebnissen, sind alle Rechtsgeschäfte von der Genehmigungsbedürftigkeit erfasst, welche nicht bereits aufgrund fehlender Kenntnis oder wegen der Zuwendung nur geringwertiger Aufmerksamkeiten ausgenommen sind. Insbesondere unterliegen auch einseitige Rechtsgeschäfte wie Testamente dem Erfordernis einer Genehmigungserteilung; eine solche führt zu keiner rechtswidrigen oder unverhältnismäßigen Einschränkung der Rechte der Betroffenen, v.a. nicht zu einer Verletzung des Höchstpersönlichkeitsgrundsatzes oder des Geheimhaltungsinteresses des Zuwendenden.

cc. Genehmigungsfähigkeit

Der nächste Schritt ist sodann die Bestimmung der Umstände, die zur Genehmigungsfähigkeit der Zuwendung führen.

(1) Keine Gefahrensituation - Anspruch auf Erteilung

Maßstab wäre hierfür, ob in der konkreten Situation im Einzelfall eine Gefahr für einen der benannten Schutzzwecke besteht oder nicht. Liegt eine Gefahr danach vor, ist das Rechtsgeschäft nicht genehmigungsfähig und daher zu versagen.

Ergeben die konkreten Umstände im Einzelfall dagegen keine Gefahr, so muss dem Zuwendungsempfänger ein Anspruch auf Erteilung der Genehmigung eingeräumt werden. Andernfalls würden die verfassungsmäßigen Rechte der Betroffenen unverhältnismäßig eingeschränkt. Dies sollte auch bereits im Wortlaut berücksichtigt werden und der ausgewählten Kontrollinstanz nicht ein im Ergebnis nicht bestehendes Ermessen eingeräumt werden wie im Rahmen von § 14 Abs. 6 HeimG.

Daher könnte der Anspruch auf Genehmigung entweder formuliert werden als „...ist zu erteilen, wenn..." oder als „...ist zu versagen, wenn....". Erstere Formulierung würde die positive Zielrichtung der Norm deutlicher unterstreichen als die zweite, denn sie spricht sich eindeutig zugunsten des Antragstellers aus. Somit soll dieser der Vorzug eingeräumt werden.

(2) Zeitpunkt

Wesentlich ist insbesondere die eindeutige Bestimmung des Zeitpunkts, zu welchem die Genehmigung spätestens vorliegen muss.

Im Rahmen von § 14 Abs. 6 HeimG wurde erörtert, ob auch eine nach Vornahme des Rechtsgeschäfts beantragte Genehmigung ausreichend sein könnte. Dies hätte unter Berücksichtigung der Funktion als Wirksamkeitsvoraussetzung der Genehmigung zur Folge, dass bis zu deren Erteilung oder Ablehnung ein Schwebezustand bestände. Am Maßstab der Schutzzwecke war festzustellen, dass ein derartiger Schwebezustand bei Zuwendungen nach § 14 HeimG nicht zu dulden ist.

Daher galt dort, dass die Genehmigung vor Vornahme des Rechtsgeschäfts beantragt und erteilt sein muss.

Andernfalls würde auch ein psychischer Druck beim Zuwendenden entstehen, an bereits vorgenommenen Rechtsgeschäften festzuhalten. Er wäre in seinen Handlungen nicht vergleichbar frei wie im Falle der Unwirksamkeit des Rechtsgeschäftes bis zur Entscheidung über die Genehmigung. Überdies hätte es ansonsten der Zuwendungsempfänger auch in der Hand, über den Zeitpunkt der Beantragung der Genehmigung zu bestimmen. Dann wären Ermittlungsschwierigkeiten der Genehmigungsbehörde nicht auszuschließen.

Die Erwägungen aus § 14 HeimG gelten entsprechend für die Bedürfnisse einer Norm im Betreuungsrecht; nur eine vorherige Genehmigungserteilung wird den Schutzinteressen der Betreuten gerecht, Schwebezustände und psychische Zwänge sind zu vermeiden.

Es ist nicht anzunehmen, dass die Beteiligen durch diese Konstruktion unverhältnismäßig in ihrer Privatautonomie eingeschränkt werden würden, da sie jederzeit das Rechtsgeschäft neu vornehmen könnten. Einzelfälle, in denen der Betreute in kurzer Zeit nach Vornahme der Zuwendung stirbt und dadurch eine Einholung der Genehmigung und Neuvornahme unmöglich wird, sind aus Gründen der Rechtssicherheit hinzunehmen.

(3) Genehmigungsinstanz

Nachdem im Betreuungsrecht das Vormundschaftsgericht die Aufsichtsfunktion über die Führung der Betreuung innehat, wäre dieses auch für Zuwendungen des Betreuten an seinen Betreuer die geeignete Genehmigungsinstanz. Das Vormundschaftsgericht verfügt über die entsprechende Sachnähe und Fachkompetenz zur Entscheidung.

c. Ergebnis

Zusammenfassend würde sich unter Beachtung sämtlicher genannter Punkte folgende Formulierung der Ausnahmen anbieten:

„Dies/das Verbot gilt nicht, sofern
1. *geringwertige Aufmerksamkeiten versprochen oder gewährt werden*
2. *das Vormundschaftsgericht das Versprechen oder Gewähren des Vermögensvorteils bis zum Zeitpunkt der Vornahme des Rechtsgeschäfts genehmigt hat. Das Vormundschaftsgericht hat die Genehmigung zu erteilen, wenn der Schutz des Betreuten die Aufrechterhaltung des Verbots nicht erfordert."*

Die vorgeschlagene Formulierung würde sicherstellen, dass sowohl zweiseitige als auch einseitige Rechtsgeschäfte von der Genehmigungsbedürftigkeit erfasst wären. Im Falle einer vertraglichen Zuwendung würde bereits vor Abgabe der Angebotserklärung die Genehmigungspflicht ausgelöst werden; im Falle einer einseitigen Zuwendung würde die Handlung des Zuwendenden von der Genehmigungspflicht erfasst.

4. Kreis der Zuwendenden

Eine Sondernorm im Betreuungsrecht muss ferner beachten, welche Personen als Zuwendende von dem Verbot erfasst sein sollen.

Im Rahmen von § 14 HeimG ist gleichgültig, von wem die Zuwendung erbracht wird, d.h. auch solche von Außenstehenden unterfallen dem Verbot, vgl. die Formulierung „...von oder zugunsten von...". Eine Einschränkung wird durch den erforderlichen Ursachenzusammenhang herbeigeführt.

Die Ausweitung des Kreises der Leistenden bei § 14 HeimG hat ihre Ursache in dem Schutzzweck der Ungleichbehandlung der Heimbewohner und des Schutzes vor einer Konkurrenzsituation im Heim. Da vergleichbare Situationen unter verschiedenen Betreuten allerdings nicht denkbar sind - da die Betreuten untereinander nicht in Kontakt zu einander stehen wie es Heimbewohner tun - erscheint die entsprechende Ausweitung des Kreises der Leistenden nicht angezeigt. Die hier vorgeschlagene Norm bezweckt einen Schutz vor Beeinflussung des Betreuten selbst und soll kein Schutzgesetz für andere Betreute sein.[246]

Daher soll es für den Geltungsbereich der Norm im Betreuungsrecht nur auf Leistungen des Betreuten ankommen.

5. Kreis der Zuwendungsempfänger

Ebenso wie die Festlegung der Zuwendenden muss auch bestimmt werden, für welche Zuwendungsempfänger das Verbot gelten sollte.

a. Einzelbetreuer - organisierte Betreuungsformen

Der Regelfall ist die Einzelbetreuung durch eine einzelne natürliche Person, die nicht organisiert ist, d.h. in keinen Betreuungsverein oder Betreuungsbehörde integriert ist. Verhältnismäßig selten im Vergleich dazu ist die Betreuung durch organisierte Betreuer, wie Vereins- oder Behördenbetreuer oder die Mitarbeiter von Betreuungsvereinen oder Betreuungsbehörden.[247]

Hierin besteht ein nicht unbeachtlicher Unterschied zu Heimen, die gefestigte Organisationsstrukturen aufweisen. In die Versorgung der Heimbewohner sind stets mehrere Personen mit verschiedenen Funktionen (Träger, Leiter, Beschäftigter oder sonstiger Mitarbeiter) eingebunden.

Im Regelfall der Einzelbetreuung wird der Betreuer dagegen keine Mitarbeiter einsetzen, welche zum Betreuten in Kontakt treten. Anders ist dies bei den organisierten Betreuungsformen der Vereinsbetreuer oder Behördenbetreuer oder der Vereins- oder Behördenbetreuung. Diese weisen zu den Heimen vergleichbare Organisationsstrukturen auf, es sind wie auch im Heim mehrere Personen in die Führung der Betreuung involviert.

Für diese Fälle ist auch eine entsprechende Ausweitung im Tatbestand auf diese Personen erforderlich, um keine Lücken entstehen zu lassen. Denkbar wäre, dass diese im Verhältnis zur Einzelbetreuung seltenen Fälle der organisierten Betreuung durch gesonderte Absätze von dem Regelfall auch in der Ausgestaltung der Norm getrennt werden sollten.

Dabei wäre genau zu überlegen, auf welche Personen das Verbot erstreckt werden sollte. Bei § 14 Abs. 1, 5 HeimG betrifft das Verbot den Träger, den Leiter, die Beschäftigten und die sonstigen Mitarbeiter. Parallel dazu könnte das Verbot im Betreuungsrecht auf den Verein bzw. die Behörde, deren Beschäftigte und die sonstigen Mitarbeiter erweitert werden. Im Falle der Vereinsbetreuung wären auch die Mitglieder des Vereins einzubeziehen. Zusätzlich sollte das Verbot auch die Organe des Vereins betreffen, denn Vorstandsmitglieder müssen nicht zwingend Vereinsmitglieder sein.

---

[246] Ungeachtet dessen soll nicht völlig ausgeschlossen sein, dass im Einzelfall die Leistung eines Dritten an den Betreuer eine Umgehung der Norm darstellen könnte.

[247] Vgl. § 5 C; ca. 7 % aller Betreuungen werden durch Vereins- oder Behördenbetreuer oder Betreuungsvereine/ -behörden geführt.

Ansonsten würde eine wie die im Rahmen von § 14 HeimG für den Fall der Trägerschaft durch Kapitalgesellschaften entwickelte „Durchgriffsrechtsprechung" erforderlich werden.

Möglich wäre deshalb folgende Formulierung der gesonderten Absätze:

> *„(...) Wird ein Verein oder eine Behörde zum Betreuer bestellt, so erstreckt sich das Zuwendungsverbot aus Absatz ... auf die Organe, Mitglieder, Mitarbeiter, sonstige Beschäftigte und ehrenamtliche Helfer.*
>
> *(...) Wird ein Vereinsbetreuer oder ein Behördenbetreuer zum Betreuer bestellt, so erstreckt sich das Zuwendungsverbot auf die im vorgehenden Absatz genannten Personen sowie auf den Verein bzw. die Behörde, für die der Betreuer tätig ist."*

Anstelle der umfassenden Nennung böte sich auch eine allgemeinere Formulierung an:

> *„(...) Wird ein Verein oder eine Behörde zum Betreuer bestellt, so erstreckt sich das Zuwendungsverbot aus Absatz...auf sämtliche in die Organisationsstruktur eingegliederten Personen. Das Gleiche gilt, wenn ein Vereinsbetreuer oder ein Behördenbetreuer zum Betreuer bestellt wird."*

b. Umgehungsgeschäfte

Anhand der gehäuften Rechtsprechung in den letzten Jahren stellte sich heraus, dass der Wortlaut von § 14 HeimG besonders umgehungsanfällig ist. Parallel dazu ist nun auch für das Betreuungsrecht zu diskutieren, ob entsprechende Umgehungsgefahren bestehen würden. Falls dies zu bejahen wäre, müsste weitergehend diskutiert werden, ob man einer Umgehung nicht bereits durch eine entsprechende Wortlautfassung begegnen sollte und könnte.

aa. Ergebnis aus § 14 HeimG

Im Rahmen von § 14 HeimG wurde deutlich, dass es nicht möglich sein wird, eine alle Umgehungsgeschäfte umfassende Eingrenzung des in Betracht kommenden Personenkreises vorzunehmen. Es wir im Ergebnis stets auf die Umstände des Einzelfalls ankommen.

Allerdings wurde auch deutlich, dass zumindest Fallgruppen gebildet werden können: so sind Zuwendungen an Ehegatten, Kinder oder Eltern häufig. Die bisherige Rechtsprechung ist jedoch in ihrer Terminologie uneinheitlich und unklar; es ist nicht erkennbar, ob Zuwendungen an „Verwandte", „Angehörige" oder an „nahe Angehörige" der Grund für die Bejahung eines Umgehungsgeschäftes sein soll.

Dazu wurde herausgearbeitet, dass entscheidend nicht die rechtliche, sondern die persönliche Verbundenheit zwischen Verbotsadressaten im Sinne von § 14 Abs. 1, 5

HeimG und dem Bedachten ist. Ebenso kann es auf den Eintritt eines wirtschaftlichen Vorteils beim Verbotsadressaten nicht ankommen, solange die Zuwendung geeignet ist, ihn in seinem Verhalten dem zuwendenden Heimbewohner gegenüber zu beeinflussen.

bb. Umgehungsanfälligkeit des Betreuungsrechts

Betrachtet man nun im Vergleich zu den Ergebnissen von § 14 HeimG die Umgehungsanfälligkeit eines Zuwendungsverbots im Betreuungsrecht, so muss eine solche bejaht werden.

Insbesondere im Falle der Einzelbetreuungen, die nicht berufsmäßig geführt werden, sind Umgehungsfälle naheliegend. Denn nicht berufsmäßige Einzelbetreuer werden sich häufig der Hilfe von Familienangehörigen bedienen, etwa um kleine Botengänge zu den Betreuten zu erledigen. Der Kontakt der Betreuten zu den Familienangehörigen der Betreuer ist enger als in den übrigen Betreuungsformen. Insgesamt spielt sich im Falle der nichtberufsmäßigen Einzelbetreuungen die gesamte Betreuung in stärkerem Ausmaße im privaten Lebensumfeld des Betreuers ab, so sind etwa gegenseitige Besuche im privaten Umfeld üblich.

cc. Aufnahme in den Wortlaut

Daher bleibt zu fragen, ob diese bestehende Umgehungsanfälligkeit eine entsprechende Berücksichtigung im Wortlaut der Norm erfordert.

Die Ergebnisse der rechtstatsächlichen Forschungen zeigen, dass die nicht berufsmäßigen Einzelbetreuungen von allen Betreuungsformen einen Anteil zwischen 6,5 % bzw. 7 % einnehmen, wenn man den Anteil der Betreuungen im Familienkreis außer Acht lässt. Letztere wurden mit einem Anteil zwischen 64 % und 55 % beziffert. Berufsmäßig geführte Einzelbetreuungen betragen dagegen 22 %.[248]

Damit ergibt sich zunächst, dass zumindest der relativ kleine Anteil der ehrenamtlichen Einzelbetreuungen, soweit sie nicht von Familienangehörigen geführt werden, nicht für eine besonders häufig auftretende Konstellation und eine damit verbundene typische Umgehungssituation spricht. Dies könnte gegen ein Erfordernis sprechen, auch den Wortlaut der Norm auf die Umgehungssituationen auszulegen. Wenn im konkreten Einzelfall eine Umgehungssituation festgestellt wird, so könnte zu deren Lösung auch ohne ausdrückliche Normierung auf die im Rahmen von § 14 HeimG erarbeiteten Grundsätze zurückgegriffen werden. Eine fehlende Normierung bedeutet keine fehlende Lösbarkeit der Umgehungskonstellationen.

Auf der anderen Seite würde eine Berücksichtigung im Wortlaut eine klarstellende Funktion einnehmen. Es würde auch nach außen hin deutlich, dass das Zuwendungsverbot umfassend wirken soll und daher auch naheliegende Umgehungen nicht geduldet werden. Würde man sich daher für eine Normierung entscheiden, so wäre es denkbar, besonders häufige Fallgruppen als Regelfall zu nennen. Eine andere Alternative wäre, den Tatbestand der Umgehung durch eine allgemeine Formel wie etwa den

[248] Vgl. § 5 C.

Kreis der „persönlich oder rechtlich verbundenen Personen oder Einrichtungen" festzuschreiben.

Diese Lösung hätte den Vorteil, dass von einer derartigen Formulierung auch Zuwendungen an alle in die Organisationsstruktur eingebundenen Personen erfasst wären; dies würde eine besondere Berücksichtigung der Mitarbeiter, Beschäftigten etc. im Falle der Vereins- oder Behördenbetreuung oder des Vereins- oder Behördenbetreuers entbehrlich machen und daher eine Ausuferung des Wortlautes vermeiden.

dd. Zusammenfassung

Aufgrund dieses Vorteils der ökonomischeren Fassung des Tatbestands insgesamt wird die letztgenannte Alternative favorisiert. Eine unverhältnismäßige Einschränkung der verfassungsmäßigen Rechte der Betroffenen ist trotz einer umfassenden Formulierung nicht zu befürchten, da entscheidend für das Eingreifen des Verbotstatbestandes letztlich der Ursachenzusammenhang ist; dieser ist ein wirksames Kontrollelement, um letztlich die Ausuferung des Anwendungsbereiches zu vermeiden.

c. Ergebnis

Zusammenfassend ist daher der Kreis der betroffenen Zuwendungsempfänger im Wortlaut der Norm möglicherweise wie folgt zu berücksichtigen:

> *„Ein Betreuter darf seinem Betreuer oder einer diesem persönlich oder rechtlich verbundenen Person oder Einrichtung Vermögensvorteile nicht versprechen oder gewähren ..."*

Eine besondere Formulierung für den Fall der Vereins- oder Behördenbetreuung oder des Vereins- oder Behördenbetreuers wird dadurch entbehrlich. Die einzelnen in die Organisationsstruktur eingebundenen natürlichen Personen wären durch den Begriff der „persönlich oder rechtlich verbundenen Person" erfasst; die Organisationsform selbst, d.h. die Behörde oder der Verein, wäre eine „rechtlich verbundene Einrichtung".

6. Rechtsfolgen eines Verstoßes

Hinsichtlich der Rechtsfolgen eines Verstoßes bestehen in Rechtsprechung und Literatur keine Schwierigkeiten im Rahmen von § 14 HeimG und wären auch bei der hier angebotenen Formulierung der neuen Vorschrift nicht zu erwarten. Ungeachtet der Tatsache, dass bereits die Genehmigungsbedürftigkeit das Schicksal der Rechtsfolgen eines Verstoßes regelt, führen Verstöße zumindest nach § 134 BGB zur Nichtigkeit des Rechtsgeschäfts. Möglich wäre es dennoch, klarstellend zur Vervollständigung des Tatbestandes die Rechtsfolge mit aufzunehmen:

> *„Ein Versprechen oder Gewähren im Sinne von Abs. 1 ohne Vorliegen einer erforderlichen Genehmigung ist nichtig."*

7. Zwischenergebnis

Fasst man nun die soeben erarbeiteten Einzelformulierungen zusammen, so könnte das Zuwendungsverbot im Betreuungsrecht wie folgt formuliert werden:

(1) Ein Betreuter darf seinem Betreuer oder einer diesem persönlich oder rechtlich verbundenen Person oder Einrichtung Vermögensvorteile nicht versprechen oder gewähren, welche ihren Grund in der Betreuungstätigkeit haben und über die dem Betreuer zu gewährende Vergütung hinausgehen; dies gilt nur, sofern der Betreuer zu Lebzeiten des Betreuten Kenntnis von der Zuwendung erlangt und sie billigt.

(2) Das Verbot gilt nicht, soweit

1. geringwertige Aufmerksamkeiten versprochen oder gewährt werden, oder

2. das Vormundschaftsgericht das Versprechen oder Gewähren des Vermögensvorteils bis zum Zeitpunkt der Vornahme des Rechtsgeschäfts genehmigt hat. Das Vormundschaftsgericht hat die Genehmigung zu erteilen, wenn der Schutz des Betreuten die Aufrechterhaltung des Verbots nicht erfordert.

(3) Ein Versprechen oder Gewähren im Sinne von Abs. 1 ohne Vorliegen einer erforderlichen Genehmigung ist nichtig.

II. Beachtung betreuungsspezifischer Aspekte

Die soeben dargestellte Formulierung berücksichtigt die Schwierigkeiten, welche im Rahmen von § 14 HeimG diskutiert wurden. Eine neue Regelung im Betreuungsrecht müsste allerdings darüber hinaus noch weitere, betreuungsspezifische Aspekte beachten. Daher ist fraglich, ob der bisherige Vorschlag unter deren Einbeziehung Bestand haben könnte.

1. Familienmitglieder als Betreuer

Ins Auge springt insofern, dass Betreuungen zum Großteil von Familienmitgliedern oder Freunden übernommen werden, und daher oft eine persönliche Beziehung bereits vor Einrichtung der Betreuung bestanden hat.[249]

Die Bundesregierung betonte hierzu, dass Zuwendungsbeschränkungen die Bereitschaft, Betreuungen im Familien- oder Freundeskreis zu übernehmen, nachteilig beeinträchtigen würden.[250]

Dieser Einwand ist in der Tat ein beachtlicher Aspekt, insbesondere aufgrund des verfassungsrechtlichen Bezugs durch Art. 6 GG. Es wäre denkbar, zumindest Familienmitglieder vom Verbot auszunehmen. Andererseits würde man dann in die neue Ab-

[249] S. § 4 C.

[250] BT-Drs. 13/ 7158, S. 55.

grenzungsschwierigkeit geraten, welche Familienmitglieder „befreit" sein sollten. Zu fragen wäre, ob dies nur die Pflichtteilsberechtigten sein sollten oder noch weitere. Die Tatsache, dass rechtliche Verbundenheit sich nicht unbedingt in einer entsprechenden persönlichen Nähebeziehung widerspiegelt, lässt auch die Frage aufkommen, ob eine Abgrenzung anhand der rechtlichen Einordnung angemessen sein kann. Freunde und Bekannte können dem Betroffenen persönlich mindestens so nahe stehen wie Familienmitglieder.

Eine klare, im Einzelfall angemessene Eingrenzung erscheint daher nicht möglich.

Auf der anderen Seite erscheint aber auch kein unbedingtes Bedürfnis für einen ausdrücklichen „Befreiungstatbestand" zu bestehen. Denn mittels der oben vorgeschlagenen Formulierung würde ein Kausalitätserfordernis in den Tatbestand eingeführt werden, womit sichergestellt werden kann, dass sämtliche privat veranlasste Zuwendungen, unabhängig davon, ob sie an Pflichtteilsberechtigte, sonstige Familienmitglieder oder Freunde gehen, wirksam wären. Somit wären auch Zuwendungen an Familienangehörige, welche die Betreuerfunktion ausüben, vom Verbot ausgenommen.

Mittels einer derartigen Formulierung dürfte sich die Befürchtung der Bundesregierung nicht bewahrheiten.

Ferner können zur Lösung dieser Problematik auch die bisher zu § 14 HeimG gesammelten Erfahrungen herangezogen werden; zum einen kann auch im Heimverhältnis die Eigenschaft als Verbotsadressat und als Familienangehöriger des Heimbewohners zusammentreffen. Dennoch ist § 14 Abs. 1, 5 HeimG deswegen nicht verfassungswidrig oder in anderer Hinsicht zu beanstanden, weil hier über das Kausalitätserfordernis regelmäßig ein Zusammenhang versprochener oder gewährter Zuwendungen zum Heimaufenthalt auszuschließen ist. Zu beachten ist in diesem Zusammenhang die Entscheidung des BayObLG, wonach eine Nichtigkeit nach § 138 BGB ausscheidet, wenn die Erbeinsetzung nicht im Betreuungsverhältnis, sondern in der langjährigen Partnerschaft gründete.[251]

Insgesamt ist daher keine unverhältnismäßige Beschränkung der Familienrechte durch die oben erarbeitete Formulierung zu befürchten.

2. Selbst ausgewählte Betreuer

Abschließend ist noch auf eine weitere Besonderheit im Betreuungsrecht hinzuweisen. Der Betreute steht dem Auswahlverfahren zur Ermittlung eines geeigneten Betreuers nicht zwingend völlig außen vor; er kann vielmehr die Betreuerauswahl selbst beeinflussen: gemäß § 1897 Abs. 4 BGB ist einem Vorschlag des zu Betreuenden im Bestellungsverfahren zu entsprechen, wenn es seinem Wohl nicht zuwiderläuft. Umgekehrt soll auch Rücksicht genommen werden, wenn er vorschlägt, eine bestimmte Person nicht zu bestellen.

Wenn ein Betreuungsbedürftiger nun aber durch eigenes Tätigwerden an der Betreuerauswahl mitwirkt, so fragt sich, wie weit die Fürsorgepflicht des Staates dann

---

[251] BayObLG, NWJ 1998, 2369, 2371; § 10 B II 3 c cc (2) (b).

noch reicht. Letztere wäre ein maßgeblicher Aspekt für die Einführung einer besonderen Schutzvorschrift für Betreute.

Daher wäre zu fragen, ob sich eine Schutznorm auch auf diese Fälle erstrecken sollte, in denen der Betreute sich seinen Betreuer selbst ausgesucht hat.

Dagegen würde sprechen, dass hierbei der Betreute dem Betreuer sein Vertrauen aus eigener freier Entscheidung entgegenbringt und damit eigene Verantwortung trägt. Die Sachlage ist deswegen verschieden von den Situationen, in denen dem Betreuten vom Gericht ein Betreuer „vorgesetzt“ wird.

Auf der anderen Seite werden Vorschläge im Auswahlverfahren nur mitberücksichtigt, dürfen aber nie unkontrolliert übernommen werden mit der Folge, dass der Betreute die alleinige Verantwortung an der Auswahl des Betreuers trägt. Aufgrund der Überprüfungspflicht des Vormundschaftsgerichts und seiner Aufsichtsfunktion während der laufenden Betreuung kann der Staat sich seiner Verantwortung nicht völlig entledigen. Dem Betreuten kommt zwar ein Vorschlagsrecht zu, er wird aber niemals die alleinige Verantwortung für die Wahl des Betreuers tragen.

Es ist deswegen kein Grund vorhanden, zwischen Betreuern, die dem Vorschlag des Betreuten entsprechen, und sonstigen Betreuern zu differenzieren.[252]

3. Ergebnis

Die erörterten betreuungsspezifischen Aspekte geben keine Veranlassung, den obigen Formulierungsvorschlag abzuändern.

III. Formulierungsvorschlag

Abschließend erscheint daher folgende Formulierung geeignet, um spezialgesetzlich eine zu § 14 HeimG vergleichbare Regelung im Betreuungsrecht zu statuieren:

> *(1) Ein Betreuter darf seinem Betreuer oder einer diesem persönlich oder rechtlich verbundenen Person oder Einrichtung Vermögensvorteile nicht versprechen oder gewähren, welche ihren Grund in der Betreuungstätigkeit haben und über die dem Betreuer zu gewährende Vergütung hinausgehen; dies gilt nur, sofern der Betreuer zu Lebzeiten des Betreuten Kenntnis von der Zuwendung erlangt und sie billigt.*
>
> *(2) Das Verbot gilt nicht, soweit*
>
> *1. geringwertige Aufmerksamkeiten versprochen oder gewährt werden, oder*

[252] Eine andere Situation besteht, wenn keine Betreuung eingerichtet wird, sondern eine „Vorsorgevollmacht“ erteilt wird, denn diese begründet ein rein rechtsgeschäftliches Verhältnis zwischen Vollmachtgeber und Bevollmächtigten; der Staat ist hieran in keiner Weise beteiligt. Ob auch in diesem Bereich eine besondere Schutzvorschrift wünschenswert ist, auch unter dem Aspekt, die Erteilung von Vorsorgevollmachten zu fördern, ist eine Folgefrage, die sich an diese Dissertation anschließt, aber nicht mehr in ihrem Rahmen erörtert werden kann.

2. das Vormundschaftsgericht das Versprechen oder Gewähren des Vermögensvorteils bis zum Zeitpunkt der Vornahme des Rechtsgeschäfts genehmigt hat. Das Vormundschaftsgericht hat die Genehmigung zu erteilen, wenn der Schutz des Betreuten die Aufrechterhaltung des Verbots nicht erfordert.

(3) Ein Versprechen oder Gewähren im Sinne von Abs. 1 ohne Vorliegen einer erforderlichen Genehmigung ist nichtig.

Dieser Vorschlag soll Diskussionsgrundlage für eine mögliche Einführung einer neuen Norm sein. Ob im Ergebnis rechtspolitische Gründe für oder gegen diese Norm und ihre Ausgestaltung im Einzelnen sprechen, ist dem Gesetzgeber überlassen. Ihm obliegt es, die betroffenen Schutzbelange und Freiheitsrechte der Beteiligten gegeneinander zu gewichten.

E. Verfassungskonformität

Die Vergleichbarkeit von dem hier ermittelten Vorschlag zur Einführung einer neuen Vorschrift mit § 14 HeimG bringt die Frage mit sich, ob der Rechtsmäßigkeit der Norm nicht verfassungsrechtliche Hindernisse entgegenstehen, so wie es auch im Zusammenhang mit § 14 HeimG über lange Zeit hin diskutiert wurde.

Nachdem allerdings für die neue Regelung die gleichen Verfassungsnormen relevant sind wie zur Überprüfung von § 14 HeimG, und das BVerfG bereits § 14 HeimG für verfassungskonform erklärt hat, scheinen der Einführung einer neuen Vorschrift grundsätzlich keine verfassungsrechtlichen Hindernisse entgegenzustehen.

Auf der anderen Seite würde anders als bei § 14 HeimG die Regelung von Art. 3 Abs. 3 Satz 2 GG relevant werden; danach darf niemand wegen seiner Behinderung benachteiligt werden. Der Frage, ob sich hieraus ergäbe, dass eine neue Norm Betreute unangemessen diskriminieren würde, kann hier nicht näher nachgegangen werden. Allerdings erscheint es unter Beachtung der Zielsetzung der neuen Norm als Schutzvorschrift für Betreute verhältnismäßig, ihnen einen besonderen Schutz zugute kommen zu lassen, so wie dieser Aspekt auch im Rahmen von § 14 HeimG die Einschränkung der Testierfreiheit aus Art. 14 GG rechtfertigt. Denn durch die Schutzvorschrift werden Zuwendungen im Allgemeinen und die Errichtung einer letztwilligen Verfügung im Besonderen nicht unmöglich und nicht unzumutbar erschwert.[253]

[253] S. BVerfG, NJW 1998, 2964, 2965.

§ 13 Zusammenfassung der Ergebnisse

Teil I

§ 3 Personenkreis der Betreuten

- Die Einrichtung einer Betreuung erfordert nach den gesetzlichen Voraussetzungen des § 1896 BGB zum einen das Vorliegen einer Betreuungsbedürftigkeit; zum anderen muss Betreuungsbedarf bestehen.
- Seit neuerer Zeit werden rechtstatsächliche Erhebungen durchgeführt, um die Lebenslage der Betreuten zu erforschen. Die Ergebnisse geben unter anderem Aufschluss über die Anzahl bestehender Betreuungen, das Alter von Betreuten, deren finanzieller Lage und ihrer Wohnsituation. Es zeigt sich, dass gerade für ältere Menschen eine Betreuung eingerichtet wird.

§ 4 Personenkreis der Betreuer

- Betreuungen werden entweder von organisierten oder nicht organisierten Einzelpersonen oder von Vereinen und Behörden geführt.
- Ein Betreuer muss zur Führung einer Betreuung rechtlich und persönlich geeignet sein, § 1897 BGB.
- Erhebungen rechtstatsächlicher Forschungsprojekte zeigen auf, dass der Großteil der Betreuungen von Familienangehörigen (ca. 60 %) geführt wird; diesen folgen die freiberuflichen Berufsbetreuer (ca. 22 %), die Vereinsbetreuer (ca. 8 %), die sonstigen ehrenamtlichen Betreuer (ca. 7 %), die Betreuungen durch Vereine und Behörden (ca. 6 %) und die Behördenbetreuer (ca. 2 %).

§ 5 Die geschichtliche Entwicklung der Betreuung

- Das System einer rechtlichen Fürsorge für Schwache und Kranke lässt sich bis in die Antike über 2000 Jahre hinaus zurückverfolgen.
- Bis 1992 trennte das deutsche System zwischen Vormundschaft und Gebrechlichkeitspflegschaft. Dieses wurde durch die „Jahrhundertreform“ zum 1.1.1992 durch das Betreuungsgesetz abgelöst.
- Das Betreuungsgesetz stärkte die Rechte der Betroffenen, insbesondere berührt die Tatsache der Betreuung weder die Geschäfts- noch die Testierfähigkeit. Eine Einschränkung enthält die Möglichkeit zur Einrichtung eines Einwilligungsvorbehaltes, welcher sich jedoch nicht auf die Errichtung letztwilliger Verfügungen erstrecken kann. Seitdem kann ein Betreuter letztwillige Zuwendungen an seinen Betreuer vornehmen, solange er nicht testierunfähig nach § 2229 Abs. 4 BGB ist.
- Das Betreuungsgesetz wurde zuletzt durch das Zweite Betreuungsrechtsänderungsgesetz zum 1.07.2005 reformiert, welches im Wesentlichen neue Regelungen des Vergütungsrechts zum Inhalt hat.

§ 6 Letztwillige Zuwendungen an den Betreuer

- Bis heute existiert im Betreuungsrecht keine Sondernorm, welche Zuwendungen des Betreuten an seinen Betreuer regelt.
- Ein kleiner Teil von Betreuern ist von arbeits- und dienstrechtlichen Zuwendungsvorschriften betroffen: Soweit der Betreuer Angestellter im öffentlichen Dienst oder Beamter ist, bestimmen die §§ 10 BAT - seit 01.10.2005 zum Teil durch § 3 Abs. 2 TVöD ersetzt - und die beamtenrechtlichen Vorschriften der Länder, dass Zuwendungen der Zustimmung des Arbeitgebers/Dienstherrn bedürfen.
- Diese Regeln bezwecken die Gewährleistung einer sauberen und unbestechlichen Diensterfüllung, um das Vertrauen in der Bevölkerung zu sichern und stellen insoweit besondere Verhaltenspflichten der Angestellten und Beamten auf.
- Auch testamentarische Zuwendungen sind von diesen Normen betroffen, da es einer Annahmehandlung des Bedachten nicht bedarf.
- Verstöße gegen die Vorschriften führen nicht zur zivilrechtlichen Nichtigkeit des Rechtsgeschäfts; dies ergibt sich bereits aus einer Wertung des Zustimmungserfordernisses.

§ 7 Letztwilligen Zuwendungen im Heimverhältnis - § 14 HeimG

- § 14 HeimG kommt eine große Bedeutung für Zuwendungen von Betreuten an die dort genannten Verbotsadressaten zu.
- Die Ergebnisse durchgeführter rechtstatsächlicher Erhebungen zeigen auf, dass ein Großteil aller Betreuten zugleich Heimbewohner sind und daher § 14 HeimG für diese eine hohe Relevanz hat. Bereits 74 % der Betreuten im Alter von 65 Jahren und älter leben in einem Heim iSd HeimG.
- § 14 HeimG untersagt den genannten Verbotsadressaten, sich Geld oder geldwerte Leistungen versprechen oder gewähren zu lassen, welchem im Zusammenhang mit dem Heimverhältnis stehen.
- Zum Nachweis des erforderlichen Ursachenzusammenhangs hat die Rechtsprechung eine Vermutungsregel aufgestellt. Diese ist im Sinne eines Anscheinsbeweises zu werten.
- Soweit die Zuwendung die Grenze einer geringwertigen Aufmerksamkeit überschreitet, müssen Zuwendungen vor Vornahme durch die zuständige Behörde genehmigt werden. Eine Wertung des Rechtscharakters der Genehmigungsvoraussetzung ergibt, dass Verstöße die zivilrechtliche Nichtigkeit des Rechtsgeschäfts zur Folge haben.
- § 14 HeimG findet auf letztwillige Zuwendungen Anwendung. Im Rahmen von testamentarischen Zuwendungen ist es jedoch zur Geltung von § 14

HeimG erforderlich, dass der Bedachte zu Lebzeiten des Zuwendenden Kenntnis von der Verfügung erhält und sie billigt.

- Dagegen ist auf das Erfordernis einer „Doppelkenntnis", wonach der Zuwendende seinerseits von der Kenntnis und der Billigung des Bedachten Kenntnis erlangt, zu verzichten.
- Den Verbotsadressaten werden Wissensvertreter nach den Grundsätzen zu § 166 BGB analog zugerechnet; dabei kommt es zur Bewertung einer Person als Wissensvertreter allein auf objektive Kriterien an, subjektive Vorstellungen des Zuwendenden sind unerheblich.
- Es ist nicht möglich, die mit dem Erfordernis der Kenntnis verbundenen Nachweisschwierigkeiten durch prozessuale Erleichterungen wie einem Anscheinsbeweis zu entschärfen.
- Verstöße gegen § 14 HeimG haben die zivilrechtliche Nichtigkeit des Rechtsgeschäfts zur Folge; dies ergibt sich bereits aus dem Rechtscharakter des Genehmigungserfordernisses.
- Eine Ausweitung des Anwendungsbereichs von § 14 HeimG wurde von der Rechtsprechung im Falle einer Trägerschaft durch eine Kapitalgesellschaft mittels eines sog. „wertungsmäßigen Durchgriffs" vorgenommen.
- Ferner waren Umgehungen von § 14 HeimG in den letzten Jahren vermehrt von der Rechtsprechung zu untersuchen. Dabei wurden Zuwendungen an heimfremde Dritte, in Regel an Verwandte und Angehörige der Verbotsadressaten vorgenommen.
- Eine nähere Untersuchung der Umgehungsproblematik gab Aufschlüsse über einige Einzelfragen: so war festzustellen, dass methodisch die Umgehungsgeschäfte nach den Grundsätzen zur Auslegung oder der Analogie zu bewerten sind und gegebenenfalls zur Nichtigkeit der Zuwendung führen. Ferner bedarf es keiner Umgehungsabsicht der Beteiligten, der Grad der Verwandtschaft oder Angehörigeneigenschaft ist nicht maßgeblich und auf Seiten des Verbotsadressaten muss kein wirtschaftlicher Vorteil eintreten. Entscheidend wird das Vorliegen des Ursachenzusammenhangs zum Heimverhältnis sein, wobei zum Nachweis die Grundsätze zum Anscheinsbeweis gelten. Eine im Falle testamentarischer Zuwendung erforderliche Kenntnis muss beim Verbotsadressaten bzw. einem ihm zuzurechnenden Wissensvertreter vorliegen. Verfassungsrechtliche Bedenkung gegen die Ausweitung des Anwendungsbereichs von § 14 HeimG bei Umgehungsgeschäften bestehen nicht.
- Subjektive Fehlvorstellungen des Zuwendenden über die Eigenschaft des Bedachten als Verbotsadressat sind für die Geltung von § 14 HeimG im Einzelfall unbeachtlich.

§ 8 Zwischenbilanz der bisherigen Ergebnisse – Fortgang der Untersuchung

- Bis heute kennt das deutsche Recht keine zu § 14 HeimG vergleichbare Regelung, die Zuwendungen im Betreuungsverhältnis näher regelt.
- Erfordernisse und Möglichkeiten einer Rechtsänderung sind zu untersuchen.

§ 9 Betreuung und Testierfähigkeit

- Es zeigt sich, dass das Betreuungsrecht testierfähigkeitsneutral ausgestaltet ist. Betreute sind allein im Falle einer natürlichen Testierunfähigkeit nach § 2229 Abs. 4 BGB von der Errichtung eines Testaments ausgeschlossen.
- Pauschale Rückschlüsse von dem Bestehen einer Betreuung auf eine mögliche Geschäftsunfähigkeit verbieten sich ebenso wie auf eine mögliche Testierunfähigkeit.

§ 10 Einführung eines notariellen Formerfordernisses

- In der Literatur finden sich Vorschläge, Betreute im Falle von testamentarischen Verfügungen einem notariellen Formerfordernis per Gesetz oder richterlicher Einzelfallanordnung zu unterwerfen.
- Dies wäre von seiner Zweckrichtung sinnvoll und wünschenswert. Allerdings stehen zu große Umsetzungsschwierigkeiten einer praxistauglichen Ausgestaltung entgegen.

§ 11 Bedürfnis nach einer Sondernorm zu Regelung des Verhältnisses zwischen Betreuer und Betreutem

- Die Untersuchung des derzeitigen vorhandenen Instrumentariums zeigt auf, dass weder im Betreuungsrecht noch im Erbrecht oder den allgemeinen Vorschriften des BGB geeignete Regelungen bestehen, um die Betreuten ausreichend vor einer denkbaren finanziellen Ausnutzung oder bereits einer darauf ausgerichteten Handlung zu schützen.
- Insbesondere kann § 138 BGB keinen ausreichenden Schutz gewährleisten.
- Eine Analogie zu § 14 HeimG scheidet mangels einer Regelungslücke und einer Ähnlichkeit der Tatbestände aus. Allerdings wäre § 14 HeimG nicht von einem generellen Analogieverbot betroffen.

§ 12 Regelung de lege ferenda - Schlussbetrachtung

- Die besondere Lebenssituation der Betreuten, ihre Eigenschaft als potentielle Opfer sowie die Verantwortlichkeit des Staates begründen das Erfordernis, auch für Betreute eine zu § 14 HeimG ähnlich ausgestaltete Vorschrift einzuführen. Zusätzlich würde dies eine Absicherung für die Betreuer bedeuten.
- Die bisherigen Erkenntnisse zu § 14 HeimG können bei der Ausgestaltung einer neuen Norm herangezogen werden und können dazu beitragen, vorhandene Schwachstellen dieser Regelung zu vermeiden.

- Betreuungsspezifische Aspekte wie die Führung der Betreuung durch Familienangehörigen stehen einer besonderen Zuwendungsnorm im Betreuungsrecht nicht entgegen.
- Im Ergebnis wurde folgender Formulierungsvorschlag erarbeitet:

(1) Ein Betreuter darf seinem Betreuer oder einer diesem persönlich oder rechtlich verbundenen Person oder Einrichtung Vermögensvorteile nicht versprechen oder gewähren, welche ihren Grund in der Betreuungstätigkeit haben und über die dem Betreuer zu gewährende Vergütung hinausgehen; dies gilt nur, sofern der Betreuer zu Lebzeiten des Betreuten Kenntnis von der Zuwendung erlangt und sie billigt.

(2) Das Verbot gilt nicht, soweit

1. geringwertige Aufmerksamkeiten versprochen oder gewährt werden, oder

2. das Vormundschaftsgericht das Versprechen oder Gewähren des Vermögensvorteils bis zum Zeitpunkt der Vornahme des Rechtsgeschäfts genehmigt hat. Das Vormundschaftsgericht hat die Genehmigung zu erteilen, wenn der Schutz des Betreuten die Aufrechterhaltung des Verbots nicht erfordert.

(3) Ein Versprechen oder Gewähren im Sinne von Abs. 1 ohne Vorliegen einer erforderlichen Genehmigung ist nichtig.

Literaturverzeichnis

A:

Arnold, Egon, Gedanken zu einer Reform der Entmündigung; FamRZ 1971, 289 ff

B:

Bahrke, Hans Otto, Das neue Heimgesetz - Aufsicht, Beratung, Partnerschaft; ThuP 1974, 283

Bartholomeyczik, Horst, Der maßgebliche Zeitpunkt für die Bestimmung der Sittenwidrigkeit nichtiger Verfügungen von Todes wegen; FS für OLG Zweibrücken, 1969, S. 26 ff

Battis, Ulrich, BBG - Bundesbeamtengesetz, Kommentar; 3.Auflage, 2004

ders., Anm. zu BVerwGE 100, 172 (19 SG); JZ 1996, 856

Baum, Marcus, Die Wissenszurechnung; Schriften zum Bürgerlichen Recht, Bd. 223; 1999

Baumgärtel, Gottfried, Beweislastpraxis im Privatrecht; 1996; zit.: Beweislastpraxis

Baumgärtel, Gottfried/ Laumen, Hans-Willi, Handbuch der Beweislast im Privatrecht, Band 2; 2. Auflage, 1999; zit.: Baumgärtel/ Laumen, Handbuch

Benda, Ernst/ Maihofer, Werner/ Vogel, Hans-Jochen, Handbuch des Verfassungsrechts; 2. Auflage, 1994; zit.: Bearbeiter in Benda/ Maihofer/ Vogel, HdbVerfR

Bienwald, Werner, Betreuungsrecht, Kommentar; 3. Auflage, 1999

Bischoff, Heinz, Das HeimG am GG gemessen; DÖV 1978, 201

Bobenhausen, Dieter, Feststellung der Geschäftsunfähigkeit im Tenor der Anordnung der Gebrechlichkeitspflegschaft; Rpfleger 1986, 248

Bosch, F.W., Anm. zu BayObLG FamRZ 1986, 1248; FamRZ 1986, 1250 ff

Brandmüller, Gerhard, Einschränkungen des Schenkungs- und Erbrechts durch das HeimG?; BayVBl. 1978, 346 ff

Brill, Karl-Ernst, Betrifft Betreuung - Band 4: Zehn Jahre Betreuungsrecht - Qualifizierung der Umsetzung oder erneute Rechtsreform?; 2002; zit.: Verfasser in Brill

Brox, Hans, Erbrecht; 20. Auflage, 2003

ders., Die Einschränkung der Testierfreiheit durch § 14 des Heimgesetzes und das Verfassungsrecht; FS für Ernst Benda zum 70. Geburtstag, S. 17

Bruder, Jens, s. Holzhauer, Heinz/ Bruder, Jens

Bühler, Martin, Einführung in das Betreuungsgesetz für das Amtsnotariat im württ. Rechtsgebiet; BWNotZ 1991,153 -164

Bullinger, Martin, Verfassungsrechtliche Überlegungen zum Entwurf eines Bundesgesetzes über Altenheime von Bundesbediensteten; Caritas 1973, 11

Bundesminister der Justiz, Diskussions-Teilentwurf eines Gesetzes über die Betreuung Volljähriger (BtG-DiskE); 1987; zit.: Diskussions-Teilentwurf

Bundesminister der Justiz, Gutachten zu einer Reform des Entmündigungsrechts - Diskussionsteilentwurf; 1986/1987

Bundesministerium der Justiz, Zusammenstellung der Geschäftsübersichten der Amtsgerichte

Bürgle, Helmut, Auf dem Weg zu einem neuen Betreuungsrecht; NJW 1988, 1881

C:

Canaris, Claus-Wilhelm, Die Feststellung von Lücken im Gesetz; 2. Auflage, 1982

ders., Verstöße gegen das verfassungsrechtliche Übermaßverbot im Recht der Geschäftsfähigkeit und im Schadensersatzrecht; JZ 1987, 993 ff

Coeppicus, Rolf, Handhabung und Reform des Betreuungsgesetzes; Schriften zum deutschen und europäischen Zivil-, Handels- u Prozessrecht, Bd.160; 1995

Creifelds, Carl, Rechtswörterbuch; 17. Auflage, 2002

Cypionka, Bertram, Die Auswirkungen des Betreuungsgesetzes auf die Praxis des Notars; DNotZ 1991, 571

D:

Dahlem, Otto/ Giese, Dieter/ Igl, Gerhard/ Klie, Thomas, Kommentar zum Heimgesetz, Loseblattsammlung; 32. Erg.Lfg., Stand 12/04

Damrau, Jürgen/ Zimmermann, Walter, Betreuungsrecht, Kommentar; 3. Auflage, 2001

Dassau, Anette/ Wiesenend-Rahtbrust, Edeltraud, BAT Praxiskommentar; 4. Auflage, 2004

Deinert, Horst, Zur Neuregelung des Vormundschafts- und Pflegschaftsrechts; ZfF 1989, 245

Dieckmann, Albrecht, Empfiehlt es sich, das Entmündigungsrecht, das Recht der Vormundschaft der Pflegschaft über Erwachsene sowie das Unterbringungsrecht neu zu ordnen?; JZ 1988, 789,

Dieckmann, Jochen, Strukturreform des Betreuungsrechts; ZRP 2002, 425

Dittmann, Ottmar/ Reimann, Wolfgang/ Bengel, Manfred, Testament und Erbvertrag, Handkommentar; 4. Auflage, 2002; zit. Dittmann/Reimann/Bengel-Bearbeiter

DIV-Gutachten, Annahme von Schenkungen oder Erbzuwendungen der Betroffenen durch Betreuer iSv § 1897 I und II BGB; ZfJ 1999, 23

Dodegge, Georg/ Roth, Andreas, Betreuungsrecht; 2003

Dolzer, Rudolf/ Vogel, Klaus/ Greißhof, Karin, Bonner Kommentar zum Grundgesetz; 119. Erg.Lfg., Stand 09/05; zit.: BK-Bearbeiter

Dornheim, Ove/ Rochon, Stephan, Die Testierfreiheit des Pflegebedürftigen; PflR 1999, 243

Dubischar, Roland, Die untersagte "Vorteilsannahme" nach § 14 Heimgesetz; DNotZ 1993, 419, 26 ff

Düll, Rudolf, Das Zwölftafelgesetz, Texte, Übersetzungen und Erläuterungen; 5. Auflage, 1976

Dunz, Walter, Grundrecht und Bevormundung; JZ 1960, 475

During, Margit, Lebenslagen von betreuten Personen - Eine rechtssoziologische Untersuchung; 2001

E:

Ebenroth, Carsten Th./ Koos, Stefan, Anm. zu BVerwGE 100, 172; Erbeinsetzung eines Zivildienstleistenden durch zuvor dienstlich betreuten Erblasser; Genehmigungsbedürftigkeit der Erbschaftsannahme; ZEV 1996, 344

Ehmann, Horst, Anm. zu BGHZ 143, 283, 10 BAT; Schenkungen an Sparkassenangestellte; Nichtigkeit von Schenkungen an BAT-Angestellte; WuB IA A. § 134 BGB 2.00

Ermann, Walter, Bürgerliches Gesetzbuch, Handkommentar; 11. Auflage, 2004; zit.: Ermann-Bearbeiter

F:

Finkelnburg, Klaus, Der Betrieb von Alten- und Pflegeheimen; NJW 1976, 189 ff

Fürst, Walter/ Baumgärtel, Siegmar/ Fieberg, Christian, Gesamtkommentar Öffentliches Dienstrecht, GKÖD, Bd. IV; 67. Erg.Lfg., Stand 09/04

G:

Gernhuber, Joachim, Testierfreiheit, Sittenordnung und Familie, FamRZ 1960, 326 ff

Giese, Dieter, Der Entwurf eines Gesetzes über Altenheime, Altenwohnheime und Pflegeheime für Volljährige; ZfJ 1973, 26 ff

Gimple, Bernhard, § 242 BGB als Zuordnungsnorm im Erbrecht?; Rechtswissenschaftliche Forschung und Entwicklung, Bd. 686; 2002

Gitter, Wolfgang/ Schmitt, Jochem, Heimgesetz - Kommentar und Rechtssammlung; 80. Erg.Lfg, Stand 07/05

Gössling, Siegfried/ Knopp, Anton, Handkommentar zum Heimgesetz (Gesetz über Altenheime, Altenwohnheime und Pflegeheime für Volljährige); 1976

Groll, Klaus Michael, Praxis-Handbuch Erbrechtsberatung; 2001

H:

Hahn, Christoph, Die Auswirkungen des Betreuungsrechts auf das Erbrecht; FamRZ 1991, 27 ff

Hardt, Markus, Amtsermittlung, Parteiverhalten u. Feststellungslast im Erbscheinsverfahren; 1999

Heinemann, Jörn, "Betreutes Wohnen" und notarieller Gestaltungsbedarf; MittBayNot 2002, 69

Hendel, Dieter, Die Gebrechtlichkeitspflegschaft - eine taugliche Ersatzform für Entmündigung?; FamRZ 1982, 1058

Heumann, Friedrich-Wilhelm, Die Testierfreiheit von Heimbewohnern und der Regelungsgehalt von Art. 14 GG; PflR 2000, 377

Hoffmann, Peter Michael, Die rechtliche Betreuung älterer Menschen; BtPrax 2003, 249

Hoffmann, Peter Michael/ Korte, Miguel Tamayo, Betreuungsrechtliche Praxis in Einrichtungen der stationären Altenhilfe (Hrsg. BMFSFJ); 2002

dies., Die Lebenslage älterer Menschen mit rechtlicher Betreuung; BtPrax 2001, 154

Hoffmann, Peter Michael/ Korte, Miguel Tamayo/ v. Ferber, Christian, Ganzheitlich und dennoch differenziert - Das Forschungsprojekt über die Lebenslage älterer Menschen mit rechtlicher Betreuung legt ihren Endbericht vor; BtPrax 2005, 91 ff

Hohloch, Gerhard, Kind des Betreuers als Testamentserbe; Anmerkung zu BayObLG, NJW 1998, 2369; JuS 1998, 953

ders., Doppelt analoge Anwendung des Testierverbots gem. § 14 I HeimG; Anmerkung zu BayObLG, NJW 2000, 1875; JuS 2000, 815

Holzhauer, Heinz/ Bruder, Jens (Hrsg.: Ständige Deputation des Deutschen Juristentages), Empfiehlt es sich, das Entmündigungsrecht, das Recht der Vormundschaft und der Pflegschaft über Erwachsene sowie das Unterbringungsrecht neu zu ordnen? Gutachten B/C zum 57. Deutschen Juristentag, Bd. I, 1988; zit.: Referent, Gutachten B bzw. C

Holzhauer, Heinz, Verfassungsrechtliche Beurteilung des Entwurfs eines Betreuungsgesetzes; ZRP 1989, 451 ff

ders., Abschied von der Entmündigung; FuR 1990, 249

ders., Betreuungsrecht in der Bewährung; FamRZ 1995, 1463

I:

Ill-Groß, Manuela / Sträßner, Heinz R., Das Verbot der Annahme von Belohnungen; PflR 2000, 406

Isensee, Josef / Kirchhof, Paul, Handbuch des Staatsrechts der Bundesrepublik Deutschland, Bd. III; 2. Auflage, 1996; zit.: Isensee/Kirchhof-Bearbeiter, HStR III

J:

Jacobi, V., § 14 Heimgesetz - eine inkonsequente Norm; ZfSH/SGB 1994, 633

Jansen, Paul, FGG Kommentar; 2. Auflage, 1969

Jochum, Günter/ Pohl, Kay-Thomas, Pflegschaft Vormundschaft und Nachlaß; 1989

Johannsen, Kurt Herbert, Die Rechtsprechung des Bundesgerichtshofes auf dem Gebiete des Erbrechts; 7. Teil: Das Testament; WM 1971, 918

Jürgens, Andreas, Betreuungsrecht; 3. Auflage, 2005

ders., Der Betreuer zwischen rechtlicher Vertretung und persönlicher Betreuung; BtPrax 1998, 129

Jürgens, Andreas/ Kröger, Detlev/ Marschner, Rolf / Winterstein, Peter, Betreuungsrecht kompakt; 5. Auflage, 2002 (in den Vorauflagen: "Das neue Betreuungsrecht")

K:

Keidel, Theodor/ Kuntze, Joachim/ Winkler, Karl, Freiwillige Gerichtsbarkeit, Kommentar; 15. Auflage, 2003; zit.: Keidel/Kuntze/Winkler-Bearbeiter, FGG

Kopp, Ferdinand/ Schenke, Wolf-Rüdiger, Verwaltungsgerichtsordnung; 14. Auflage, 2005; zit. VwGO

Koos, Stefan, Die Genehmigungsbedürftigkeit der Erbeinsetzung von Angehörigen des öffentliche Dienstes; ZEV 1997, 435

ders., Wirksame Schenkung trotz Verstoßes gegen Verbotsnorm des BAT; Anm. zu BGHZ 143, 283 ff zu 10 BAT; ZEV 2000, 235

Korbmacher, Andreas, Grundfragen des öffentlichen Heimrechts; 1989

ders., Das novellierte Heimgesetz; RsDE 1991, 41

Krahmer, Utz / Richter, Ronald, Lehr - und Praxiskommentar, LPK; 2. Auflage, 2006; zit.: LPK - Bearbeiter

Kroiß, Ludwig/ Ann, Christoph/ Mayer, Jörg, Anwaltskommentar, Band 5 Erbrecht; 2004, zit.: Bearbeiter in Anwaltskommentar

Kuhla, Wolfgang/ Hüttenbrink, Jost, Der Verwaltungsprozess; 3. Auflage, 2002; zit.: Kuhla-Hüttenbrink-Bearbeiter

Kunz, Eduard, Aktuelle Fragen zu § 14 Heimgesetz; ZfSH/SGB 1984, 251

Kunz, Eduard/ Butz, Manfred/ Wiedemann, Edgar, Kommentar Heimgesetz; 10. Auflage, 2004

Kunz, Eduard/ Ruf, Franz/ Wiedemann, Edgar, Kommentar Heimgesetz; 8.Auflage, 1998

L:

Lange, Heinrich/ Kuchinke, Kurt, Erbrecht, 3. Auflage, 1989; 5. Auflage, 2001

Langenfeld, Gerrit, Testamentsgestaltung; 3. Auflage, 2002

Larenz, Karl, Methodenlehre der Rechtswissenschaft; 6. Auflage, 1991

Larenz, Karl / Wolf, Manfred, Allgemeiner Teil des BGB; 9. Auflage, 2004

Laumen, Hans-Willi, Die "Beweiserleichterung bis zur Beweislastumkehr" - Ein beweisrechtliches Phänomen; NJW 2002, 3739

Leibholz, Gerhard /Rinck, Hans-Justus/ Hesselberger, Dieter, Grundgesetz; Kommentar anhand der Rechtsprechung des Bundesverfassungsgerichts; 41. Erg.Lfg, Stand 08/03; zit.: Leibholz/Rinck/Hesselberger-Bearbeiter

Leipold, Dieter, Erbrecht 1998 und 1999 - Teil 1, JZ 2000, 705, 710

Lipp, Volker, Freiheit und Fürsorge: Der Mensch als Rechtsperson - Zu Funktion und Stellung der rechtlichen Betreuung im Privatrecht; ius privatum, Bd. 42, 2000

ders., Betreuung: Rechtsfürsorge im Sozialstaat; BtPrax 2005, 6 ff.

Lorenz, Dieter, Verwaltungsprozeßrecht; 2000

Löwisch, Manfred/ Riebler, Volker, Tarifvertragsgesetz - Kommentar; 2. Auflage, 2004

v. Lübtow, Ulrich, Erbrecht - Eine systematische Darstellung - 1. Halbband; 1971

Lüke, Gerhard/ Wax, Peter, Münchener Kommentar zur Zivilprozessordnung Band 1 (§§ 1 - 354); 2. Auflage, 2000; zit.: MüKo-Bearbeiter, ZPO

M:

Maas, Wolfgang, Das Heimgesetz in der Praxis; DÖV 1978, 203

Meincke, Jens Peter, Erbeinsetzung eines Zivildienstleistenden durch zuvor dienstlich betreuten Erblasser; Genehmigungsbedürftigkeit der Erbschaftsannahme; Anm. zu BVerwGE 78, 19SG, 78 ZDG; ZEV 1996, 384

Mende, Werner (Hrsg. Bundesministerium der Justiz), Psychiatrische Implikationen zur Vorbereitung einer Neuordnung des Rechts der Entmündigung, der Vormundschaft und Pflegschaft für geistig Behinderte sowie der Unterbringung nach Bürgerlichem Recht; Gutachten zu einer Reform des Entmündigungs-, des Vormundschafts- und Pflegschaftsrechts; 1986; zit.: Mende, Gutachten, S. ..

Mitko, Bernhard, Der Einwilligungsvorbehalt, Voraussetzungen, Wirkungen - Probleme; 1993

Molkentin, Thomas, Nichtanwendbarkeit des § 14 Abs. 5 HeimG im Bereich der ambulanten Pflege, Anm. zu OLG Düsseldorf, NJW 2001, 2338; PflR 2001, 325

Müller, Gabriele, Betreuung und Geschäftsfähigkeit; Schriften zum deutschen und europäischen Zivil-, Handels- und Prozessrecht, Bd. 179; 1998

dies., Zur Wirksamkeit lebzeitiger und letztwilliger Zuwendungen des Betreuten; ZEV 1998, 219

dies., Anm. zu BAG, Verhaltensbedingte Kündigung einer Pflegkraft wegen Annahme einer Erbschaft von einer Pflegeperson; ZEV 2004, 73

Münzel, Hartmut, Heimbewohner und Testierfreiheit- zur Anwendbarkeit des § 14 I HeimG auf letztwillige Verfügungen; NJW 1997, 112

Muscheler, Karlheinz, Die Grundlagen des deutschen Erbrechts; JA 2004, 494

__N:__

NDV, Nachrichtendienst des deutschen Vereins für öffentliche Fürsorge; Gutachten; NDV 1991, 434

Neuner, Jörg, Die Stellung Körperbehinderter im Privatrecht; NJW 2000, 1822

Nieder, Heinrich, Handbuch der Testamentsgestaltung; 2. Auflage, 2000

Niemann, Walter, Testierverbot in Pflegefällen; ZEV 1998, 419

__O:__

Ostlinning, Norbert, Das Testament des Heimbewohners; Europäische Hochschulschriften, 1995

Otte, Gerhard, Nichtigkeit letztwilliger Verfügungen wegen Gesetzes- oder Sittenwidrigkeit; JA 1985, 192

__P:__

Petersen, Jens, Die eingeschränkte Testierfreiheit beim Pflegeheimbetrieb durch eine GmbH; DNotZ 2000, 739

Petto, Bettina, Berufserben? Beschränkungen des erbrechtlichen Erwerbs in Heim- und Dienstverhältnissen; 1998

Pieroth, Bodo, Grundgesetzliche Testierfreiheit, sozialhilferechtliches Nachrangprinzip und das sogenannte Behindertentestament; NJW 1993, 173

Plantholz, Markus/ Rochon, Stephan, Letztwillige Verfügung zugunsten des behandelnden Arztes (10 BAT und 32 MBO); FamRZ 2001, 270

Prinz v. Sachsen Gessaphe, Karl August, Der Betreuer als gesetzlicher Vertreter für eingeschränkt Selbstbestimmungsfähige; ius privatum Bd. 39; 1999

__R:__

Ramm, Thilo, Einführung in das Privatrecht / Allgemeiner Teil II; 1969

Rebmann, Kurt/ Säcker, Franz Jürgen/ Rixecker, Roland, Münchener Kommentar zum Bürgerlichen Gesetzbuch;
Band 1, Allgemeiner Teil; 4. Auflage, 2001;
Band 8 Familienrecht II; 4. Auflage, 2002;

Band 9, Erbrecht; 4. Auflage, 2004;
zit.: MüKo-Bearbeiter, BGB

Renner, Markus, Erben und Vererben unter besonderer Berücksichtigung einer bestehenden Betreuung; BtPrax 1999, 167 ff

Richardi, Reinhard, Die Wissenszurechnung; AcP 169 (1969), 385

Richardi, Reinhard/ Wlotzke, Otfried, Münchener Handbuch zum Arbeitsrecht, Band 1, Individualarbeitsrecht I; 2. Auflage, 2000; zit.: MünchArbR-Berarbeiter

Rink, Jürgen, Verhandlungen des siebenundfünfzigsten Deutschen Juristentages, Band II (Sitzungsberichte) Teil K; zit.: Rink, 57. DJT, K...

Rosenberg, Leo/ Schwab, Karl Heinz/Gottwald, Peter, Zivilprozessrecht; 16. Auflage, 2004; zit.: Rosenberg/Schwab/Gottwald, ZPO

Rossak, Erich, Letztwillige Verfügungen von Heimbewohnern zugunsten des Heimträgers oder von Heimmitarbeitern; ZEV 1996, 41

ders., Anm. zu BGH ZEV 1996, 145, Schadensersatz wegen fehlgeschlagener Erbeinsetzung; hier: Testament zugunsten des Heimträgers, ZEV 1996, 146

ders., Anm. zu BGH ZEV 1996, 147, Rechtsgrundloser Erwerb aufgrund nichtiger Verfügungen eines Heimbewohners zugunsten des Heimträgers; ZEV 1996, 148

ders., Anm. zu OLG Düsseldorf, ZEV 1998, 34, Unwirksamkeit der Erbeinsetzung von Angehörigen des Altenheimleiters; ZEV 1998, 34

ders., Neuere zivilrechtliche Probleme zu Vorschriften des Heimgesetzes und deren erweitere Anwendung; MittBayNot 1998, 407

ders., Zum Anwendungsbereich des § 14 Heimgesetz; MittBayNot 1999, 486

ders., Anmerkung zu OLG Frankfurt am Main FGPrax 01, 120, Umgehung des HeimG bei Erbeinsetzung der Ehefrau eines Heimbediensteten; ZEV 2001, 365

ders., Anmerkung zu OLG Hamm 2003, MittBayNot 2003, 56, Erbeinsetzung des Heimträgers in einem Ehegattentestament; MittBayNot 2003, 59

Roßbruch, Robert, Anm. zu OLG Düsseldorf, PflR 1999, 86, Einsetzen der Kinder des Heimleiters als Nacherben - § 14 Abs. 5 Heimgesetz; PflR 1999, 87

Ruf, Franz/ Hütten, Peter, Der Schutz der Heimbewohner; BayVBl. 1978, 41

S:

Sachs, Michael, Grundgesetz - Kommentar; 3. Auflage, 2003; zit.: Sachs-Bearbeiter

Schneider, Egon, Beweis und Beweiswürdigung; 5.Auflage, 1994

Schulte, Bernd, Betreuung: Rechtsfürsorge im Sozialstaat; BtPrax 2005, 10 ff

Schwab, Dieter, Probleme des materiellen Betreuungsrechts; FamRZ 1992, 493

Schwabe, Jürgen, Das Verbot mit Erlaubnisvorbehalt; JuS 1973, 133

Smid, Stefan, Rechtliche Schranken der Testierfreiheit aus § 138; NJW 1990, 409

Soergel, Hans Th., Kommentar zum Bürgerlichen Gesetzbuch;
Band 2, Allgemeiner Teil 2 (§§ 104 - 240); 13. Auflage, 1999;
Band 21, Erbrecht 1 (§§ 1922 - 2063); 13. Auflage, 2002;
Band 22, Erbrecht 2 (§§ 2064 - 2273; BeurkG); 13. Auflage 2002/ 2003;
zit.: Soergel-Bearbeiter

Stach, Simone, Nichtigkeit letztwilliger Verfügungen zugunsten Bediensteter staatlicher Altenpflegeeinrichtungen?; NJW 1988, 433

v. Staudinger, Julius, Kommentar zum Bürgerlichen Gesetzbuch mit Einführungsgesetz und Nebengesetzen;
Buch 1, Allgemeiner Teil (Einleitung zum BGB, §§ 1 - 14; Verschollenheitsgesetz); Neubearbeitung 2004;
Buch 1, Allgemeiner Teil (§§ 90 - 133; §§ 1-54, 63 BeurkG); Bearbeitung 2004;
Buch 1, Allgemeiner Teil (§§ 134 - 163); Neubearbeitung 2003;
Buch 1 (§§ 164 - 240); Neubearbeitung 2004;
Buch 4, Familienrecht (Abstammung); Neubearbeitung 2004;
Buch 4, Familienrecht (§§ 1896 - 1921); 12. Auflage 1995; 13. Auflage 1999;
Buch 5, Erbrecht (§§ 2064 - 2196); Neubearbeitung 2003;
Buch 5, Erbrecht (§§ 1922 - 1966); Neuberarbeitung 2000;
Einführungsgesetz zum Bürgerlichen Gesetzbuche, Art. 1, 2 50 - 218 EGBGB;
13. Auflage, 1998;
zit: Staudinger-Berabeiter

Stein, C. Michael, Schutz der Testierfreiheit von Pflegeempfängern; 1998

Stein, Friedrich/ Jonas, Martin, Kommentar zur Zivilprozeßordnung, Band 3, §§ 253 - 299a; 21. Auflage, 1997; zit.: Stein/Jonas-Bearbeiter, ZPO

Stern, Klaus, Das Staatsrecht der Bundesrepublik Deutschland, Bd. II (1980), III / 2; 1994

Stober, Rolf, Besonderes Wirtschaftsverwaltungsrecht; 12. Auflage, 2002

T:

Teichmann, Arndt, Die Gesetzesumgehung; 1962

Thielmann, Georg, Sittenwidrigkeit von Verfügungen von Todes wegen; 1973

Thomas, Heinz/ Putzo, Hans, Zivilprozessordnung, Kommentar; 24. Auflage, 2002; zit.: Thomas/Putzo-Bearbeiter, ZPO

Tilch, Horst/ Arloth, Frank, Deutsches Rechts-Lexikon, Bd. 1-3; 3. Auflage, 2001

U:

Uttlinger, Sigmund/ Breier, Alfred/ Kiefer, KarlHeinz/ Hoffmann, Horst/ Dassau, Annette, BAT- Bundesangestelltentarifvertrag Bund, Länder, Gemeinden, Loseblattsammlung; 183. Erg.Lfg., Stand 11/2004

W:

Waltermann, Raimund, Zur Wissenszurechnung - am Beispiel der juristischen Person des privaten und öffentlichen Rechts; AcP 192 (1992) 181

Wassermann, Rudolf, Reihe Alternativkommentare - Kommentar zum Bürgerlichen Gesetzbuch in sechs Bänden;
Band 1 Allgemeiner Teil (§§ 1 - 240); 1987;
Band 6 Erbrecht (§§ 1922 - 2385); 1990;
zit.: AK-BGB-Bearbeiter

Weser, Hans-Hermann, Die Auswirkungen des Betreuungsgesetzes auf die notarielle Praxis; MittBayNot 1992, 161

Westphal, Thomas, Zivilrechtliche Vertragsnichtigkeit wegen Verstoßes gegen gewerbliche Verbotsgesetze; 1985

Wetterlin, Tilman/ Neubauer, Hildegard /Neubauer, Wolfgang, Psychiatrische Gesichtspunkte zur Beurteilung der Testierfähigkeit Dementer; ZEV 1995, 46

Wiedemann, Edgar, Die Novellierung des Heimgesetzes; NJW 1990, 2237

Wienand, Manfred, Kernprobleme des Betreuungsrechts; FuR 1990, 36

Z:

Zenz, Gisela/ v. Eicken/ Barbara/ Ernst, Ellen/ Hofmann, Cornelia (Hrsg. Bundesministerium der Justiz), Vormundschaft und Pflegschaft für Volljährige - Eine Untersuchung zur Praxis und Kritik des geltenden Rechts; 1987

Zetzschke, Holger, Die Ablieferungspflicht des Beamten bezüglich angenommener "Schmiergelder" - eine neue Einnahmequelle des Dienstherrn?; DöD 2003, 225

Ziegert, Kathrin, Verstoß gegen die Testierverbote des § 14 HeimG durch Zuwendungen an heimfremde Dritte; ZErb 2003, 166

Zöller, Richard, Zivilprozessordnung - Kommentar; 25. Auflage, 2005; zit.: Zöller-Bearbeiter

Internet-Fundstellen

www.betreuungsrecht-forschung.de
www.betreuungsrecht-org
www.bmwa.bund.de
www.bmfsfj.de
www.dza.de
www.ruhr-uni-bochum.de
www.sub.uni-hamburg.de
www.vgt-ev.de

Kolibri 360 GmbH
Ferdinand-Jühlke-Straße 7
99095 Erfurt, Deutschland
produktsicherheit@kolibri360.de

Druck:
CPI Druckdienstleistungen GmbH
im Auftrag der
Kolibri 360 GmbH
Ferdinand-Jühlke-Str. 7
99095 Erfurt